# 振振公族

近代北美司徒氏家族的传奇故事

[加]刘静一著

广西师范大学出版社
GUANGXI NORMAL UNIVERSITY PRESS
·桂林·

振振公族：近代北美司徒氏家族的传奇故事
ZHENZHEN GONGZU：JINDAI BEIMEI SITU SHI JIAZU DE CHUANQI GUSHI

**图书在版编目（CIP）数据**

振振公族：近代北美司徒氏家族的传奇故事 /（加）刘静著. --桂林：广西师范大学出版社，2024.6
ISBN 978-7-5598-6423-9

Ⅰ. ①振… Ⅱ. ①刘… Ⅲ. ①华人—移民—历史—加拿大 Ⅳ. ①D771.138

中国国家版本馆 CIP 数据核字（2023）第 188080 号

广西师范大学出版社出版发行
（广西桂林市五里店路 9 号　邮政编码：541004
网址：http://www.bbtpress.com）
出版人：黄轩庄
全国新华书店经销
北京汇瑞嘉合文化发展有限公司印刷
（北京市北京经济技术开发区荣华南路 10 号院 5 号楼 1501　邮政编码：100176）
开本：710 mm × 1 000 mm　1/16
印张：25.75　　字数：408 千
2024 年 6 月第 1 版　　2024 年 6 月第 1 次印刷
定价：128.00 元

矗立在加拿大维多利亚的
华侨公立学校

加拿大第一条唐人街上的同济门

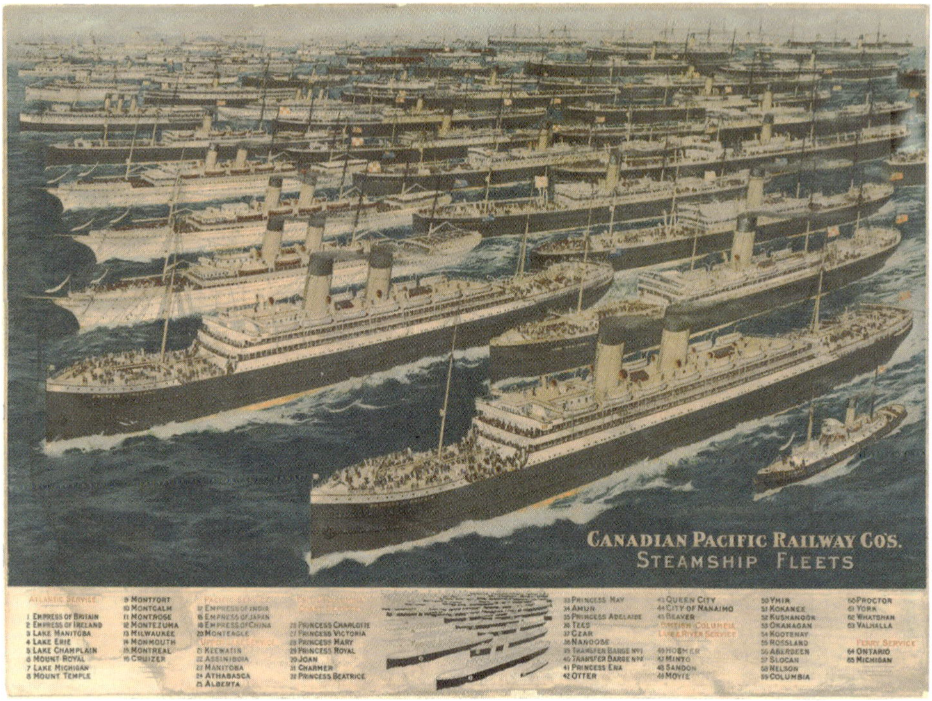


1910 年的诗丕亚蒸汽轮船队

司徒旄先生的纪念品

笔者在当地史家约翰·亚当斯（John Adams）的带领下探访李梦九身后的遗迹

笔者和司徒旄先生的外孙雷震瀛的合影

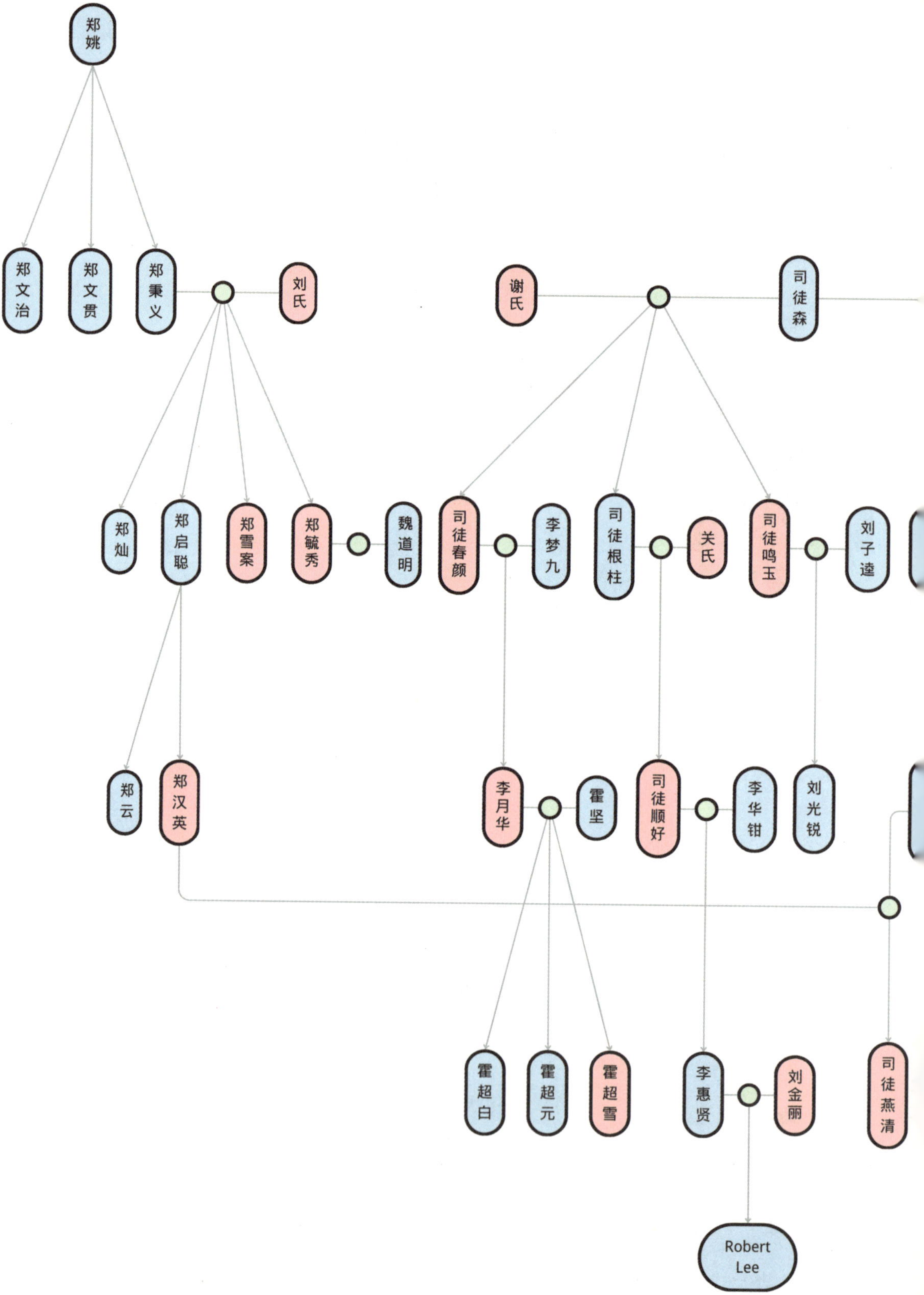
郑姚
郑文治
郑文贯
郑秉义
刘氏
谢氏
司徒森
郑灿
郑启聪
郑雪案
郑毓秀
魏道明
司徒春颜
李梦九
司徒根柱
关氏
司徒鸣玉
刘子逵
郑云
郑汉英
李月华
霍坚
司徒顺好
李华钳
刘光锐
霍超白
霍超元
霍超雪
李惠贤
刘金丽
司徒燕清
Robert Lee

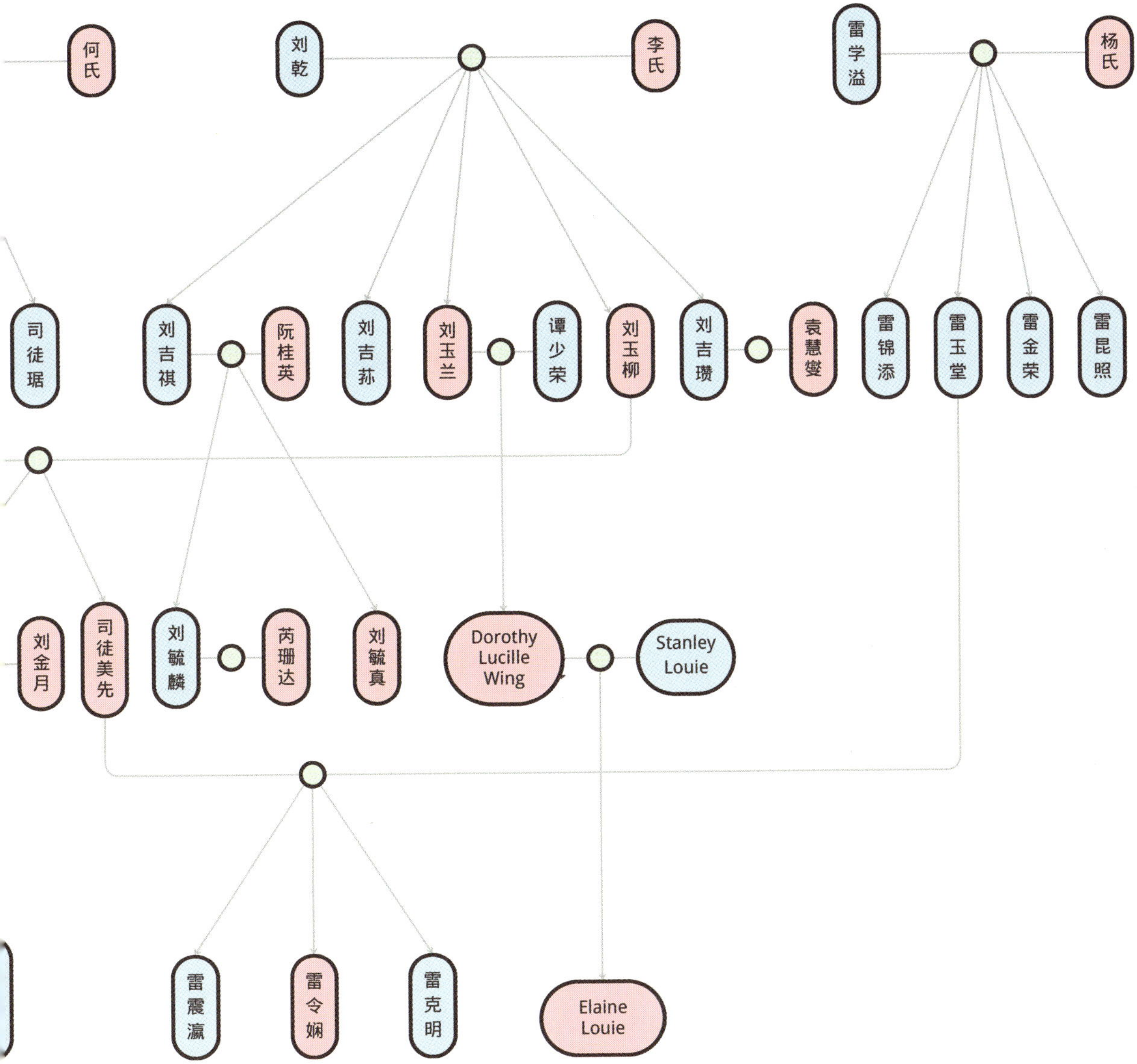
何氏
刘乾
李氏
雷学溢
杨氏
司徒琚
刘吉祺
阮桂英
刘吉荪
刘玉兰
谭少荣
刘玉柳
刘吉瓒
袁慧燮
雷锦添
雷玉堂
雷金荣
雷昆照
刘金月
司徒美先
刘毓麟
芮珊达
刘毓真
Dorothy Lucille Wing
Stanley Louie
雷震瀛
雷令娴
雷克明
Elaine Louie

# 前言

一

在加拿大温哥华，我曾有幸翻阅图书馆浩瀚的中文藏书，并在许多书籍上看到同样的英文藏书印记“Seto More”，翻开书页，又有朱红色的“司徒旄印”“司徒英石”“英石所藏”“英石”“英”等字样的藏书章映入眼帘，显示这批藏书曾经归属于一位叫作“司徒旄”的先生。

这是一位有着怎样身世的藏书家？带着好奇，我向中文研究馆员兼书法大家谢琰先生请教。谢先生告诉我，二十世纪中叶，不列颠哥伦比亚大学亚洲图书馆初建，亟需中文书籍填充馆藏，司徒旄先生的这批藏书即其中最具规模的一笔捐赠。司徒旄（1899—1967，字英石）出生在加拿大先驱华侨家庭，一生从未踏足中国，但受家族风气熏陶，他很熟悉中国文化，学问融贯中西。谢先生的回答进一步勾起了我对这位前辈的兴趣。然而，来自司徒家族的藏书已被分置于不列颠哥伦比亚大学的不同书库，仅凭藏书票和印章，要追溯一个完整脉络，实非易事。

因缘际会，数年前的一天，我忽然收到通知，司徒旄的外孙雷震瀛（1942—，Brandt Louie）将带领家人参观亚洲图书馆，馆里希望我给他们介绍这批捐赠书籍的“前世今生”。接到任务后，我又意外发现司徒家族捐赠的另外一些书籍，上钤“司徒氏印”“司徒炳唐”“司徒美先”等印记。在对相关零散的中、英文文献进行初步整理后，我发现这个在加拿大历史悠久的华人家族已繁衍至第六代，其后人有数百位。他们主要居住在美洲西北地区，也有一部分在中国工作与生活。司徒家族后人英才辈出，在世界的各行各业中努力做着贡献。

两周之后，雷先生及其家人如期而至。他们不仅看到了祖父、外祖父以及父母亲学习中文的笔记以及钤有司徒氏印章的相关书籍，还了解到当今学子仍受益于司徒家族的捐赠，脸上不禁流露出欣慰之情，现场气氛也逐渐热烈起来，最后还邀请我介绍了司徒旄当年举办的宣扬中国文化的活动。谈笑间，雷先生指着一幅小楷——“智人不做通天晓”——告诉我，司徒先生自学成才，被誉为“百科全书式的学者”，是最早被邀请到不列颠哥伦比亚大学讲解中国文化的华裔之一。这句话是对他自己的提醒，他以谦逊待人享誉美洲大陆。此外，他对全人类的科技进步都欢欣鼓舞，尤其对航空和航天事业兴趣浓厚。他的孙辈都还记得，1957 年，苏联卫星上天，他兴奋得手舞足蹈，犹如一个孩子。

当日时间有限，我未及与司徒家族后人进行更多交流。后来遇到问题向雷先生请教，他不厌其烦为我答疑解惑，并将我介绍给分散在美国和加拿大的其他家族成员。他还热情地邀请我去他家里和家族企业总部办公室做客，展示了其珍藏的家族文献。我与司徒氏的缘分就此结下。

我曾问过雷先生，作为少数族裔，他的家族为何能成为加拿大最令人尊重的世家之一？他毫不犹豫地回答：“是先辈们开疆拓土、披荆斩棘、白手兴家争取来的。我们都以华裔身份为荣。我上台领奖，要身着传统长衫，我的儿子也都学了中文。”当今世界，种族歧视仍在，国际关系紧张，一百多年前司徒家族就曾经历过如此困境，因此，司徒家族连续几代人清晰的身份定位和发展策略引发了我浓厚的研究兴趣，遂动笔记录下经眼的相关文献档案，写成了这部以司徒家族为主线的华人华侨百年发展小史。

我依托现存史料，以司徒家族及其姻亲番禺李氏、新宁刘氏、宝安郑氏、南海霍氏、中山雷氏家族等为线索，叙述了这个华人华侨群体从广东乡村走向世界的历程。他们重视家庭，强调孝道；见识高远，倾心教育；投身公益，广结善缘；分工明确，彼此扶持；灵活变通，共同成就；连接中西，促进交流，是华侨家族群体的典型代表。与常见的宏大叙事不同，本书以点带面，以时间为轴，将这些跨洋家族与各界的关系网络串联起来，进而彰显了中国优秀传统文化中的世家精神。这些家族成员与近代史上的重量级人物如梁诚、李鸿章、康有为、孙中山、李大钊、梅兰芳、晏阳初等有过不少交集，与主流叙事中不常见的历史人物如李淡如、崔通约、欧阳庚、周自齐、李石曾、谢德怡、江亢虎等亦多有来往。他们更与西方政要直接对话，广泛游说，抗议不公，争取对华援助。

本书书名“振振公族”，是借用《诗经·周南·麟之趾》“麟之角，振振公族。于嗟麟兮！”之句，以寓“美公族之盛”之意。司徒家族枝繁叶茂、长久不衰，正是其砥砺德行之家风世代传承的历史结果。

二

司徒氏在加拿大的第一代可追溯至19世纪。1865年，司徒森（1837—1927，字蕃贞，Sam Kee）独自一人前往北美，进入英属哥伦比亚殖民地，在岛上的帐篷和木板屋间谋生。他努力扎根的殖民地即后来的加拿大不列颠哥伦比亚省（British Columbia，简称BC）的省会城市维多利亚。也就是说，在太平洋铁路修建之前，司徒森就审时度势，在这座太平洋岸边的亚太门户港口城市里定居了。

司徒氏第二代共有六位成员。其中，三位聪颖的女儿嫁给了同样来自广东的侨商领袖，女婿们都具备经营头脑和创业才干，例如大女婿李梦九（1862—1924，字仙俦，Lee Mong Kow），幼时由寡母关氏（1840—1933）于1873年从老家番禺带到香港。关氏在英国人家务工，让儿子接受教育。李梦九成年后前往北美打拼，在港口结识各色人等，并向华商学习，后来迎娶了司徒氏长女春颜（1876—1944，字玉卿，Seto Chang'an）。他们根据家族传统，以大姐和姐夫的身份照顾弟妹，成为司徒旄的领路人。

司徒旄少年时便展现出卓越才华，深受全家喜爱。他生前赢得了加拿大各族裔的尊敬，也为这个著名世家的建立打造了良好基础。成年后，司徒旄迎娶了美国西雅图的刘玉柳（1890—1958，字劲雄，Fannie Lew）。移民美国的刘氏先祖刘乾（1852—1908，字儒调，King Lew）在铁路建设、贸易和地产等领域颇有建树，与加拿大华商关系密切。刘氏夫妇共育有六个孩子，长子刘吉祺（1886—1948，Geate Kay Lew）娶了荣誉领事阮洽（1862—1933，Goon Dip）的长女，曾回国投身于中国的新式教育；他们的儿子、刘氏长孙刘毓麟（1914—1943，Lawrence Kay Lew）即在河北唐山出生。刘吉祺将家族产业留给弟弟刘吉苏（1892—1924，Soun Lew）打理，刘吉苏与李梦九、司徒旄等人通力合作，致力于太平洋的航运业务。另一位弟弟刘吉瓒（1892—?，Don Kay Lew）从常春藤的宾西法尼亚大学（University of Pennsylvania）医学院毕业后，回国行医近 30 年，还曾打破拳击冠军纪录。

一直留在加拿大发展的是司徒森的养子司徒根柱（1880—1932，Gun Chuey）、二女司徒鸣玉（1881—1956，Ming Yuk）以及司徒旄。他们努力奋斗，后代中屡现英才，建设并回馈着中加两国。司徒根柱的女儿司徒顺好（1902—1981，Seto Shun Hoo）嫁与台山人李华钳（1885—1970，Lee Wah Kim），并创办了跨国企业，后一直坚守在维多利亚，光耀门楣。司徒顺好的长子李惠贤（1922—2011，Jack Lee）传承低调务实的家风，经商有成，还致力于中加的贸易、文化和外交事业。

20 世纪 30 年代，司徒氏第三代纷纷投入反法西斯斗争，在这期间，爱情之花也如火绽放。司徒旄之子司徒炳唐（1914—1960，Wilfred Bien-tong）在香港迎娶了郑汉英（1915—1943，Jessie），其先祖为郑姚（生卒年不详）。19 世纪 40 年代，宝安木匠出身的郑姚在香港九龙建设时期获得第一桶金，回归家乡后建立绮云书室，希望子孙能像港商一样遍布世界。其子郑秉义（184？—1926）入清政府之户部为官，拥护改良，还培养出了杰出女性郑毓秀（1891—1959，Soumay Tcheng）和郑汉英。郑毓秀作为中国大使夫人于 1942 年来到美国，施展外交才华，为中国的抗战出力，成绩斐然。在 1939 年，郑汉英以民国空军中尉和外交官的身份与司徒炳唐结为夫妻，并到加拿大为中国空军争取援助。后来，司徒炳唐的妹妹司徒美先（1918—1990，Geraldine Maysien）嫁与台山移民、雷氏二子雷玉堂（1914—1998，Tong Louie），将司徒－雷氏家族发展为温哥华享有盛名的世家。他们的表亲刘毓麟与印第安酋长女儿芮珊达（1917—2016，Richenda Phillips）喜结连理；他后来加入了飞虎队，于大洋之上捐躯。司徒家第三代在民族存亡的时刻前赴后继、流血牺牲，换来后世繁荣。

司徒旄联手家族成员以及大洋两岸一切可团结的力量，打造出了一个富过六代的世家，改写了华人在北美的历史。本书收尾于司徒旄离世的 1967 年，彼时他为之奋斗一生的平权社会已露出曙光。司徒旄的藏书捐予亚洲图书馆，其精神亦贯彻于家族后代的行动中。本书还在末章介绍了司徒旄的子孙司徒炳唐、司徒志平（1946—，Seto Leigh）和雷震瀛在反对种族歧视和慈善捐款方面做出的贡献。

三

此书能够顺利完成并出版，我要感谢许多人。首先，要衷心感谢司徒家族成员和亲友：雷震瀛、司徒志平、李富年、Dorothy Yung、Laurence Louie、Elaine Louie、Jane Larson，谢谢他们所提供的帮助；温哥华和香港的司徒宗亲会各位长老向我介绍了遍布全球的司徒氏网络，让我受益良多；感谢历史学家沈迦、司徒协存（Seto Hopland）、Catherine Clement、约翰·亚当斯，以及石晓宁、王立、李安、贾葆蘅等各位老师的鼓励，特别是陈忠平、张启礽和林焯璋三位老师的指点。不列颠哥伦比亚大学的同事，尤其是曹瑞麟、邹崇乐、闫维艳、武亚民、张欣，以及 Erwin Wodarczak、Chelsea Shriver 和 Krisztina Laszlo 都曾无私地帮助过我。同行柳瀛和 Heather Dean 为我提供了维多利亚大学档案的使用和出版授权。唐碧霞和刘丽芝老师提供了多伦多大学特藏的照片。

另有陈新宇、张海惠、程洪、张建荣、谷敏、冯筱才等老师予我支持，提供修改建议。发掘史料是一件相当耗费时间的事情，但我有幸得到了深圳博物馆李飞、中山大学苏日娜和岭南大学张思蕾的专业帮助。澳大利亚、加拿大和美国同行们也提供了大量方便，尤其感谢西雅图陆荣昌亚太博物馆的两位主管 Bob Fisher、Steff Morrison。华盛顿大学、多伦多大学、宾夕法尼亚大学、哈佛大学、宾西法尼亚美术学院等档案和特藏部门，以及美国国会图书馆及美国国家档案馆等处素不相识的同行们，也惠我良多。

广西师范大学出版社的编辑老师建议此书以梳理史料为主，肯定了本书的价值。两位年轻的编辑朱时予和杨磊，以及排版老师赵艳霞不厌其烦地助我改进，在此也由衷表示感谢。书中的档案照片，未注明来源者，已由司徒氏及其相关姻亲家族的后代授权使用，或已被允许在公共领域中传播；其余则按照各机构的授权要求，一一注明来源。

此外，我注意到一些中文人名常有同音的另一种写法，例如：刘光锐（钥）、廖翼鹏（朋）、司徒旄（茂）、雷玉堂（钰镗）、温金有（友）等等。对此，我采用了最常见的用法，或依原始文献照录。书中的族谱图以涉及的主要人物为主，并未罗列全部家族成员。所述内容若有表述不清楚之处或出现错误，完全是我的问题。书中也留下一些未及充分弥补的遗憾，希冀后续的发现和研究能够予以改进。

刘静

2023 年 12 月

# 目录

# 第一章 司徒森

## 一、奔赴“金山”

有史家认为，美洲大陆是中国人捷足先登的。既有僧人传播佛法至扶桑的古籍传世，也有在西岸发现的中国古铜钱和古船残骸等实物佐证。[1]在现存英文文献记载中，中国人最早到达美洲的时间是18世纪后期，当时广东已与温哥华岛建立水獭毛皮贸易。[2]乾隆年间，中国工匠被英国商人带到加拿大西端的温哥华岛，修筑毛皮贸易站，制造帆船。重达40吨的双桅纵帆船西北美洲号（Northwest America），是北美西海岸第一艘由欧洲人设计、华人建造的帆船。[3]欧洲航海家意识到这个紧邻北美大陆的岛屿的重要性，西班牙和英国为了争夺此岛，甚至到了宣战边缘。因西班牙的军事实力已经大为削弱，无力夺取这个联结东西方的战略要地，最终两国签署协议，放弃武力对抗。[4]作为工匠之一的司徒森正是在这个岛上立足、扎根，繁衍出枝繁叶茂的司徒氏家族。

此后几十年，不断有中国人跟随欧洲船长来到这片富饶而又陌生的土地，他们被看作是善于合作的能工巧匠。[5]随着哈德逊港湾公司（Hudson's Bay）等贸易站的扩充，美洲的西北角变成海上丝绸之路的节点和英国的扩张目标。同一时期，美国人开启与中国的贸易，中国皇后号（Empress of China）远航成功，经好望角和东南亚而非横穿太平洋抵达中国。加拿大最西端的海岛与亚洲的贸易日益频繁，而此时在落基山以西的低陆平原上还没有欧洲人定居，那里尚是印第安人的领地。那时没有人能够预见，美洲沿太平洋的蛮荒之地藏有金矿，

图 1-1-1 西北美洲号启航
（资料来源：The Launch of the Northwest America at Nootka Sound, British Columbia, 1788. Courtesy of Toronto Public Library）

既未设防，也无所谓边境，成千上万的移民，包括大洋对岸的广东人，蜂拥而至。人们怀揣着梦想，自由往来于今天分属于美国和加拿大的地方。

淘金热先吸引华人奔赴美国加州。1858 年，菲沙河（Fraser River）流域也发现金矿，金沙居民随手可拾。华人闻讯，开始从旧金山、波特兰等地北上淘金。[6]1860 年，中英《北京条约》签订，清政府被迫允许国民移居至英属殖民地。[7]成批的中国人从香港和澳门直接乘货船横穿太平洋，抵达英属殖民地各处。[8]淘金带动的人员流动是华人大规模移民和中加在北美大陆上的交流之始。

人流的兴旺带动了相应地区的开发，英国也加强了对各地的占领和管控。1866 年，英国合并位于温哥华岛和低陆平原上的两处地方，建立不列颠哥伦比亚殖民地（Colony of British Columbia）。次年，英国正式承认加拿大自治权，加拿大遂组织联邦政府，但只有东部的 3 个领地（包括现安大略，现魁北克、新不伦瑞克和新斯科舍省）合并为一个联邦，确立了加拿大，获得自治领的地位。可这个自治领并未从英国独立出来成为一个国家。4 年之后，位于最西部的不列颠哥伦比亚省（BC）有条件地加入加拿大自治领，成为不列颠哥伦比亚省。

早在加拿大对印第安人的土地宣称主权之前，就有成百上千的华人来到这里，其中就包括司徒森。他们披荆斩棘，是加拿大的开拓者和缔造者，理当成为这里的主人。

开平是中国著名侨乡，自古就有闯荡南洋的传统。赤坎镇及其周围聚居着姓司徒的客家人，遍布着用侨汇建立起来的碉楼。开平本来生活水平不低，而且格外重视教育，但经历了两次鸦片战争、太平天国战争和土客之争，客家人和当地人厮杀，并掳掠人口充当“猪仔”贩卖到海外，[9]一时民不聊生。同一时期，环

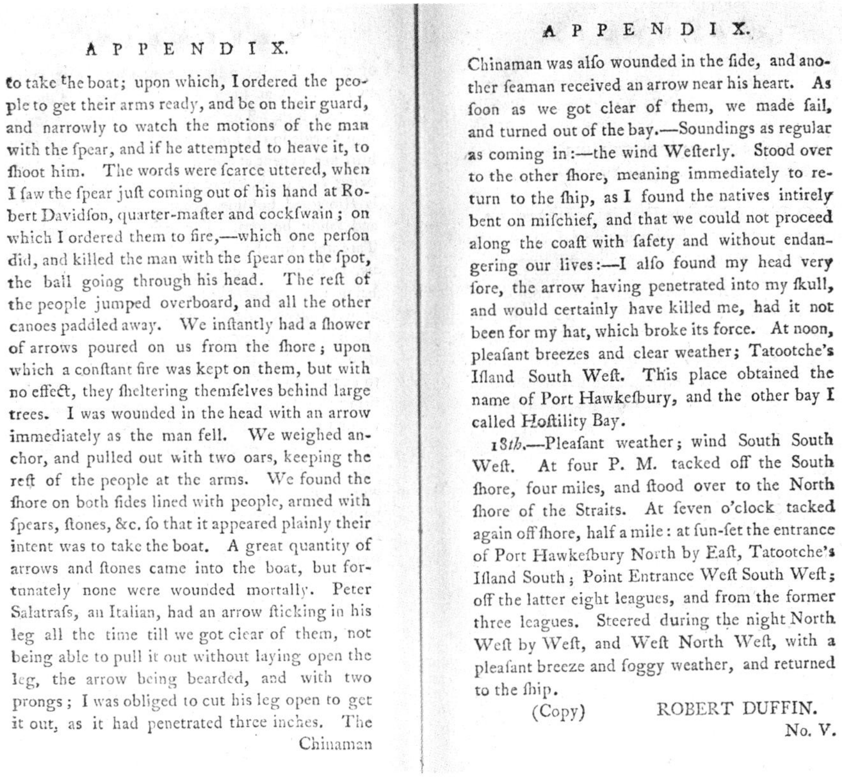

APPENDIX.

to take the boat; upon which, I ordered the people to get their arms ready, and be on their guard, and narrowly to watch the motions of the man with the ſpear, and if he attempted to heave it, to ſhoot him. The words were ſcarce uttered, when I ſaw the ſpear juſt coming out of his hand at Robert Davidſon, quarter-maſter and cockſwain; on which I ordered them to fire,—which one perſon did, and killed the man with the ſpear on the ſpot, the ball going through his head. The reſt of the people jumped overboard, and all the other canoes paddled away. We inſtantly had a ſhower of arrows poured on us from the ſhore; upon which a conſtant fire was kept on them, but with no effect, they ſheltering themſelves behind large trees. I was wounded in the head with an arrow immediately as the man fell. We weighed anchor, and pulled out with two oars, keeping the reſt of the people at the arms. We found the ſhore on both ſides lined with people, armed with ſpears, ſtones, &c. ſo that it appeared plainly their intent was to take the boat. A great quantity of arrows and ſtones came into the boat, but fortunately none were wounded mortally. Peter Salatraſs, an Italian, had an arrow ſticking in his leg all the time till we got clear of them, not being able to pull it out without laying open the leg, the arrow being bearded, and with two prongs; I was obliged to cut his leg open to get it out, as it had penetrated three inches. The

Chinaman

APPENDIX.

Chinaman was alſo wounded in the ſide, and another ſeaman received an arrow near his heart. As ſoon as we got clear of them, we made ſail, and turned out of the bay.—Soundings as regular as coming in:—the wind Weſterly. Stood over to the other ſhore, meaning immediately to return to the ſhip, as I found the natives intirely bent on miſchief, and that we could not proceed along the coaſt with ſafety and without endangering our lives:—I alſo found my head very ſore, the arrow having penetrated into my ſkull, and would certainly have killed me, had it not been for my hat, which broke its force. At noon, pleaſant breezes and clear weather; Tatootche's Iſland South Weſt. This place obtained the name of Port Hawkeſbury, and the other bay I called Hoſtility Bay.

*18th.*—Pleaſant weather; wind South South Weſt. At four P. M. tacked off the South ſhore, four miles, and ſtood over to the North ſhore of the Straits. At ſeven o'clock tacked again off ſhore, half a mile: at ſun-ſet the entrance of Port Hawkeſbury North by Eaſt, Tatootche's Iſland South; Point Entrance Weſt South Weſt; off the latter eight leagues, and from the former three leagues. Steered during the night North Weſt by Weſt, and Weſt North Weſt, with a pleaſant breeze and foggy weather, and returned to the ſhip.

(Copy) ROBERT DUFFIN.

No. V.

图 1-1-2 温哥华岛上最早的中国人

（资料来源：University of British Columbia. Library. Rare Books and Special Collections. FC3821.1.M42 1791）

太平洋的美国加州（1848）、澳大利亚（1851）、英属不列颠哥伦比亚殖民地（1858）、新西兰（1861）等陆续发现金矿，吸引成千上万的开平人，包括司徒氏族人远渡重洋，奔赴各地的“金山”，司徒森即其中一位。[10]

司徒森，字蕃贞，号子乔，例贡生，生于道光十七年（1837），卒于民国十六年（1927）。妣吴氏（生卒年不详）、继谢氏（1858—1937）、妾何氏（1867—1935）。[11]

司徒森于 1860 年离开家乡，先到香港打工，等待可以搭乘的帆船，寻找出洋机会。彼时，香港被割让给英国已有 18 年。这一亚洲最繁忙的转运港，联结了太平洋和印度洋、中国和东南亚，以及欧洲、澳大利亚和美洲间的贸易往来，俨然是一个“移民走廊”中间站。司徒森怀揣衣锦还乡、光宗耀祖的梦想，他的家族日后建立起全球性的贸易网络，完全超越其当年的想像。1862年，司徒森由香港出发，乘帆船耗时100多天到达旧金山。[12] 当年这条航线平均耗时4个月，以英美商人的货船为主。[13] 船上条件简陋，食品匮乏，容易生病。出洋谋生的人们需要忍受一望无际的大洋上的颠簸，过着旷日持久、周而复始的底层船舱生活。如果遇到恶劣天气，还会有乘客丧命，或者随风漂流到其他地方。“金山”吸引着华工搭乘这些满载丝绸和茶叶的商船，历尽艰险去往彼岸。

司徒森抵达旧金山时，美国已有近3.5万位华人，约占当时总人口的1‰。[14] 湾区有11万多人，亚裔占比为2.1%。[15] 持续了10年的淘金潮正在消落，矿区工作变得稀少，野外的基础设施工程正进行得如火如荼。“旧金山不仅是西部采矿类工业的中心，其港口运输、金融服务和地方制造业都富有活力。”[16]

司徒森选择留在城里学习裁缝技术。工作3年之后，他不仅还清了出洋的

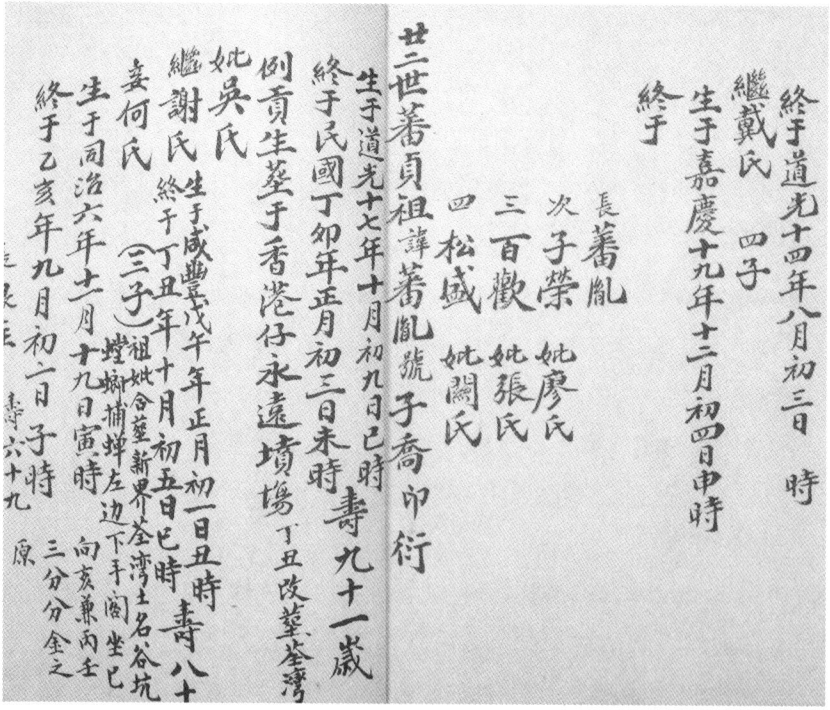
終于道光十四年八月初三日　時
繼戴氏　四子
生于嘉慶十九年十二月初四日申時
終于
長蕃胤
次子榮　妣廖氏
三百歡　妣張氏
四松盛　妣關氏
廿三世蕃貞祖諱蕃胤號子喬印衍
生于道光十七年十月初九日巳時
終于民國丁卯年正月初三日未時　壽九十一歲
例貢生塟于香港仔永遠墳塲　丁丑改葬荃灣
妣吳氏
繼謝氏　生于咸豐戊午年正月初一日丑時　壽八十
終于丁丑年十月初五日巳時
(三子)祖妣合塟新界荃灣土名谷坑
壆蝌埔埠左边下手閣坐巳向亥兼丙壬三分分金之原
妾何氏
生于同治六年十一月十九日寅時
終于乙亥年九月初二日子時　壽六十九

图1-1-3　家谱中关于司徒森的记录

债务，还薄有积蓄。北方的英属殖民地方兴未艾，最早一批寻找新“金山”而北上的华人传回的消息激励人心，他们的乡亲也陆续到来。1865年，司徒森舍弃了华人聚居的北美大埠[17]，乘船一路向北，途经波特兰、西雅图等地，另一个港口，即被称为“域多利”或者“域埠”的维多利亚（Victoria）。它是通往亚洲最短航线上的门户港口，因此不少人常说“加拿大是与中国最接近的西方国家”[18]。远东与美洲的海上交通在19世纪中叶发展迅速，香港、上海与美洲乃至欧洲的贸易往来频繁，货物通常先在这个港口城市集中，再向大西洋沿岸转运，因此这条航线被西方人称为“海上丝绸之路”。[19]维多利亚是华人向往的又一座“金山”，吸引了一批殷实的华商。

图 1–1–4 底舱里的华工
（资料来源：Chinese men aboard C.P.R. ship, VPL 12866, Courtesy of Vancouver Public Library）

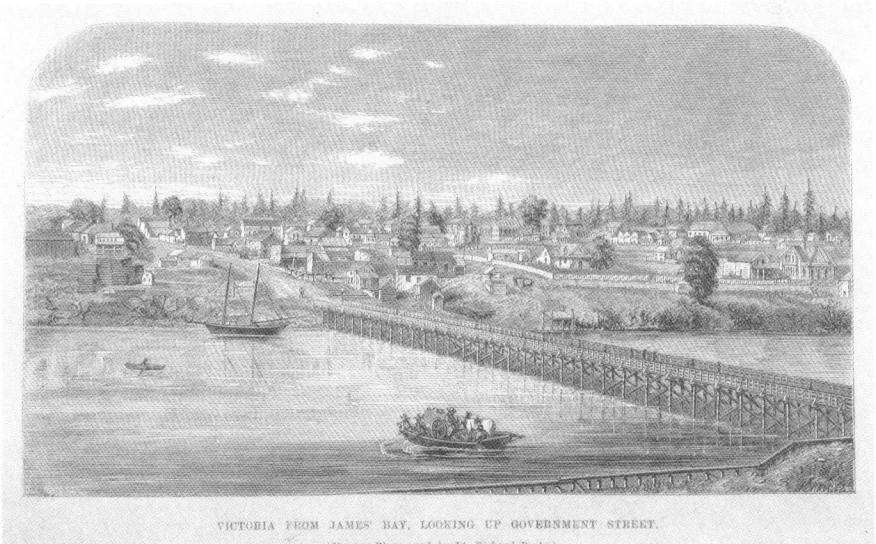


图 1–1–5 维多利亚詹姆斯湾（1862年）

司徒森抵达时，已经有华人在此买地置业，域埠的华人商号也逐渐多起来。

## 二、落地生根

加拿大西南端的菲沙河谷（Fraser River Valley）被发现有黄金储藏后，人气大增。最先得到消息的人们从美国各州北上或者西进。他们也从海上抵达维多利亚，先补充补给，再去沿菲沙河谷淘金。

维多利亚位于温哥华岛南端，温哥华岛的面积接近中国台湾岛。英美一度争夺此地的主权。1841 年，哈德逊湾公司委派詹姆士·道格拉斯（James Douglas）在该岛的南端设立贸易站，1848 年，此地成为以女王名字命名的英国属地。1849 年，当局把温哥华岛殖民地的首府设立于此，道格拉斯任第一届总督。凭借其优越的港口位置，维多利亚迅速成为最早繁荣起来的加拿大西部城市，由一个小渔村变成商业中心。

维多利亚隔佐治亚海峡（Georgia Straight）与低陆平原上的温哥华市相望，南端紧邻美国海域，与大陆上的温哥华和西雅图分别相距 100 公里。1903 年，梁启超在抵埠时兴致盎然地写道：“二月初六凌晨，舟入加拿大属温哥华岛之海口。两岸青山，如送如迎，左英属，右美属，山皆秀丽，灌木如莽。舟行于朝曦融曳之间，颇极快游。”[20] 太平洋暖流带来充沛的降水，气候终年温暖湿润，物产丰富，是加拿大最温暖的一个城市。

图 1-2-1　詹姆士·道格拉斯总督

1861 年，温哥华全岛约有 3000 人，他们集中居住于该岛南端的港口附近。[21] 紧邻该港口的维多利亚于 1862 年被英国设置为城市，同年从这一城市流传出去的天花致使不列颠哥伦比亚省三分之二的印第安人丧生。1865 年，英国皇家海军在此建立基地，各族裔可以自由进出，该海军基地一直沿用至今。[22]同年，司徒森到达此地，白手起家，安身立命。[23]在加拿大成为自治领之前，他就登陆此地，可谓真正的移民先驱。他在船厂当帮工，缝制船帆。这一年该市人口约增长到 6000 人，有 1500 处木制房屋，包括 4 个教堂、85 座有牌照的酒坊，有市长和 6 个市议员。[24]这一时期的华人颇受欢迎，被视作善于经营、可以共同致富和有利于远东贸易的伙伴。[25]1866 年，该市取代大陆上的新西敏市（New Westminster），成为哥伦比亚殖民地的首府。

司徒森为人机敏，虽没有加入淘金队伍，但时常听到发现新的金矿和丰富矿苗的好消息。从广东赶到的同胞大多衣衫单薄，受不住野外山区寒冷的天气，下船登陆后急需添置保暖的衣服。他注意到工人对帆布帐篷以及工作服的需求，便拿出积蓄开设了“森记”——唐人街最早的裁缝店。[26]由此，他在官方的文件中常以“司徒森”“森记”和“Sam Kee”的名称出现。同时，城里已经有来自旧金山的华人大商行，如广利（Kwong Lee），它由一对卢姓兄弟拥有，他们派经理李祥（Lee Chang）把广州、香港的商号开到旧金山，又随着淘金热在维多利亚安营扎寨，从事贸易。广利在内陆的巴克维尔（Barkerville）购买了金矿开采权，又给淘金者提供补给，收益颇丰。广利规模仅次于老牌的哈德逊湾公司，其总

图 1-2-2　维多利亚市鸟瞰图

（资料来源：Library of Congress, Geography and Map Division）

图 1-2-3　司徒森坐像（1920 年前后）

经理李祥在 1860 年最先携家人移民至此，是最早的纳税大户。[27]

唐人街的华商为签了契约的华工安排住处。即便如此，不少人也需要先在帐篷里度日，绝不敢想像携带家眷。华人队伍里看不到女人和孩子，都是拖着辫子的男人。华人数量不多，与西方人有着不同的形象和举止，而其他族裔多数人从未见过华人，以致他们常被当地白人的孩子取笑和谩骂。华商之中的翘楚很早就注意与省、市政府沟通，参与本地公共事务，为后来者，也为自己的后代树立了榜样。[28]

1871年，英属哥伦比亚殖民地加入加拿大自治领，成为其属下的BC省。当地的经济由海运、转运和提供补给转变成更多地满足本地需求以及家居生活服务等。据不完全统计，1871年，维多利亚市区常住总人口不足4000人，其中200多位是华人，[29]这些移民先驱建立起加拿大第一条唐人街。唐人街占地甚广，华商在此买房置地，并在多地甚至多国经营贸易，有“小广州”之称。[30]维多利亚与海上丝绸之路另一端的广州、香港、上海遥相呼应，互通有无。然而，这一年BC省在开始第一次省立法的过程中，种族主义风气蠢蠢欲动。

第一次省立法伴随着排华企图，作为一种政治策略赢得白人联盟支持。虽然此前几年就有维多利亚市议员建议给华人加税，但是当时的道格拉斯总督持反对意见并安抚了华商们。[31]1872 年，华人抵加者日多，有议员提出要依靠征税对华人加以限制，此提议在省议会未获通过。但在 BC 省，华人、印第安人和有色人种被剥夺了选举权。[32] 随后，BC 省的排华呼声渐高，工人阶层反应尤其强烈。1878年，省议会通过了政府和公共机构禁止雇佣华人的议案，并且要对所有华人征收赋税，甚至那些铺设公共道路的华人也要先缴纳赋税、购买执照才可以打工挣钱。司徒森等10位华商带头反对，他们雇佣西人律师，联系驻英公使郭嵩焘，向BC政府和英联邦政府抗议。[33] 英政府将华商和郭嵩焘的抗议转交加拿大渥太华政府。华商们不仅发出书面抗议，还拒绝缴纳这种带有歧视性质的税款。自9月16日开始，维多利亚的华商店铺、工人开始统一行动，集体罢市。森记在罢工罢市的记录中榜上有名。[34] 次年秋，加拿大自治领政府否决了省政府的法案，这是华商们携手抗争取得的一次胜利。[35]

淘金、筑路的工人成百上千地登陆，他们在冬季涌入温暖的维多利亚城。商户们在唐人街后巷加盖木板屋，提供临时住处。随着金矿的枯竭和种族矛盾的凸显，华裔劳工逐渐流失。他们有的回流至广东老家，有的迁往美国或者加拿大偏远的内陆小镇。1881年，加拿大官方的人口普查第一次包括了BC省，[36] 普查数据显示维多利亚市有693个常住华人，是全加最多的。[37] 司徒森已经落地生根——他组建了家庭，与妻子谢氏有了两个女儿，并收养了一个儿子。

图1-2-4　维多利亚唐人街商铺的后巷
（资料来源：Library and Archives Canada/William Molson Macpherson fonds/c023415）

曾经颇受排挤的华人，在十几年之后忽然成为市场急需的劳动力，他们再次源源不断地抵达维多利亚。登陆后，他们多数会沿低陆平原的河流东进，去修建横跨东西、联结两大洋的铁路。加拿大的太平洋铁路意义重大，将铁路穿过险峻的落基山脉意味着无限商机，是当年 BC 省同意加入加拿大自治领而非加入美国的先决条件之一。虽然太平洋铁路施工难度大、成本高，开发商和领导人还是决定让铁路贯通到西海岸，以便利用航运联结亚太地区。司徒森没有到野外去筑路，也不曾想到家族后代会与加拿大太平洋轮船公司（Canadian Pacific Steamships Ocean Services Limited，旧称“诗丕亚”）结缘，从而使他与华夏故土的关系更加紧密。

这一时期西部的唐人街日趋繁荣，数量不断增加，包括同样位于岛上的煤矿华工的聚居地——纳奈莫（Nanaimo）。低陆平原上菲沙河畔的新西敏被称为“二埠”，那里也有唐人街。淘金重地巴克维尔的唐人街有最早的洪门组织，以及耶鲁镇（Yale Town）、阿什克劳夫特（Ashcroft）和后来居上的温哥华唐人街。一直到 1901 年，86% 的抵加华人都居住在 BC 省，而维多利亚拥有全加最多的华人城市人口，是政治文化中心。[38]

随着金矿逐渐枯竭，兼之其他行业竞争激烈，生活资源匮乏，华人移民数量又由于筑路而迅猛增长，白人态度日趋恶劣，尤其是利益相关的劳工阶层和需要选票的政客们。1873 年，排侨社团（Anti-Chinese Society）在维多利亚成立。[39] 白人虽然对很多族裔有歧视，但是针对华工的歧视尤甚。华人意识到需要抱团取暖、一致对外。在加拿大的广东人以同乡同宗为多，宗亲会、房口[40]和善堂发展开来，又有分散在北美多地的洪门致公堂[41]。他们收取会费，为会员提供临时帮助。但是华人社团内部也有阴暗的一面，例如堂斗、欺凌、勒索、赌博、嫖妓、吸鸦片等，还有遭到普遍诟病的不注重个人卫生和没有精神追求。1881—1884 年，约有 1 万名华人先后应召而至，修建铁路。[42] 除了美国的华工和已经生活在北美大陆上的华人，他们大部分是直接来自广东，在维多利亚登陆。当时维多利亚人口稀少，大规模的、快速到来的华工成为码头上的一道风景，震撼了各族裔。人们感受到一些社会问题随之出现，甚至“人口急剧增加，鱼龙混杂，地痞流氓在华人社区中出现”[43]。排侨社团借机叫嚣攻击华人自带奴性，拉低了人们的收入和生活水平。

就在这个时期，维多利亚市20位华人联合发起成立意在维护华人权益的官方组织——中华会馆（Chinese Consolidate Benevolent Association），并由此权威组织来统领和仲裁华人内外事务。1884年6月，在驻美国旧金山总领事黄遵宪的支持下，加拿大第一个中华会馆成立，于同年8月9日向BC省政府正式申请注册。司徒森是会馆创始人之一，随后在1887年、1891年、1898年前后共任4届值理。[44]

图1-2-5 维多利亚中华会馆（1885年）
（资料来源：D-05246, Courtesy of the BC Archives）

1885 年，为庆祝维多利亚中华会馆的馆舍落成，黄遵宪赠送对联“异地喜联桑梓谊，海滨期守孔周风”。清政府鼓励华商捐助故国并给予功名。诗丕亚铁路在这一年完工，立即有 7000 多华工失业，很多人没有收到遣散费，生计困难。中华会馆筹资支援，并安排老弱病残劳工的救治与返乡。[45]

中华会馆执掌和运营着加拿大境内相对独立的华人社区。除了首创华商慷慨捐赠的先例，还到各地招募会员，征收每人 2 加币的会费。1884 年，在 BC 省大小 30 个城镇有 2 万多华人居住和工作。维多利亚的华人数量最多，接近 2000 人。[46] 会馆出台详细的章程，包括新登陆的华工须在 5 日内报到并缴费 2 加币，以获得入会资格，享受照顾。会馆的职能包括：“联络众情，施行善举，解息争讼，扶助贫病，禁除内患，抵御外侮，抗议省市政府日趋严厉的排华政策。”[47]

中华会馆会所有三层，一楼有办公室和会议室，楼上有学校教室和一个

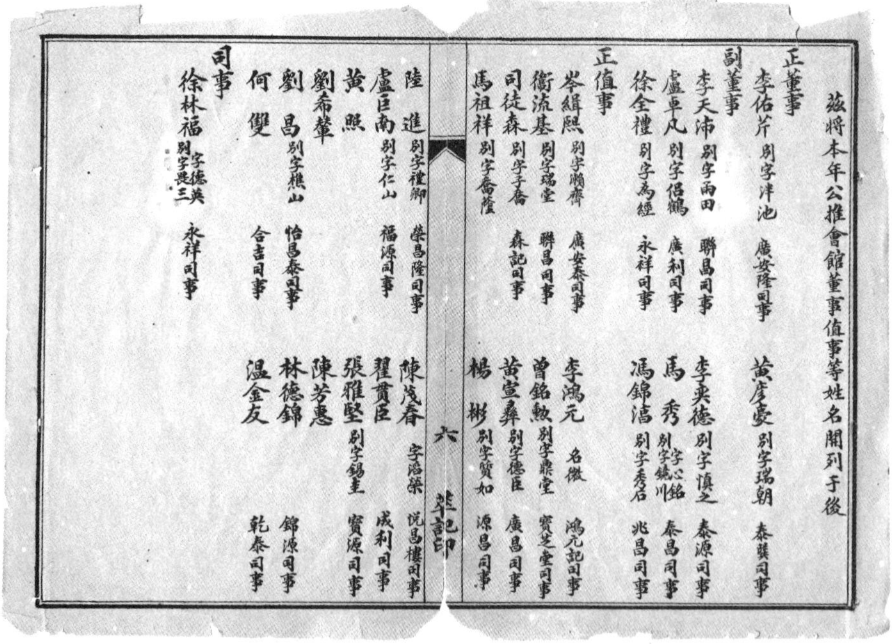
玆將本年公推會館董事值事等姓名開列于後
正董事
李佑芹 別字泮池 廣安隆司事
黃彥夔 別字瑞朝 泰興司事
副董事
李天沛 別字雨田 聯昌司事
李奕德 別字慎之 泰源司事
盧卓凡 別字侶鶴 廣利司事
馬秀 字心銘 別字鏡川 泰昌司事
徐全禮 別字爲經 永祥司事
馮錦濤 別字秀石 兆昌司事
正值事
岑緝熙 別字瀚儕 廣安泰司事
李鴻元 名徵 鴻元記司事
衛流基 別字瑞堂 聯昌司事
曾銘勳 別字鼎堂 寶芝堂司事
司徒森 別字子喬 森記司事
黃宣彝 別字德臣 廣昌司事
馬祖祥 別字喬蔭
楊彬 別字賓如 源昌司事
六
華記印
陸進 別字禮卿 榮昌隆司事
陳茂春 字滄榮 悅昌樓司事
盧巨南 別字仁山 福源司事
瞿貫臣 成利司事
黃熙
張雅堅 別字錫圭 寶源司事
劉希鞏
陳芳惠
劉昌 別字樵山 怡昌泰司事
林德錦 錦源司事
何燮 合吉司事
溫金友 乾泰司事
司事
徐林福 字德英 別字典三 永祥司事

图 1-2-6　1885 年中华会馆公推首届值理，其中即有司徒森

神庙。司徒森参与协商起草会馆章程，留有签名。中华会馆保留了 5000 多个会员缴费的记录，尽管不是全部，但还是可以看出分布在各地的华工人心所向，维多利亚的华商已经具备了号召和领导力。[48] 在会馆的一再要求下，清政府直到 1909 年才在加拿大首都渥太华设置总领馆，首任总领事为龚心钊；之前是由驻旧金山和华盛顿的领事以及驻伦敦公使代理加拿大侨务。中华会馆无疑是关照和团结侨胞的得力组织，也被认为是代表清政府统治加拿大华侨的机构。[49]“此北美洲特殊侨团，在加拿大侨社，以域多利中华会馆历史最为悠久；其成绩亦为最著。在云高华尚未成为侨社中心之前，该馆俨然为旅加侨胞对内对外总机构。”[50]

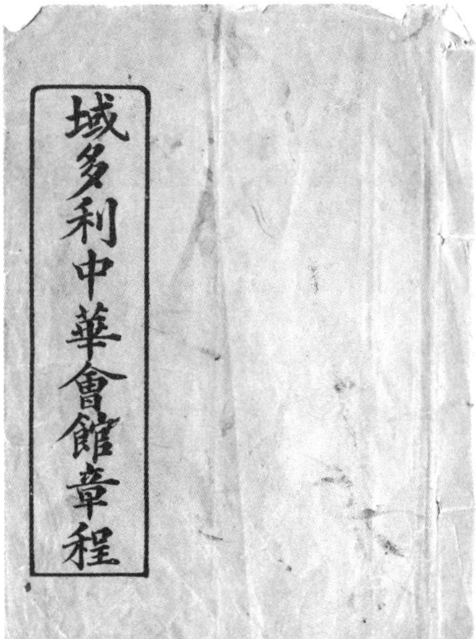

图 1–2–7　中华会馆章程

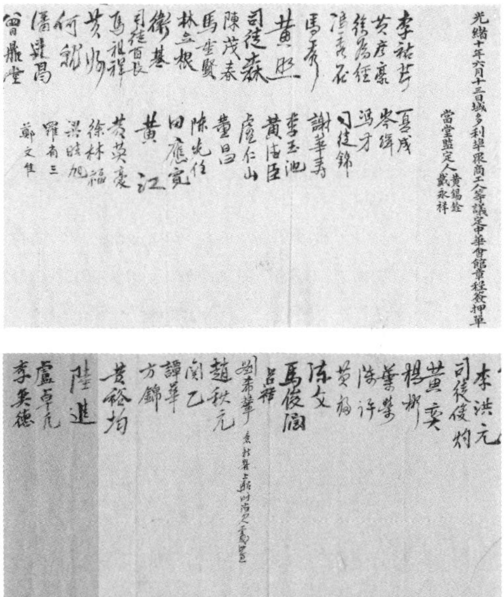
图 1–2–8　章程签押单

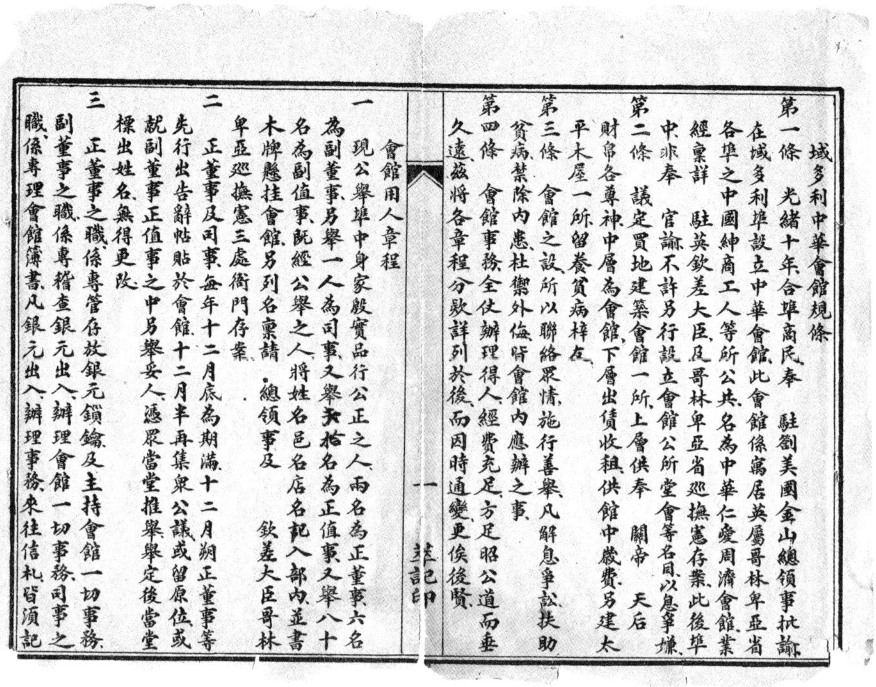
域多利中華會館規條
第一條　光緒十年合埠商民奉　駐劄美國金山總領事扺諭
在域多利埠設立中華會館此會館係寓居英屬哥林卑亞省
各埠之中國紳商工人等所公共名為中華仁愛周濟會館業
經稟詳　駐英欽差大臣及哥林卑亞省巡撫憲存案此後埠
中非奉　官諭不許另行設立會館公所堂會等名目以息爭嫌
第二條　議定買地建築會館一所上層供奉　關帝　天后
財帛各尊神中層為會館下層出賃收租供館中歲費另建太
平木屋一所留養貧病梓友
第三條　會館之設所以聯絡眾情施行善舉凡解息爭訟扶助
貧病禁除內患杜禦外侮皆會館內應辦之事
第四條　會館事務全仗辦理得人經費充足方足昭公道而垂
久遠茲將各章程分款詳列於後而因時通變更俟後賢
一
華記印
會館用人章程
一　現公舉埠中身家殷實品行公正之人兩名為正董事六名
為副董事另舉一人為司事又舉[illegible]拾名為正值事又舉八十
名為副值事既經公舉之人將姓名邑名店名記入部內並書
木牌懸挂會館另列名稟請　總領事及　欽差大臣哥林
卑亞巡撫憲三處衙門存案
二　正董事及司事每年十二月底為期滿十二月朔正董事等
先行出告辭帖貼於會館十二月半再集衆公議或留原位或
就副董事正值事之中另舉妥人憑衆當堂推舉舉定後當堂
標出姓名無得更改
三　正董事之職係專管存放銀元鎖鑰及主持會館一切事務
副董事之職係專稽查銀元出入辦理會館一切事務司事之
職係專理會館簿書凡銀元出入辦理事務來往信札皆須記

图 1-2-9　域多利中华会馆规条和用人章程
（以上 4 图资料来源：Chinese Consolidated Benevolent Association fonds, Special Collections and University Archives, University of Victoria Libraries）

# 三、开枝散叶

司徒森初到维多利亚时，当地已经从帐篷营地发展出一些木制房屋。华人大量迁入，处在社会底层的华工们承担各种开发项目：修筑矿场、开采煤矿、铺设山区的马车道路和电报线路等。华工沿着湍急的河流向荒无人烟的地区不停开拓。他们风餐露宿，对帐篷和工作服的需求极大，司徒森就是看准了这些需求，凭借手艺白手起家，成就了体量虽小却持续发展的名牌店铺。自从 1868 年 BC 省出现第一个商业指南，森记就连年在上面出现，人们直接称呼老板本人为森记。这是中西人士都易上口的响亮名字。森记先是位于叶芝路（Yates Street）的北侧，从 1882 年开始，迁到盖莫伦街（Cormorant Street）。[51]

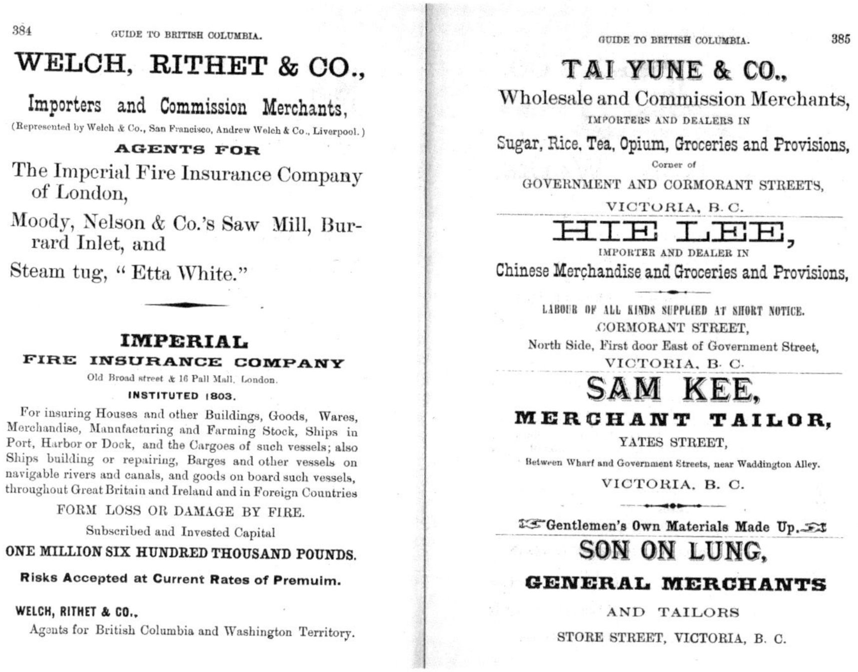

384　GUIDE TO BRITISH COLUMBIA.

**WELCH, RITHET & CO.,**

Importers and Commission Merchants,

(Represented by Welch & Co., San Francisco, Andrew Welch & Co., Liverpool.)

AGENTS FOR

The Imperial Fire Insurance Company of London,

Moody, Nelson & Co.'s Saw Mill, Burrard Inlet, and

Steam tug, "Etta White."

**IMPERIAL**

**FIRE INSURANCE COMPANY**

Old Broad street & 16 Pall Mall, London.

INSTITUTED 1803.

For insuring Houses and other Buildings, Goods, Wares, Merchandise, Manufacturing and Farming Stock, Ships in Port, Harbor or Dock, and the Cargoes of such vessels; also Ships building or repairing, Barges and other vessels on navigable rivers and canals, and goods on board such vessels, throughout Great Britain and Ireland and in Foreign Countries

FORM LOSS OR DAMAGE BY FIRE.

Subscribed and Invested Capital

ONE MILLION SIX HUNDRED THOUSAND POUNDS.

Risks Accepted at Current Rates of Premuim.

WELCH, RITHET & CO.,

Agents for British Columbia and Washington Territory.

GUIDE TO BRITISH COLUMBIA.　385

**TAI YUNE & CO.,**

Wholesale and Commission Merchants,

IMPORTERS AND DEALERS IN

Sugar, Rice, Tea, Opium, Groceries and Provisions,

Corner of

GOVERNMENT AND CORMORANT STREETS,

VICTORIA, B. C.

**HIE LEE,**

IMPORTER AND DEALER IN

Chinese Merchandise and Groceries and Provisions,

LABOUR OF ALL KINDS SUPPLIED AT SHORT NOTICE.

CORMORANT STREET,

North Side, First door East of Government Street,

VICTORIA, B. C.

**SAM KEE,**

**MERCHANT TAILOR,**

YATES STREET,

Between Wharf and Government Streets, near Waddington Alley.

VICTORIA, B. C.

Gentlemen's Own Materials Made Up.

**SON ON LUNG,**

**GENERAL MERCHANTS**

AND TAILORS

STORE STREET, VICTORIA, B. C.

图 1-3-1　BC 省商业指南上的森记（1877 年）

（资料来源：UBC Library, Rare Books and Special Collections, FC3802.6.G839 1877）

自治领政府艰难地筹集经费，却还是捉襟见肘，一再推迟太平洋铁路工程。为了节省经费，本来排斥华人的政客们忽然急需华工修建铁路，因为华工不仅工费低廉，而且善于分工协作。一时间在维多利亚下船登陆的华工超过 1.9 万人。[52] 唐人街随之繁荣起来，临街的联排店铺变成了高大的两层砖房，地面一层有大玻璃窗，二楼是店主生活区域，后巷加盖木板房供给临时落脚的新移民。森记最初缝制船帆和帐篷并订制工作服，逐渐也开始制作家居服装。

在加拿大的华人绝大多数为单身男性，他们埋头打工，经商赚钱，盼望某天可以衣锦还乡。司徒森与他们不同，他希望在枫叶国 [53] 安置一个崭新的家园，繁衍子嗣。他于 1873 年回乡迎娶谢氏，[54] 生养了 3 个女儿，她们应该是最早出生在加拿大的一批华裔女孩子。最早在本省出生的男性华人是温金有（Won Alexander Cumyow），他出生在哈里逊湖北端的道格拉斯港（Port Douglas），距海边的温哥华约 100 公里。温金有和司徒氏后代互动频繁。

图 1-3-2　森记姆（司徒森夫人）

三女儿出生后，司徒森又纳何氏为妾。何氏为司徒家诞下两个儿子，长子即司徒旄，次子司徒琚（1892—1951）[55]。此时维多利亚已经有超过 2000 名华人，集中了 75% 的华人商业公司，但女性仍然极少。[56] 那时的许多商铺，除了经营自家生意，还会帮助华工们撰写和收发信件，以及替他们定期为家乡汇款，即侨批和侨汇。当然，也有为同族客家乡亲提供落脚和休整帮助的。在百年后的温哥华，还有人对司徒氏留有印象，就是因为他们一家向来善于帮助新移民。[57]

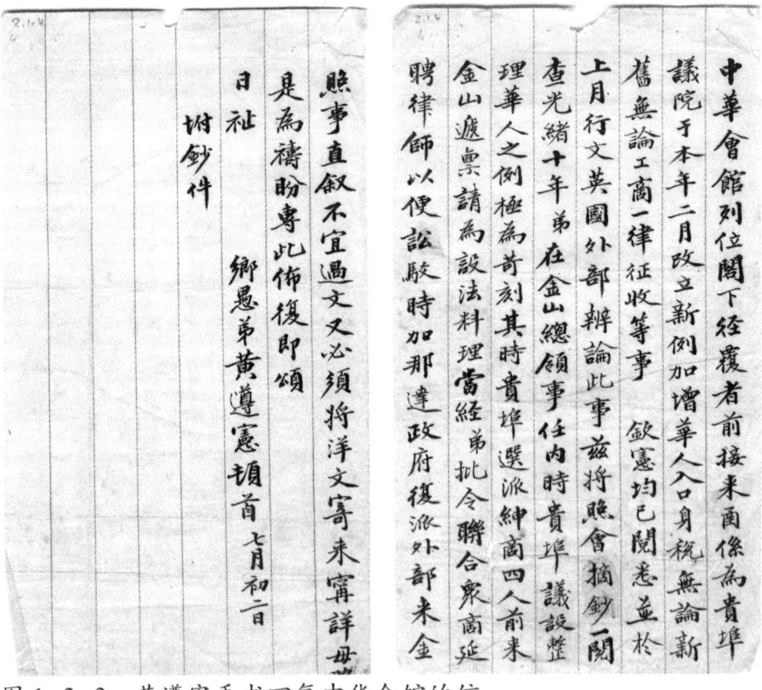

中華會館列位閣下径覆者前接来函係爲貴埠議院于本年二月改立新例加增華人入口身税無論新舊無論工商一律征收等事 欽憲均已閲悉並於上月行文英國外部辯論此事兹将照會摘鈔一閲查光緒十年弟在金山總領事任内時貴埠議設整理華人之例極爲苛刻其時貴埠選派紳商四人前来金山遞禀請爲設法料理當經弟批令聯合衆商延聘律師以便訟駁時加那達政府復派外部来金

照事直叙不宜過文又必須将洋文寄来寓詳毋是爲禱盼専此佈復即頌
日祉
鄉愚弟黄遵憲頓首 七月初二日
附鈔件

图 1-3-3　黄遵宪手书回复中华会馆的信
（资料来源：Chinese Consolidated Benevolent Association fonds, Special Collections and University Archives, University of Victoria Libraries）

加拿大 BC 省的两个亚太门户城市维多利亚与温哥华是海外的政治历史舞台，对中加两国的发展和双边关系有至关重要的影响。而司徒家族成员每一代都承担着重要的角色，游走于这个舞台之上。司徒森参与了中华会馆的开创。太平洋铁路完工之后，位于大陆上的温哥华吸收了大量劳动力和商业投资，取代了维多利亚亚太门户的经济和政治地位。两地紧邻美国的华盛顿州，渡轮往来频繁，华人社区合作密切，包括进行家族联姻。司徒森的子孙以及姻亲在接下来的一个世纪里勇于担当，家族中每一代都有人服务于中华会馆，甚至承担领袖职责。[58]

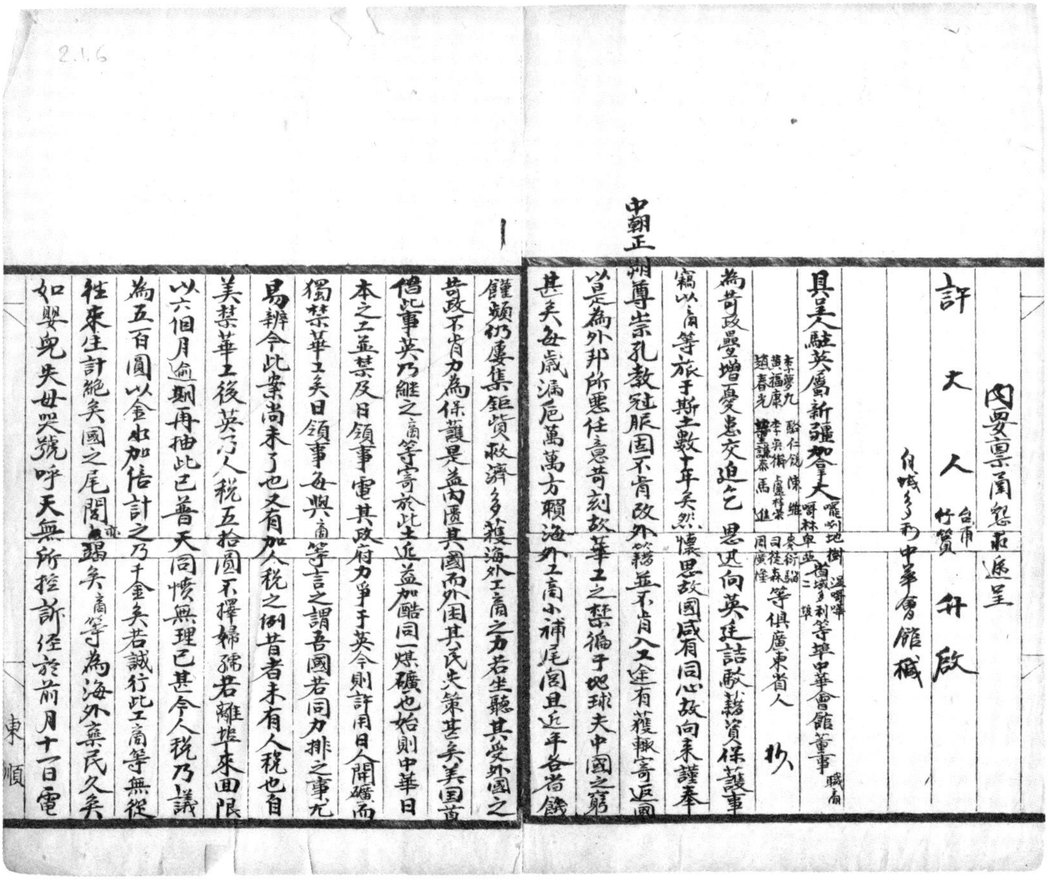
2.1.6
內要稟簡恕不遞呈
許大人 台甫竹賓 升啟
自域多利中華會館緘
具呈人駐英屬新疆加拿大域多利、溫哥華二埠中華會館董事職商
李夢九 黃福康 趙春光 駱仁鏡 李奐衡 董謙泰 陳維 盧梓棠 馬進 麥衍貂 司徒森 周廣佳 等俱廣東省人 抄
為苛政疊增憂患交迫乞恩迅向英廷詰駁藉資保護事
竊以商等旅于斯土數十年矣然懷思故國咸有同心故向來謹奉
中朝正朔尊崇孔教冠服國不肯改外籍並不肯入乂途有獲輒寄返國
以是為外邦所惡任意苛刻故華工之禁遍于地球夫中國之窮
甚矣每歲漏卮萬萬方賴海外工商小補尾閭且近年荅嘗饑
饉頻仍屢集鉅貲救濟多賴海外工商之力若坐聽其受外國之
苛政不肯力為保護是益內匱其國而外困其民失策甚矣美国首
倡此事英乃繼之商等寄於此土近益加酷同一煤礦也始則中華日
本之工並禁及日領事電其政府力爭于英今則許用日人開礦而
獨禁華工矣日領事每與商等言之謂吾國若同力排之事尤
易辦今此案尚未了也又有加人稅之例昔者未有人稅也自
美禁華工後英乃人稅五拾圓不擇婦孺若離埠來回限
以六個月逾期再抽此已普天同憤無理已甚今人稅乃議
為五百圓以金山加倍計之乃千金矣若誠行此工商等無從
往來生計絕矣國之尾閭亦竭矣商等為海外棄民久矣
如嬰兒失母哭號呼天無所控訴從於前月十一日電
東順

图 1-3-4　1900 年司徒森、李梦九等人致驻英公使请求抗议针对华人苛例的信
（资料来源：Chinese Consolidated Benevolent Association fonds, Special Collections and University Archives, University of Victoria Libraries）

图 1-3-5　20 世纪初的司徒氏三姐妹，司徒春颜居中，左侧为司徒兰香，右侧为司徒鸣玉（资料来源：Image M06929 Courtesy of City of Victoria Archives）

自 1892 年起，司徒森 3 个女儿陆续出嫁，辅佐 3 位知名华商女婿，也都各自发展出重教育的家庭。与同一时期国内的妇女不同，她们敢于抛头露面，经常参与慈善和政治活动。司徒森的夫人曾领导中华会馆女部的劝捐活动。[59] 在那个时代，女眷出马领导社会活动在国内和海外唐人街都很罕见，这种家风奠定了司徒氏家族的文化基础与格局。身在加国的华人女性本来就十分稀缺，司徒氏女眷可谓华裔女性精英。经过 100 多年的努力，司徒氏第二代的 6 个儿女在加拿大繁衍成著名世家，[60] 而且后人之中不乏成就卓著者，深度参与了中加甚至世界历史的进程。司徒氏家族代表了 20 世纪华人在加拿大奋斗历程的一个缩影。

图 1-3-6　1906 年的司徒氏一家，后排左一为司徒兰香，左二为司徒琚，左三为司徒旋，左四为司徒根柱，左五为司徒鸣玉，左六为司徒春颜

## 注 释

1. ［加］李东海：《十九世纪以前中国与北美洲的交通》，《华冈学报》1969年第5期。
2. John Mears, *Voyages made in the years 1788 and 1789: from China to Northwest Coast of America* (London: Logographic Press, 1790), p. appendix IV & V.
3. Chinese in North America Research Committee,"CINARC 金山西北角：华裔研究中心，" https://www.cinarc.org/History.html#anchor_25, accessed Dec.12, 2022.
4. "Nootka Sound Controversy," *Britannica: Canadian History*, https://www.britannica.com/event/Nootka−Sound-controversy, accessed Dec.20, 2022.
5. Bennet Bronson and Chuimei Ho, *Coming home in gold brocade: Chinese in Early Northwest America* (Seattle WA: Chinese in Northwest American Committee, 2015), pp.28-36.
6. David Chuenyan Lai, *Chinatowns: Towns within Cities in Canada* (Vancouver: UBC Press, 1988), pp.15-16.
7. "Convention Peace between Her Majesty and the Emperor of China," *The Hong Kong Government Gazette*,(December1860):271. ART.V. "Chinese choosing to take service in the British colonies, or other parts beyond the sea, are at perfect liberty to enter into any engagements with British subjects for that purpose…"
8. "Chinese Immigration," *Darily Colonist*, May 10, 1960, p.2.
9. 刘平：《被遗忘的战争：咸丰同治年间广东土客大械斗研究》，商务印书馆，2003年。
10. 据2020年的统计数字，司徒姓氏的47000人当中有88.2%集中居住于广东。《2022年全国姓名发布报告》，公安部网站：http://www.gov.cn/xinwen/2021-02/08/content_5585906.html, 访问日期：2022年12月26日。经

历了向海外移民和开拓的过程，司徒氏人已经遍布他乡，数量比留在国内的多出近一倍。笔者曾访问香港司徒氏宗亲会，被告知全世界司徒氏共有约70万人。

11.《司徒氏家谱》（约完成于1942年），家族私人收藏。

12. 司徒成标编著：《司徒氏宗族研究》，广东人民出版社，2001年，第234页。

13. ［加］李东海：《加拿大华侨史》，中华大典编印会，1967年，第38页。

14. “Population of Chinese in the United States: 1860-1940,” *The Chinese Experience in 19th Century*, http://teachingresources.atlas.illinois.edu/chinese_cxp/resources/resource_2_9.pdf, accessed Oct. 23, 2022.

15. “Bay Area Census:1860” ,http://www.bayareacensus.ca.gov/counties/SanFranciscoCounty40.html, accessed Oct.23, 2022.

16. ［美］艾明如著，高岳译：《幸运之家》，商务印书馆，2010年，第14页。

17. 老侨对旧金山的别称，也称“三藩市”。

18. 持此说法的人包括1920年代加拿大麦吉尔大学（McGill）的校长库里（Arthur Currie）。Macy Zheng,“Principal Arthur Currie and the Department of Chinese Studies at McGill,” *Fontanus*, Vol. 13 (2013), pp.69-80.

19. ［加］李东海：《加拿大华侨史》，第38页。

20. 梁启超：《新大陆游记》，商务印书馆，1916年，第2—3页。此外汤化龙、胡适等都在日记或者游记中对加拿大西海岸留有赞美文字。

21. *Canadian Census 1806—1871*, https://www150.statcan.gc.ca/n1/pub/98-187-x/4064809-eng.html, accessed Oct.23, 2022. 1861--Population of Vancouver’s Island, through immigration, 3,024, of whom 2,350 are in Victoria and its vicinity. (Governor Douglas’ Dispatch.)

22. Charles Sedgwick, “The context of economic change community and in an urban overseas Chinese community,” (Master thesis, University of Victoria, 1973), p.19.

23. 维多利亚1901年人口统计显示司徒森1865年进入加拿大的维多利亚：“Victoria Census 1901,” https://central.bac-lac.gc.ca/.item/?app=Census1901&op=img&id=z000012450, accessed Oct.23, 2022。

24. Patricia E. Roy. *A White Man’s Province: British Columbia Politicians and Chinese*

*and Japanese Immigrants 1858-1914*, (Vancouver: UBC Press, 1989), p.5.

25. "Seto offspring made marks," *Vancouver Courier*, Jan.13, 1988, p.13.

26. Charles Sedgwick, "The context of economic change community and in an urban overseas Chinese community," 1868 年的唐人街出现第一家裁缝店，到 1878 年才有第二家。1880 年进入迅速发展期，全城有 60 位裁缝。1882 年有 11 家裁缝店。

27. Tzu-I Chung, "Kwong Lee & Company and Early Trans-Pacific Trade: From Canton, Hong Kong, to Victoria and Barkerville," *B.C. Studies*, 185 (Spring 2015), pp.137-161.

28. "Chinese address the Governor", *Victoria Colonist*, Apr.5, 1864, p.2. 华商代表会晤总督，总督夸赞华人有条理且勤奋。

29.《大英百科全书》里介绍的维多利亚，Victoria:https://www.britannica.com/place/Victoria-British-Columbia，accessed Oct.23, 2022，以及维基百科列出的维多利亚历史上的人口官方统计，但那时人口流动频繁，很难统计出准确的数字。

30. ［加］李东海：《加拿大华侨史》，第 81 页。

31. "Loan to British Columbia," *British Colonist*, Mar.8, 1860, p.2.

32. BC 省政府"排华政治历史"的网页：Anti-Chinese Politics, https://www2.gov.bc.ca/gov/content/governments/multiculturalism-anti-racism/chinese-legacy-bc/history/anti-chinese-politics, accessed Oct.23, 2022。

33."Victoria's Chinatown: A gateway to the past and present of Chinese Canadians," https://chinatown.library.uvic.ca/index.htmlq%3Dchronology.html, accessed Oct.23, 2022.

34. Edgar Wickberg, *From China to Canada: a history of the Chinese Canadian communities in Canada*,(Toronto: McClelland and Stewart, 1988), pp.46-47.

35. "Unconstitutional and void," *British Colonist*, Sept.28, 1878, p.3.

36. 加拿大 1881 年的人口普查：https://www.bac-lac.gc.ca/eng/census/1881/Pages/1881.aspx。

37. "viHistory," https://hcmc.uvic.ca/~taprhist/index.php, accessed Oct.23, 2022.

38. Edgard Wickberg, *From China to Canada: A History of the Chinese Communities in Canada*, pp.300-301. *Canada Yearbook 1912*, p.23, Census of Canada, 1921, p.21.
39. “Anti-Chinese,” *Daily Colonist,* May16, 1873, p.3.
40. 以姓氏宗族或者同乡为基础的聚居地。
41. 从广东直接移民淘金筑路的工人中，有的在家乡就参加了洪门兄弟会，在北美资源变得稀缺、工作条件恶劣时，洪门组织在西北美洲普遍发展。
42. Edgar Wickberg, *From China to Canada: a history of Chinese communities in Canada*, p.22. 但是陈忠平教授认为筑路华工人数被过高估计了。
43. ［加］李东海：《加拿大华侨史》，第 177 页。设置会馆的理由之一是“尔年人数众多，习染日恶，其狡黠无赖者结党横行，往往串通番人，鱼肉乡里”。
44.《加拿大域多利中华会馆成立七十五周年、华侨学校成立六十周年纪念特刊》，维多利亚：域多利中华会馆编辑出版，1960 年，第 26—27 页。
45. ［加］李东海：《加拿大华侨史》，第 486 页。
46. Edgar Wickberg, *From China to Canada: a history of Chinese communities in Canada,* p.300.
47. 依据作者采访的家族后人以及宗族长辈，包括司徒觉岭和李梦九的外孙女 Dorothy Yung 女士。
48. 这 5000 多份缴费和登记记录保留在维多利亚大学档案馆。
49. David Chun-yuan Lai, “Victoria’s Chinatown: the oldest surviving Chinatown in Canada, 1858-2022,” http://www.sfu.ca/chinese-canadian-history/Chinatown/Victoria%20Chinatown-Bilingual-Single.pdf, accessed Oct.23, 2022.
50. ［加］李东海：《加拿大华侨史》，第 175 页。
51. *British Columbia City Directories, 1860-1955:* https://bccd.vpl.ca/index.php.
52. ZhongPing Chen, “Vancouver Island and the Chinese diaspora world in the transpacific world, 1788-1918”, *BC Studies*, No. 204, winter 2019/2020, pp.45-65.
53. 指加拿大，因为加拿大遍地都是枫树，国旗正中有枫叶的图案，枫叶在加拿大的发展过程中已经成为其象征符号，故称“枫叶国”。
54. 根据省政府 1901 年人口普查登记显示，谢氏入境年代为 1873 年 Census Canada 1901, https://www.bac-lac.gc.ca/eng/census/1901/Pages/item.aspx?itemid=138323, accessed Dec.22, 2022.

55.《司徒氏家谱》（约完成于 1942 年），家族私人收藏。

56. Edgar Wickberg, *From China to Canada: A History of the Chinese Communities in Canada,* pp.300-301.

57. 依据作者采访的家族后人以及宗族长辈，包括司徒觉岭和李梦九的外孙女 Dorothy Yung 女士。

58. 清政府没有设置领事馆，中华会馆行使政府职能和统领的作用。司徒森是首届值理，后来又连续担任过 3 届。女婿李梦九担任过副董，二女婿刘子逵担任 1916 年的正董，外孙女婿李华钳、重外孙李惠贤也担任过正董。司徒旄为 1907 年的西文书记，搬到温哥华后立即服务于当地的中华会馆，并于 1928 年担任正董。

59.《域多利中华会馆整顿医院劝捐小启》，《大汉公报》1922 年 4 月 29 日，第 11 页。中华会馆劝捐，女部由司徒蕃贞夫人任部长，二女儿刘子逵夫人司徒鸣玉、外孙媳妇李毓堃夫人任部员，已经涵盖了一家三代女性。

60. Edgar Wickberg, *From China to Canada,* “Seto offspring made marks,” *Vancouver Courier*, Jan.13, 1988,p.13.

# 第二章 李梦九

## 一、联姻“无冕之王”

图 2-1-1　出嫁前的司徒氏长女司徒春颜（资料来源：University of British Columbia Library. Rare Books and Special Collections. The Chung Collection. CC_PH_00362）

司徒森长女春颜与李梦九虽称不上是青梅竹马，却在维多利亚的同一条街道相对而居，相识多年。年长 13 岁的李梦九眼看着她出落得亭亭玉立。而他明亮的双眼、俊俏的脸庞和强烈的求知欲吸引了司徒一家的目光。李梦九略通英语，花了近 10 年的时间打磨自己，从码头的搬运工，到唐人街的学徒，又到大商号的合伙人，最后变成太平洋铁路公司的亚太代理和移民局的通译，傲视华商群雄。

1892 年 1 月 5 日，豆蔻年华、温润如玉的司徒春颜以传统礼仪出嫁李梦九。新郎的朋友，同为海关译员的叶恩（Charley Yip Yen，或 Yip En）携家眷由温哥华乘船到维多利亚出席婚礼。英文报纸盛赞新娘的美丽、新郎的风度、婚礼的排场和礼物的精美。[1] 次年 2 月，他们在省政府注册登记。

李梦九祖籍广东番禺，9 岁丧父，随母亲在香港生活多年。李母关氏知书达理，对儿子倾心教育，又乐善好施，在中加两国都极受尊重。[2]李关氏出自番禺的一个堪称富裕的家族。李梦九年少时只身由香港奔赴旧金山。因美国的排华风气日盛，他便北上进入加拿大。[3]虽然已经有英文基础，他仍然请私教突击提高英语读写能力。他热爱读书阅报，每天都通读能够找到的所有英文书和报纸。抵加 3 年后，他被海关的西人主管看中，做零星的中英翻译。新移民不仅在初次入境时需要译员的帮助，在后来与银行、医生和政府部门的各种交涉中也依赖翻译去逾越文化障碍。李梦九乐于助人，声名鹊起，深得中加人士的信赖。1889 年，当年看重他的主管正式任命李梦九为维多利亚海关的中英文通译。他是最早在加拿大政府担任公职的华人之一。[4]

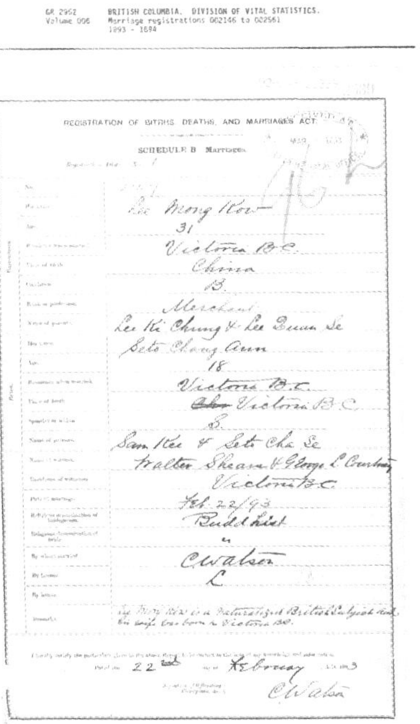
GR 2952　BRITISH COLUMBIA. DIVISION OF VITAL STATISTICS.
Volume 006　Marriage registrations 002146 to 002561
1893 - 1894

REGISTRATION OF BIRTHS, DEATHS, AND MARRIAGES ACT.

SCHEDULE B Marriages.

Lee Mong Kow
31
Victoria B.C.
China
B.
Merchant
Lee Ki Chung & Lee Quun Se
Seto Chong Aun
18
Victoria B.C.
Victoria B.C.
S.
Sam Kee & Seto Cha Se
Walter Shears & George L. Courtney
Victoria B.C.
Feb. 22/93
Buddhist
C. Watson
L

Dated the 22nd day of February 1893
C. Watson

图 2–1–2　李梦九与司徒春颜结婚登记证明

李梦九意识到，唐人街的商铺仰仗海上丝绸之路大有可为，是他移民淘金的一片沃土。他做学徒的店铺对面就是老牌裁缝店森记，老板一家其乐融融地住在楼上。女儿们清秀勤劳，目睹了他由苦力到多重身份的转变。不久，他加入李氏宗亲，并合伙经营锦彰号（Gumb Jern Ho），身兼商人、远洋船运公司代理和政府雇员数职。经过打拼，他积累起了财富。关氏在 1890 年到加拿大与儿子团聚。同年，李梦九购捐了功名，清政府授予他同知加一级衔，赏顶戴花翎。[5]他在正式场合有清廷官服加身，代为行使领事责任，他周围有很多不同族裔的朋友乐于在政治、法律、商业、地产各方面帮助他。[6]

李梦九尊重李氏宗亲会的长辈，把翻译沟通的工作做到极致。人们乐于与他合作，他联络到的商铺逐渐增多。婚后，他和岳父司徒森入股参与更大商户的投资，或者由他出面代理总部在香港的公司，负责在加拿大的经营。例如，位居维多利亚第二大的泰巽号（Tai Soong and Co），其总行是香港的泰全办庄，“乃番禺禺北人黄天侣所创，番禺李姓人、顺德陈姓人也有参股。维多利亚的泰巽号由黄天侣之子瑞朝经营，黄天侣也常由香港赴加拿大指导。泰巽号还在菲沙河下游市镇设分店，除经营日用杂货外，拥有200多匹骡马经营运输，并有数艘货船航行于维多利亚与香港之间。后来黄天侣年老，黄瑞朝归国，接手经营泰巽号的先后有董谦泰、李梦九等番禺人”[7]。李梦九也加盟信源（Sewn Yuen）的中草药贸易。

司徒春颜与李梦九志同道合，善于向其他族裔学习。她不仅学习欧洲裔的居家布置、形象装扮，甚至学习与父母的传统完全不同的社交礼仪，她没有把自己和后代局限于唐人街，[8]而是热衷于与不同族裔的文化互动。出生于加拿大、成长于重教育的华人家庭，司徒春颜通晓中英文，热心教育，婚后仍不忘照顾弟妹。长姐如母，比司徒春颜小13岁的弟弟司徒旄深得姐姐和姐夫疼爱。他们的长子李云汉于1893年春天出生，然而两个月后不幸夭亡。[9]司徒春颜把弟弟

图2-1-3　李家合影，李关氏居中，司徒春颜和李梦九夫妇以及3个子女（1899年）
（资料来源：Image A-02348 Courtesy of the BC Archives）

接到自己的小家中，让他接受中英双语教育，带领他进行社交活动，又让他做家中的孩子王。李家共生育 17 个子女，存活至成人的有 6 男 7 女。司徒旄与李家孩子们共同成长，直到去东部求学为止。[10]

随着财富的积累和人丁的兴旺，他们先后搬家 3 次，20 世纪初搬入两层高、有 10 个睡房的、花园围绕的白色豪宅，被大家戏称为“白宫”。“白宫”的邻居中有一位三文鱼罐头厂主，还有其他名人政要。司徒春颜每个月都敞开大门举办邻里聚会。儿女们通过私教学习钢琴、芭蕾和声乐，聚会时轮流为客人表演。搬入大宅后司徒春颜有若干佣人打理家务，[11] 而自己则投入唐人街的义塾工作中，被同胞们尊称“李夫人”（Madame Lee）。[12]

李梦九以热爱家人著称，他不仅每天向老母请安，还亲自送孩子们上学。他关注个人形象，衣装朴素却一尘不染，而且习惯于上班前从自家花园里剪一朵鲜花别在胸前。[13] 他是太平洋贸易的获利者，更是华人社区与加拿大政府的中间人，被后来的学者称为“权力经纪人”[14]。他为人忠耿、守正不阿，热心侨社公益，深得不同族群敬重，也为司徒姐弟和儿女们树立了行为榜样。他在加国的影响持续超过一个世纪，无愧于没有中国官方头衔的“无冕之王”。[15]

## 二、凝聚华商力量

1885 年，华工们不畏艰险，完成了太平洋铁路危险地段的施工，从而连接起东西海岸和两大洋。通车后，加拿大西岸的经济得以迅速发展，背山面海的温哥华取代维多利亚成为更繁荣的城市。华人不仅是开路先锋，也是菲沙河两岸处女地的开拓者。但是面对愈来愈大的就业压力，排华言论更有了市场，BC 省政府开始对来自中国的移民征收 50 加币的人头税。

李梦九凭借出色的英文能力、经验以及政府官职带头抗争，甚至把反抗的民意由西海岸带到加拿大东部的联邦政府。1887 年，他代表维多利亚华商向政府抗议这项歧视性的赋税。[16] 虽然此时李梦九已经开始零星服务于政府的翻译事务，但直到 1889 年，他才被正式任命为海关和移民部的首席中英翻译。[17] 当年年初，他前往首都渥太华办理公务，并代表华商公开表示，欢迎在美国遭遇

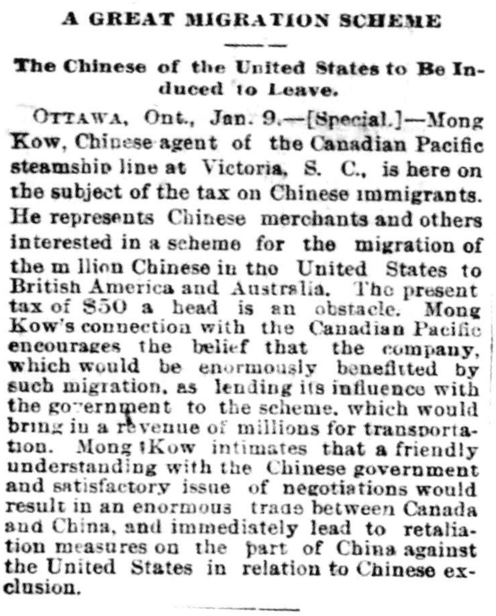

A GREAT MIGRATION SCHEME

The Chinese of the United States to Be Induced to Leave.

OTTAWA, Ont., Jan. 9.—[Special.]—Mong Kow, Chinese agent of the Canadian Pacific steamship line at Victoria, S. C., is here on the subject of the tax on Chinese immigrants. He represents Chinese merchants and others interested in a scheme for the migration of the million Chinese in the United States to British America and Australia. The present tax of $50 a head is an obstacle. Mong Kow's connection with the Canadian Pacific encourages the belief that the company, which would be enormously benefited by such migration, as lending its influence with the government to the scheme, which would bring in a revenue of millions for transportation. Mong Kow intimates that a friendly understanding with the Chinese government and satisfactory issue of negotiations would result in an enormous trade between Canada and China, and immediately lead to retaliation measures on the part of China against the United States in relation to Chinese exclusion.

图 2-2-1　美国报纸转发加拿大首都渥太华的报道《巨大的移民计划》[20]

排斥的同胞前往加拿大。他与加政府沟通，认为 50 加币的人头税对华人移民确实造成阻力，希望人们能看到华人对加拿大发展有利的一面，排华对国际关系只有伤害。他与那些排华的政客们唱反调，北美几十家报纸转载了他的言论。[18]

李梦九变成官员的同年，司徒家长子司徒旄出生，他身上寄托了家族的希望。这时期的新移民仍然大量涌至，海关和移民局不堪重负，面对语言不通的局面无计可施。在设立正式的华语译员职位之前，他们邀请过美国的小约翰·加德纳（John Endicott Gardner）到加拿大服务。他出生在中美混血的传教士家庭，在旧金山的边境有相关工作经验。到达 BC 省后，加德纳一面传教，一面临时帮助翻译工作。叶恩和出生在加拿大的二代华人温金有也经常应邀做些翻译，尤其是法庭的翻译工作。李梦九占据了一个令人羡慕的岗位，胜任的华人屈指可数，他们之间的竞争也非常激烈。华商们当然希望由华人担当移民口岸的官职。李梦九凭借有口皆碑的声誉和卓越的沟通能力入职，与同行友善相处，一干就是 30 年。政府职位的收入虽然有限，意义却十分重大，有助于他接下来进行一系列的运作，带领联姻家族在北美大陆上风生水起，所向披靡。

1888 年，李梦九正式涉足远洋汽轮公司。他就任维多利亚港诗丕亚亚太经理的职务，将远东客务和货运的预约以及与铁路间的联结一并代理。掌控了海上丝绸之路的业务就可将关系网发展到全北美，甚至全世界的各港口。同年 3 月，为了不知所终的一大批货物，李梦九搭乘公司的火车东去多伦多、蒙特利尔、波士顿和纽约等城市进行调查。[19] 他花费了两个月横穿西东，寻找失踪的代理货物，同时与各地华商建立联系。5 月，有报道称他在蒙特利尔市找到因缺乏文件而被扣留的这宗货物，通过朋友的帮助，李梦九已经协商妥善，当时的英文报道称“东方补发的文件一到，货物就会被放行”[20]。至此，他在北美的关系网已经铺设完毕。自1890年8月起，一系列报纸广告显示李梦九入股了位于菲斯格街（Fisgard Street）46号的福源公司，该公司代理中国和日本的器具以及丝制品。[21]

1895年8月17日，加拿大第5任总理鲍威尔（Mackenzie Bowell）到访BC省，他视察了维多利亚不远处的威廉角（Williams Head）港口及检疫设施。该设施是为了防疫而建，抵达的乘客不能接近人口密集的城市，而是在几十公里外靠岸并接受检疫。李梦九看准了总理到访的机会，自己担任翻译，安排华人贸易委员会在泰源公司（Tai Yune’s）针对海关收费中的不合理现象当面陈情抗议。[22]

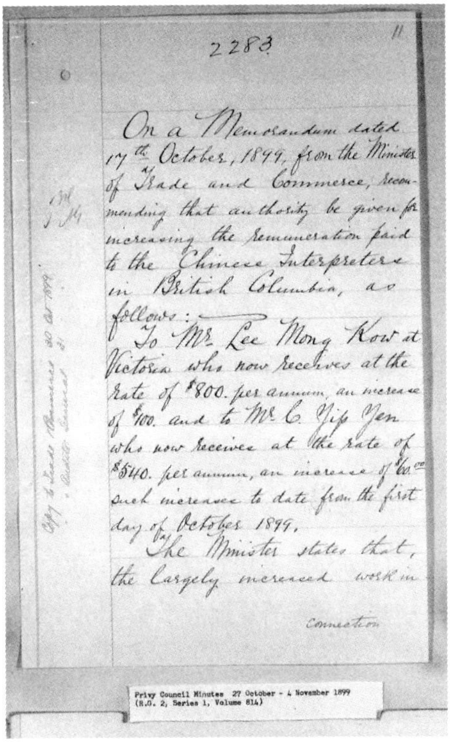
2283

On a Memorandum dated 17th October, 1899, from the Minister of Trade and Commerce, recommending that authority be given for increasing the remuneration paid to the Chinese Interpreters in British Columbia, as follows:

To Mr. Lee Mong Kow at Victoria who now receives at the rate of $800. per annum, an increase of $100. and to Mr. C. Yip Yen who now receives at the rate of $540. per annum, an increase of $60.00 such increases to date from the first day of October 1899.

The Minister states that, the largely increased work in

connection

Privy Council Minutes 27 October - 4 November 1899
(R.G. 2, Series 1, Volume 814)

图2-2-2　加拿大自治领政府的贸易和商业部于1899年10月讨论商定为李梦九提升年薪的会议记录，由年薪800加币上升到900加币

［资料来源：Increasing Remuneration to the Chinese Interpreters in British Columbia to Mr.Lee Mong Kow $100 and to Mr. C. Yip Yen $60.00 from 1899/10/01 - Min T and C (Minister of Trade and Commerce)1899/10/17, Courtesy of Library of Canada］

李梦九对到访的同胞一视同仁，多有帮助，无论是重臣李鸿章、改良派康有为，还是一心想要推翻清朝统治的孙文。1894年，李鸿章无暇接见孙文，忽视了其救国主张，失意之下，孙文转而在檀香山的华侨中成立秘密会社。1905年，孙文在日本东京都汇集其他反清组织，成立同盟会，并当选总理。1911年春，孙文到北美的华侨中寻求支持，华裔二代在侨社的动员中发挥关键作用，其中就包括同盟会成员司徒旄。[23]

甲午战争惨败、北洋水师覆灭，中国被迫签订《马关条约》，领土割让、

白银外流，让李鸿章变成千夫所指的罪人。[24]虽然在日本谈判期间，他在脸部中枪、身受重伤的情况下，仍努力争取为祖国减小损失，但是他最终还是沦为所谓的“卖国贼”。1896年，李鸿章代表清廷参加了俄国沙皇加冕典礼，顺势考察西洋各国，以图牵制东洋，并就侨胞遭歧视一事照会西方政府。[25]此时的李鸿章在政治上完全失势，被革去直隶总督、北洋大臣之职，徒留文华殿大学士虚衔。6月，李鸿章访问德国期间，通过X光检查出子弹存留在他的颧骨下，不影响视力，但会使人极其痛苦，随团西医每天都为他做电波理疗。[26]李鸿章对德国医生们说，前一年遇刺，日本医生检查时，他感受到骨头被戳，但医生无力安全地取出子弹。但是，无论面对枪击还是直达颧骨的戳痛，他都镇定自若，维护着清廷外交最后的一点体面。[27]这次欧美之行，74岁的李鸿章随团备好了楠木棺材。[28]

1896年的这场外交之旅引起英文媒体前所未有的热议。[29]从李鸿章的学养、风度及其对所到各国的了解，到他的起居、谈吐、着装，再到他的饮食和随从，都有大量追踪报道。李鸿章利用这个机会与西方人尽情交流。在横渡大西洋的圣路易斯号（St. Louis）上，他接见了不少西方人，还在沙龙聚会时对乘客们发表演说，希望最古老的东方文明与最先进的西方文明能够交融。他不仅接受女士们好奇的会晤要求，还在晚膳后的时间与孩子们玩耍。[30]语言不通的李鸿章，以诚恳的微笑迅速获得船上小朋友们的信任。李鸿章允许孩子们查看他的官服，他也爱怜地抚摸孩子的金色卷发。这些场景让记者们惊讶，看到了中国官员带来的希望，并为此大作文章。[31]

李鸿章所乘轮船被迎风飘扬的黄龙旗装饰一新，在礼炮齐鸣声中抵达纽约。伴随着《李中堂乐》，华人从各地涌入纽约港，燃放鞭炮以示尊重。这与李鸿章在祖国的待遇截然相反。李鸿章在日新月异的北美大陆上，亲身体会高楼大厦、电梯、电话等造物，发出由衷称赞，并不停询问是否可以将其引进到华夏大地，推动社会进步。不仅李鸿章所到之处，全北美各地方的报纸都在不间断地对此连续报道。欧美刮起的这股中国风反映出西方人的厚望，认为李鸿章此行有划时代的意义：中国将打破闭关锁国，主动寻求进入世界民族之林，很快会开启全面的自由贸易。[32]

图 2–2–3　李鸿章抵达纽约
（资料来源：Library of Congress, Prints & Photographs Division, Detroit Publishing Company Collection：LC-DIG-det-4a16681）

接受《纽约时报》（*the New Tork Times*）采访时，李鸿章强调，他不会选择旧金山登船返国，而是要进入加拿大亲测太平洋铁路，之后由温哥华登船。美国出台的《排华法案》令他无颜去见加州的父老乡亲。[33] 侨胞们曾经上书给他，要求美国现任政府按照两国签订的《蒲安臣条约》（*the Burlingame-Seward Treaty*）保护华人。[34] 蒲安臣是美国法律、政治和外交专家，共和党创始人之一。他由美国驻华公使卸任后，于 1868 年担任中国首任全权使节（办理中外交涉事务大臣）出使美、英、法、普、俄诸国，进行中国近代首次外交活动。蒲安臣还受委托设计了中国第一面国旗——黄龙旗。他为堂堂中华大国没有国歌感到惋惜。[35] 他向西方世界宣布：古老的中国正在接受世界新文明，人们应该尊重中国的独立自主，而中国也将欢迎外国人，大家都能得到益处。1868 年 7 月 28 日，蒲安臣代表清政府和美国国务卿在华盛顿签订条约，在美华人明白，正因为《蒲安臣条约》的签订，华工才得以大批入美开发建设西部，可谓中国成规模移民美国的开端。但是蒲安臣仅斡旋了不到 2 年，就于任上病逝于俄国。[36]

图 2-2-4　在码头欢迎李鸿章的中西各界人士

（资料来源：Image AM54-S4-: SGN 1082，Courtesy of City of Vancouver Archives）

《条约》生效近30年后，李鸿章重走蒲安臣外交之旅，发表感言，受到诸多好评。多数媒体正面评价他作为一个爱国外交官的尊严和友好态度，认为他是相信人类社会进步的一位好奇学生。[37] 李鸿章了解到，作为英联邦殖民地，加拿大有不少独立性和掌控力。加拿大政客相信，如果“中国像日本一样与大不列颠签署开放贸易市场、给予彼此最惠国待遇，华人移民问题就会得到改善”[38]。但是，李鸿章比任何人都清楚，尽管他可以出面签约，但他无权为清廷做主。更何况即使开放了自由贸易，也无法限制向外移民，加拿大政客也未必停止歧视华工。西方列强也怀疑李鸿章是否有足够权威做主。[39] 李鸿章以老迈为由，对记者们说道，他在中国就听说温哥华的中国皇后号是太平洋上最大和最舒适的轮船，他不想从旧金山乘小一号的轮船回国。[40] 他为诗丕亚公司做广告或许受到李梦九的影响，李梦九提前数月就在筹备这一重大外交事件。李鸿章认为“加拿大太平洋铁路公司甚至比英格兰银行还要伟大”[41]。

9 月 6 日，李鸿章一行抵达美加边境的尼亚加拉大瀑布。虽然秋雨连绵，可是欢迎的群众多到几乎失控。尤其是美国妇女，以能近距离欣赏和与他握手为荣，有些被警察阻止上前的甚至流泪请求。[42] 李鸿章对瀑布旁的电力设施尤其感兴趣，用金头拐杖点击不同的开关测验性能。李鸿章在大瀑布酒店（Caracter House Hotel）的房间设有长途电话，他饶有兴致地与驻美公使用电话交谈了很长时间。另一个与他长时间交谈的是发明大王爱迪生的代表，对方详细解释了电话、电报等工具的工作原理。晚饭后，李鸿章慷慨地邀请所有客人挤进了酒店的会客大厅，并微笑着逐个握手，对那些无礼触摸他黄袍马褂的西方人也没有显出怒气。[43]8 日一早，美国军人护卫欢送李鸿章一行进入加拿大境内，他还第一次乘坐了加拿大产的电力汽车。李鸿章在多伦多受到超过 6 万人的热烈欢迎，并从那里搭乘专列，开始为期 5 天的太平洋铁路行程。[44]

温哥华与中国港口城市的往来，比起旧金山港更有竞争优势。李鸿章力图将此次访问的效果最大化。他早已听说“金山”西北角有一批殷实的商人期待着回馈祖国。在英国时，他就把铁路和海军建设作为重点议题提出。[45] 早在 7 月，他的武官温安邦和外交官梁诚就应李梦九之邀造访维多利亚和温哥华。他们考察多日后，经旧金山前往纽约，一边做出安排，一边等待李鸿章的访问团，再与之一同西进。[46]8 月，在伦敦的李鸿章欣然接受总督的邀请访加，这幕后早有李梦九和他朋友们的一番苦心安排。

李鸿章全神贯注考察太平洋铁路，想尽快引进铁路建设。当专列驰骋在横跨北美的铁路线上时，他随时询问和听取加拿大工程师们的意见，更加期待与有经验的华商深入交流，定要“将铁路连接起中国偏远的每一个角落”[47]。他沿途不停询问铁路的造价，包括机车、铁轨、车厢和温哥华岸边的蒸汽轮船。记者们突出报道李鸿章所提出的各种问题，以及他语出惊人的场面，甚至刊登他的语录。

温哥华的民众翘首等待，期盼着李鸿章的访问会拓展加拿大自治领和中国的交流。[48] 但是，最西部的 BC 省对华人的反对声此起彼伏，主要针对廉价劳工，甚至有人说“温哥华已经有足够的华人了，看不出大学士和洗衣店的伙计有什么区别”[49]。太平洋铁路公司拒绝任何人未经事先允许接近专列。途经中部省份时，他没有下车，而是在包厢里接见地方政要。温哥华的英文报纸在李鸿章抵达之前叫嚣不要把最低劣的华人包括苦力和奴隶都甩给加拿大，建议李鸿章“去比较一下整洁美丽的斯坦利公园和龌龊的唐人街，以便了解为什么要排华”[50]。在这种环境下，面对社会的压力，李梦九责任重大，他要充分发挥华商的力量，给予李鸿章最荣耀的欢迎。结果，欢迎场面正如李东海所说，“规模宏大、阵容鼎盛，始开有清一代之纪元”[51]。

1896年9月13日上午11点，李鸿章的专列准时抵达温哥华火车站。海军列队欢迎，温哥华市乐团奏乐助兴。[52]下车后，他登上华商们准备的马车，立即转往码头，在13响礼炮声中登上中国皇后号。途经华人集资2000加币建造的门仪牌坊，上书“光曜四海”四字，并附对联：

幸元老之遥临到处增光崇物望

奉上皇而远出睦邻修好定邦交

悬于牌楼另一侧的是：

登鳌海而快乘风异地尚留元宰泽

返凤墀而欣觐日上皇应奖老臣功

李鸿章经过牌楼看到这些对联时，大为欢喜，认为海外竟有对自己如此恭敬的文人，很是难得。[53]

登船后，李鸿章坐在轿子上被抬入专门为他准备的套房。稍事休整，温安邦和李梦九等带领的华商优先与之会晤。李鸿章鼓励各位同胞学好英语，为本地的民政服务。他清楚加拿大正试图提高人头税阻止华人移民，他要求同胞们戒除赌博和鸦片。下午，李鸿章一行游览的地方包括斯坦利公园，他盛赞优美的风景和环境，但是拒绝了与更多的代表团会晤，因为他感到疲惫。即便如此，他仍有选择地进行私人会晤，而且接受了本地记者的采访。[54]各界要求会晤的政要不仅限于温哥华当地，而是来自整个美国和加拿大的西海岸。李鸿章强调了与BC省贸易的重要性，表示回国后要立即进口木材和在全国大范围兴修铁路。[55]

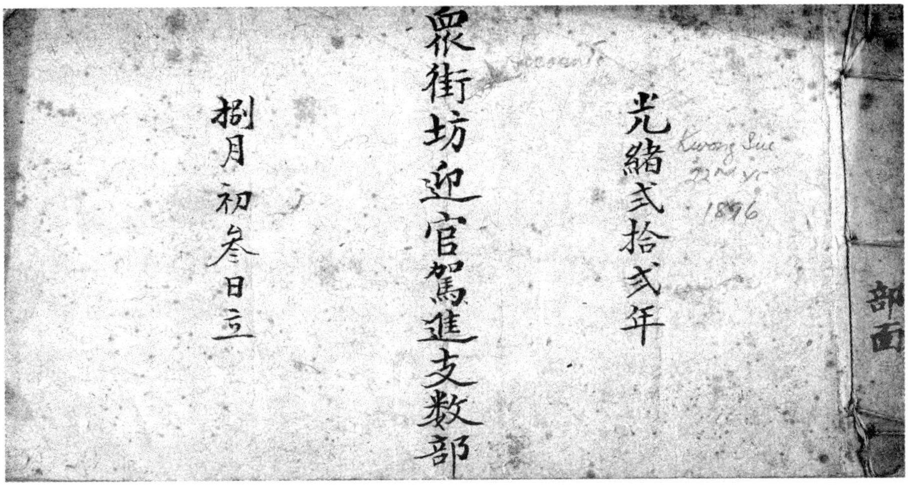


图 2-2-5　温哥华华商捐资欢迎李鸿章的账簿封面，里面记载了大量个人和商铺的捐款以及用途

（资料来源：University of British Columbia. Library. Rare Books and Special Collections. The Chung Collection. CC-TX-107-1）

图 2-2-6　人们在温哥华码头欢迎李鸿章的场面

李梦九是这次欢迎活动的组织者，也是长时间与李鸿章交谈的人。他代理的诗丕亚公司全权安排了李鸿章的海陆行程。他同时以代表加西政府和华侨精英的双重身份承担此任。参加接待的华人还有维多利亚的广利少东家卢梓荣，温哥华的叶恩、叶生（即叶春田，Yip Sang，温哥华唐人街的“非官方市长”），由西雅图赶到的陈宜禧和刘乾，还有更南部波特兰市的梅伯显（Moy Back Hin）和阮洽等。[56] 这是一次西北海岸华商齐聚的机会，刘乾和阮洽后来成为司徒氏的姻亲。

陈宜禧与李鸿章闭门私下会晤。李鸿章刚刚横跨北美大陆，体验并懂得了铁路对中国的重要性，而他非常看重华商的财力和筑路经验。李鸿章闭门谢客与华商深入交谈，鼓励海外集资为家乡建造中国自己的铁路。几年之后，陈宜禧付诸行动，经历千难万苦，成功领导修筑了新宁铁路。[57]

第二天清晨，李鸿章接见的第一批客人是省贸促会（Board of Trade）的代表。李鸿章强调，两国需要精诚合作，中国不向英联邦的白银收取关税，还可以继续为加拿大提供过剩的劳动力。[58] 他很羡慕 BC 省的自然环境，希望人口能迅速上升。11 点，第二批客人到来，是驻温哥华的各国领事。[59] 李梦九不仅给李鸿章一一介绍当地和从美国赶来的领袖，也汇报了过去 5 年华人入境统计数据、详细的生存状况、中加贸易情况等。他代表侨胞们再次请求设立领事服务。李鸿章认为李梦九的汇报是此行获得的“最有价值的报告”，并对李梦九深表谢意，[60] 李梦九被授予五品赏戴花翎衔。[61]

李梦九随同李鸿章乘坐中国皇后号前往维多利亚。邮轮在这段佐治亚海峡的航程中遭遇大雾。为确保其安全，轮船在美加边境的海湾停泊良久。李梦九等有更充裕的时间与李鸿章交谈，他们共同筹备对 BC 省领导的谈话，规划侨胞如何协助中国发展。他们下午 4 点才迟迟抵达维多利亚，久候的人群依旧热情不减，鞭炮声伴随着两个乐队的演奏欢迎贵客。李鸿章在甲板上挥手，向欢迎人群致意。省长夫妇、大法官、土地及劳务部长，以及曾在中国传教的牧师和侨领纷纷登船，在中国皇后号的书房中会见李鸿章。李鸿章询问大法官一连串的问题，并说希望所有华人都被公平对待，就像英国对全球宣称的公平制度一样。大法官表示，从法律层面上讲，华人与英国人是平等的。省长夫妇出现较晚，李鸿章从休息的套间走回书房，完成了会晤。

李鸿章和他带给欧美人的一股旋风远去了，他确实立即开始引进北美的筑路技术和资源。在加拿大，李梦九更注重民事服务，不局限于救助本族裔。1897 年 2 月加拿大设立全国救济印度疫情和饥荒的基金（Indian Famine Fund）。由印度孟买蔓延开的腺鼠疫，演变成疫情和大饥荒。李梦九与夫人是 BC 省最早捐助该基金的华人。[62] 在司徒－李氏家族的带动下，华人的捐助一直不断，华妇与华童也拿出自己的积蓄，长长的捐赠名单上可见众多司徒氏和李氏家族成员的名字。[63] 同年，梁诚跟随张荫桓代表清政府赴伦敦，出席英女王在位 60 年庆典，之后又去了法国、德国、俄国、美国访问。8 月，李梦九安排张、梁从温哥华乘轮船回国，他携 3 岁的女儿李月华登船拜访。张荫桓送给李家长女昂贵的丝绸作为礼物。[64] 这是张荫桓最后一次出访。梁诚第 3 次访问此地，每次都与李梦九有互动。[65]

有学者说早在 1886 年 6 月，张荫桓上任清廷驻美公使时，就曾取道维多利亚，侨胞们热情设宴招待。[66] 张荫桓曾就华工遭遇的问题致信美国国务卿表达官方抗议。[67] 还向光绪皇帝举荐了同乡康有为，被称为是戊戌变法的推手。亲历西方发展的张公使看透了清政府官场的抱残守缺，遂倡议变法革新，失败后遭革职流放，1900 年，他于新疆被处死。张荫桓是留美幼童梁诚的贵人，梁诚的仕途并未受牵连，或许是晚清实在匮乏外交人才，他才得以继续服务，并在日后挽回庚子赔款的巨大损失。

图 2–2–7　李家年长的 3 个孩子，他们成年后均回国发展
（资料来源：Image D-08819, Courtesy of the BC Archives）

## 三、支持教育改良

1898 年，戊戌变法失败，康有为被清廷一路追捕。他带保镖和翻译在 1899 年 4 月 7 日从日本到达维多利亚港口。接受检疫期间，他引起海关华工的注意，华工立即通知了李梦九。李梦九备车前去迎接，直接将这位清廷重犯安顿在自家的二楼，楼梯上布置有 6 个警卫，谢绝记者们的采访。[68] 对此，第二天北美西海岸的各大报都有报道，记者抱怨在码头还可以采访，但安顿下康有为后，李梦九拒绝记者靠近。

李梦九安排并陪同康有为参观考察维多利亚的城市设施、省议会和其他周边城市。他还成功安排了康会晤省财政、农业和教育方面的官员，参观停靠在港口的军舰，甚至到省督府拜访。[69] 李梦九的老友和同行叶恩邀请康有为到低陆上的几个城市演讲、会晤。接着，康有为到各地考察华工的境遇，在同胞中不断宣传维新、接受报纸采访。[70] 虽然美加边境近在眼前，美国却拒绝康有为入境。4 月 14 日，在温金有的安排下，康有为与温哥华市长会谈，晚上在市政府礼堂演讲，1300 多人到场。[71]

在美国拒绝康有为入境时，广利公司的卢梓荣陪同康有为前往英国，寻求支持。他们沿着太平洋铁路经过了广袤的地域，先到达渥太华，并受到总督的盛大舞会欢迎，会晤了总理并旁听了众议院的会议。与当年的李鸿章一样，康有为痴迷于太平洋铁路，他对首都渥太华的电车、发电厂颇有兴趣，提出很多细节问题，给主人留下深刻印象，也让加人意识到中国的潜在市场。[72]

康有为一行离开加拿大，横渡大西洋抵达英国。但是康有为此行无果，并且旅费遭窃，只好返回蒙特利尔等待救援。李梦九联手李福基和叶恩出面汇款，才使康有为在 7 月顺利返回加西，并受到侨领们的热烈欢迎。[73] 康有为暂时搁置寻求美英支持的计划，因为他看到了加拿大侨商们的热情和李梦九的号召力。康有为在赴英之前就写道：“爱国之心如是，吾尤有望也。群义士倡是学，主持尤力者李梦九。吾乐书之以告五百万同胞之旅海外者也。”[74] 当康有为提议建立保商会（保皇会的前身）时，推荐李梦九为“总理，李力辞之，莫奈何之”[75]。一个月后，叶恩和李福基分别担任温哥华与维多利亚保皇会的总理。保皇会于 1899 年 7 月 20 日在维多利亚宣布成立，是全球海外华人改良中国社会的起点之一。[76]

保皇会的英文名称是 The Chinese Empire Reform Association，虽然是由李梦九建议，他却极力保持低调。[77] 他与康有为、叶恩等人互相信任，但更看重自己作为中加桥梁的作用和与官方的关系，只埋头幕后的实务，避免高调激进。他的处事风格对家族后人，尤其对司徒旄影响深远。

1899 年 7 月 1 日，乐群义塾开学，两间教室设在中华会馆楼下，设置中英文课程，灌输祖国文化。一年前，李梦九就开始在维多利亚唐人街募款。包括司徒家的十几位华商都慷慨解囊，起始经费就有 3000 多加币。[78] 义塾第一年有学生 39 人，后来过百。随着学童增多，乐群义塾逐渐容纳不下，必须兴建新的会馆和学堂。李梦九长期担任校长，从义塾兴办到管理，司徒春颜和弟弟司徒旄多方协助。维多利亚的华文教育、北美西海岸的华文学校甚至祖国的教育事业都与这一家人密不可分。他们就是以乐群义塾为发端，为北美侨民做出了示范。

图 2-3-1　不列颠哥伦比亚省议会于 1898 年落成使用，康有为得以参观这幢刚刚启用的宏伟建筑（笔者拍摄）

1900 年，加拿大政府对中日侨民进行调查，李梦九为华人女孩“卖身为奴”的议题进行了翻译和解释。在这前后，他也收养过境遇堪忧的少女。他解释道，为这些女孩付旅费和入境人头税的华人，从她们作为妓女的收入中抽取 7% 的利息，在双方事先同意的期限内还款。[79] 维多利亚中华会馆调查当年全埠华人 3354 人，男女比例为 200 ∶ 1。[80] 同年 4 月，首都渥太华大火，李梦九联络友人和同事带头捐助灾民。[81] 8 月，李梦九又与华商们一道捐助当地西人医院，并由他代表华商宣布认购医院的部分建筑费用。[82]

清朝末年，西方的种种新事物、新思想纷纷随着战争、贸易涌入中国，强迫国人睁眼看世界，有很多人也因此认为，随着新局面的来临，中国应该向西方学习，有所改变。1901 年，李鸿章在签署《辛丑条约》后抑郁而亡。1902 年，载振受命去参加英国新任国王的加冕典礼，随后，他又借着这个机会游览了西方各国。载振为外务部管部亲王奕劻之子，在奕劻帮助下，他选出了使团人员，其中包括参议官、直隶候补道梁诚，头等参赞官、外务部员外郎汪大燮，二等参赞官、候选道黄开甲等。其中梁诚和黄开甲都对美洲的西北角很熟悉，曾经多次来访。

1902 年 7 月 14 日，载振一行由美国东部乘火车抵达温哥华，李梦九和叶恩等华商迎接，并陪同登上日本皇后号前往维多利亚。在这两个港口停留期间，100 多位华商到船上拜见庆亲王并欢送其一行回国。[83] 回国后，深受震撼的载振开始积极参与新政活动，并且向皇帝提议建立商部，自己领衔商部尚书；1905 年，政府改革官制，他又成为农工商部尚书。10 月，因为稻米歉收，乡亲们恐难度过冬季，李梦九与华商们捐助广东农民。[84]

1903 年 8 月 11 日，李梦九在家宴请英国著名记者，介绍并带领参观唐人街。[85]

1904 年 3 月的一天，李梦九邀请华人贵客到白人剧院赏剧。虽然购买了最贵的头等席位，职员却不允许他和朋友入座，而是往远离舞台的次等座位驱赶他们。李梦九携友愤然离去，并要求剧院退票赔偿损失。李梦九的律师出面交涉，直到剧院老板以书面形式正式道歉。收到致歉信之后李梦九并未坚持索要退款。这个事件被美加各大报纸连续报道。[86] 远在美国新墨西哥州的报纸就针对华人的歧视进行报道，同时也不得不点名指出李梦九已经“是维多利亚最受尊重的华人”。他的子女穿着体面，享受中英文双重教育。[87]后人也有记录李家长女月华曾驾驶汽车，[88]有私人教授钢琴、芭蕾和声乐等，并常在公众场合表演。[89]

1904年5月，李梦九、林礼斌和清廷的访客溥伦贝子、黄开甲等在省议会大楼的马车前合影。档案中未见说明事由，初步考证是在美国圣路易斯参加博览会的溥伦贝子微服私访。[90]

李梦九注意到华商之间各自经营、保守自家生意秘密的特点，主动邀请泰源、华源和英昌隆等大公司合作并融资，编制出《验方新编》，于1905年全球发行。3套印版被送到广州的广济医院、香港的东华医院、上海的广肇会馆，由医院照方实践、验证并修改，以期再版。[91]李梦九募捐制作出版和赠送此书与其中药生意相辅相成。梁诚在《前言》中盛赞这一善举。

图2-3-2　李梦九（站立者右一）与林礼斌（左一）接待清廷访客
（资料来源：Image D-08817, Courtesy of BC Archives）

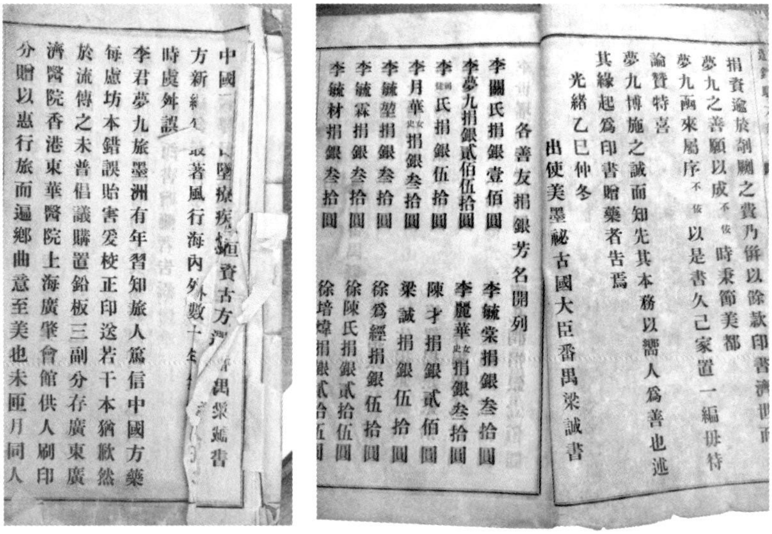

方新編……最著風行海內外數十年
時虞舛誤
李君夢九旅墨洲有年習知旅人篤信中國方藥
每慮坊本錯誤貽害爰校正印送若干本猶歉然
於流傳之未普倡議購置鉛板三副分存廣東廣
濟醫院香港東華醫院上海廣肇會館供人刷印
分贈以惠行旅而遍鄉曲意至美也未匝月同人

捐資逾於剞劂之費乃併以餘款印書濟世而
夢九之善願以成不佞時秉節美都
夢九函來屬序不佞以是書久已家置一編毋特
論贊特喜
夢九博施之誠而知先其本務以濡人爲善也述
其緣起爲印書贈藥者告焉
光緒乙巳仲冬
出使美墨祕古國大臣番禺梁誠書

各善友捐銀芳名開列
李關氏捐銀壹佰圓
李夢九捐銀貳佰伍拾圓
李氏捐銀伍拾圓
李月華史女捐銀叁拾圓
李鏻塑捐銀叁拾圓
李鏻霖捐銀叁拾圓
李鏻材捐銀叁拾圓
李鏻棠捐銀叁拾圓
李麗華史女捐銀叁拾圓
陳才捐銀貳佰圓
梁誠捐銀伍拾圓
徐爲經捐銀伍拾圓
徐陳氏捐銀貳拾伍圓
徐培煒捐銀貳拾伍圓

图 2-3-3 《验方新编》（维多利亚大学藏）

梁诚是留美幼童之一，虽然于 1881 年被强召回国，却在 5 年后随驻美公使张荫桓返回并升任参赞。1896 年和 1897 年，他又随李鸿章和张荫桓出使，和李梦九相聚。1902 年，梁诚接替伍廷芳担任美国、西班牙和秘鲁等国公使，又陪同载振参访，再到温哥华。梁诚的历史贡献巨大，包括上书要求君主立宪、参与旧金山大地震后救援、减缓庚子赔款以及要求退还庚款、兴学和资建清华等等，可谓清末最有成就的外交官之一。他成功说服美国减免和退还庚子赔款，将其用于教育，清华大学和留学潮都从此开始，很多知名学者是退还庚款所资助的留学生，[92] 对中国现代化进程意义重大。梁诚是李梦九的同乡和朋友，同样出生和成长于番禺，少小离家闯荡西方。二者的友谊和情怀被《验方新编》这本残旧的线装书承载着，昭示给后人。

1906 年 8 月，《温哥华世界日报》（*Vancouver Daily World*）首先报道李梦九、叶生和卢梓荣等华商准备买下 BC 省执政的保守党机关报——《维多利亚殖民报》（*Victoria Colonist*）。随后，包括美国《西雅图时报》（*Seattle Times*）等各大英文媒体纷纷转载。华商领袖已经在媒体，甚至保守党内有代言人，目的是反对强加给华人的人头税。还说李梦九不仅有实力买下一种报纸，还可以买下一个媒体集团覆盖加拿大。[93] 记者们指责华人富商的做法违反了保守党政府的政策规定，引起了民众强烈反弹。虽然温哥华的叶生正面答复记者，他确实入股了该报，但是李梦九的律师出面抗议并接受了媒体对不实报道的道歉。这一事件悄悄流露出的信息，逐渐引发舆论，彼时正值“抵制美货”运动，全球华商联盟为散布在世界的华人争取权益，尤其是广东和上海以及北美西海岸的华商们积极参与。保皇党势力在全球扩张，投资经营已经达到鼎盛，华商联盟的确财力雄厚，不是空穴来风。康有为对海外的组织发布的报告中说：“至己亥六月十三日在域多利举行保皇会，百埠闻风，扶义而起，有过沦亡，爱君忠义，不数年间，凡百七十余埠，遍于五洲，会众以数十万计，岂吾所及料哉！”[94] 始发于维多利亚的保皇会已经团结起遍布在世界各地的华侨，华商的势力足以购买他们认为有价值的东西，包括主流媒体，然而，政界的反弹和媒体近乎于“狼来了”的鼓噪，让李梦九意识到欲速则不达，也提醒他与其他族裔交流的重要性。

1906 年秋天，市政府为了欢迎加拿大总督视察，紧锣密鼓地进行筹备。9 月 12 日晚上，市府仍在加班计划第二天的活动安排。作为组委会成员，李梦九被邀请到市府参会。为了凸显中华文明和唐人街文化，中式的拱门牌楼已经搭建完毕。但是钢铁工会代表抱怨华人工友的同时，也攻击和嘲讽唐人街东方风格的牌楼，对华人的善意付出并不领情。[95]

图 2-3-4　在中式牌楼前欢迎加拿大总督
（资料来源：Image PR-0254-M09091, Courtesy of City of Victoria Archives）

1907 年，有清政府即将在当地设置领事馆的传闻，人们普遍认为李梦九终将会有正式官衔加身。但是他的朋友出面与媒体澄清，即便有这样的机会，李梦九也会拒绝。[96]1908 年夏，李梦九接待美国旧金山领事欧阳庚和波特兰领事梅伯显，他们协助由英国公使馆赴温哥华的官员调查暴力排华中的华人财物损失。[97] 李梦九对于那些取笑和谩骂华人的所谓英国绅士从不客气，美国的报纸报道李梦九在维多利亚的海关办公室讲纯正的英语，他曾经质问一个恶意嘲弄的英国人是否真的会说英语，并且反问“既然可以说英语，你卖弄什么全世界都听不懂，也不能忍受的说话方式？”[98]1908 年 9 月到 10 月，李梦九赴东部办公并携家人休假，他出公差期间，移民局译员的工作由内弟司徒旄代替。[99] 李梦九应邀前往东部的几个边境口岸担任翻译，因为移民部注意到了有大批华人从墨西哥北上，从蒙特利尔、哈利法克斯等地入境，而官员们认为这有非法移民的嫌疑和损失人头税的可能性，但是因为语言不通，不知如何应对。此问题上报到国会，负责移民事务的商贸部副部长瓯海尔（O’Hare）决定邀请李梦九协助，[100] 但是相关公开报道说他是陪家人去美国波士顿和纽约休假。[101]

1909 年 4 月，维多利亚的基督教青年会（YMCA）建新楼，李梦九捐款 100 加币，还带领母亲、妻子各捐 10 加币，每个孩子捐 5 加币。[102]5 月 1 日，瓯海尔就杂志上对李梦九的不实报道做出澄清。[103] 但为时已晚，加拿大各地唐人街出现针对李梦九的仇恨言论，甚至威胁。[104] 原来，加拿大畅销的《麦克林杂志》（*MacLean: The Busy Man’s Magazine*）的记者本内特（R. B. Bennett）对李梦九在纽约进行了采访，文章登载在 1909 年的 5 月一期。文中提到李梦九阻止了文件造假的华人由东部入境，而瓯海尔登报澄清“李只是做了翻译分内的事”[105]。记者强调李梦九保持自己儒家传统的同时，吸取了西方文明，甚至比一些白种人还要“白”，如果所有东方的移民都能像他，也就不必担心所谓的“黄祸”了。文章还报道李梦九一行人前呼后拥入住纽约酒店（Hotel Belmont）的豪华套间。[106] 当被记者追问采访时，李梦九不忘宣传中国的儒家传统，言外之意中国人更看重合作关系，不像白人那么强调个人利益。他说“上天堂还是入地狱都要取决于在人世间的所作所为”，“但是作为华人，品行无论多么优秀，为同胞无论付出多少，都不会像西人一样被当作英雄”。当他被问为何从未返回中国时，他说，“最喜欢加拿大的维多利亚”，更何况他的妻子和孩子都是加拿大人。他承认是保皇会成员，希望通过改良能使祖国有个光明的未来。但他认为康有为的观念稍显激进，中国经受不起革命和动荡。他称赞中华会馆领导同胞参与中国事务，但力图回避任何激进的做法。[107]

1909 年 8 月，新的大清侨民公立学堂落成，典礼盛大，分中英文两场。同年 11 月 27 日，在凭海临风的皇后饭店（Empress Hotel），李梦九宴请清廷驻 BC 省加西总领事欧阳庚和近百位当地领袖。[108]李梦九夫妇和维多利亚市长在主人位置就座，致欢迎辞的不仅有省市政要，还有中国贸促会成员等。欧阳庚与梁诚一样是留美幼童，耶鲁大学毕业，曾在旧金山和纽约做外交官。他在旧金山大地震和火灾期间与妻子骆莉莲医生一道，在带伤和丧女的情形下仍然护侨救灾，事迹感人，这一故事还曾出现在民国课本中。李梦九带着崇敬的心情欢迎这位盼望已久的领事，个人出资将当地精英聚集在皇后饭店。司徒旄和李家儿女也在座。

图 2-3-5　当年的皇后饭店
（资料来源： Image PR-0252-M06580, Courtesy of City of Victoria Archives）

图 2-3-6　2020 年的皇后饭店外景（笔者拍摄）

1910 年，加拿大政府就华人非法入境一事展开调查，怀疑新移民联手华人译员伪造身份文件入境，要求进一步提高人头税。政府随即展开听证调查，翻译之间也有互相告密或者诋毁。李梦九是少数没有被查出问题的译员。但是他减少了对公共事务的领导和运作，而是更多地将其交由司徒旄和家族年轻人处理，推动新一代走向历史舞台。

图 2-3-7　李梦九（右二）全家福（1903 年），包括 5 个子女
（资料来源：Image of PR-0252-M09036, Courtesy of City of Victoria Archives）

图 2-3-8　李梦九家全家福（1918 年），包括 12 个子女，李梦九（后排右三）已经满头白发。后排右二为长女李月华，后排左四为长子李毓堃，后排左三为儿媳
（资料来源：Image PR-0252-M06931, Courtesy of City of Victoria Archives）

## 注 释


1. "An Aristocratic Chinese Wedding," *Vancouver Daily World* (Vancouver, British Columbia, Canada), Jan.2, 1892, p.8.

2. "Chinese residents are highly honored: Government of China confers degrees on Mon Kow and his mother," *Victoria Daily Colonist*, Apr.16, 1907, p.9.

3. *Report of the Royal Commission on Chinese and Japanese Immigration*, （Ottawa: S.E. Dawson, 1902）, p.59.

4. 司徒成标编著：《司徒氏宗族研究》，广东人民出版社，2001 年，第 235 页。温金有在 1888 年被聘为温哥华的法庭翻译，同时期的还有叶恩和廖鸿翔。

5.Jack Wai Yen Lee, *The Legacy of Lee Mong Kow Prefecture: Immortality of Heritage and Roots-2*, （Victoria BC,2006）, p.43.

6. "A Remarkable Canadian Chinaman," *Maclean's* , May 1909, pp.65-68.

7. 龚伯洪编著：《广府华侨华人史》，广东高等教育出版社，2003 年，第 237 页。

8. Jack Wai Yen Lee, *The Legacy of Lee Mong Kow Prefecture: Immortality of Heritage and Roots-2*, p.25.

9. Ibid, p.22.

10. 司徒英石出入境的官方记录使用的就是"白宫"的地址：约翰逊街 952 号（952 Johnson St）。

11. Jack Wai Yen Lee,*The Legacy of Lee Mong Kow Prefecture: Immortality of Heritage and Roots-2*, p.23.

12. Belinda Huang,"Teaching Chineseness in the trans-Pacific society: Overseas Chinese education in Canada and the United States 1900-1919,"(PhD diss., Princeton University, 2009).

13. Jack Wai Yen Lee, *The Legacy of Lee Mong Kow Prefecture: Immortality of*

*Heritage and Roots-2*, p.11.

14. Lisa Rose Mar, *Brokering Belonging: Chinese in Canada's Exclusion Era, 1885-1945*, Oxford University Press, 2010.
15. *Bamboo Shoots: Chinese Canadian Legacies in BC*, http://www.openschool.bc.ca/bambooshoots, accessed Oct.25, 2022.
16. "SIR WM. DES VOEUX interviewed by a local Chinese Delegation who have grievances", *Daily Colonist*, Sept. 6, 1887, p.1.
17. Timothy Stanley, Dictionary of Canadian Biography on Lee Mong Know,http://www.biographi.ca/en/bio/lee_mong_kow_15E.html,accessed Oct.25, 2022.
18. "Hoards of Chinese going," *The Wahpeton Times (Wahpeton, North Dakota*), Jan.10, 1889, p.7."A Great Immigration Scheme," *Omaha Daily World-Herald*, Jan.9, 1889, p.1.
19. "Personal," *Daily Colonist*, Mar. 4, 1888, p.1.
20. "The King Tye Seizure," *Daily Colonist*, Jun. 1, 1888, p.4.
21. "Advertisement," *Daily Colonist*, Aug. 5, 1890, p.5.
22. "The Premier and Hon. T. M. Daly Interviewed by Deputations yesterday: Necessity of disinfecting Asiatic Immigrants' Baggage-Songhees Reserve-E. & N. R. R.," *Daily Colonist*, Aug. 17, 1895, pp.1-3.
23. 冯自由：《革命逸史》（第 3 集），商务印书馆，1947 年，第 338 页。
24. 台湾省和辽东半岛在该条约签订后被割让，日本对其占据长达 50 年。
25. 李鸿章对沙俄心存防范，对英、美却更多以学习的态度进行访问。
26. "Li Hung Chang and Prince Bismarck," *Derby Mercury*, Jul. 1, 1896, p.8. "Li Hung Chang is coming,"*The Kingston Daily News*, Aug. 31, 1896, p.1.
27. "Li Hung Chang in Winnipeg," *Winnipeg Tribune*, Sept.6, 1896, p. 1 and 3.
28. "His big filed," *Vancouver Semi Weekly World*, Sept. 15, 1896, p.4.
29. 据北美报纸库 Newspapers.com 的不完全统计，1896 年有近 5 万篇关于李鸿章的报道。
30. "Chang in New York: China's grant old man and suite reached American," *Chicago Chronicle*, Aug. 29, 1896, p.4.

31. “A Heathen Chinese,” *Charlotte Tribune*, Sept. 10, 1896, p.2.
32. “Li Hung Chang,” *The Reading Ledger*, Sept. 12, 1896, p.2.
33. “Earl Li visits Brooklyn,” *New York Times*, Sept. 3, 1896, pp.9-10.
34. 又称《中美续增条约》，为华人移民和留学美国创造了一定的条件。
35. 因为当时中国尚无国歌，所以欢迎仪式选用不同的中国乐曲进行演奏。
36. 蒲 安 臣 “Anson Burlingame”, *Britannica*, https://www.britannica.com/biography/Anson-Burlingame, accessed Oct. 25, 2022.
37. “A Heathen Chinese,” *Charlotte Observer,* Sept. 10, 1896, p.2.
38. “Li Hung Chang: some forceful thoughts on the terminal city,” *Vancouver Daily World* , Sept 12, 1896, p.2.
39. “Trying to impress Li,” *Ottawa Journal*, Aug. 15, 1896, p.7.
40. “To open up China,” *Vancouver Daily World*, Sept. 4, 1896, pp.1-2. 温哥华报纸转载纽约的消息。同日，本地记者也有登载长文在头版头条评论李鸿章此行开阔了眼界，携带重大计划准备回国，造福国民。
41. “Li Hung Chang: some forceful thoughts on the terminal city,” *Vancouver Daily World*, Sept. 12, 1896, p.2. 英国有传言说李鸿章与英格兰银行洽谈了借贷的事情：“Li Hung Chang: the great Chinese stateman is going to visit Canada,” *the Gazette*, Aug. 12, 1896, p.1.
42. “Li Hung Chang in Canada,” *Daily Standard*, Sept. 10, 1896, p.1.
43. Ibid.
44. Ibid.
45. “Chinese Ambassador: the fun he is creating in London England,” *The Kingston Whig-standard*, Aug. 17, 1896, p.2.
46. “In Li Hung’s Suite,” *Seattle Post-Intelligencer*, Aug. 5, 1896, p.5. *Victoria Daily Colonist*, Jul. 27, 1896, p.4, *Victoria Daily Times*, Sept. 1, 1896, p.5.
47. “Li Hung Chang: the great Chinese stateman is going to visit Canada,” *the Gazette* (*Montreal, Quebec*), Aug. 12, 1896, p.1. 这是李梦九在英国商会的晚宴上的讲话，在其有生之年，他会号召发展祖国的工业和商业，他尤其会督促将铁路连接到中国每一个偏远的角落。

48. “Li Hung Chang: some forceful thoughts on the terminal city,” p.2.

49. “Won’t Welcome Li,” *Ottawa Daily Citizen*, Sept. 11, 1896, p.3 & *Ottawa Journal*, Sept. 11, 1896, p.6. 晚清白银贬值，全球贸易已经开始依赖金价标准。而环太平洋圈的黄金开采大多在英国殖民地。英镑与黄金挂钩。李鸿章深知中国在过去几十年的衰退与此有关，因此羡慕英国国家银行，同时他又兴奋地看到铁路可以带动一个国家的经济。

50. “Li Hung Chang: some forceful thoughts on the terminal city,” p.2.

51. ［加］李东海：《加拿大华侨史》，中华大典编印会，1967 年，第 260 页。

52. “Li reaches Vancouver,” *Omaha World-Herald*, Sept. 14,1896, p.1.

53.《吴尚鹰先生每日专栏》，《大汉公报》1963 年 9 月 14 日，第 3 页。

54. “A Great Stateman,” *Vancouver Semi Weekly World*, Sept. 15,1896, p.5.

55. “The Oriental Trade,” *Vancouver Semi Weekly World*, Sept. 15, 1896, p.4.

56. “A Great Stateman,” p.5.

57. 又名“宁阳铁路”，是曾位于中国广东省新宁（今台山县）和新会境内的一条铁路。建于清光绪年间，由广东新宁旅美华侨陈宜禧主持建造。募款集资包括加拿大的华侨，加上若干年的勘探和交涉，历尽千辛万苦，于 1909 年完成，使用不到 20 年，因日本入侵而被主动破坏。

58. “Farewell to Canada,” *Vancouver Daily World*, Sept. 16, 1896, p.5.

59. Ibid.

60. “Farewell to Canada,” p.5.

61. Jack Wai Yen Lee, *The Legacy of Lee Mong Kow Prefecture: Immortality of Heritage and Roots-2*, Victoria, BC, 2006, p.43.

62. “National Indian Famine Fund,”*Daily Colonist*, Feb. 23, 1897, p.5.

63. “Indian Famine Fund: Contributions by Chinese women and children in Victoria,” *Daily Colonist*, Oct. 9, 1900, p.8.

64. “Delayed in the Roads,” *Daily Colonist*, Aug. 25, 1897, p.5.

65. 梁诚与温安邦在同年夏天先行抵达温哥华，安排李鸿章访问事宜。他后来还陪同张荫桓以及载振到过这里，均由李梦九负责接待。

66. 高信、张希哲主编，李东海等撰：《华侨史论集》，华侨协会总会，1963 年，第 32 页。张启礽老师认为张荫桓当年应从旧金山登陆而非维多利亚。

67. “Papers relating foreign relations of the United States,” https://www.cinarc.org/data-1.html#anchor_49, accessed Oct.25, 2022.
68. “A Ruler is in Exile,” *Victoria Daily Colonist*, Apr. 8, 1899, p.2.“Chinese Refugee,” *Los Angeles Times*, p.6.“Kang Yu Wei, the Chinese Reformer, reaches Victoria,” *San Francisco Chronicle,* Apr. 8, 1899. p.2.
69. 张启祯、［加］张启礽编：《康有为在海外·美洲辑：补南海康先生年谱》（1898—1913），商务印书馆，2018 年。
70. “Kang Yu Wei Here,” *Daily Province*, Apr. 13, 1899, p.4. 康有为在维多利亚的演讲日期见 “A Statesman Reformer,”*Daily Times*, Apr. 13.
71. “Cantonese Reformer,” *Daily News*, Apr. 15, 1899.
72. “Railways for Orient, Kang Yu Wei, the Chinese Reformer, Gathers some information in Ottawa,” *Ottawa Citizen*, May 12, 1899.
73. ［加］李福基：《宪政会纪始事略》，出版地不详，1909 年，第 2 页。
74. 〔清〕康有为：《域多利义学记》，载刘琅主编《精读康有为》，鹭江出版社，2007 年，第 207 页。
75. ［加］李福基：《宪政会纪始事略》，第 3 页。
76. ［加］李福基：《宪政会纪始事略》，第 3—4 页。
77. 陈忠平：《保皇会在加拿大的创立、发展及跨国活动（1899—1905）——基于北美新见史料的考证》，《近代史研究》2015 年第 2 期，第 141—148 页。
78. “A Chinese School,” *Victoria Daily Colonist*, Jan. 18, 1918, p.8.
79. *Royal commission on Chinese and Japanese immigration* (Ottawa, 1902; reprinted. New York, 1978).
80. ［加］李东海：《加拿大华侨史》，第 423 页。
81. ［加］李东海：《加拿大华侨史》，第 25 页。
82. “Work to be Commenced,” *Victoria Daily Times*, Aug. 15, 1900, p.7 & “News of the Province,” *Weekly News-advertiser,* Aug. 7, 1900, p.9.
83. 〔清〕载振：《京话演说：振贝子英轺日记》卷十，《绣像小说》1903 年第 24 期，第 52 页。

84. "An Appeal to the Chinese in City," *Victoria Daily Times*, Oct. 29, 1902, p.5.

85. "British Journalist reach Victoria," *Daily Colonist*, Aug. 11, 1903, p.3.

86. "Amicably Settled," *Times Colonist*, Mar. 10, 1904, p.8 &"Chinese in Theatres," *The Province*, Mar. 2, 1904.

87. "Yellow Pearl is Chink in Columbia," *Albuquerque Citizen* (*Albuquerque, New Mexico*), Jul. 19, 1905, p.1.

88. Huntington Digital Library，在张康仁领事的档案中有李月华衣着光鲜驾驶敞篷汽车的照片。

89. Jack Wai Yen Lee, *The Legacy of Lee Mong Kow Prefecture: Immortality of Heritage and Roots-2*, p.25.

90.《域多利本会上伦贝子函》，《东华报》1904 年 10 月 8 日，第 13 版。文中提到溥伦曾到过维多利亚。

91. Jack Wai Yen Lee, *The Legacy of Lee Mong Kow Prefecture: Immortality of Heritage and Roots-2*, p.25.

92.《美国退回的庚子赔款，对中国产生了什么影响？》，凤凰网，访问日期：2022 年 8 月 10 日。

93. "Canadian Paper in Hands of Chinese," T*he Wenatchee Daily World* (*Wenatchee, Washington*), Aug. 23, 1906, p.1.

94. 汤志钧编：《康有为政论集》，中华书局，1981 年，第 598 页。

95. "Victoria's Loyalty will be shown" and "Objects to the Chinese Arch," *Daily Colonist*, Sept. 13, 1906, p.2.

96. "China to have consul," *Daily Colonist*, Dec. 5, 1907, p.11.

97. "Commission on Riot Claims," *Vancouver Daily World*, May 29, 1908, p.11.

98. "Xong Hae Fat Tsoi is Chinatown's Greeting," *LA Times*, Jan. 31, 1908, p.20.

99. "Auditor General's Report 1908-1909," in Sessional papers of *Dominion Canada*, *Parliament Canada*, 1910, 12. p.y12.

100. "Chinese Tricked the Dominion," *The Edmonton Journal*, Sept. 21, 1908, p.1.

101. "Chinese Party Leaves," *Ottawa Citizen*, Oct. 2, 1908, p.4.

102. "Fund passes half way mark," *Victoria Daily Times*, Apr. 21, 1909, p.9.

103. “Resents Attack on Lee Mong Kow,” *Victoria Daily Times*, May 1, 1909, p.1.

104. “Threaten Lee Mong Kow,” *The Evening Post*, Oct. 11, 1909, p.1.

105. “O’hare Defends His Victoria Chinese Interpreter,” *the Province*, May 3, 1909, p.10.

106. Bennett, R. B. “A remarkable Canadian Chinaman,” *McClean*, May 1, 1909. pp.65-68. 20世纪初建成的23层酒店位于曼哈顿中城的繁华地带，很少接待华人，更何况出现成群结队出游只住顶楼的华人，因此造成媒体轰动。有关该酒店的更多信息：Daytonian in Manhattan: The Lost Hotel Belmont -- 120 Park Avenue (daytoninmanhattan.blogspot.com)。

107. 同上，可见李梦九对同盟会以彻底推翻清廷为目的的革命也不支持。

108. “Banquet to Chinese Consul: Lee Mong Kow entertained many friends in honor of Consul General,” *Daily Colonist*, Nov. 28, 1909, p.11.

# 第三章 枝繁叶茂

司徒森的 6 个子女逐渐成长，长女司徒春颜一家在加拿大跻身精英阶层，留下大量传奇故事。[1] 而跟随姐夫的长子司徒旄学习了他务实低调的作风，在接下来的岁月逐渐取代了父亲和姐夫的角色，担当侨社的公务职责，传承家族的声誉。司徒氏其余 4 个子女也都成家立业、繁衍生息，尤其是留在加拿大发展的几家。他们言传身教，光宗耀祖，培养出领袖和名人，使得司徒氏在加拿大的第三和第四代枝繁叶茂。

## 一、养子司徒根柱

司徒根柱出生在维多利亚，被当年膝下无子的司徒森收养。他从少年起就在森记做学徒，成家后开设了自己的裁缝店。司徒根柱与妻子关氏（生卒年不详）育有五女一子，但是儿子早逝，夫妻俩又领养过一子。他们的二女司徒顺好与祖父母和父亲感情最深，是家人的骄傲。司徒根柱一家传承重教育、勤经营的家风，尤其是女儿顺好，不仅自己勤奋好学，还为父亲养老送终。在孙辈记忆中，司徒根柱是一位勤劳、平和、安静的裁缝手艺人。他虽不富裕，但教给女儿们手艺傍身，留下一把大剪刀和无数衣服纸样。

司徒顺好英文流利，在华侨公立学校也是出色的学生，其中文能力更佳，让众多堂兄妹羡慕。她和姐妹在父亲的裁缝店做小工，包缝和缝锁扣眼，一个扣眼挣 5 分钱，一件西服可以挣 1 加币，是当年勤工俭学很不错的收入。司徒顺好 18 岁时嫁给台山人的第二代李华钳。夫婿生意经营有方，又执掌过祖辈创建的中华会馆和学校。家族的商业包括餐厅、养猪、温室种菜和中加两国的食品贸易，经久不衰。他们养育两儿两女，将仁、义、礼、智、信的传统家风传递了下去。后代继续在维多利亚的社区服务，尤其是长子李惠贤，继承祖辈们的公益事业，而且与政府合作举办活动，彰显前辈们的卓越贡献，使维多利亚的唐人街得到修葺和更新。他始终感激母亲的教诲，认为自己身上承载了司徒氏的家族品德。司徒顺好陪同丈夫和子孙们一直留在维多利亚和温哥华岛上打拼，得以看到自己重孙的成长，享受家人的爱戴与尊重。[2]

图 3-1-1　司徒顺好于 1921 年回广东老家时的出入境照片

［资料来源：C.I. certificate for Seto Shun Hoo© Government of Canada. Reproduced with the permission of Library and Archives Canada (2023).Source: Library and Archives Canada/Department of Employment and Immigration fonds/e008264533］

司徒根柱的养子和两个女儿回到国内，在开平老家和香港之间做生意，与留在加国的亲人们遥相呼应。在加拿大的 3 个女儿都嫁给华商，只有司徒顺好留在故乡维多利亚成就事业。[3]

## 二、二女司徒鸣玉与女婿刘子逵

司徒森二女鸣玉[4]比姐姐小 5 岁，长妹妹 4 岁，是家中 3 位千金中间的一个，也是性格最刚毅的一位。她同样是美丽的贤妻良母，生养过 11 个孩子，有鲜明的政治主张，中英文流利。她受同龄人康同璧的影响，在维多利亚保皇女会中担任领袖。康同璧是康有为与原配夫人所生的二女儿，她在 1903 年 5 月 7 日到达维多利亚，由保皇会领导出面在码头迎接。[5]康同璧住在温哥华的叶恩家，受到侨胞热情接待，立即投入海外改良的活动中，并很快在所到之处成立保皇会女会，留下中国近代史上一次波澜壮阔的女性政治运动。有当地学者记录过详情：

（康同璧）呼吁年轻的女性站出来，在国家危亡的时候，也要为祖国贡献一份力量。她隔日做一次演讲，每到一个城市成立一个保皇会女会，在短短的 3 个多月的停留期间，在温哥华、维多利亚、西雅图、波特兰等地建立了 12 个保皇会女会。维多利亚报纸上说，康同璧在此做了多次面向国人的演讲，她是第一位以中国改革维新为主题而做演讲的中国女性。

康同璧把“教育、统一、平等”这些保皇会的宗旨传递给本地的华人。

教育：是唯一能使一个民族强大、开放，使其与外面的世界有良好接触。

统一：中国领土不能分割。中国人民热爱自己的国家，其忠诚和爱国之心和他国的人民一样。保皇会同人誓死捍卫祖国的领土不被瓜分。

平等：任何人都有享受人类文明的权力。在中国，不论是男人、女人还是儿童都应该是平等的，不被歧视，不被压迫。[6]

维多利亚的保皇会女会在 1903 年 5 月中旬正式成立，发行的图片中包括会长康同璧及当地 18 位妇女领袖的照片，司徒鸣玉担当书记。司徒鸣玉以其文字能力确定了其在会党中的书记工作。图片上一副较短的对联突出反映了新的女权主义政治意识：“国家兴亡，男女同责。”图片两侧的一副长联进而号召华人妇女学习中国历史传说中的女英雄如冯嫽和秦良玉，法国历史上的圣女贞德，以及俄国无政府主义革命女杰索菲娅·普鲁斯卡娅，争当巾帼雄才。这是中国近代建立最早的女性政治组织之一，可以看作是中国女性政治意识的觉醒，她们对西方女性先知和领袖已经有耳闻，并学习过其事迹。[7]这个海外中国女性组织的创始人中，就有司徒氏在加拿大的第二代——二女司徒鸣玉。她

图 3-2-1　1903 年夏在维多利亚成立的保皇女会值理真像，康同璧任会长，司徒鸣玉（上排右一）任书记
（资料来源：Courtsey of Harvard-Yenching Library）

不仅大半生单身养育子女成人，而且成功经营西装店，同时信奉康同璧宣扬的“教育、统一、平等”的理念，坚信中国会走向富强。[8]

司徒家的二女婿刘子逵（1881—1922，Charlie Bo）是广东顺德人。刘氏三兄弟较晚抵达加拿大，支付了人头税才得以入境。由于名字转化和发音的不易，亲兄弟的英文名字与中文相去甚远，变成了姓氏不同的查理三兄弟（Charlie Hope，Charlie Bo，Charlie Wo）。这种情况在早期华侨中常见。英文的查理在粤语的发音与“忠义”接近，兄弟仨曾经开设的服装店就叫“忠义保”（Charlie Bo & Brothers）。20 世纪初，他们才分别拥有各自的店铺，分别为：忠义保、忠义和、忠义合。[9] 哥哥把长子刘光祖（1896—1960，Joe Hope）送回国内受教育。1911 年，刘光祖回到出生地加拿大后，抓住商机，逐渐变成华商领袖，与司徒氏和李氏的亲友们合作，成功带领华侨社区争取权益。

刘子逵与司徒森、李梦九同样是白手起家，从裁缝学徒做起。后来他经营的高端西装店非常成功，遭受白人嫉妒。维多利亚的制衣业发达，包括上门私人订制的高档服装和批发的工作服。1884 年，城里面只有 30 位裁缝，但到了 1901 年，已经有 16 家华商裁缝店，雇佣 84 位车衣工。一直到第一次世界大战，西人始终不能在这个行业竞争过华人。[10]

1893 年，刘氏兄弟的裁缝店地址是士多街（Store Street）27 号。1901 年，刘子逵另立门户后的商店毛利每个月都超过 900 加币。衬衫价格 12 加币，套装 20 加币。每个月可以生产 15 套西装，18 到 20 套中式衣服。他雇佣 6 位裁缝，每月支付他们 30 到 40 加币的薪水，还包吃住。[11] 能把裁缝店经营得如此成功，使他成为后来居上的华人领袖，却被西人和工会嫉妒。据维多利亚裁缝工会

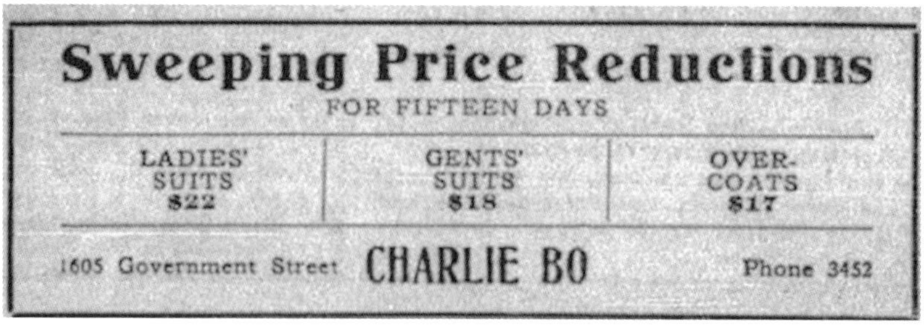


图 3-2-2　刘子逵的服装店广告（1914 年）

图 3-2-3　刘子逵哥哥的服装店广告，已经尽显高档

记录，皇家调查委员会听证刘子逵讲述自己的经历，是一位白人裁缝教会他做西装的手艺。[12] 全北美裁缝工会的出版物里，署名来自第 172 分会的贾·提·法海（J.T. Fahay）对刘子逵表达愤恨之情。他认为刘子逵就是抢走白人生意的贪婪华人。他要求重组工会和强制执行单日工作时间不得超过 10 小时。[13]

在 1902 年的皇家调查报告里，裁缝和制衣业的很多代表回答了问题并出席了听证会。华人店铺里的工人工时长，并逐渐将西式女裙等服装的制作包揽了，且价格低廉，让白人同行自知没了竞争力。接受调查和问询的白人一边倒地要求政府排斥华人，认为他们只顾恶性竞争，所得收入却不在当地消费，所以华人人口的增长并无助于本地裁缝行业的发展。弗朗西斯（Francis Williams）说道，12 年前，当他刚来到 BC 从事此行业时，只有两家华人的裁缝店，也就几个工人，1901 年却增加到 100 多人，比白人同行业的人手多出一倍。生产内衣的工厂也多雇佣华人，因为他们宁愿降低薪水也要抢到工作。白人裁缝说自己与华人情况不同，有家室和 4 个孩子，不可能依靠逐渐降低的薪水生活下去，恐怕要被迫搬离到不必和华工竞争的地方，才能让孩子们享受生活和教育。加拿大东海岸的服装行业对 BC 省和维多利亚也有冲击。这些白人的抱怨和愤怒具有代表性，广泛地存在于各个行业，是政府连续增加华人入境人头税的民意基础。

这次皇家调查报告一出，联邦政府批准了 BC 省政府一直要求增加的人头税。但是司徒氏和刘子逵家的裁缝生意越来越好，店铺也越换越大，朝着高端订制发展。刘子逵是维多利亚洪门致公堂会员、保皇会初始会员，后来宪政会的会长。[14] 他的商业实力辅翼了其在唐人街的政治地位，曾任中华会馆值理、董事，并于 1916 年当选为正董，可谓年轻有为。早在 1884 年成立中华会馆，岳父司徒森是初始值理，李梦九长期参与会馆工作，1916 年刘子逵继承并担当正董，司徒旄担任过西文书记。1909 年，即使有了大清总领事馆和加西的领事职位，中华会馆承上启下，依然保持着侨领的权威地位。司徒森的后代也一直领导着这个权威组织，直到民国建立后遭遇党派之争和国民党暴力夺权。没过多久，司徒氏的第三和第四代又恢复了领导侨民的公务。

图 3-2-4　刘子逵全家合影（1917 年前后），当年共有 8 个孩子
（资料来源：Jason Karman's Film on Harvey Lowe "State of Yo"，制片人授权）

# 三、三女司徒兰香与女婿周子廷

图 3-3-1　出嫁前的司徒兰香和外甥女李月华

司徒兰香（1885—？）上面有两个出色能干的姐姐，还有埋头苦干的哥哥司徒根柱，出生时家里的条件逐渐转好，太平洋铁路即将完工，大批工人带来 BC 省的经济兴旺。她于 1906 年 9 月远嫁阿什克劳夫特的周子廷（1873—？，Joseph J. Ting）。[15] 阿什克劳夫特是太平洋铁路通车后才发展起来的内陆小镇，距离她的家乡维多利亚 500 公里，有一批周氏宗亲会的人聚居。小镇既给横贯东西的铁路线提供补给，又盛产土豆等优质农作物。1911 年春天，北方的乔治堡（Prince George）开发，让此地成为联结东西南北的交通枢纽，吸引了北上寻找机会的人们。[16] 周子廷出生于广东番禺南村，与大姐夫李梦九是同乡。1893 年，他到加拿大时才 17 岁。[17] 他在远离大城市的小镇租赁大片农场，与华商联手购买了镇上的杂货店，命名注册为周廷记（J.J.Ting & Company）。

周子廷购买的杂货店建于 1898 年，在当年的车站小镇上甚是引人瞩目，一直是地标性的建筑，直到 1976 年的一场大火之后，该店铺才消失。1904 年，因为杂货店由西人福斯特（Foster）出售生意给华人，引起轰动。在周子廷调整货源准备重新开业的空档，遭到原来西人雇员的起诉，要求周子廷支付他 3 个月的薪水 300 加币和另外 125 加币作为遣散费。周子廷代表被告强调不知情也没有签署过这样的协议，但是法官判定既然此商店起始店主有与雇员的协议，现任雇主就要执行，要求周子廷和投资伙伴必须一起满足前任店员的要求。[18]

图 3-3-2　内陆小镇的照片（1908年）
（资料来源：Image AM54-S4-: Out P745, Courtesy of City of Vancouver Archives）

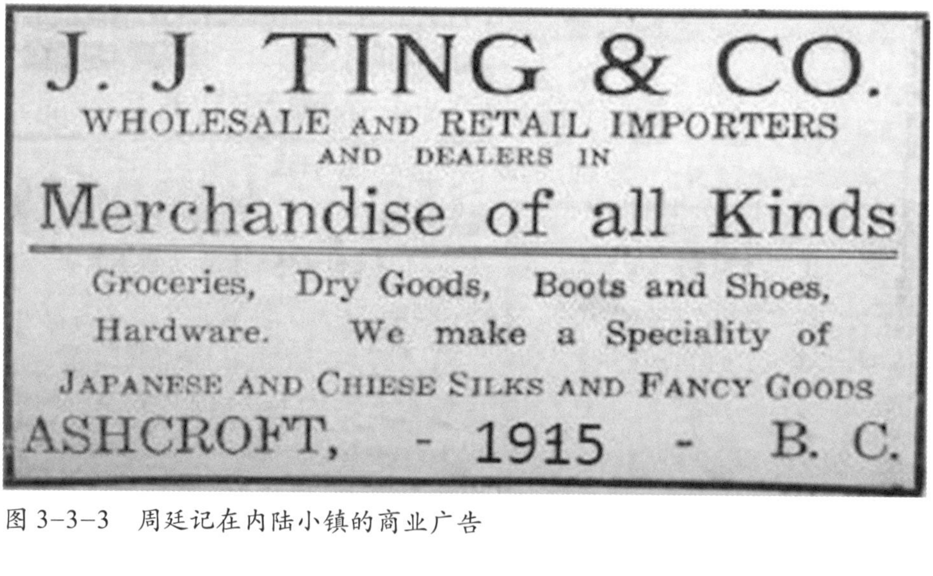


图 3-3-3　周廷记在内陆小镇的商业广告

周子廷担任过该镇保皇会的会长，[19] 甚至曾将自家的房屋捐献给保皇会，以供活动之用。该镇“在 1909 年至少有 200 位华人，在宪政会的新老成员选举时就有 70 多人”[20]。1912 年周家搬到维多利亚，开设了南兴公司（Nam

Hing），经营羊毛进出口生意。司徒兰香得以重回故里，陪在亲人身边。他们居住在唐人街之外的白人社区，是唯一居住在维多利亚西区的华人。[21] 周子廷在宪政会商务运作中，受到康有为的信任，协助康有为从加拿大银行贷款，与振华公司的股东沟通。[22] 康有为在信中多次提到过周子廷，例如：

> 今省中借债不成，而纸币低折已极，故复申前议，电前途，前途已复电，允借千万。惟须得省中进支各数及按押各物。吾花电费已多，不能再发此长电。此事周子廷能办，今亦由子廷兄弟经手。惟子廷候兵船到省，若急需此事，如何，待子廷即复此问。宪、孝二子。正月廿二日。即知会严孟繁或直回督、长二公。[23]

民国初年，周子廷频繁来往于中加两国。他在1914年1月3日携妻乘亚洲皇后号前往香港。[24]1919年再次离加赴上海，后乘日本远洋客轮返回。自那年起，他就不再把经营的重心放在加拿大，[25] 而是转往国内江浙地区。

世界日報

(第十一頁)宣統元年十一月初三日禮拜二

西曆一千九百零九年十二月十四號(第十一頁)

自由鐘

孔子降生二千四百六十年

發行所金山大埠都板街門牌七百三十四號 電話差拿二六

新譯小說

車中秘密 一百四十九

諧談

新科學

通信

會員周子廷佈告

图 3-3-4　宪政会会员周子廷布告[26]

（资料来源：旧金山《世界日报》1909年12月14日，第11页）

1920 年，周子廷和多位华侨应邀出席三门湾模范自治农垦筹备处，做了为期一周的考察。[27] 1921 年，《新闻时报》提到他集资 2000 万元承包浙江省省道的修筑，组建长途汽车公司，垄断经营。[28] 20 世纪 20 年代到 30 年代，周子廷也多次出现在江浙大米生意的广告中。除了在浙江，他们夫妇还往返广东，以照顾落叶归根的双方老人。1927 年，在香港为司徒森送终的除了次子司徒琚，还有三女司徒兰香一家。[29] 周氏夫妇的儿子是周耀森（1923—？）。

图 3-3-5　周子廷出入境记录

［资料来源：C.I. certificate for Jhou Jee Ting, © Government of Canada. Reproduced with the permission of Library and Archives Canada (2023). Source: Library and Archives Canada/ Department of Employment and Immigration fonds/T-6040］

图 3-3-6　梁启超（中间站立者）访问加拿大时与温哥华商人合影。左一为温金有、左二为卢梓荣、右一为叶生、右二为叶恩。他们与李梦九和周子廷都有合作交往

（资料来源：AM1108-S4-: CVA 689-53, Courtesy of Vancouver City Archives）

# 四、幼子司徒琚与儿媳李紫霞

司徒家谱中记载：“廿三世麟懿，名毛妹，印琚，号仲瑶，生于光绪十八年四月十九日丑时。终于。钦差颁赏专使大臣，御赐福寿字奉旨，特赐存问，专折谢恩。”夫人李紫霞据家谱“生于光绪二十年八月廿三日丑时”。父亲李济烈，是温哥华宪政会的领导人之一。

司徒家幼子承担了在香港陪伴照顾父母的责任。根据家谱，司徒琚是“域多利北方公立学校修业生，上海中国心灵研究会毕业生”。司徒琚于 1916 年前往亚洲，在上海求学后到香港工作并照顾老人。[30] 他于二战期间回到维多利亚，于 1951 年 5 月 9 日去世。[31]

坚守在北美的司徒家长子司徒旄，继承父亲和兄长们的事业，谱写了中加两国合作的历史。

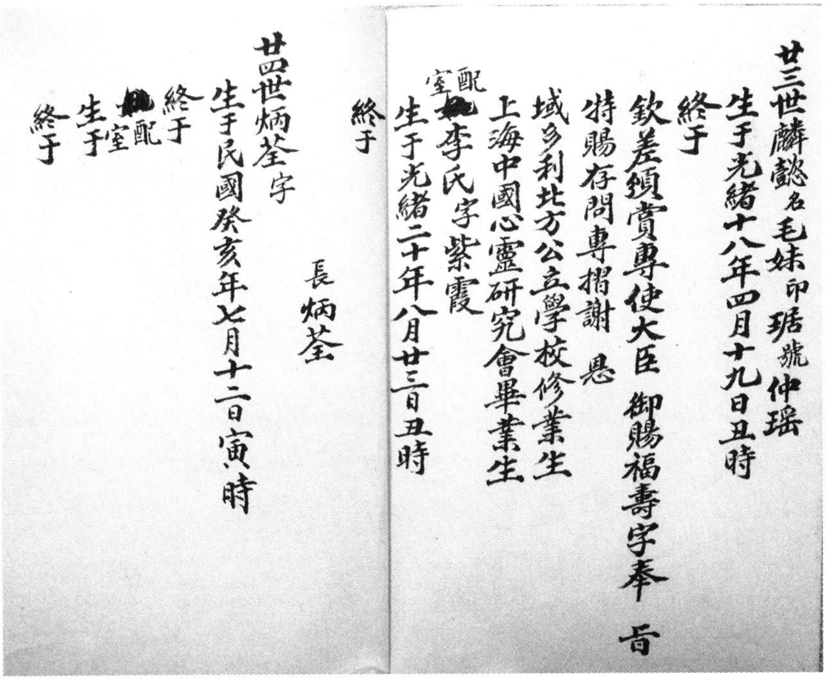
廿三世麟懿名毛妹印琚號仲瑶
生于光緒十八年四月十九日丑時
終于
欽差頒賞專使大臣　御賜福壽字奉旨
特賜存問專摺謝恩
域多利北方公立學校修業生
上海中國心靈研究會畢業生
配室李氏字紫霞
生于光緒二十年八月廿三日丑時
終于
長　炳荃
廿四世炳荃字
生于民國癸亥年七月十二日寅時
終于
配室
生于
終于

图 3-4-1　司徒琚在家谱中的一页

## 注 释

1. 维多利亚市以李梦九命名一条街道，其全家福的彩绘也在唐人街中华会馆和华侨学校的对面向世人展现。
2. 李惠贤：《李氏南恩祖家谱》，自办发行，1995 年，第 45 页。
3. 李惠贤：《李氏南恩祖家谱》，第 143—144 页。
4. 司徒鸣玉的讣告发布在《唐人街新闻》1959 年 3 月 3 日，第 11 页，以及《温哥华太阳报》1959 年 2 月 21 日，第 30 页。
5. "Tosa Maru Arrives," *Colonist (Victoria, BC)*, May 8, 1903, p.3.
6. ［加］张启礽：《尘封往事：康同壁的故事》，《四月天》2019 年第 1 期。
7. Zhongping Chen,"Kang Tongbi's Pioneering Feminism and the First Transnational Organization of Chinese Feminist Politics, 1903-1905, " *Twentieth-Century China*, v.44, No. 1, Jan. 2019.
8. 哈佛大学燕京图书馆藏。
9. John Adams, *Chinese Victoria: a Long and Difficult Journey*, Victoria BC: Discover the past, 2022, p.94.
10. Ibid, p.222.
11. *Report of the Royal Commission on Chinese and Japanese Immigration 1902*, p.180.
12. National Union of America, *The Tailor: Official Organ of the Journeymen Tailors'*, Bloomingdale ILL, June 1901, NO.11, p.10. 当时即有人认为："如果工会介入后巷店铺的管理，强制工作时长不得超过 10 小时，华人就不会偷学手艺，维多利亚至今也都还是个好地方。"
13. 同上，华工一般每天工作超过 10 小时。
14. 方志钦主编，蔡惠尧助编：《康梁与保皇会——谭良在美国所藏资料汇编》，银河出版社，2008 年，第 309 页。同时参考维多利亚市保皇会会馆的石碑。

15. “Ting married,” *Ashcroft Journal*, Sept. 22, 1906, p.1.

16. Lily Chow, *Sojourner in the North*, Vancouver: Caitlin Press, 1996, p.30.

17. *Chinese immigration records*: *C.I.9 certificates* from Vancouver and Victoria T6040，华人移民离境记录。

18. “Ting sued,” *Ashcroft Journal*, Jul.23, 1904.

19. “Convention of Chinese: Important questions to be discussed by Reform Association Delegates,” *The Province, Nov*. 29, 1905, p.13. 保皇会的代表大会在温哥华召开，司徒家族的两位女婿刘子逵和周子廷在位分别代表维多利亚和阿什克夫特两地。

20. 引自与张启礽的通话记录，以及旧金山《世界日报》报道。

21. John Adams, “Victoria Chinatown tour,” Oct. 15, 2019. John 告知笔者周子廷和司徒兰香在维多利亚住在 328 Catherine Street 的白人社区，他们的住宅直到 20 世纪 80 年代才被拆除。

22.《美洲通信：振华股东请看》，《东华报》1910 年 2 月 26 日，第 6 页。

23. 张杰龙主编，南海博物馆编：《康有为手迹》，岭南美术出版社，2008 年，第 186 页。

24.《世界日报》1909 年 12 月 14 日，第 11 版。

25. 参考周氏夫妇的离境记录，加拿大国家图书馆档案 CI 9 表格：Mrs. J.J. Ting, THE DEPARTMENT OF THE INTERIOR. CHINESE IMMIGRATION BRANCH, C. I. 9 NO.00039, Library of Canada。

26. “Brother of Lee Mong Kow arrives,” *Daily Colonist*, Feb. 27, 1919, p.14.

27.《三门湾筹备处谈话会》，《民国日报》1920 年 10 月 17 日，第 11 页。

28.《浙江省将组建长途汽车公司》，《民国日报》1921 年 2 月 2 日，第 8 页。

29.《司徒蕃贞讣告》（家族私人收藏）。

30. 司徒旐妹 CI9 出入境表格显示其离境日期。

31. 司徒琚在祖先数据库（ancestry.com）的日期为：1892.5.14—1951.5.9。

# 第四章 司徒英石

## 一、时势造英雄

司徒旄在家族中排行第五，生于 1889 年 1 月 15 日，曾就读多伦多大学。[1] 他的英文名字，也即加拿大人熟悉的称呼是 Seto More。写作中文时，多作“司徒旄”，但原始档案和中文报纸中更常见的是“司徒英石”，圈内的朋友也称其为“英石”或者“英公”。他是拓荒而来的父亲和家族在新大陆的希望，以一种司徒氏独特的低调共融的姿态付出和回馈中加两国。

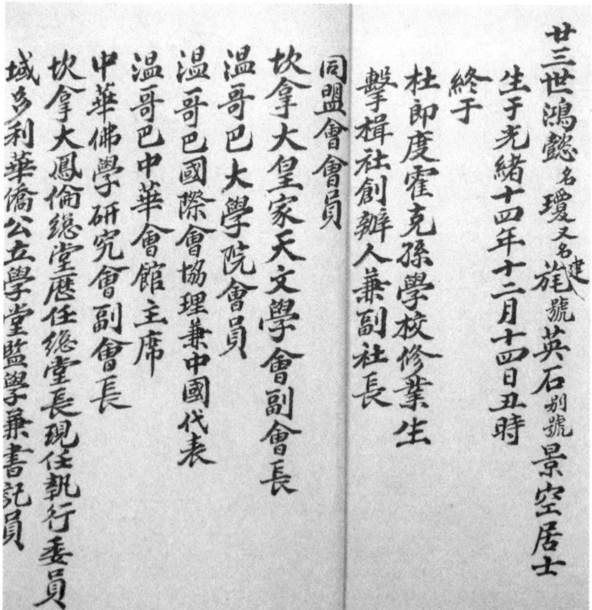
廿三世鴻懿名瓊又名建旄號英石別號景空居士
生于光緒十四年十二月十四日丑時
終于
杜郎度霍克孫學校修業生
擊楫社創辦人兼副社長
同盟會會員
坎拿大皇家天文學會副會長
温哥巴大學院會員
温哥巴國際會協理兼中國代表
温哥巴中華會館主席
中華佛學研究會副會長
坎拿大鳳倫總堂歷任總堂長現任執行委員
域多利華僑公立學堂監學兼書記員

图 4-1-1　家谱中关于司徒旄的记录

森记在加拿大建国和立省之前就已经应运而生，二女儿司徒鸣玉和养子司徒根柱自立门户后，把裁缝手艺发扬光大，都成就了令人羡慕的自家品牌。司徒森老来得子，长子司徒旄刚满 15 岁，就把森记交付与他。

维多利亚的唐人街有十几家贸易商行，对华木材贸易的商船往来中加之间。丝绸和茶叶贸易让维多利亚成为海上丝绸之路的重要口岸。[2] 加拿大西海岸与中国的关系远不止经贸往来，人员的流动和财富的累积使该地成为中国政党的瞩目之地。华人先驱不仅为这个移民国家奠定基础，也为祖国的改良和走向共和出力。司徒氏及其联姻家族在跨太平洋世界中前赴后继，推动中国成为一个现代民族国家。正如孔飞力（Philip Khun）教授所说，海外发展的家族不是“分离”，而是“联系”，家族纽带的空间维度得以扩大。司徒家族的经历是中国近代史的一部分，而中国的历史进程也不能缺失了散布在海外的华人。[3] 司徒旄就成长于一个与世界各地广泛联系的大家族中，从小就有世界格局。

吸取了对待美国的教训，英国给予殖民地自治权力。1867 年 7 月 1 日，英国建立加拿大自治领（Dominion of Canada），定都东部的渥太华。当日中

图 4-1-2　1887 年第一辆开到温哥华的火车
（资料来源：Image: CVA 1477-421, Courtesy of Vancouver City Archive）

午，人们庆祝了一个新的殖民联邦政府的诞生。[4] 最西部的不列颠哥伦比亚殖民地多年后有条件地加入，成为加拿大自治领第六个省份，被看作“太平洋岸边的第二个英格兰”。同时期，美国虎视眈眈，觊觎这片土地和海港，移民中有不少人赞成加入美国。[5]

维多利亚集中了 75% 的华商公司和 85% 的华人[6] 服务类行业人员。[7] 随着竞争的激烈和人口的增长，BC 省在 1874 年出台一款歧视法案，剥夺了华人和印第安人的选举权，尽管那时印第安人占总人口的 75%。[8] 盎格鲁 – 萨克逊白人自称为加拿大的主人，叫嚣建设一个纯白人的省份。[9]1878 年省议会拟征收华人的人头税，已经在加国境内的华人也需交 40 加币，新入境的交 10 加币（相当于 2023 年的 307 加币），年满 12 岁的华人每 3 个月就要缴税。[10] 森记等商家针对不平等的提议罢市，并上书驻英国钦差大臣郭嵩焘交涉，省政府因此暂时搁置了人头税的提议。[11] 司徒旄是听着父兄们带头抗争的故事长大的。

白人雇主喜欢华人的高效、廉价和吃苦耐劳，早期的政客们也肯定过华人对自治领的贡献。而后来白人以同样理由开始憎恨华人，将华人当作是与欧洲文化、宗教、生活习惯对立的另类，贴上许多标签，包括不可同化、只顾

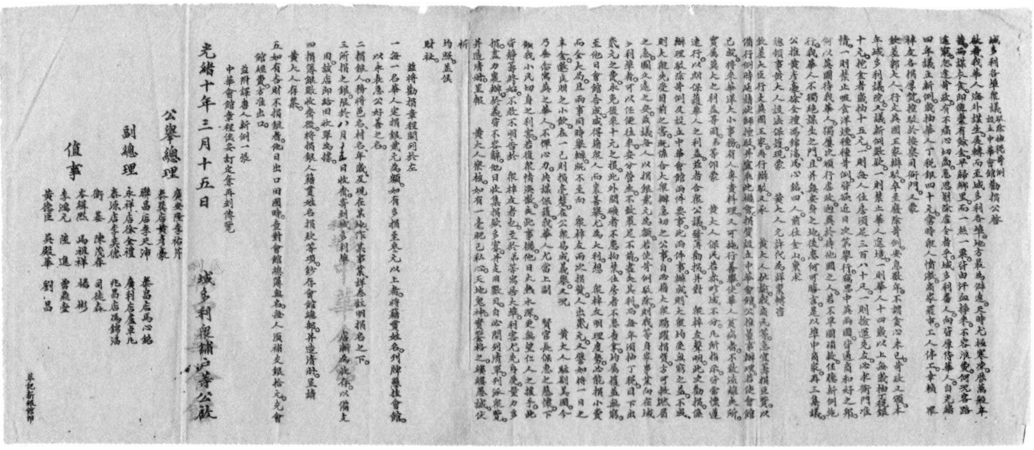


图 4-1-3　1884 年驳除苛例劝捐公启，有司徒森作为中华会馆值理的落款
（资料来源：Chinese Consolidated Benevolent Association fonds, Special Collections and University Archives, University of Victoria Libraries）

赚钱、不讲卫生、不参与政治、没有精神追求，甚至堕落，只顾衣锦还乡，并不把加拿大当作家园。BC省一直有人试图利用法律手段来维护西方文化霸权，排挤华人，保守党、自由党和工党之间为了争取选票也把移民问题玩弄于股掌之间，将共同建设新家园的华人描述成低等民族，严加防范。华人因此成为既遭受劳工阶层排挤，又被政客攻击的族群。多国的驻外使节为华人辩护，国会一直否决BC省的排华要求，但也仅限于安抚省民的情绪。

为了修建横亘加国的太平洋铁路，避免亚太门户加入美国，政商界一度鼓励和欢迎华工。华工受到欢迎的一个主要因素是他们善于分工协作。“修建铁路这样繁重的工作，非常需要团队齐心协力合作完成，而当时的华人都是一个村或一个家族的人一起出来，本身就很团结，而彼此之间也非常了解，能够更好地配合。”[12]但是，这些人来自岭南，习惯了温暖湿润的环境，如今却要忍受落基山脉的严寒。现在的人们经常提起，从卡尔加里（Calgary）到温哥华的崇山峻岭中，平均每一英里铁轨下都安息着一个华工的幽魂。然而，反对华工的呼声逐渐高涨，随着铁路贯通，排华宣传也逐渐蔓延到东部。

司徒氏的新家园紧邻维多利亚港口，成为华工登陆、休整、团聚、避难和寻求帮助的地方。1881年维多利亚市区总人口5925人，华人占三分之一。[13]人口中还包括大量作为省市民政机构雇员和富裕的欧裔商人。野外工作的华人大多来自广东四邑（番禺、台山、开平、恩平），他们在城里的唐人街可以找到同乡甚至亲戚。他们互相帮衬，形成宗族社团并建立寺庙。唐人街经济自给自足，各种广东的日用品应有尽有。清廷没有在此地设置领事保护，由司徒森、李梦九等华商建立的中华会馆统领和照顾同胞。铁路完工使大陆上的温哥华变繁荣，使其从一个海边村落迅速发展成现代化的都市，逐渐取代了四面环水的维多利亚。

司徒旄就出生在BC省歧视华人的黑暗年代，而他的父兄们始终都在抗争。1889年4月，他们代表中华会馆和维多利亚的华商起草了给驻英公使薛福成的陈情信，请求外交层面的沟通。

渥太华通过的《华人移民法案1900》（*The Chinese Immigration Act of*

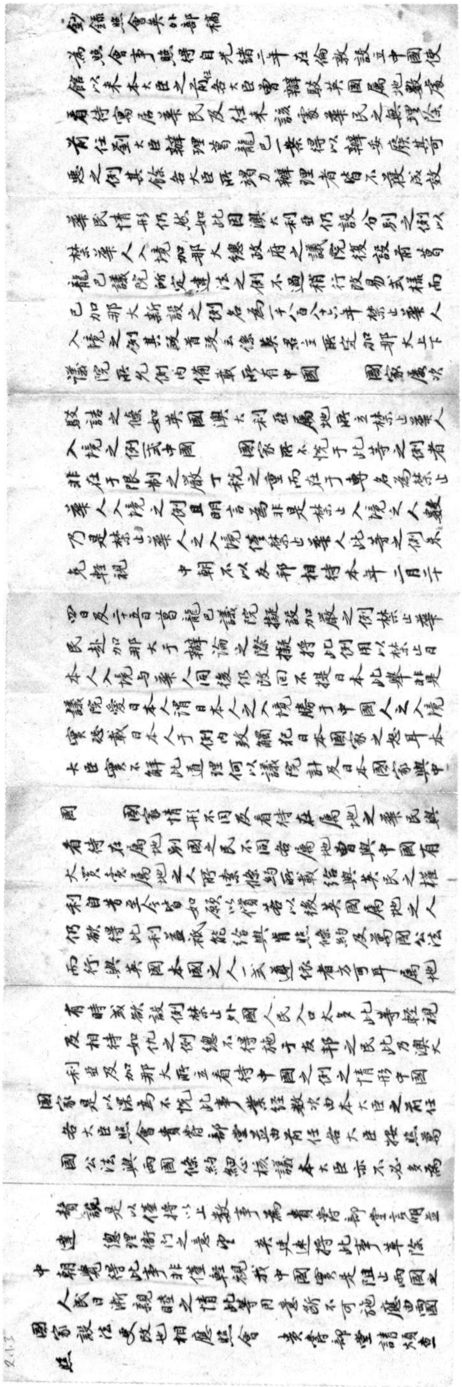

图 4-1-4　1891 年抄录照会英外部稿

（资料来源：Chinese Consolidated Benevolent Association fonds, Special Collections and University Archives, University of Victoria Libraries）

*1900*），1902 年初开始生效。华工入境的人头税增至 100 加币，联邦与省政府平分税收。这与 BC 省政府预期的课税华人的目标仍然相去甚远，因此由针对东方移民的皇家调查委员会作进一步调查，以预备未来政策走向。司徒氏的两位女婿李梦九和刘子逵都应邀作证，试图阻止人头税的上涨。但是调查报告很快出台，1903 年，人头税涨至 500 加币，相当于普通劳工两年的薪水。这是针对特定种族的排斥法案。[14] 华人没有投票权，也不能担任政府公职，也无资格进入律师、会计师、医生等专业领域。

随着东西交通大动脉打通，维多利亚经济下行，海峡对岸新兴的城市温哥华更加极力排华，这些都导致失业的华工返乡。华人在国外困难的处境传回国内，华人移民也开始减少，1906 年，“华人入口仅 70 位”[15]。华人社区急需新一代领袖，在逆境中成长的可以随意切换中英文，并和主流各阶层顺利沟通的华裔二代肩负着家族和同胞的希望。

司徒旄幼年跟随父亲和私塾先生学习古文，6 岁入读学校开始学习英文。他不仅有父母严格的管束教化，又有姐夫、姐姐提携。他尤其喜欢跟随大姐司徒春颜和姐夫李梦九，住在外号“白宫”的家，与李家的儿女们共同成长。[16] 他从小接触过东来西往的各路精英，目睹姐夫屡屡出手帮助改变中国命运的人。他和外甥女李月华常被李梦九带在身边。[17] 生长在加国，他的思想作风不同于第一代，对于这片尚在开发的土地更有归属感，冥冥之中一生就是在新大陆争取权益。在种族主义泛滥的大环境里，司徒旄勇于担当、看重公益，以学识和教养赢得人们的尊重。他尤其自豪于自己的双重身份，是一个堂堂正正的加拿大华人。

大姐夫李梦九的经营丰富多彩，是最早加入诗丕亚船运业务的华人，担任东亚票务代理。[18] 每卖出一张票，他都有提成，收入是政府工作的 3—4 倍，而作为总通译，他 1899 年的年薪仅为 800 加币，工作 20 年后才为 1200 加币。[19] 更重要的是环球贸易、移民网络对他和家人都变得触手可及。他以身作则，带领家族的年轻人成为学贯中西、驰骋商海的精英，也是中加之间的桥梁，家族环球贸易网络远远超过太平洋两岸；他们多次南下或者东进去拓展商机和关系网。然而，1909 年初，唐人街出现了对李梦九的威胁，因为他的工作阻止了部分人的非法入境。[20] 他深切地体会到夹在中间的桥梁必须承载重负。40 岁的李梦九已经是满头华发。

少年司徒旄在李梦九的影响下，带着全家的厚望成长，中学入读西人开设的詹姆斯湾学院（James Bay Academy）。[21] 司徒氏的第二代清楚自己的主人翁身份。清廷每况愈下，灾难频仍，在改良和维持政权的矛盾中无力与国际社会接轨，缺乏与西方列强沟通的能力。李鸿章、张荫桓、载振和外交官们出国访问之后都发誓将新技术引进中国，可是极少能够兑现。海外侨胞谋生不易，与世界割裂的清廷不能像日本那样在外交层面上保护侨民。1903 年，人头税本来是针对中日两国移民的，但是加国政府取消了对日本人的税赋。1905 年日俄战争后，日本人不再结群而至。西文媒体分析，这与日本政府的调控政策有关。面对过剩的人口，日政府不仅鼓励国人移民至满洲里和朝鲜，也更希望向南美殖民，因此美加政府不再担心日本人大批涌入，而是联手限制和严防中国劳工。一位美国记者指出，两个加西大城市（即维多利亚和温哥华）的唐人街都造就了成功的中国商人，杰出代表就是李梦九。李梦九对记者向来直抒胸臆，并以此影响主流媒体。他指出日本觊觎中国的野心，并坦承他对日本无任何好感。采访他的这位记者也延续李梦九的好恶评论道："西人更喜欢吃苦耐劳的华人帮佣，而对虚伪和有野心的日本人有所戒备。"[22] 李梦九的观点和看法影响着家族里的年轻人，要求他们自强，这样在移民的国度里才有竞争力。

华侨们希望祖国变革图强，与世界平等相处。殖民列强也希望中国现代化，由此谋求利己机会。司徒旄成长的过程也是中国政治进入唐人街，民族和群体意识首次广泛觉醒的时期。[23]

1899 年春天，康有为首次到访加拿大，落脚在司徒春颜家，受到严密保护。司徒旄近距离接触康有为，旁听他谈论形势和计划，也目睹了父兄们建立保皇会的过程。虽然出生在英联邦的加拿大领地，但是维多利亚距海上丝绸之路另一端的中国并不遥远，周围的人们达成了共识，要参与到改良中国的事务中，自此一发而不可收拾。司徒旄小小年纪就目睹了亲人们的变化，全家人都憧憬一个强大的祖国和扬眉吐气的中华儿女。他们为中华会馆忙碌，接待并辅助康有为，纷纷加入保皇会、保皇女会，筹办和捐助乐群义塾。

图 4-1-5　李梦九早年位于唐人街的家，白色的二层建筑，既是司徒旋成长的地方，也是康有为流亡北美第一个落脚之处

图 4-1-6　保皇会初始会所的三层楼建筑仍然矗立在维多利亚市中心，法式的拱形窗户还有露台，是集会的好场所

康有为 1899 年秋回到香港，在 1904 年冬再访加拿大，令他振奋的除了创始会的发达，还有美国最终批准其入境。他于 1905 年 2 月南下西雅图，并造访多地。5 月创始会在维多利亚建成三层高的会馆，巍峨壮丽，张灯结彩，会员们展开为期两天的庆祝活动，康有为从美国致电“恭贺始会落成”。这是维多利亚城里一大盛事，司徒旄代表本埠少年脚车协会在庆祝典礼上演讲，引起轰动。[24] 人们乐见有文化的新一代仪表堂堂、谈吐优雅、未来可期。司徒旄在会上宣传“我会之起点，及我会旗之荣光”。他自豪地说，维多利亚的创始会发源后，已经在全球“一百六十二埠成会”，“我会旗已照耀亚美澳三洲，将来进步，未可限量。他日我会救国成功，则会旗与国旗并重，愿诸君自爱其会，爱其国，爱会旗，爱国旗，则不但此会之前途可祝，即中国之前途亦可祝也”[25]。他的演讲表达出华裔对祖先与祖国的热爱，引起热烈掌声和更多人争相发言。16 岁的司徒旄清醒地意识到中华民族和华侨群体的力量。

◎始保會皇所落成記　十月初十日英國加拿大屬域多利來函云。本埠爲始創保皇會之地。今年建築會所。以本月初九日正午。進伙落成。同志齊集。踴躍歡呼。高樹國旗會旗。至午後大宴以慶之。越日又慶賀如故。赴席者百餘人。卽時接康會長來電云。恭賀始會落成。並囑同志勉力會事。同人勉之。歡喜加倍。至六點鐘時。本埠總理李君福基。登臺演說。次則加屬總理劉君章軒繼之。二君所論國事。大致相同。次則教請本埠少年土生脚車會總理司徒君英石演說。論及我會之起點。及我會旗之榮光。謂自始會發源後。不及數年。至今已有一百六十二埠成會。我會旗已照耀亞美澳三洲。將來進步。未可限量。他日我會救國成功。則會旗與國旗並重。願諸君自愛其會。愛其國。愛會旗。愛國旗。則不但此會之前途可祝。卽中國之前途亦可祝也。衆皆鼓掌歡呼。其後尚有許多同志。次第演說。而立言大畧相同。今不贅述。是晚歡會。至八點鐘而散云。查康會長重過域多利時。於創辦本會諸値理肖像。題其上曰始創保皇會第一元功眞像。今該埠會所。又落成矣。錫以此名。良非偶然。願該埠勉之。願一般之各埠我會衆勉之。

图 4-1-7　司徒旄时年 16 岁，最早的演讲记录刊登在澳大利亚的中文报纸上

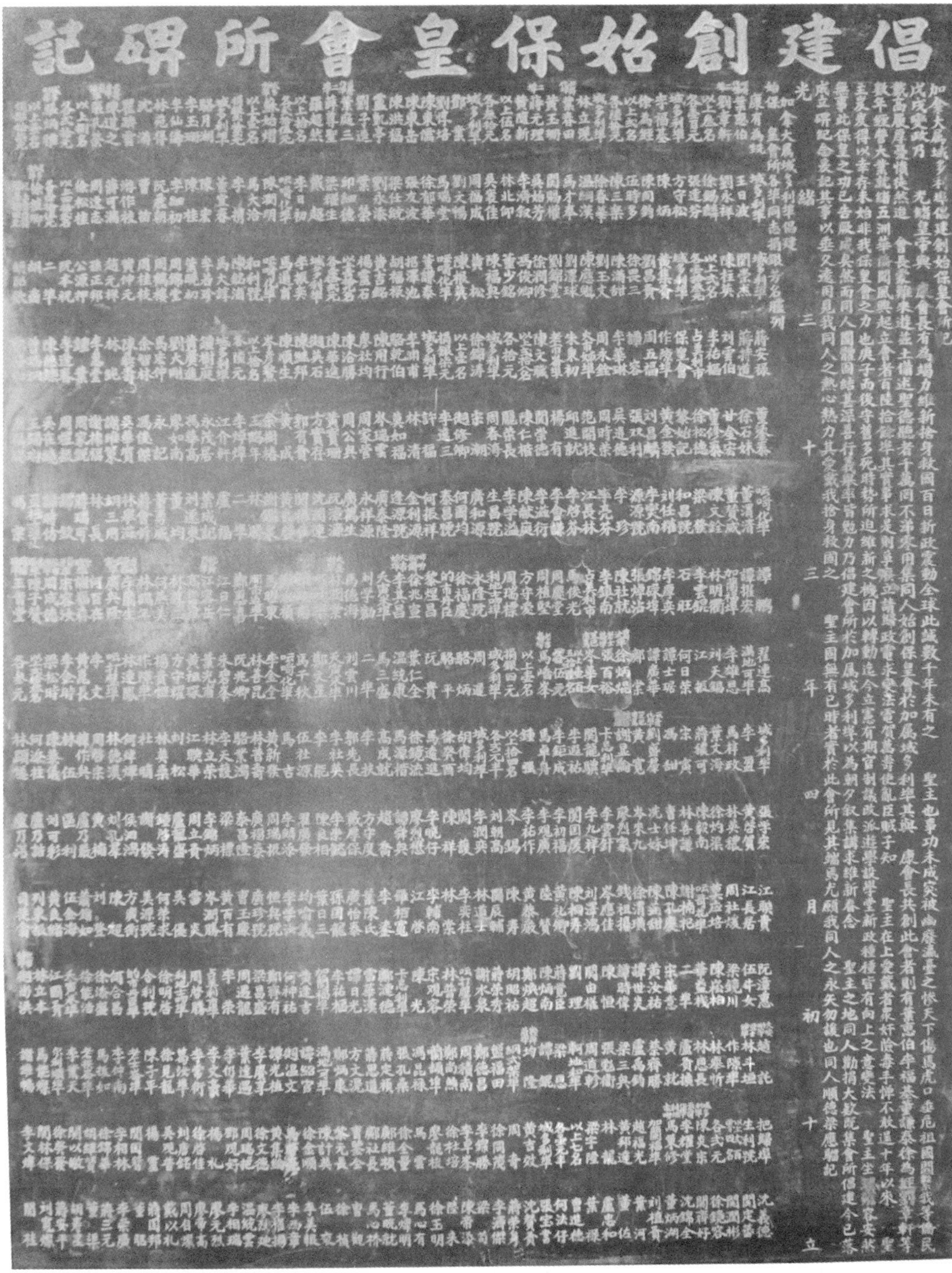


图 4-1-8　《倡建创始保皇会所碑记》。1905 年 5 月为保皇会新建会所刻写的碑文及其所附全加捐款人名单上有司徒英石的名字（第 4 排中间位置），李梦九和刘子逵也榜上有名（照片由张启礽老师提供）

# 二、创建留学校

司徒家的孩子很早就有私塾先生教学。[26]他们也可以自由地享受英文教育。1906 年 9 月，维多利亚市成立 40 周年，举办了盛大嘉年华和各种赛事。不同族裔和年龄的人均有参加。司徒旄在手工装饰品竞赛中获奖，这是他的名字 Seto More 首度出现在英文媒体上，一年后他的名字就在报上变得常见了。[27]

这一年，加拿大移民局脱离海关成立独立机构，华人入境人口有了官方统计数据，当年仅 70 位。温哥华的周天霖和周耀初携手致公堂创办《华英日报》（*Wa-ying Yat-pao, Chinese Daily News Paper*），于 1907 年 1 月 14 日开始发行。[28]李梦九和司徒旄入股，成为该报的股东，也是他们号召华人参与改革和投身教育的重要媒介。[29]

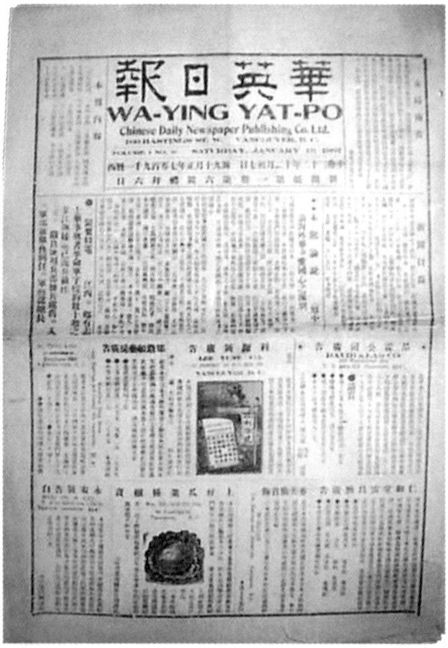
華英日報
WA-YING YAT-PO
Chinese Daily Newspaper Publishing Co. Ltd.

图 4-2-1　现存最早的《华英日报》[30]
（资料来源：Rarenewspapers.com, Timothy Hughes Rare & Early Newspapers）

维多利亚学校局早就开始讨论限制或者隔离华裔学生。[31]1907 年 8 月，学校局和董事会通过决议，准备上报省政府，要求华裔学生必须英语合格，懂得和遵守学校纪律。BC 省和自治领政府正在讨论限制华人入境和是否给予华人学生退还人头税的待遇。省里的教育资源与东部城市相比确实短缺，如何让华裔学生充分享受公共教育，同时还要加强中文学习是摆在侨领面前的一大难题。司徒旄作为西文书记代表中华会馆雇佣了西人律师共同与学校局交涉。同时，他也关注着国人留学西方的热潮，尤其是李石曾等在法国开创的勤工俭学传统，为有志于建立留学校的年轻人做

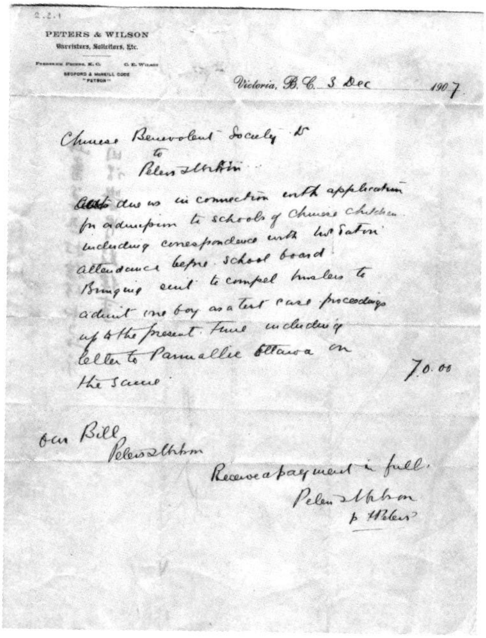
PETERS & WILSON
Barristers, Solicitors, Etc.

Victoria, B.C. 3 Dec 1907

Chinese Benevolent Society Dr
to
Peters & Wilson

due us in connection with application for admission to schools of Chinese children including correspondence with Mr Eaton attendance before school board. Bringing suit to compel trustees to admit one boy as a test case proceedings up to the present time including letter to Parmallee Ottawa on the same 70.00

Our Bill
Peters & Wilson

Received payment in full.
Peters & Wilson
p. Peters

图 4-2-2　中华会馆委托律师抗议教育歧视的记录
（资料来源：Chinese Consolidated Benevolent Association fonds, Special Collections and University Archives, University of Victoria Libraries）

出了榜样。中国科举制度刚结束，越来越多的知识分子开眼看向西方。司徒旄也以在法国兴办留学事业的领袖们为榜样，心中酝酿着如何贡献所长。

侨社在20世纪初的一个明显改观是涌现出新一代的知识精英，包括华商二代和留学生。他们成长于世界大变局的年代，积极探索，力图成就诸多事业。模仿着中国的改良派，他们组学社、办报纸，甚至办学校。司徒旄就曾偕同李翰屏等青年向国内学人宣传尚志学校。李翰屏是广东香山籍富商之子，在香港捐银加入兴中会，与孙中山熟识，曾任香港等地的筹饷委员。[32] 维多利亚保皇会会长李福基之子李伯海也在香港加入同盟会，被认为是维多利亚人参加革命党之始。[33] 青年人当中有回国留学的，如刘光祖、徐孤风等。科举废除之前，华二代回国中举是光宗耀祖的事情。但是华裔青年即便回国接受了教育，与老侨们的政治主张也日渐分化。他们人数虽然不多，却改变了侨社的政治格局。[34]

接手森记之后，司徒旄不安于自家商店经营，还积极寻求救国图强的道路。时值中国废除科举、修改学制，开始向现代化教育体制转变。审视自己、放眼世界之后，他把目光聚焦在国人的海外教育上。他认为，培养学贯中西的人才是中国的当务之急，然而留学花费巨大，对留学生而言，语言和文化习惯都需要调整和过渡。他构思了一个留学预科学校，取名“尚志”。他投书温哥华的《华英日报》[35] 和国内的报纸，包括上海的《时报》，发表倡议书，句句都发自肺腑、文采飞扬。开篇分析国内外危急形势："西力东侵，风云变色，割口岸、图瓜分、攫利权，虎视鹰睨，其欲逐国家之衰亡危呼殆已……外交无才，振兴无术，二十世纪风潮澎湃汹涌，帝国主义勃发膨胀，愈演愈剧，变幻靡穷，淘汰之祸悬于眉睫。"接着介绍他的办学理念："有鉴于此，忧之虑之，急图捷径之术，邀集同志创立尚志学校，研究专门预备诸科，为入大学之基础。"他鼓励国内成人以少量财力游学至加拿大，进可以继续欧美名校学习，退可以短期学成回国服务。[36]"本校以研究实业振兴国家为宗旨。"他还联络了北京的译文馆以及京师大学堂作为输送学生的机构，请远在上海、广州、香港的亲友作为代理往加拿大输送学生。

设在维多利亚的尚志学校学制两年，入学只需"捐校底银 50 大元"。"本校聘请大学堂毕业生为教习，以学堂凭照为据。"[37]他鼓励书信申请，地址是在维多利亚唐人街的中心地带"Seto More, 33 Fisgard Street, Victoria BC"。倡议书中以全球的视角论述道："苏彝士运河一通而地球一缩，西伯利亚铁路一成而地球又一缩，吾故决之曰，此学校一成而学界光阴亦一缩也。风云变幻，

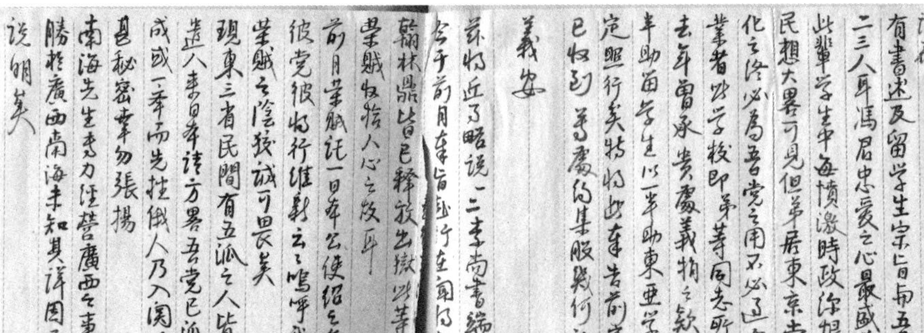
福基 溱泰 義長同志足下久未得來書想念無已前日馮君紫珊
有書述及留學生宗旨與吾黨不同之事此亦不過其中之
二三人耳馮君忠愛之心最盛義形於色故責之亦宜也蓋
此輩學生中每憤激時政深恨滿洲人因而立言觀其所出國
民想大略可見但弟居東京常與彼等談論自能潛移默
化之終必為吾黨之用不必過慮也現有滿人入東亞學校肄
業者此學校即弟等同志所創原名大同學校後改今名
去年曾承貴處義捐之款今將此次各埠義捐之款以一
半助留學生以一半助東亞學校弟與馮君及東京各同志議
定照行矣特將此事告前募上譯書局股本[illegible]
已收到若處尚集股幾何祈早日回示爲盼 即請
義安 弟啟超手
前月奉旨[illegible]在用仍起用而尚書力辭沈翰林鵬[illegible]
翰林鼎皆已釋放出獄此等舉動何[illegible]
畢賊收拾人心之故耳
前月畢賊托一日本公使紹之參贊中島某來游說使為附
彼黨彼將行維新之嗚呼我輩人面獸心者豈肯為此純
畢賊之陰狡誠可畏矣
現東三省民間有五派之人皆有大志者今因憤極俄人之[illegible]
遣人來日本請方略吾黨已派人往鎮撫之矣此處若有所
成或一年而先拉俄人乃入關以救主上亦未可定但此事
甚秘密幸勿張揚
南海先生盡力經營廣西之事但現時東三省之機會又較
勝於廣西南海未知其詳因通信之便已遣派人往[illegible]
說明矣

图 4-2-3 梁启超 1901 年的书札，谈到留学生的重要性："终必为吾党之用。"
（资料来源：Image 536, Tom Leung Collection, East Asian Library, UCLA）

竞争剧烈，非具出神入化、敏锐快捷之手段，安足以竟自存而占优胜耶？”尚志学校的办学理念是对家乡维多利亚乐群义塾的补充，同时为太平洋两岸培养人才。

附《尚志学校同人上祖国学界书》：

中国学界青年诸公足下，仆等远处海外，去祖国万里，脑筋庸腐，神经乏灵。一切新学术、新智识懵无所获。惟吸外界文明之空气，睹外国自治之人格。政治修明，教育普及，心窃羡之、艳之。回顾祖国，政治黑暗、教育不昌、社会颓败、人格卑秽。比较之下，且惭且懔。于是殷然忧、悚然惧、愤然兴，联同志、组团体，成一普通学速成科留学校，以享我祖国之有志留学者，且以自修自励也。本校创于英属加拿大云高华岛域多利埠。该岛四面环海，西临太平洋，南邻合众国，山川幽秀，气候温和，居然一独立岛也。华人经商于此者以万计，十年前商务兴盛达于极点。迩因英国苛征人税，略为减色。而华人留学于西人学校者，不下数十人，然大抵皆年尚幼稚，可以由学校拾级循序而进也。本校之设专为中年之人起见，取学业易而资斧轻，易于来学也。而校地庄严，犹为特色，前临洋海，风涛之声耳鼓频闻；后近园林，自由之花眼帘常睹，最足以壮心志而陶性情也。每年衣食散项约英金三百之谱（当中国银五六百元之间），较留美留法留德留伦敦岁费千金者相去霄壤。即留日，资斧亦不下四五百。何去何从，诸公当自择矣。呜呼，风潮日烈，国事全非，临太平洋之海岸，眺东亚之风云，不禁血涌心焦，惕然而忧也。将来所赖以挽狂澜拯颓风，措国家于磐石，造社会之幸福，醒数千年之睡狮，放大光明于神州大陆者，非我学界青年诸公之责任乎！诸公既负如此其重责任，岂可无学以为准备乎？今者内地学堂非不林立也，然观其形式，似绣龙雕虎之可喜也。至于论其精神，则凤毛麟角之不多觏也。能养济世之才、救时之彦与否，诸公自知，何待喋喋。时局如此，游学其可缓乎，诸公可以兴矣。仅将章程呈览，如有意来学者，本校同人莫不鼓舞欢迎也。

域多厘埠尚志学校同人　司徒英石　李翰屏　黄达臣　骆干伯　李敝唐等敬上[38]

事件

美洲域多利埠尚志學校章程

一人生成大名建大功雪國耻拯民難者基於立志孟子曰士何事曰尚志故取其義以定校名

二本校研究專門預備之學為將來入大學之基礎

三本校以研究實業振興國家為宗旨

四本校租樓一座分為數房一為客廳及閱書報處一講習所一化學工藝室餘為寄宿舍

五本校聘請名師教授普通課程以合入大學程度為主其教科分英文法文拉丁文代數平面幾何立體幾何圓體幾何平面三角等數格致化學植物動物地理歷史圖畫文法等門逐日教授約二年畢業

六本校限名捐校底銀五十大圓

七所捐校底銀以為裝修之用若有餘貲貯於銀行

八本校所置之器具什物等不得任意污殘失漏如違索令賠償

九本校聘請大學堂畢業生為教習以學堂憑照為據

十凡學生在本校畢業者給與文憑一張

十一本校定購中英報紙數份每日限時刻看閱但閱畢須將報中議論要聞當衆表發以廣見聞

十二本校限兩年畢業但功課分為四期即六個月為一期每期大考一次由教習甄別次第倘本校有底銀盈餘酌量獎賞以資鼓勵

十三各學生所作之功課每月抄錄成册置於講堂中俾衆參觀

（未完）

图 4-2-4 《美洲域多利埠尚志学校章程》（一）

（四） ◎丙午十二月初十日禮拜三時報◎

事件

美洲域多利埠尚志學校章程（續十一月二十一日）

十四本校設有化學格致二門各儀器除教習應用之外各生自備

十五本校之課程表每期更改一次

十六本校開辦伊始捐資微薄若凡事向公款開支誠恐不敷今於每月收學費燈火外加收一二圓以為儲積

十七本校除置公用器具什物外其餘各生自備

十八本校嚴定時刻學習不得開遊廢課除有要事外不得外出若偷安開游以誤功課一經查明依例懲罰

十九凡來復六日教習不至以此日為溫習舊課時刻照常

二十凡來復日一律休課出遊荒野呼吸生氣以保衛生晚七點鐘齊集客廳演說時事以開心智而練辯才

廿一凡學生之父兄隨時可到學校查考但須依本校規則當功課時各生概不招待只安坐靜聽不得張聲以誤各生功課

廿二凡有中國學界中人到埠必要招待請至本校叙談或演說一則以表學界之愛情二則以結學界之團體

廿三本校例定逢聖誕 皇上萬壽本校紀念日及西人大日子等休息一天餘各時節均不休課

廿四本校設有日記册懸於堂內專記學生行檢之事倘有事外出要將地步時刻註明册內以便查檢

廿五本校設有記過部懸於堂內如各生違犯規例有玷本校名譽者註明部內視其輕重以定懲罰

廿六每月發功過表一册晦日將全月功課並教習所定之功課積分註明册內送交各生父兄查閱

廿七本校之功課分時學習若遇功課時有事不能到堂須於來復六日將所缺之功課補各生一律幫助以期畫一

廿八罰款一門待開學時當衆議定再行加入

廿九右所列之章程暫為草定後擬有善章隨時改良以臻美善

另附節略數則

SETO MORE.
33FLSGUARD
VICTORIA, B. C.

◉如有信件照上列之英字付來便妥

一如欲來留本學校者請先函達知或報代理人處而後待本校覆命方可動程

一須先往學務處取遊學英美護照免被西人索收身稅

一本校定期來年暑假後開學如有志來學者當於四月束裝前來

一當起程之時祈先往代理人處報知使伊函知本校預備照料

一來須搭二號房或頭等房以免裸體洗浴及驗眼之辱至于行李多少隨人自便

代理人處

北京 譯學館李有容 京師大學堂湯覲顏

上海 英界江西路五福里二號 司徒源記號 司徒槐翁

香港 輪船頭官西側 [illegible]

羊城 源棧 [illegible] 李樹[illegible]

東京

橫濱

雲高華 廖蜜號 盧康翁

（完）

图 4-2-5 《美洲域多利埠尚志学校章程》（二）

自 1872 年第一批留美幼童开始，国人经历了 30 年的思想转变，终于认清留学的价值，开始寻求各种办法前往先进的国家取经学习。帮助这些有意留学的人，就是推动中华民族进入现代社会的关键。梁启超在《敬告留学生诸君》中将留学生视为“最敬爱之中国将来主人翁”。尚志学校之建立尚在梁诚成功劝说美国退还庚子赔款之前。当时每年赴美加自费留学的仅有几十位学生。

司徒旄以协助李梦九创立乐群义塾为开端，以针对国内成人的尚志学校为依仗，在后来的生涯中始终帮助侨童和留学生，甚至不惜多次赴首都渥太华游说国会，要求放宽留学加国的政策。他所建的学校同人本身就是睁眼看世界的留学生：李翰屏穿梭于中加之间，为广东引进英国的纺织机器[39]，为孙中山大元帅府筹款[40]；骆干伯赴美国和英国曼彻斯特大学学习纺织技术，1919年回国，成为中国顶尖的纺织工程师，任职永安公司，也在纺织学院授课并担任过校董。[41]这一群青年知识分子，一边游学西方，经营家族跨国商业，一边为更多人创造条件学习先进技术。

## 三、结社闹革命

司徒旄子承父业，又增加了干货贸易，同时经营他的留学中介和预备学校。[42]根据他对美国移民官的叙述，久负盛名的森记投资8000加币，1912年市值达到1.5万加币（相当于2023年的46万加币）。森记与很多商铺一样，也投资入股其他收益丰盈的买卖，当然也有亏损的地方，例如对不同华文报纸的投资。[43]

司徒旄成长于BC省亚裔人口快速成长的时代，华人数量超过2万。他们对加拿大西岸的发展功不可没，却成为重点歧视的对象。省政府不断出台排华政策，提高人头税，仍然不能平息白人的怨恨。1907年，北美洲西海岸很多城市发生了针对亚裔的暴乱，并于同年8月在温哥华成立了排亚联盟（Asiatic Exclusion League）。9月初，西人工党和小商人在温哥华大打出手，使用木棒和石块攻击华人住所和店铺。暴乱在华裔和日裔社区持续了3天，有4000人到8000人游行示威，他们聚集在温市政府，要求驱逐亚裔人。日裔社区接到消息，提前准备枪械，武装起来抵抗暴力。华人到了第3天也购买枪支联手抗敌，直到警察出动，全城宵禁，暴乱才在满目狼藉中消停。[44]

这次暴乱是白人工会和排亚联盟有组织的抗议示威导致的，目的是强迫政府限制亚裔移民。各级政府官员出面谴责暴力事件。日本政府强烈抗议，加政府出面致歉。中华会馆联络中加两国政府，再次要求设立领事馆。1907年底，时任驻美代理公使的周自齐派欧阳庚前往温哥华查明损失，并转驻英大臣李经方向英国和加拿大政府索赔。[45] 这场暴乱终于促使清廷任命进士龚心钊为加拿大首任总领事。[46] 欧阳庚在 1908 年夏天调查出 227 位华人的索赔案例，合计 2.6 万加币。虽然有记录显示首位温哥华领事应为萧永熙，但是没有任何当地记录证明他确实到任。反而欧阳庚到任前后花费了大量时间精力与加国政府交涉，为侨胞赢得赔偿。[47]

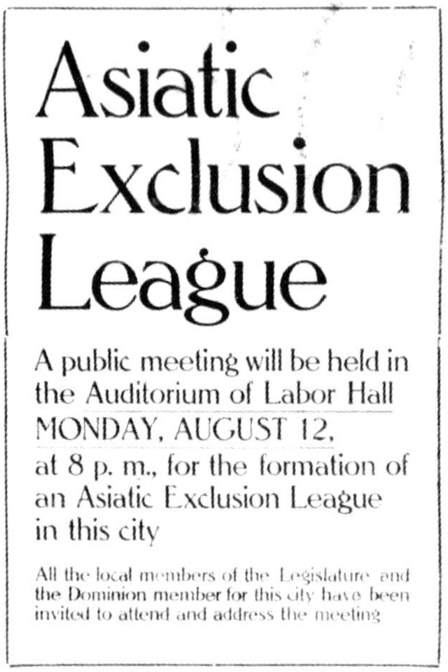


图 4–3–1　排亚联盟的集会告示
（资料来源：1907 *Province*, a division of Postmedia Network, Inc）

1909 年深秋，李梦九在维多利亚内港旁的皇后饭店设宴，郑重欢迎这位学者、民族英雄和外交家。领事的设置是加拿大尤其是西部的华侨几十年诉求的结果，而首位担此重任的领事就是令中西人士敬重的欧阳庚。李梦九夫妇特意带上子女和弟弟司徒旄主办这场盛大的欢迎宴会。[48] 欧阳庚横跨晚清和民国的外交领域 45 年，辗转美洲多国，可谓中国外交史的一个传奇。[49] 司徒旄从结识欧阳庚开始，坚定地与历任领事精诚合作，代表知识分子和华商为侨胞也为中国谋利益。

1906 年，清廷宣布筹备君主立宪，康有为和梁启超在 1907 年改保皇会为中华帝国宪政会（或称国民宪政会）。[50] 面对中国的内忧外患与清政府的无可救药，君主立宪与共和革命的辩论日趋激烈。随着光绪帝驾崩，无君可保的保皇派日渐式微。宪政会经历了内部纷争和经营亏损等诸多问题，也让

The claims as presented through England amounted in all to $25,774.61, of which amount $2,568.98 was on account of expenses incurred by the Chinese Board of Trade, $3,277.63 for actual damages, and $19,928 for resultant damages. As amended by the addition of new claims and the alteration of amounts in certain of the original claims during the course of the inquiry, the revised total amounted to $26,217.12, of which $3,190.14 was on account of actual damages, and $20,458 for resultant damages. In all there were 227 claims presented, 125 being for actual and 102 for resultant damages.

图 4–3–2　欧阳庚的索赔报告节选
（资料来源：AM1519-: PAM 1908-24, Courtesy of City of Vancouver Archives）

海外华商的投资血本无归。1909 年夏，刘士骥在广东遇刺，他和叶恩在北美侨社募集的 270 多万美金不知所终。叶恩因为振华公司和广西矿山的问题受到追讨，愤而脱离组织，引得加拿大不少侨商跟随，转而倾向支持孙中山。[51]而孙中山苦心经营的兴中会、同盟会主要依赖海外华人的捐助，然而起义连连失败，孙中山受到清政府通缉。欧阳庚曾在旧金山领事馆保护过孙中山，还遭到清廷审查追责。[52]

华侨对国内情况不甚了解，他们希望祖国强盛，但是对于革命和救国的关系、革命与改良的区别并无深刻的认识。保皇会这个中国近代史上的首个政党走向衰败，却把散沙一样的华人团结起来，为革命派铺平了道路。司徒家人都有参加保皇会和宪政会的活动记录。虽然李梦九婉拒会长的职务，司徒氏另外两位女婿刘子逵和周子廷都担任过宪政会的重要职位。司徒旄与留学生和华二代过往密切，思想开始转变，越来越趋激进。青年学人反对在中华会馆哀悼慈禧太后和光绪皇帝。他们也反对宪政会为振华公司筹股，而投资的失败正好坚定他们革命的信念，也是“革命党势力暴涨之机会”[53]。

孙中山曾先后几次访问北美，经历了一个同胞态度转变的过程——从鲜有人理会到逐渐被接受，由受尽老侨的攻击到逐渐赢得支持，致公堂和击楫社在其中起到了重要作用。美洲洪门致公堂可以追溯到国内的秘密社会，宗旨是“反清复明”。加拿大的洪门虽不如中华会馆般正式，但早在淘金年代就在巴克维尔设置总会，成员众多，几十个分会散布广泛。洪门致公堂、留学至北美大陆和土生华商二代都是革命派争取和利用的对象。1897 年夏天，孙中山在英国遭清政府通缉入狱，脱险后横渡大西洋抵达加拿大东岸。他于 7 月 13 日乘火车横穿加拿大，18 日抵达温哥华，主要联系和接待他的是（Methodist Church Mission）的华人牧师。[54]次日，他乘船前往维多利亚，并在温哥华岛上访问了华人聚居的多个地方。7 月 30 日，孙中山与李梦九会见，李梦九安排其返程。8 月 2 日，孙中山乘诗丕亚公司的印度皇后号前往日本横滨。[55]

维多利亚的洪门致公堂设立于 1876 年，后变成全加拿大的洪门总部，在中华会馆之前就给成员提供支持和保护。从 1885 年到 1914 年，加拿大的致公堂发展出 40 个分支。[56]孙中山早于 1904 年加入檀香山的洪门，对美国旧金山的洪门致公堂给予厚望，奠定了群众基础，加上留学生和华裔青年的努力，革命势力不断发展壮大。

1907年，司徒旄任维多利亚中华会馆的西文书记，负责与主流社会交涉。司徒森退居二线，与城内跨国商行的老板不同，他属于服务行业里的小业主，对洪门和致公堂支持有加，[57]但是他与李梦九并无意参加任何革命组织。他们眼看着自家的新一代走上政治舞台，在历史长河中留下坚实的足迹。

司徒旄结交的朋友有些来自国内，如李翰屏、吴尚鹰、黄希纯、黄蔚生、方干谦和吴紫垣等，或者是与自己经历相同的华二代，如林礼斌、徐孤风、刘光祖、黄灼棠等。司徒旄阅读大量革命著作，在章太炎发表的《无神论》和《革命的道德》等文章里逐句圈画，写上笔记。[58]他与知识青年们组织学社，取名“击楫社”，取中流击楫、破浪前行之寓意。[59]他们租用了机器和房屋，筹备自己办报。1909年，他们拟收购温哥华刚停办的《新大陆》报社的机器，但因经费短缺，最终没办法印刷正式的革命报纸，仅发布了一些油印文章。1912年，国民党之所以能创办《新民国报》，就是利用了击楫社的设备。[60]

图 4-3-3　击楫社的社址对比图，当年的建筑仍保留无损

图 4-3-4 陆鸿勋任驻温哥华领事时的留影（1926 年）
（资料来源：Image AM1688-S1-F6-: 2021-034.348, Vancouver City Archives）

击楫社曾帮助同盟会推销《民报》，进行反清革命宣传，并采取行动破坏改良派筹办商务公司及为光绪皇帝、慈禧太后治丧的典礼。司徒旄所宣传的为何拥护孙中山的一个例子由陆鸿勋记录和流传了下来。北美西岸禁止自中国的火腿、香肠、皮蛋及乳腐入境。西雅图和毗邻的温哥华、维多利亚侨胞的餐饮业大受影响，他们苦诉无果。鉴于侨胞之被无理压迫，呼吁无门，孙中山极为愤慨，使用其本人的医学知识进行了检验，认为皮蛋、腐乳虽有细菌，但无碍健康。皮蛋中的菌有助于消化，而腐乳的菌也有利于胃肠道的蠕动。火腿和香肠则与欧洲的咸肉类似，未见有病菌。他本人的检测结果呈送美国官方检验，结果相同，再上呈法院经过复查，先恢复了皮蛋和腐乳的进口，但西人肉食品商人担心华商分一杯羹，因此仍然阻止中国的香肠和火腿进口。[61]

“1910 年夏季，冯自由自荐为温哥华《大汉日报》主笔，由香港乘日本轮伊豫丸抵达域多利，洪门人士到码头迎接。因其所持之主笔护照有碍入境，后得移民局华员李梦九协助，将主笔护照改为教员护照，始安然登岸。”[62] 司徒旄和他的朋友们立即成为冯自由发展革命阵营的对象，他们后来大多加入了同盟会。[63]

1910年若干击楫社成员被冯自由吸收协助发展《大汉日报》，担任编辑（前身为《华英日报》，1915年改名为《大汉公报》）。1911年4月冯自由领导成立加拿大的同盟会，司徒旄、黄希纯、吴尚鹰、黄灼棠等被发展成为同盟会员。[64]用中西方知识武装起来的青年志士以大量的宣传工作劝诫那些保守同胞，为中国由改良到革命共和的转变推波助澜，同时也将中国传统文化带入现代化进程。由于求学深造和工作的需要，他们逐渐分散于世界各地。继续深造的有骆干伯等，回国参加革命的如李翰屏、吴尚鹰、吴紫垣等，也有留在加拿大与司徒旄共同弘扬中华文明和继续教育事业的黄灼棠、徐孤风等。司徒旄此时被长辈鼓励催促东去求学，因为他们对此消彼长、口诛笔伐的政治氛围有些担心，教育是司徒氏的头等大事，去加拿大的顶尖高校读书，可避免家中的热血青年走向激进。20世纪初，土生华裔中学毕业的都不多，更何况进入大学学习，但是司徒旄走出了这一步。当年加拿大西海岸没有高等学府，只能借力东部的大学。于是他背负家族的期望，远离革命同志，前往多伦多求学。

辛亥正月初八（1911 年 2 月 6 日），孙中山由旧金山再次造访温哥华进行宣传，并为广州起义筹款。14 日，致公堂洪门筹饷局由冯自由以及司徒旄的同志们担任领导。18 日，孙中山在老友廖翼鹏的陪同下前往维多利亚致公总堂，罗超然等在码头迎接。[65] 虽然集会上听孙中山演讲的人数众多，但是除了击楫社和致公堂，大家都在观望。孙中山鼓励致公堂抵押堂产，并保证无论革命是否成功都会偿还。[66] 他在加拿大活动月余，在冯自由和青年精英协助下，成功取得致公堂的信任，加拿大的募捐款为黄花岗起义费用的一半还多。[67]

击楫社同志黄灼棠留在司徒藏书里有一张手札《题击楫社革命诸子图》，记录了当年司徒旄等同志们的事迹。“英石先生为中山先生之故交，是余风尘中之知己也。先生于廿年前与吴一飞诸子组织一击楫社……提倡革命，唤醒侨群。”可惜《诸子图》已经遗失，但是从黄手札的内容中，我们还是可以感受到当年青年志士的英姿：“是图为当年社友所留之真像，于今观之，道貌岿然，英气犹在。头颅有价，志士留名。”土生华侨二代中还有像司徒旄的朋友林礼斌那样将自家银行的现金交给孙中山的。维多利亚致公堂带头将会馆抵押拿出现金 3.4 万加币，全加共 6.8 万加币，为黄花岗起义捐款之首。[68] 也有华侨走私军火运回国内，甚至亲自回国参战，可见其革命之决心和毁家救国之义举。[69]

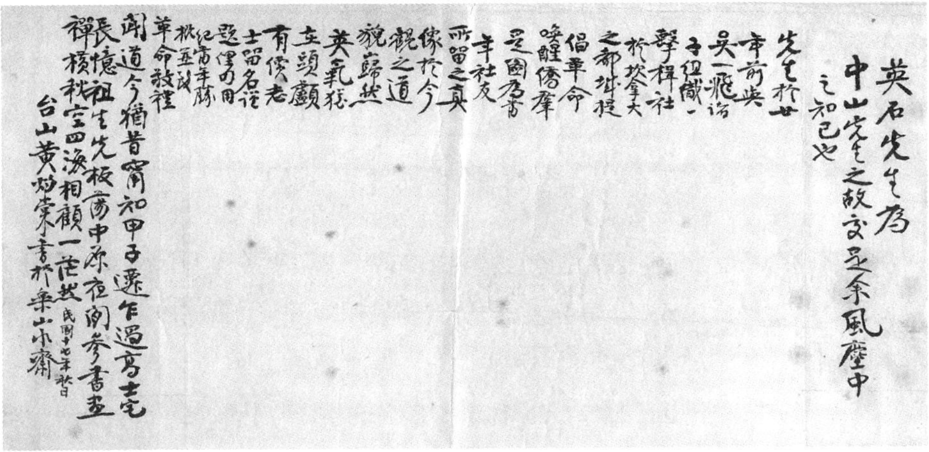

图 4-3-5　黄灼棠《题击楫社革命诸子图》

## 四、担当教育使命

司徒家向来重视教育，尤其关注侨社的教育事业。李梦九的号召和司徒氏全家的投入首先推动了维多利亚华侨子女教育的发展。19 世纪末的华商请私塾先生在店铺里教学，教会设立学校帮助华人英文扫盲，也有当地出生的孩子入读学校局的公立学校，但是不少华人孩子，尤其是女孩子上不了学。早在 1899 年初，李梦九反复劝说本市华商为 100 位学龄华童开设乐群义塾，教授中文，也补习英文，更重要的是传授传统文化。当年英文媒体报道，周日第一次华商会议就募款集资 3000 多加币，并刊登了多达 100 余家捐款的商户名单。[70] 进入 20 世纪，华人移民数量激增，尤其是妇女和儿童，对华文教育的需求也随之增加。

1907—1908 年，西人家长们排斥华人学生，认为他们不卫生，不讲英文，年龄也参差不齐，甚至有家长不停向教育局投诉。教育局要求华人学生通过英文考试方可入学，对其他族裔的孩子入学却很宽松。时任中华会馆书记的司徒旄和吴紫垣与侨民沟通，与教育局交涉。他们预见到种族隔离的背景下，唐人街对教育资源的需求更加紧迫。他们在李梦九、林礼斌等的指导下筹备唐人街自己的学校。

晚清政府废除科举、改良教育，派遣梁庆桂为侨民教育到北美考察和指导工作，历时一年。[71]康、梁在温哥华兴办了爱国学堂，孙中山为争取革命青年也号召兴学兴教。虽然政治理念上多有分歧，但他们对中西方教育并重极具共识。中华会馆花费了捐款4000多加币购买新的地产，其余款数用以筹建学校和馆舍。[72]会馆电告清驻伦敦公使馆兴学计划。梁庆桂于1909年初到访，代表朝廷对海外侨民教育表示赞赏与支持，但目前并未发现任何清廷财务支持的史料证据。[73]梁庆桂对课程设置和教师审核有所贡献。[74]

1909年3月，林礼斌和李梦九家捐出自家土地，新的中华会馆和学校的占地面积得以扩充，并加建了运动场，强调体育的重要性。唐人街的领袖们急于改变“东亚病夫”的刻板印象，组织成立了各种球类俱乐部，把闲暇时间用在户外运动上，让下一代从小就热爱运动。李梦九赞助各种华人的体育团队，并带领亲朋好友利用周末练习网球、棒球。大家身着白色队服，英姿飒爽，是当年维多利亚城里一道风景。[75]在维多利亚和温哥华两地的诗丕亚员工举办年度棒球比赛，并以“李梦九”命名了年度奖杯，即“李梦九杯”。[76]

图4-4-1　1909年的华侨公立学校，110年之后依旧被使用着

图 4-4-2　李梦九（二排居中）、林礼斌（前排右一）等人在网球场边小憩
（资料来源：Image PR-0139-M01076, Courtesy of City of Victoria Archives）

司徒旄用了近两年的时间协助募捐和施工，是公认的学校创始人之一。[77] 1909 年 8 月，馆新址落成于唐人街的中心地带菲斯加街 635 号。该建筑突出中式风格，各方捐赠踊跃，打破了宗族地方界限，将同胞们团结到了一起。人们欣喜地将这座建筑装饰起来，不仅接通了电灯，还将英国的米字旗和大清的黄龙旗相间悬挂，迎风舞动。[78] 为了庆祝这座宏伟建筑的开放使用，市政府破例允许一整天鞭炮齐鸣。[79]6 日来自西雅图的刘氏兄妹刘吉祺、刘玉兰和刘玉柳等与旧金山领事许炳榛（Hsu Ping-chen，许崇智之叔父）领事一家抵达，由李梦九和司徒旄在码头迎接，做客李梦九家。[80] 这是许领事到任后首次出访，他在北美大陆的职位仅次于驻美公使伍廷芳。[81]

8 月 7 日的启用典礼充分体现了侨胞对祖国的尊重。除了许炳榛、西雅图的荣誉领事阮洽，还有西海岸的报人伍盘照和正在筹备西雅图世博会中国日的刘吉祺等贵宾。上午 10 点，华侨按照传统官方礼仪操办开幕典礼。西人报纸对城内的这一盛事大肆渲染，介绍出席的当地华人领袖有李梦九、司徒旄、林礼斌，以及众多商绅。

下午 2 点钟，由市长、白人政商界领袖到会致辞，充分表达了主流社会的支持以及和平共处的愿望。英文典礼由中华会馆西文书记司徒旄主持。他身姿挺拔，一身西式燕尾服，头戴高高的礼帽，在众多长辈当中凸显二代华人的特色。司徒旄以切身体会说道："我们的会馆已经有 25 年的光荣历史，向来都是集全体华人的力量而成就事业。中国已经意识到要屹立于世界民族之林，必须改革她的教育体制，包括公立以及私立学校，使学校都纳入一个统一标准的系统。这里的学童在世界先进的加拿大体系中成长，享受现代教育，但不少人会回到中国去，中国政府希望在此地建立的学校可以将两个国家紧密联系在一起。"他还强调："尽管太平洋横亘在中加两国之间，但是教育可以架设起互通的桥梁。今天下午我们就在这里为这座桥梁奠基，相信这份教育事业会持续下去并取得成功。"[82] 他说到了，也做到了，一个多世纪之后，这所学校仍然在发挥着功效。司徒旄的演说流畅、优美，举止高雅，为华侨子女做出典范，是与西人沟通的极佳代表，侨社的外交专家。代表清廷的梁庆桂令中华会馆给学校取名为"大清侨民公立学堂"，后来因击楫社成员吴紫垣和司徒旄等人反对，就取用了"中华学堂"之名。1912 年，中华民国成立后，中华学堂又改名为"华侨公立学校"。[83]

校长李梦九在发言中强调："在加国的几十年间第一次有这样一个中西荟萃、种族交融的活动。古老的中国落后了，因为缺乏一个现代化的教育体制。中国政府在进行教育改革，中国已经觉醒，梁庆桂已经在美国建立 7 个华侨学校，这一所是加拿大的首创。我们希望会有更多的学校，因为维多利亚一市就有 384 位学龄华童和 150 多个华人家庭。这个学校会努力教育学生热爱加国。未来，他们当中会涌现出政商领袖，对加拿大最好的回报就是将中加两国的和平友好关系发展下去。"[84]

图 4-4-3　1909 年 8 月典礼当天学校前的集体照。许领事居中前排就座，他右后侧站立者为李梦九。李梦九的身后高个子着西装戴礼帽的即是司徒旄
（资料来源：Image M05370, Courtesy City of Victoria Archives）

图 4-4-4　司徒旄坐在第二排中间位置，来自西雅图的刘吉祺在台阶上着深色西服，打蝴蝶结，左臂支撑在台阶上
（资料来源：Image M06930, Courtesy of City of Victoria Archives）

图 4-4-5　暑假期间，李梦九校长要求学生练习书法
（资料来源：David Lai Digital Collection, Richard Charles Lee Canada-Hong Kong Library, University of Toronto）

1909 年 11 月 27 日，李梦九在皇后饭店设宴欢迎欧阳庚。清廷已经委派龚心钊为驻渥太华总领事，他随后于温哥华设立加西领事馆。欧阳庚是在 1881 年全面召回留美幼童时完成大学学业的两名学生之一。另一位与他同在耶鲁毕业的是中国铁路之父詹天佑。欧阳庚在纽约、旧金山等地贡献卓著，他在旧金山地震和大火中救助侨胞的事迹被广为颂扬。在上任之前，他就为温哥华的同胞成功争取到经济补偿。为了欢迎欧阳领事，李梦九夫妇不仅邀请了维多利亚市长、政要、不同族裔的名流近百人，还带上了司徒旎和两个年长的子女李月华和李毓堃，共同出席欢迎晚宴，庆祝这个历史节点。[85]

图 4-4-6　维多利亚的皇后饭店，面海临风，接待过数不清的历史名人（笔者拍摄）

## 注 释

1.《司徒氏家谱》（约完成于 1942 年），家族私人收藏。显示多伦多的霍克孙学校修业生，那里是多伦多大学下设的学院。

2.［加］李东海：《加拿大华侨史》，中华大典编印会，1967 年，第 38、252、298 页。

3.［美］孔飞力著，李明欢译，黄鸣奋校：《他者中的华人：中国近现代移民史》“前言”，江苏人民出版社，2016 年，第 5 页。

4. “July 1, 1867,” in *Canada: People's history*, https://www.cbc.ca/history/EPCONTENTSE1EP8CH6PA2LE.html, accessed Oct. 25, 2022.

5. “British Columbia and Confederation,” in *Canadian Encyclopedia*, https://www.thecanadianencyclopedia.ca/en/article/british-columbia-and-confederation,accessed May 27, 2021.

6. Paul Yee and Charles Sedgwick conducted in-depth research on the pioneer Chinese merchants.

7. Edgar Wickberg, *From China to Canada*, p.24.

8. *100 years of women and vote*, https://www.leg.bc.ca/wotv/pages/timeline.aspx, accessed May 21, 2021.

9. Kay J. Anderson. *Vancouver's Chinatown: Racial Discourse in Canada, 1875-1980.* Montreal, QB: McGill-Queens University Press, 1991, p.47.

10.1877 年和 1878 年，政府两次要求 12 岁以上的华人每 3 个月就要交 10 加币的税，相当于 2022 年的 283 加币。

11.［加］李东海：《加拿大华侨史》，第 484 页。

12.［加］梁介庸：《落基山史记》，温哥华：加拿大华人历史研究学会出版，2018 年。

13. [加]李东海：《加拿大华侨史》，第 485 页。
14. Ninette Kelley and Michael Trebilcock, *The Making of the Mosaic: A History of Canadian Immigration Policy* (Toronto: University of Toronto Press, 1998), p.107.
15. [加]李东海：《加拿大华人移民史》，第 491 页。
16. 美国《排华法案》Chinese Exclusion Act 的档案记录中他的住址都是大姐家。
17. Jack Wai Yen Lee, *The Legacy of Lee Mong Kow Prefecture,: Immortality of Heritage and Roots-2*, Victoria BC, 2006, p.22.
18. "Chinese Agent", *Victoria Daily Times*, Aug.22, 1887, p.4.
19. 加拿大经贸部会议纪录档案给李梦九加薪。Library and Archives Canada/Privy Council Office fonds/e003204118.
20. "Threaten Lee Mong Kow," *The Evening Post*, Oct. 11, 1909, p.1.
21. 来自美国《排华法案》档案。Chinese Exclusion Act File on Seto More .RG 85, National Archives-Seattle, case file, 7027/345.
22. "Japanese invasion not to be feared, so say immigration officers at Vancouver," *The Des Moies Register*, Des Moines, Iowa, Jul. 14, 1905, p.10.
23. 桑兵：《庚子勤王与晚清政局》，北京大学出版社，2004 年，第 9 页。
24. 即青少年组织的自行车协会，在那个年代经常搞比赛和聚会等，一般为中产阶级参与。
25. 《会事纪闻》，《悉尼东华报》1905 年 12 月 30 日，第 5 版。这是迄今为止发现的有关司徒旄最早的报纸新闻。
26. 家族叙事中反复提到海外出生的第二代很早就读私塾，有唐人街的商户共享的几位教书先生。1880 年代维多利亚的唐人街已经有 4 位华人专业教师。
27. "Assorted Printing, plain and ornamental, diploma: Seto More," *Victoria Daily Times*, Sept. 27, 1906, p.8.
28. 目前能找到的唯一一份《华英日报》（*Wa-ying yat po*），已经在古籍和特藏网上售出。但是网页仍在，作者得到许可授权使用图片。https://www.rarenewspapers.com/view/609251，访问日期：2022 年 10 月 31 日。
29. 《新报》1910 年刊登了他们退股的告示。

30. 发现于稀见报纸网站 RareNewspapers.com，已经被 Timothy Hughes Rare & Early Newspapers 公司在线上售出。
31. "Chinese and the City Schools," *The Victoria Daily Times*, Aug. 31, 1907, p.1.
32. 中山市南区地方志编纂委员会：《中山市南区志》，广东人民出版社，2017 年，第 384 页。
33. 冯自由：《中华民国开国前革命史》，上海三联书店，2014 年；陈乔之主编，《港澳大百科全书》编委会编：《港澳大百科全书》，花城出版社，1993 年，第 79 页；李东海：《加拿大华侨史》，第 490 页。
34. 在加拿大，冯自由为同盟会和革命争取到知识青年支持。
35.《尚志学校章程》，《华英日报》1907 年 1 月 19 日，第 2 页。
36.《倡办尚志学校序附尚志学校同人上祖国学界书》，《时报》1906 年 12 月 28 日，第 2 页。
37.《美洲域多利尚志学校章程》，《时报》1907 年 1 月 5 日，第 6 页；1907 年 1 月 23 日，第 6 页。
38.《倡办尚志学校序附尚志学校同人上祖国学界书》,《时报》1906 年 12 月 28 日，第 2 页，也刊载于《笑林报》1907 年 1 月 26 日。
39. 恒美人李翰屏于 1908 年前在加拿大继承和发展了一间专营国内外丝绸织锦的李棣公司，将机绣的技术和多部英国胜家多功能衣车带回良都几个中心村，妇女们就以手绣和机织相结合，织成花纹锦缎。这种以匹大、色鲜加上以中西方历史典故为题材的文化工艺品，一时成为国际市场的抢手货。沙涌华侨刺绣厂的产品就是后续体现。见中山市南区地方志编纂委员会编：《中山市南区志》，第 399—400 页。
40. 刘泽普：《加拿大爱国华侨李翰屏先生》，载中国人民政治协商会议广东省中山市委员会《中山文史》编辑委员会编《中山文史》（第 8—9 辑合刊），1986 年，第 57—58 页。
41. 上海棉纺织工业公司永安纺织印染公司史料组编：《永安纺织印染公司》，1964 年，第 55 页；《纺织染工程》1940 年第 3 期，第 2 卷，第 1 页。
42. Chinese Exclusion Act case files, RG 85, National Archives-Seattle, Seto More Fannie (alias Lew Tue Fannie) case file, Seattle Box 787, file 7030/12060.

43. 有纪录显示森记曾入股李天实（李亦德）的泰源公司，司徒旌也入股《华英日报》并试图投资报纸。
44. Edgar Wickberg, *From China to Canada*: a history of the Chinese Canadian communities in Canada, (Toronto: McClelland and Stewart, 1988), pp.84-85.
45.《电报》，《时报》1907 年 12 月 17 日，第 3 版。
46. 故宫博物馆明清档案部、福建师范大学历史系编：《清季中外使领年表》，中华书局，1985 年，第 86 页。1909 年萧永熙初上任，同年 7 月欧阳庚接替他，但是加拿大没有关于萧永熙的记录。
47. Report on the property losses sustained by the Chinese Population in the riots, 1907. BC Archives, NWp_9711Va_C211, P.10, 12 to 15.
48. "Banquet to Chinese Consul: Lee Mong Kow entertained many friends in honor of Consul General," *Daily Colonist*, Nov.28, 1909, p.11.
49. 叶克飞：《先醒来的人：近代中国第一批留学生》，浙江大学出版社，2017 年，第 257—258 页。
50. 宪政会一直延续到辛亥革命之后。梁启超曾支持北洋政府，他参与组建的民主党后来并入进步党。
51. "The Banquet to Chinese," *the Province*, Feb. 16,1905, p.4. 贸促会等为叶恩送行，由他回国操作商业投资项目。"Local money for railways," *Daily News Advertiser*, Jul.8,1906, p.14. 文中提到叶恩回到北美募集铁路经费和城中华商的积极参与。"Chinese Reformer killed," *The Evening Herold*, June 12, 1909. 该报报道了与叶恩共同考察北美矿业和携华商入股投资广西广业的刘士骥被杀。
52. 叶克飞：《欧阳庚：专注外交 45 年》，收入氏著《先醒来的人：近代中国第一批留学生》，第 256—289 页。
53. 冯自由编著：《华侨革命组织史话》，正中书局，1954 年，第 72 页。
54. 罗家伦:《中山先生伦敦蒙难史料考订》，商务印书馆，1930 年，第 156—170 页。
55. 黎全恩、丁果、贾葆蘅著：《加拿大华侨移民史》（1858—1966），人民出版社，2013 年，第 187 页。
56. 维多利亚大学档案线上图片，致公堂的会议厅和文字。Original meeting Hall of the Chinese Freemasons (Chee Kong Tong) on Fisgard Street, https://vault.

library.uvic.ca/concern/generic_works/e2b3a542-8f8d-4585-a968-8530e831e8f2, accessed Oct.10, 2022.

57. 黎全恩教授的域埠致公堂典押楼产的收据上有他的签名，司徒旋也保留了致公堂的少量文件。

58. 不列颠哥伦比亚大学的司徒旋藏书中有他的笔记。

59. Edgar Wickberg, ed., *From China to Canada: A History of the Chinese Communities in Canada*, Toronto, ON: McClelland and Stewart, 1982, pp.75, 104 and 140.

60. [加] 李东海：《加拿大华侨史》，第 492 页。

61. 陆鸿勋：《关于孙中山协助侨胞的一件事》，载中国人民政治协商会议上海市徐汇区委员会文史资料工作委员会编印《徐汇文史资料选辑》第八辑《纪念辛亥革命八十周年专辑》，1991 年，第 50 页。

62. [加] 李东海：《加拿大华侨史》，第 300 页。

63. 冯自由：《华侨革命组织史话》，第 72—73 页。

64. [加] 李东海：《加拿大华侨史》，第 137 页；冯自由：《华侨革命组织史话》，第 73 页。

65. 邵雍：《辛亥革命与中国社会》，合肥工业大学出版社，2012 年，第 88—102 页。

66. 刘伟森：《孙中山与美加华侨》，近代中国出版社，1999 年，第 38 页。

67.《驻温哥华领事张康仁致冯自由的信》中总额超过 11.2 万加币。

68. 邹鲁编著：《中国国民党史稿》（上），东方出版中心，2012 年，第 99 页。有关美洲华侨捐款总数在邹鲁的著作中前后略有差异。

69. Anthony B. Chan, *the Chinese in the new world.* （Vancouver: New Star Press）1983.

70. “A Chinese School,” *Victoria Daily Colonist*, Jan.18, 1899, p.8.

71. 刘绍唐：《民国人物小传（八十八）》，《传记人物》1982 年 4 月，第 141—142 页。

72. [加] 林礼斌：《域埠中华会馆之沿革及华侨学校创立之缘起》，载《加拿大域多利中华会馆成立七十五周年、华侨学校成立六十周年纪念特刊》，1959 年，第 4 部分。

73. 梁嘉彬：《梁庆桂传》，载《广东文献季刊》第 7 卷第 1 期，广东文献杂志社，1966 年，第 13—21 页。
74. Belinda Huang, *Teaching Chineseness in the Trans-pacific Society: Overseas Chinese Education in Canada and the United States, 1900-1919,* Princeton University ProQuest Dissertation, 2009.
75. 省档案和博物馆至今仍保留有华人球类比赛的大量照片。
76. "The CPR Baseball Team," *Victoria Daily Time*, Jul.13, 1914. p.7.
77. 根据学校的记录和中英文报纸的大量报道。1915—1917 年的《大汉公报》称他为学监，经常渡海主持学校的活动。《加拿大域多利中华会馆成立七十五周年、华侨学校成立六十周年纪念特刊》图片中的解说记录他是历任本馆外交和本校学监。本校历史中有更多叙述。
78. "Hands across the Pacific: Whites at the Opening of the New School," *Victoria Daily Times*, Aug.9, 1909, p.3 and 10.
79. "Chinatown is en fete today," *Victoria Daily Colonist*, Aug.7, 1909, p.3.
80. 许炳榛出生于番禺知名世家，强调"实业救国"。
81. "Consul general coming here," *Victoria Daily Colonist*, Aug.6, 1909, p.7.
82. "Hands across the Pacific: Whites at the Opening of the New School," *Victoria Daily Times*, Aug.9, 1909, p.3 and 10.
83. David Chuenyan Lai, *Chinatowns:Towns within Cities in Canada*（Vancouver: University of British Columbia）, 1988, p.215.
84. "Hands across the Pacific: Whites at the Opening of the New School," *Victoria Daily Times*, Aug.9, 1909, p.3 and 10.
85. "Banquet to Chinese Consul," *Victoria Daily Times*, Nov. 28, 1909, p.11.

# 第五章 跨国情缘

## 一、穿梭加美海域

司徒旄于1909年7月第一次申请前往美国西雅图，时值阿拉斯加－育空－太平洋博览会（Alaska-Yukon-Pacific Exhibition，AYPE）召开。博览会从6月1日到10月16日隆重举办，向世界展示美洲西北角的开发成就。华人领袖抓住机会增添中国元素，展示中国传统文化。对司徒旄来说，这是一次重要的学习机会，何况两地的华商联系密切，长辈们有意扩大年轻人的视野，尤其鼓励新一代的联系与合作。入境美国记录显示，20岁的司徒旄身高5英尺11英寸，相当于180厘米。他于7月27日第一次获许进入美国，从此开启他频繁穿梭两国的人生。[1]

图5-1-1　1909年联结西雅图、维多利亚和温哥华的渡轮维多利亚公主号（资料来源：University of British Columbia. Library. Rare Books and Special Collections. Uno Langmann Family Collection of B.C. Photographs. UL_1624_03_0351）

西雅图的唐人街与维多利亚同时起步，但规模较小，以台山人为多。华工除了修建地区性的铁路，还从事木材加工和渔业。木制的房屋建筑在海边低地上，1886 年，白人暴力驱逐华人，不少人进入附近的印第安人保留地寻求庇护。[2]1889 年一场大火几乎将西雅图夷为平地，对华人更是雪上加霜。[3]然而他们没有退缩，继续参与铁路和矿业建设，涌现出一批优秀的华商。

司徒旄第一次拜访西雅图的刘氏家族，参与筹备博览会的家长刘乾已经于数月前去世。侨社痛失领袖，把期望寄托在刘氏长子刘吉祺身上。刘乾的年龄和移民的时间介于司徒森和李梦九之间，他们有着许多共同之处，包括与人为善、参与公务和不断学习。作为移民第一代，刘乾已经为家族奠定了经济和教育基础，并且铺设好了中西人脉。[4]而刘氏全家重视教育，包括对两个女儿的教育，与司徒氏门当户对。7 月底，司徒旄与刘家二女儿刘玉柳一见倾心。

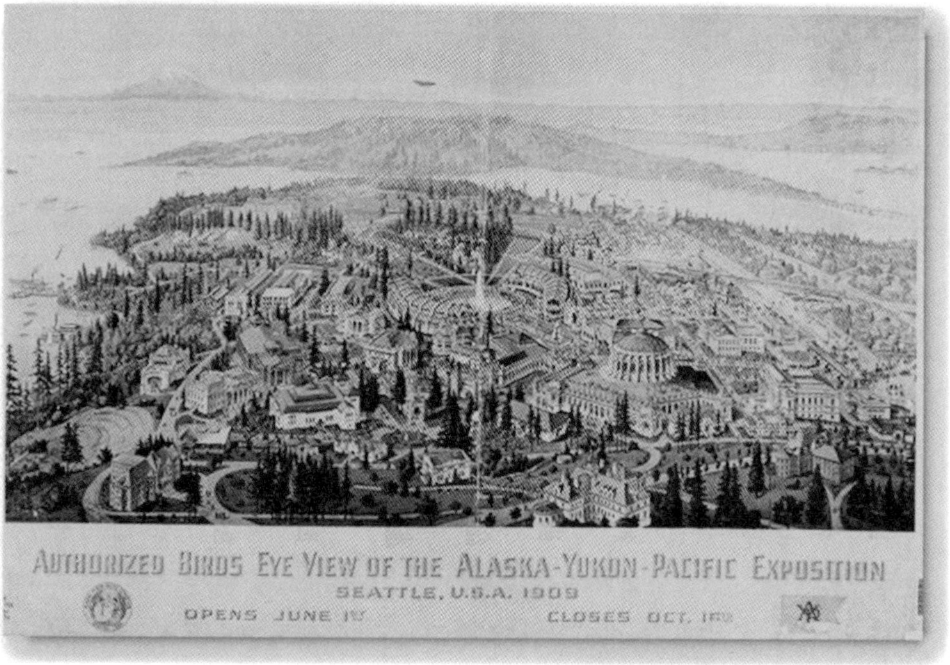


图 5-1-2　鸟瞰博览会会址，如今的华盛顿大学校园
（资料来源：University of Washington, Special Collections, AYP 1289）

图 5-1-3　刘玉柳订婚照（1909 年于维多利亚）

8 月初，加拿大的华侨学校开幕，刘玉柳在哥哥刘吉祺和姐姐刘玉兰的陪同下与许领事一家乘船北上维多利亚，回访司徒家族，于大姐司徒春颜家聚会，在学校的开幕式上站台捧场。9 月 3 日，司徒旄再次奔赴西雅图，观摩和帮助博览会的组织工作，并在刘家停留两周。13 日，刘吉祺组织的中国日（China Day）活动吸引了博览会的人流。150 英尺长的舞龙队伍分别在市中心的唐人街和博览会的主场表演。荣誉领事阮洽陪同博览会领导乘汽车在前面开路，龙尾后有来自各界的侨领，包括司徒旄，乘坐几十辆汽车跟随。舞龙和汽车队伍纵贯全西雅图市区，终点是博览会中国村的茶楼。茶楼以午餐的形式宴请中美贵宾，然后到主会场继续庆祝中国日。[5]

同年 12 月，司徒旄再次入美，原居地住址填写的是约翰逊街（Johnson Street）的 952 号的大姐、姐夫家的“白宫”。[6]1909 年 12 月 9 日，西雅图的华侨学校举办落成典礼。他作为加拿大学校的创始人、监学和中华会馆的西文书记出席并致辞。他是学贯中西的楷模，对美国的华裔学生多有鼓励鞭策的作用。这是有史料可循的最早的加拿大教育家参与美国的华人教育事务的记录，由此也可见北美华人的团结和互助。[7]4 个月前，加拿大华侨学校落成

图 5-1-4　中国日的舞龙队伍
［资料来源：China Day Parade, Alaska-Yukon-Pacific Exposition, 5th Avenue, Seattle, 1909 Courtesy of UW Special Collections （SEA1633）］

图 5-1-5　司徒旄美国签证的照片（1909 年 12 月）
（资料来源：Chinese Exclusion Act case files, RG 85, National Archives-Seattle, Seto More Fannie case file, Seattle Box ）

典礼成功举办，应邀前往的西岸华人记忆犹新。这次可谓司徒旄代表加拿大侨社的一次回访，而且有私人原因。刚满 20 岁的司徒旄不仅频繁地出席美国的重大活动，开阔了眼界和人生的格局，在积极互动中也拥有了跨国的情缘。他在侨校的开幕式上应邀首先致辞：“吾今日所处何世界？二十世纪智识竞争之世界也。是故，智识优而备者则存，智识微而劣者则亡。无论一种一国一身一家皆然也。海外青年多不以国文为重，鄙人甚惜之。”他在发言中盛赞西雅图的曹教习，已经对该校有较全面的了解。“鄙人甚愿贵校养成中国之英雄，而制造英雄之中国，使我龙旗飞扬于地球之上。皆有待于诸君也，诸君勉乎哉！”[8]

（第一頁） THE CHINESE WORLD （頁一第）

每日出紙三大張

PUBLISHED DAILY BY THE SAI GAI YAT BO PUBLISHING COMPANY

VOL. XVIII, NO. 278 SAN FRANCISCO, CAL. WEDNESDAY, DECEMBER 15 1909 TWELVE PAGES $7.00 PER ANNUM. PRICE 5 CENTS

麗生老舖

Lai Sang & Co.

724 Jackson St San Francisco Cal.

世界日報

Entered at San Francisco Post Office as Second Class Matter.

PUBLISHED DAILY except Sunday 734 Dupont Street. TELEPHONE CHINA 26

西曆一千九百零九年十二月十五號

SAN FRANCISCO CALIFORNIA

宣統元年十一月初四日禮拜三

續舍路華僑公立學堂開校演說詞

演說代論

图 5-1-6　1909 年 12 月 15 日旧金山的《世界日报》头版头条报道司徒旄在西雅图华侨公立学校的演说词

维多利亚与西雅图虽然分属加拿大和美国，但是两地居民的联系非常紧密。[9] BC 省因为太平洋铁路直通温哥华才同意加入加拿大，但是几十年过去了，仍然有很多人希望加入美国和毗邻的华盛顿州。[10] 两地华人的来往和关系更加热络，致公堂、保皇会、中华会馆和华侨学校等已经把原来一盘散沙的华侨们聚集起来，更何况还有宗亲会和互相参股的商业往来。

清末最后的年月，北美西海岸的华人关注自己的故国，探索中国未来的发展方向，但在是否采取革命手段推翻清政府、走向共和的问题上存在着鸿沟。侨商们不仅被当年的李鸿章器重，向清廷捐官名，也被后来的孙中山看好，募集经费和吸纳热血青年。孙中山尤其看重华人第二代，因为他们与自己留学美国、浸染西方理念的经历相同，更容易倾向于革命而非延续清政府统治。司徒旄就是被革命派看好的青年代表。但是朋友们很快各奔东西，留下的少数几位参与激进的革命活动，让司徒森和李梦九为他的安全担心。他们更乐于见到家族二代在这个节点奔赴多伦多大学深造。

1910年秋，司徒旄暂别故乡维多利亚的亲人和同志，也远离了恋爱一年的女友。多伦多大学生活是孤独的，鲜有同胞，更不见同志。但无论走到哪里，他都不忘参加中国的政治活动。他对加拿大政府阻止华人入境、歧视华人非常愤慨，便担当起抗议不公的重任。1911年初，他代表西部的中华会馆与西人律师莫尔斯比（W.C. Moresby）一起进渥太华的国会山庄请愿，游说国会改变苛例。[11]2月，为了庆祝农历新年，驻加总领事王斯沅在多伦多宴请侨胞。代表清廷的王总领事强调立宪和华侨代表参政的重要性。[12]在这次宴会上，司徒旄作为多伦多大学的学生应邀发言，他代表了本土出生的华侨二代知识分子。此时，孙中山和冯自由正在鼓动他家乡的致公堂典押房产，聚集巨资，以支持起义。加拿大华侨筹集到的经费“占辛亥三月二十九日黄花岗一役全球各地筹饷之第一位”[13]。

## 二、西雅图刘氏

久负盛名的西雅图刘氏老家在广东。刘乾于1872年入境美国，青春年少，精明又爱学习，不仅是铁路和矿山的包工头，也为西雅图的法庭做翻译，快速积累了财富。他承担了同胞与美国的商业机构和政府官员的沟通任务。刘妻李氏（1865—1917，Lee See How）于1883年在广东嫁给刘乾。婚后7个月，她从美加之间的汤森港口（Port Townsend）入境。[14]他们与司徒氏一样共有6个子女，玉柳排行第四。1886年西雅图白人劳工驱逐华人导致暴乱，刘家的商铺和住房遭人纵火，全家避走80公里以外的州府奥林匹亚（Olympia）。刘玉柳和弟弟就出生在那里，全家一住多年。[15]

刘乾曾经任西雅图保皇会会长，组建西雅图的中华会馆，到加拿大谒见过李鸿章，也接待过考察西雅图的晚清大臣们，与司徒森和李梦九早已熟识。[16]刘乾在去世前经营着唐人街的多家公司，业务包括进出口转口以及零售贸易，在西雅图的英文报纸上有连续刊登的广告，经营商品丰富，包括瓷器、漆器、丝绸和女士内衣等。但很不幸，刘乾与幼子同一年去世。1906年，刘吉祺刚入读华盛顿大学，就参与中西交融的重大活动。他中英文流利，善于公开演讲，刘家已经闪烁着“华人之光”，刘吉祺为当地第一位华人大学生。[17]

图 5-2-1　刘氏全家福，1895 年摄于美国华盛顿州奥林匹亚市，父母中间后排为刘玉柳

晚清大臣载泽一行于 1906 年 2 月抵达华盛顿州汤森码头。这是美国西北角受到的来自中国最高级别的访问，也是世界瞩目的中国官员考察西方、力求变革之旅的第一站。美国官员和中国驻旧金山领事钟宝禧和西海岸华商登船迎接。[18] 代表团一行参观了造船厂、木材加工厂和文化教育机构。[19] 载泽看到当地公立中学甚至还有华裔女生。他们访问华盛顿大学时受到最高礼遇，包括凯恩（Dr. Kane）校长致欢迎辞、学生乐队和足球队的表演和欢呼。28 日晚，包括刘乾父子在内的 27 位华商与当地美国商会、市长、大法官等名流宴请清廷贵宾。刘吉祺在宴会上致辞。当夜，尚其亨和李盛铎在亲王就寝后会晤了刘乾等保皇会的领导们。他们保证将北美西海岸各保皇会的联合上书带回国，要求慈禧下台。[20]

3年后，刘吉祺从华盛顿大学毕业，承担起家庭的责任，并担任1909年西雅图-阿拉斯加-育空-太平洋博览会的中国日项目主席，协助清廷名誉领事阮洽（同时兼任爱德华和阿拉斯加两州的中国荣誉领事）成功地展示中国文化。此博览会吸引了全球370多万人参观，包括众多的加拿大人。[21]阮洽在没有官方资助的情况下，汇集起侨商的人力和财力，在博览会成功展现中国村、茶楼、手工艺品、杂技和魔术等，大受欢迎。9月13日，刘吉祺组织中国日游行，舞龙队伍浩浩荡荡，吸引各族裔的大批人流。[22] 日本官方举国力支持日本日活动，并且派出战胜俄国的两艘战舰抵达西雅图码头，耀武扬威。而中国村和中国日的经营没有清廷出资，全部依赖华侨民间募款，且皆有盈余，无疑是司徒旄观摩学习的一次重要机会。[23] 当然，他利用这宝贵的两周时间，与刘氏一家人相处相识，富态慈爱的刘母，意气风发的哥哥刘吉祺、刘吉荪，秀外慧中的姐姐刘玉兰以及智慧超群的弟弟刘吉瓒都对司徒旄非常友好，喜见他成为未来刘氏的新成员。他与刘玉柳的感情也日益加深。

刘氏家族第二代创造了华人教育的纪录，美国西北第一个华人大学毕业生和最早高中毕业的华人女生都出自刘氏。当年高中入学要有简单的考试，保证学生能与同级水平相当并完成学业，因此很多华人孩子担心不能过关。刘家的子女热爱读书，享受学校生活，和各族裔的同学多有交往。[24]

图 5-2-2 1906 年 2 月 26 号，晚清大臣镇国公载泽亲王（前排居中）、山东布政使尚其亨（前排左）、顺天府丞李盛铎（前排右）到访西雅图，旧金山领事钟宝禧、副领事欧阳庚和美国官员以及西岸侨领迎接。刘乾在后排左四，后排右二为刘氏长子吉祺

［资料来源：Prince Tsai Tseh in Seattle, 1906, CINARC金山西北角：华裔研究中心, based on the *Washington State Magazine*, 1906 (Apr), pp.64-67］

图 5-2-3　博览会的中国村和游人

［资料来源：Photo by Frank Nowell, Courtesy of UW Special Collections (AYP600)］

图 5-2-4　刘氏姐妹陪同许领事一家摄于维多利亚李梦九家（1909 年 9 月）

图 5-2-5　刘氏姐妹等陪同许领事一家游览温哥华的斯坦利公园，第一排右二着深色西服裙、戴帽持伞者为刘玉柳
（资料来源：Yip Family at Stanley Park, UBC Library Rare Books and Special Collection, Chung Collection CC-PH-10677）

图 5-2-6　女孩子们与许领事夫人合影，包括刘玉兰（前右一）和刘玉柳（后左一）司徒家三女儿，周子廷夫人司徒兰香（后排右一）和李梦九的长女月华（前左一），以及叶生的二女儿叶金薇（后排中间）

1910年，刘吉祺到北京参加清廷秋试殿考，晚清对海外大学文凭进行评估认证——“商科进士优等之刘吉祺等十九人……赏给法政科举人”[25]。刘吉祺在清华学堂初建时有过短暂的教学经历，然后回到西雅图迎娶阮洽的女儿阮贵英（1892—1972，Rosaline Goon）。他先将两个妹妹嫁与一南一北的青年才俊，自己才娶妻成家。1913年10月刘吉祺与阮贵英的婚礼规模盛大，不同族裔到场庆祝，在鲜花的海洋里，新娘穿着巴黎订制的婚纱出场，轰动美国。[26]

图 5-2-7　刘吉祺结婚照
（资料来源：“金山西北角”关于华人女性的内容，www.cinarc.org/Women.html#anchor_156，访问日期：2022年11月23日）

婚后，刘吉祺携妻经旧金山回到中国，任职于当时的山海关北洋铁路官学堂。该校于1896年设置，后来迁到唐山，更名为“唐山路矿学堂”，聘请欧美外教以英文教学。在随后的几十年里，校名几经更易，是中国近代土木工程、矿冶工程、交通工程教育的发源地，为中国的现代化建设培养了大批人才，竺可桢、茅以升等人均出自此学堂。[27]1913年该校聘请中外教员与国际接轨，刘吉祺回国工作，使他与国内外的知识分子建立起广泛联系，尤其是与旧交通系的精英们交情深厚，[28]交通系的主力日后也成为姻亲司徒氏的朋友。[29]

## 三、蕙质兰心姐妹花

刘家兄妹关系密切，各自成家后相互探访，走动频繁。刘玉柳的二哥刘吉荪留在西雅图，子承父业，打理家族生意。他联手李梦九和司徒旄兼职为加拿大太平洋公司做海运代理。弟弟刘吉瓒学习成绩优异，入读东海岸的常青藤大

图 5-3-1　刘玉柳申请出境到加拿大再回美国的档案照片。1909 年 8 月 4 号离开西雅图前申请将返回美国的记录（资料来源：Seto More Fannie Form 430 photo, Chinese Exclusion Act case files, RG 85, National Archives-Seattle, Seto More Fannie case file, Seattle Box 787, file 7030/12060）

学——位于费城的宾夕法尼亚大学医学院。[30]

华侨先驱家庭里普遍注重培养男孩子，尽其所能让他们享受最好的教育。刘家对两个女儿的培养同样重视。她们容貌姣好、气质脱俗，不仅考入高中，而且完成了学业，与白人同学们一起毕业，让当时的西雅图东西方人都刮目相看。

1910 年 6 月刘玉兰和刘玉柳两姐妹高中毕业，成为美洲西北角最早的华人高中毕业女生。《西雅图日报》登载了专访和刘氏姐妹答记者问。她俩的教育始于传统私塾，基础扎实。后来又在公立学校学习英文和法文。[31] 姐妹俩希望能像刘吉祺一样开始大学生活，但也表示不会入读家门口的华盛顿大学，只想先学习音乐或艺术以提高修养。[32] 司徒家谱记录刘玉柳学习过师范，应该是在高中毕业后、结婚之前，为栽培未来的子女做准备。接受采访时，姐妹二人都已经心有所属，甚至已经订婚，即将远嫁他乡。刘玉柳在毕业册中选用了《圣经》里的箴言（16：19）作为座右铭：“谦卑地与穷人相处胜过与骄傲的富人分赃。”她的座右铭与司徒旄的毕生追求相辅相成，堪称天赐良缘。

姐姐刘玉兰受父亲参与中国改良运动的影响，与康同璧和梁启超相识，曾陪同他们考察北美大陆西海岸，并四处演讲成立保皇会新的分会。[33] 刘玉兰的夫婿谭少荣（Dr. Tom Shue Yung）有个叔父是保皇会的重将，名谭良。谭良是广东顺德人，生于官宦之家，是康有为的弟子，曾任洛杉矶地区保皇会分会长。谭少荣从京师大学堂医学院毕业（Peking Imperial Medical

College），1907 年起在加州的奥克兰执业行医，1912 年到西雅图迎娶刘玉兰。英文报道他俩这场婚礼惊艳到了西雅图的市民，称赞这是东西交融的一件盛事。[34] 准妹夫司徒旄和妹妹刘玉柳担任伴郎和伴娘。从婚礼合影可以看出刘氏在西雅图已经颇有根基，结交不少西人朋友。

图 5-3-2　1910 年西雅图富兰克林高中毕业年鉴，第 70 页有刘玉柳的照片和她的座右铭

图 5-3-3　梁启超的《新大陆游记》，包括一张刘玉兰和康同璧等的合影

1890 年 7 月 9 日，刘玉柳在美国华盛顿州的州府奥林匹亚市出生，字敬彤，别名劲雄。[35] 刘玉柳和司徒旄因为美加两地华人盛事而一见钟情。[36] 1909 年 8 月 7 日，她第一次到加拿大，陪同旧金山领事许炳榛一家，出席中华会馆和华侨学校的典礼。身材高挑、玉树临风的司徒旄用英文主持典礼和致辞，可谓风华正茂。刘玉柳身着西式盛装拜访李梦九，会晤家人并游览温哥华的斯坦利公园。接下来的 4 年，司徒旄和刘玉柳不惧签证的麻烦和美国《排华法案》的风险来往加美两地，既为侨务教育，也为爱情。两者都超越了边境和任何《排华法案》的阻挠。两个先驱家族的结合不仅为第二代打开更大的格局，也为联姻各家族的发展壮大夯实基础。

图 5-3-4　1912 年刘玉兰与谭少荣结婚，刘玉柳与司徒旌做伴娘伴郎

图 5-3-5　婚礼上的中西人士合影盛况

## 四、立业成家

1911年12月27日，司徒旄申请进入美国西雅图庆祝新年。[37]接下来，他在加东继续学习。1912年1月17日，他与本省中华会馆的代表和表亲刘光祖以及西人律师一起离开温哥华沿太平洋铁路东进。[38]他们花费数周耐心游说国会，为华人请愿陈情，诉求改变针对华人的苛例，并要求对那些入境时缴纳人头税，但又在加拿大学习超过两年的华人退还税款，以及为出生在加国的华裔争取权益。[39]首都渥太华的记者报道说"他是一位高大的、杰出的、文明的华裔年轻人，戴眼镜和穿着最考究的欧式西服。不仅习惯于加拿大的礼节，而且已经是成功的商人。他旅游至加东，约到老朋友、中国总领事一同访问国会山庄"[40]。"由西海岸著名华人司徒旄领导的这个代表团，会晤了总理博登（Sir Robert Laird Borden）和内务部长罗杰斯（Rogers）。"[41]但是侨领回忆说，他们的行动"均无任何效果，此皆因当时西人歧视我华侨之意浓厚所致。各执政者间有持平纠正，奈反对者居多，卒无任何改善，诚可慨也"[42]。游说工作后，司徒旄将呈交给加拿大总理博登的请愿信在报上全文刊登，让民众了解内情。[43]那一年他刚满22岁。

远赴国会山庄上书陈情，司徒旄代表的是温哥华和维多利亚两地的中华会馆、中华商会、中国学生联合会以及本土出生的华人第二代。他能成功地要求并会晤到自治领首脑并提出抗议，难能可贵。其中除了多日旅途奔波，还包含了大量的沟通和准备工作。他在请愿信中写道，1908年以前中国留学生在任何加拿大的学校学习满两年就可以退还500加币的人头税，但是现行政策修改成必须在加拿大官方建立的大学满一年，而加拿大西部尚无此类大学。西海岸是中国留学生最集中的地方，对他们的政策曾经是宽松的，因此他创办的尚志学校毕业生可以享受退税待遇。自1911年10月2日起内务部接手管理后，在毫无预先知会的情况下突然改变做法，致使已经在BC省的华人留

图 5-4-1　司徒旄在 1912 年的肖像照，已经佩戴上订婚戒指。照片下方有司徒旄的签名："送兰姐和 Tom 哥哥。"

学生无法获得退款。这些学生既然依法而来，他们本可以留学美国，加拿大政府也应该依律办事。

司徒旄还写道："中国学生并不是抗议加拿大政府修例，而是要求被平等对待和补救损失，否则政府食言有损加拿大的国际形象。"[44]他还以留美中国学生为例来鼓励加政府吸纳中国留学生："这些留学生传播了美国的共和理念，鼓励同胞与美国贸易和得到美国支持来对抗觊觎中国领土的列强。"他还以自己维多利亚的同乡伍籍盘的成长轨迹举例说明。伍籍盘毕业于乐群义塾，即后来的华侨学校。他在加东的麦吉尔大学法学院取得文凭，还留学美国纽约的哥伦比亚大学，获得法学博士学位。作为华裔二代，伍籍盘不仅在禁止鸦片贸易的立法上出力，还回到广东领导民国之初的法政事务，对广州的道路、电车[45]和医院建设[46]贡献良多。司徒旄指出，加拿大的华人几乎全部来自广东，中国的对外贸易港口也多局限于广东。对待中国留学生的政策无疑将影响中加之间的贸易往来，因为这些学成归去的华人都在中国身居要职。他同时为本土出生的华二代发声，在现有的政策下，土生华人去中国或者其他地方都要受到移民局的限制。"例如我，司徒旄，就是出生在加拿大而父母来自中国。如果我想去中国超过一年，回来入境时还要交付500加币的人头税。美国则不然，出生在美国即为美国公民，无论他们去到哪里都可以返回美国……出生在加拿大的华裔应该享有与其他族裔同等的权利，可以不受限制地进出加拿大。"[47]

除了首都渥太华和家乡维多利亚的律师代表，司徒旄还邀请了中国总领事一起觐见总理。[48]这是第一次有人提出“加拿大华裔”的概念，足见司徒旄明确和自豪的身份定位。他清楚自己肩负着在海外弘扬中华文化的责任，也有责任把加拿大建设成真正平等和公平的社会。1917年，加拿大通过了一条豁免华裔神职人员以及学生500加币人头税的附例。而增加此附例正是司徒旄不断上书国会和在报纸上发表言论的结果。[49]

司徒旄计划在渥太华期间顺便去蒙特利尔，然后去纽约访问。纽约是他原计划由底特律入境美国，再去芝加哥后的又一站。这是一次要求两次进入美国的特殊申请。他向美国官员说明，计划要在首都渥太华的酒店住上4周，然后才去美国。美国领事以及移民官都予以支持，并附信给其他口岸官员。他们与司徒旄面谈后得出的结论是：“申请人着装极其罕见的考究，他表现聪慧，且言辞礼貌优美，所有文件都令人满意，应准予进入美国。”[50]1912年2月26日，司徒旄由底特律入美，访问了多个城市，拜访了早有联系的东部华侨精英，开阔了眼界。

CANADIAN CHINESE DEMAND THE RIGHTS OF THEIR BIRTH

Ottawa, 1st February, 1912.
To the Right Honorable R. L. Borden, Esq., P. C., etc., Prime Minister, Ottawa, Canada.

Sir:—Acting as special representative on behalf of the Chinese Benevolent Association and the Chinese Chambers of Commerce of the cities of Victoria and Vancouver and for the general body of Chinese students, and native-born Canadians of Chinese origin now in Canada, I have the honor to submit for your consideration certain injuries sustained by Chinese students in Canada from the administration of the Chinese Immigration Act since your advent to power; and to submit also other grievances pertaining to the Chinese are hereunder set forth.

I understand that the measure of relief which I am deputied to ask for will require the special attention of the minister of the interior; but indirectly the commerce of Canada with China and future international relations between the two countries are concerned.

I would therefore respectfully request that you grant an interview to me and counsel on our behalf at which both the minister of the interior and of trade and commerce may be present to consider the measures of relief and the concessions which we now ask.

Briefly they may be summarized as follows:

The Grievances.

1. We says that Chinese students, under the practice prevailing in the department of trade and commerce prior to the 2nd of October last, came to Canada for an English education, and after proving two years attendance as bona fide students at any educational institution in Canada the head-tax of $500 paid by them on entry into Canada was refunded. Prior to 1908 Chinese students in attendance at any Canadian school were entitled to a refund of the head-tax paid by them if they proved attendance for one year as bona fide students at any such school. In 1908 the law was changed so that a refund was to be granted only after attendance for one year at a Canadian university or other educational institution approved of by the governor in council.

No other educational institution was ever directly approved of by the governor in council. But by a ruling of the treasury board made in 1908 after the aforesaid amendment of that year, under sub-section 4 of section 92 of the Consolidated Revenue and Audit Act, a refund of the head-tax was allowed to Chinese students attending any Canadian school, including the Chinese Imperial school at Vancouver, B. C., for a period of two years. Such refund was in each case ordered by the treasury board on proof of two years' attendance being made to the comptroller of Chinese immigration. Thus the former practice was continued with the exception that two years' attendance instead of one year's

mote the establishment of wider trade relations with China, but makes easier the avoidance of misunderstandings arising from racial differences, and inability to see both sides of international relationship. The great influence now exercised by the United States in China is largely owing to the body of Chinese students who have received their English education in the United States, and returned to their own country to be men of affairs. These students have spread American and Republican ideas in China, and are teaching their fellow-countrymen to look to the United States for trade and for political support against the encroachments of other nations. During the last four years the trade of the United States with China has very greatly increased; that of Canada with China has increased very little. Dr. Sun Yat Sen, the president elect of China, is a graduate of the University of London; Wong Chung Wei, minister of foreign affairs, is a graduate of Yale; Peter Hing, present Administrator of Canton, is a graduate of McGill. The Chinese of Canada are almost entirely from Canton. The Trade Guilds of Canton control practically the entire trade of China. The effect which one such former Chinese students upon Canada might have in promoting or retarding Canadian Commerce with China must be obvious. All Chinese students educated in Canada aspire to leading positions in their own country, or to acquiring reputable positions in Canada by which they may influence the countrymen in China.

A Problem.

3. We say that native-born Canadians of Chinese origin, under the present practice of the Canadian immigration officers, are debarred from leaving Canada to travel or for other purposes except under the strict regulations governing Chinese immigrants. For instance, I, Seto More, am a native born Canadian of Chinese parentage. If I should go to China or elsewhere out of Canada and stay longer than one year I would be required to pay $500 head-tax to re-enter Canada. Yet I have no other country. Any person born in the United States, irrespective of racial origin, is an American citizen, with an indisputable right to leave and return to the United States at any time so long as he has not forsworn his allegiance. Surely the rights of a native-born Canadian cannot be less in Canada. And if I a native-born Canadian of Chinese parentage should go to China for a wife I would be required to pay a head-tax of $500 for her on entering Canada. Yet a Chinese merchant, one not a British subject, may go to China and return to Canada not only with a wife but with his children, and all will be admitted free of head-tax. This we submit, the favoring of a foreigner over a native-born Canadian by the immigration officers is contrary to all right, and is absurd.

图 5-4-2　为中国留学生和华裔抗争人头税
（资料来源：*Victoria Daily Times*, Feb. 17, 1912, p.18）

这一年，除了在东部求学和为民请愿，司徒旄把全年的假期5月、7月和9月都用在西雅图的刘宅，与刘玉柳热恋。那年，游走过东西，比较过不同城市之后，他决定在太平洋门户的家乡立业成家。1913年1月7日，他再次申请赴美国西雅图度假并筹备婚礼。[51]

1913年6月1日，两艘新的皇后号远洋轮船庆祝启用，诗丕亚公司随即生成了新的职位，“任命司徒旄先生（Mr. Seto More）为温哥华市的亚洲客运经理”[52]。政府档案记录显示，在李梦九出差和休假期间，其内弟曾代表他

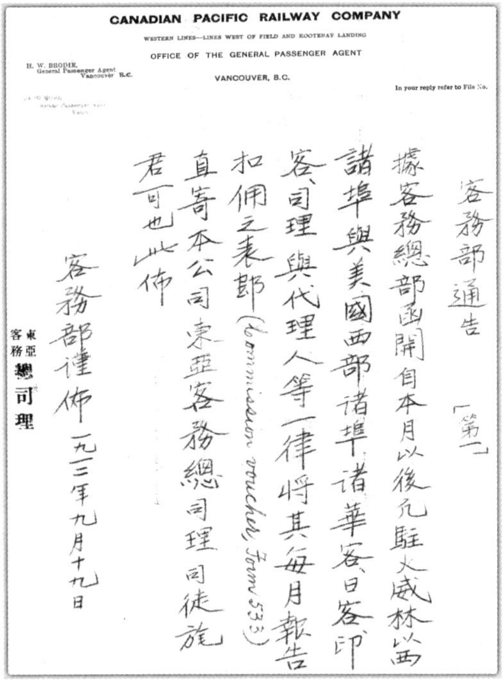

CANADIAN PACIFIC RAILWAY COMPANY
WESTERN LINES—LINES WEST OF FIELD AND KOOTENAY LANDING
OFFICE OF THE GENERAL PASSENGER AGENT
H. W. BRODIE, General Passenger Agent Vancouver B.C.
VANCOUVER, B.C.
In your reply refer to File No.

客務部通告 「第一」

據客務總部函開自本月以後凡駐大威林以西諸埠與美國西部諸埠諸華客、日客、印客、司理與代理人等一律將其每月報告扣佣之表郎（Commission voucher, Form 533）直寄本公司東亞客務總司理司徒旄君可也此佈

客務部謹佈 一九一三年九月十九日

東亞客務總司理

图 5-4-3　司徒旄的商业信函表明他已经为加拿大太平洋轮船公司服务
（资料来源：University of British Columbia. Library. Rare Books and Special Collections. The Chung Collection. CC-TX-103-24）

完成不少中介翻译工作，例如法庭、海关和移民局的翻译，以及负责轮船公司的客务问题等。他在诗丕亚公司远洋客运业务蒸蒸日上时加盟，有姐夫李梦九的举荐，早已通过了试用、积累了口碑。后来几十年的实践证明，司徒旄是这个职位的不二人选。

6月7日，最新产的俄国皇后号由英国利物浦港口航行至温哥华，成为太平洋上速度最快和设施最先进的汽轮。[53]6月14日，司徒旄出席了温哥华港俄国皇后号船长的招待会。正如20年前在纽约招待美国华人一样，这次温哥华的招待会不仅邀请到中华民国的外交官们，还约来美国西海岸多个城市的富商，以及加拿大的华商领袖。李梦九为诗丕亚公司领导做翻译。午餐后，人们参观了船上先进设施，赞美之声不绝于耳。[54]

1913年6月18日，司徒旄到西雅图迎娶相识多年的恋人刘玉柳。[55]极少见有这样频繁跨越边境的华人，美国边境的工作人员已经非常了解和熟悉他，[56]移民官们也都知晓穿梭两地的一对佳人好事在即，美国的《排华法案》和加拿大的人头税等一系列歧视性政策都不能阻挡这对恋人。[57]就像前一年的刘玉兰和谭医生的婚礼引起轰动，刘氏次女的婚礼同样引人注目，婚礼盛事有多家媒体报道，“新郎司徒先生是整个美洲华人社区的名人，是加拿大成功的商人”[58]。也有报道介绍他的官方工作是“加拿大太平洋轮船公司远东客服总司理”。参加婚礼的中西方人士超过百人。

图 5-4-4　俄国皇后号内舱设施
（资料来源：Empress of Asia and Empress of Russia, 1912, University of British Columbia. Library. Rare Books and Special Collections. The Chung Collection. CC-PH-89-1）

他们婚后搬离维多利亚市和温哥华岛，在海峡对面蒸蒸日上的温哥华自立门户。先是短暂租房，随着家庭发展，他们定居在卡德罗街的花园洋房。这里距唐人街不远，更靠近斯坦利公园和英吉利湾（English Bay），是非常理想的家居地点，也便于司徒旄在温哥华港口的工作。

远嫁加拿大的刘玉柳失去了美国公民身份，不能自由往来于温哥华和西雅图。她事先十分清楚这样的结果，但心中有爱，决定面对和克服所有困难。3 年前，张康仁（Hong Yen Chang）的夫人、美国加州生长的余爱娣（Charlotte Ah Tye

图 5-4-5　司徒旄与刘玉柳婚礼照片：一对新人居中，左一大哥刘吉祺、左二刘母、左三弟弟刘吉瓒，右一二哥刘吉苏、右二姐姐刘玉兰、右三姐夫谭少荣

图 5-4-6　与婚礼中西宾客的合影

Yee）因为陪着中国籍的丈夫张领事到温哥华上任，而失去了美国的公民身份。张康仁已经归化美国籍并取得纽约州的律师资格，然而加利福尼亚州对此并不认可，将这一切推翻。好在张康仁曾是经过千挑万选的留美幼童，有能力改换人生方向，他在银行业和外交界大显身手。司徒夫妇与张康仁一家熟识，因此也知道修成正果的婚姻未来还有挑战，然而他们坚信将一切不公平的制度推翻。通过自己这一代的努力，他们最终将为自己和后代争取到平等权益。

图 5-4-7　张康仁领事一家
（资料来源：Chang Family Portrait, 1900s, mssChangpapers, Pacific Rim, Huntington Digital Library）

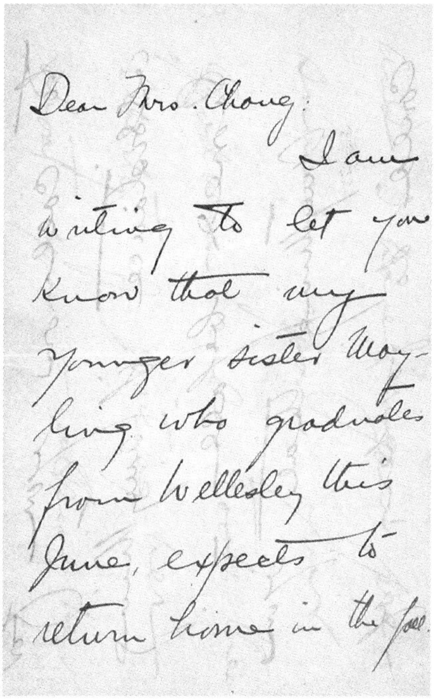

Dear Mrs. Chang:
I am writing to let you know that my younger sister May-ling who graduates from Wellesley this June, expects to return home in the fa

图5-4-8　宋庆龄写给张夫人的信，通报妹妹宋美龄即将毕业返国
［资料来源：Letter from Soong Ching-ling to Charlotte Ah Tye Chang (Hong Yen Chang's wife), March 14, 1917. The Huntington Library, Art Collections, and Botanical Gardens］

## 注 释

1. Chinese Exclusion Act on Seto More RG 85, National Archives-Seattle, case file, 7027/345.
2. 1886 年 2 月发生了种族清洗式的排华暴乱，被驱逐各地的华人后来于 20 世纪初返回。
3. 大火摧毁了最初的木结构房屋，次年这些房屋得到重建。
4. “Seattle Chinese Children who will inherit property,” *Seattle Post Intelligencer*, May 13, 1896, p.5.
5. “The Alaska-Yukon-Pacific Exposition of 1909,” Chinese in Northwest America Research Committee, https://www.cinarc.org/AYPE.html#anchor_92, accessed Oct.28, 2022.
6. 因为《排华法案》的要求，美加边境将所有来往的华裔出入境记录在案。
7. ［美］刘伯骥：《美国华侨逸史》，黎明文化事业股份有限公司，1984 年，第 413—414 页。
8.《演说代论：续舍路华侨公立学堂开校演说词》，《世界日报》1909 年 12 月 15 日，第 1 版。
9. 刘乾、阮洽、刘吉祺、李梦九等经常南北两地奔波，陈宜禧也在加拿大的华人中为修建铁路集资。
10. ［加］苏绍兴：《加拿大太平洋铁路华工建路史实》，多伦多大学出版社，1987 年，第 18—20 页。
11. ［加］林礼斌：《域埠中华会馆之沿革及华侨学校创立之缘起》，载《加拿大域多利中华会馆成立七十五周年、华侨学校成立六十周年纪念特刊》，维多利亚：域多利中华会馆编辑出版，1960 年，第 4 部分；［加］李东海：《加拿大华侨史》，中华大典编印会，1967 年，第 492 页。

12. “Chinese Consul talks to celestials,” *Toronto Daily Star* (1900-1971), Feb. 13, 1911, p.3.
13. 冯自由：《华侨革命组织史话》，正中书局，1954 年，第 71 页。
14. 来自美国《排华法案》刘玉柳的卷宗。American Chinese Exclusion Act file on Fannie Lew, RG 85, National Archives-Seattle, Seto More Fannie (alias Lew Tue Fannie) case file, Seattle Box 787, file 7030/12060.
15. 同上。
16. CINARC 金山西北角：华裔研究中心，https://www.cinarc.org/History.html#anchor_190，访问日期：2022 年 10 月 20 日。
17. 同上。
18. 同上。
19. “Chinese Prince in America,”*The Los Angeles Times*, Mar. 1, 1906, p.3.
20. CINARC 金山西北角：华裔研究中心，https://www.cinarc.org/History.html#anchor_190，访问日期：2022 年 10 月 20 日。
21. 同上。
22. “Day of the dragon: the Chinese community’s participation in the Alasa-Yukon-Seattle Pacific Exposition,” *Columbia*, Summer 2010, pp.14-37.
23. 司徒旄与美国边境官员的相关对话，目前被保存在国家档案馆西雅图分馆。
24. 西雅图当地的英文报纸对刘家儿女的受教育情况有不少报道。
25. 李喜所主编，刘集林著:《中国留学通史·晚清卷》，广东教育出版社，2010 年，第 348、402 页。书中列出刘吉祺为商科进士，又列刘为法政科举人。
26. “Goon Dip’s Daughter Rosalind married university graduate,” *the Boston Globe*, Oct. 16, 1913, p.9.
27. 徐一良编著，徐小越整理：《学府遗珍：清末至一九五三年高校徽章集藏》，生活·读书·新知三联书店，2018 年，第 82 页。
28. 参见《中国大百科全书》。
29. 西南交通大学校史编辑室编：《西南交通大学（原唐山交通大学）校史》（第 1 卷）（1896—1949），西南交通大学出版社，2006 年。

30. "Young Chinese College Boxer Challenges the world of his size," *Indianapolis News*, Mar. 29, 1916, p.7.

31. *Chinese Students Alliance Pacific Coast Annual Bulletin*, Aug.1908, p.24.

32. "Chinese Girls Get Graduate Diplomats," *Seattle Daily Times*, Jun.23, 1910, p7.

33. 梁启超：《北美大陆游记》，1903 年，插图第 3 页。"Chinese Women are for Reform," *The Morning Astoria*, Sep. 22, 1903, p.3.

34. "The two meet altar, Chinese couple med in real American fashion," *Morning Oregonian*, Sep. 23, 1912, p.8.

35. American Exclusion Act archives，Fannie Lew Seto File。

36. 笔者与司徒旄的外孙雷震瀛先生交谈时，他说外公当年有媒妁之言和长辈的安排，是司徒旄的姐夫李梦九安排了他南下相亲，因此有了 1909 年 7 月的首访和日益密切的两地侨社关系。

37. Chinese Exclusion Act File Seto More，RG 85, National Archives-Seattle, file 7027/345.

38. 二姐夫刘子逵的侄子，曾被送回中国读书，英文名称 Low Kwong Joe、Joseph Hope，或者 Joe Hope，在接下来的 30 多年里他一直是华侨领袖。

39. ［加］林礼斌：《域埠中华会馆之沿革及华侨学校创立之缘起》，载《加拿大域多利中华会馆成立七十五周年、华侨学校成立六十周年纪念特刊》，第 4 部分。

40. "Never Saw China. Seto More Chinese by Nationality but a Good Canadian," *Ottawa Citizen*, Jan. 24, 1912, p.11.

41. "Chinese seek to have the act amended," *Victoria Daily Times*, Feb. 12, 1912, p.17.

42. 同林礼斌的回忆。

43. "Canadian Chinese Demand the Rights of Their Birth," *Victoria Daily Times*, Feb.17, 1912, p.18.

44.Ibid.

45. 陈子铭：《20 年代前后华侨在广州的几项投资》，载罗进主编，中国人民政治协商会议广州市委员会、文史资料委员会编《广州文史》第 46 辑，广东人民出版社，1994 年，第 144—145 页。

46. 陈小卡编著：《西方医学经粤传华史》，中山大学出版社，2018 年，第 356 页。伍籍盘是美国基督教长老会柔济医院最后一位董事会主席，1950 年辞职，董事会解散。广州医科大学附属第三医院编：《发现·柔济》，广东人民出版社，2016 年，第 15 页。

47. “Canadian Chinese demand the rights of their birth,” *Victoria Daily Times*, Feb. 17, 1912, p.18.

48. “Never Saw China. Seto More Chinese by Nationality but a Good Canadian,” *Ottawa Citizen*, Jan. 24, 1912, p.11.

49. Canada, House of Commons, *Debates*, Jun. 8, 1917, p.2140.

50. Chinese Exclusion Act File Seto More.RG 85, National Archives-Seattle, file 7027/345.

51. Ibid.

52. “Local news,” *South China Morning Post*, Jun. 28, 1913, p.2.

53. W. Kaye Lamb, *Express to the orient*,Vancouver Maritime Museum, 1991. p.71.

54. “Chinese merchants were entertained,” *Daily Province*, Jun.16, 1913, p.4.

55. 此处是依据美国边境入境记录。

56. Chinese Exclusion Act File Seto More，Jun.17. 美国驻维多利亚的领事信中提到他第二天就要娶西雅图的年轻女士。

57. 美国《排华法案》档案记录里显示边境的美国官员已经熟识司徒旄，并且恭喜他好事将近。他得到了美国官员朋友般的祝福。

58. “Noted Chinese Wed,” *Delta Times*, Jun. 28, 1913, p.2.

# 第六章 海上丝路

## 一、入职诗丕亚公司

1913 年对于司徒旄来说是个重大转折和崭新开始。他娶得志同道合、门当户对的美丽妻子，就职于大公司的关键岗位，搬离温哥华岛上的故乡，在温哥华市安置了小家，也从而在更大的平台上施展才华。

诗丕亚公司全称为加拿大太平洋轮船公司，是太平洋铁路公司的一部分，成立于 1881 年，华人根据公司名称的英文缩写和粤语发音称其为“诗丕亚”。加拿大的太平洋铁路东起蒙特利尔，西至温哥华，近 5000 公里，共有 2 万公里的铁轨，还设有南下的跨境路线通往美国的芝加哥、纽约等大城市，被广泛使用，成为横穿北美大陆的重要途径。虽然这条铁路忙于货物运输，但是由于沿途风景优美，也吸引了不少乘客，既包括家族中东游的李梦九和司徒旄，也包括晚清民初的各路精英，如李鸿章、康有为、孙中山等人，还有在北美度过 27 年光阴的胡适。他日记里的落基山风光包括 1917 年 6 月从美东乘车西去途中所见，他当年首次抵美即是走这一段，得以欣赏过南段的美国风景。在他笔下，加拿大一侧的风景比美国好得多。他当年利用诗丕亚火车横穿美洲大陆，再乘坐日本皇后号由温哥华返国，此次行程则是司徒旄为他安排。随着胡适后来多次穿梭西东，两人交往更多。[1]

除了建造铁路，诗丕亚公司还经营海上运输、酒店、快递、电报、电汇、采矿和后来的航空业务，是加拿大最具规模的公司。它拥有的著名酒店包括班芙温泉酒店和维多利亚的皇后饭店，两处都留下中华精英的足迹和身影。

李梦九先在维多利亚生活，后来和他的两位公子到了香港，司徒旄则到了温哥华。除了他们，刘氏二子刘吉荪在西雅图都服务于诗丕亚公司。可以说，美洲西北角该公司亚太代理的工作被联姻的家族垄断了半个多世纪，尽管同时期还有其他票务代理以及其他邮轮公司的业务。著名的皇后号轮船搭载着成千上万的华人乘客，联结起香港与伦敦的轮船和铁路网络，创造了可观的利润，也使第一次世界大战中 8 万多的中国劳工得以经加拿大奔赴欧洲战场。

诗丕亚公司首先开辟了温哥华—香港航线，后来途经中国和日本的多个港口，再发展到途经夏威夷和菲律宾岛屿。在海外的华人大多熟悉皇后号船队，乘坐它们穿梭于太平洋上，既承载了人们对“金山”的向往，也见证了华人对故乡的渴望。那些客死他乡的华人，都希望被葬回故土祖先的身旁。中华会馆组织和运输成批的先侨遗骨返回故里，直到二战时才被迫中断。诗丕亚公司不满足于大西洋和横穿北美大陆的内河业务，铁路贯穿全国后，便开始筹备领先世界的皇后号蒸汽轮船队，定期驶往太平洋对岸。该公司在 1975 年前一直是加拿大规模最大的运输公司。无论欧洲的还是亚洲的移民，大多乘坐诗丕亚的轮船登陆加拿大。中国近代史上很多名人学者也是该公司的乘客。他们因为有同胞代理的帮助，得以安排无缝衔接的国际旅行。19 世纪末，欧洲人跨越大西洋之后，从加东乘火车到达温哥华，再乘汽轮前往远东，东西方之间的旅游变得便利快捷。而前赴后继的移民也依赖这一航线奔赴“金山”，或者衣锦还乡，回到上海和香港。还有西方的传教士、政商名流都因为诗丕亚轮船而到过温哥华。从事国际贸易的加拿大华商获利丰厚，他们也为中国的革命和建设提供资金和人才。诗丕亚船队将世界不同族裔聚集在一起，也迅速推进了中国的现代化进程。

加拿大西部的开发为太平洋贸易奠定了基础。在这片幅员辽阔的国土上，经济发达的东部曾经被群山峻岭阻隔。东西交通动脉的打通，极大地促进了其与中国的海上联系。中国与加西的 BC 省贸易的官方统计出现于 1871 年，贸易额逐年递增。1884 年，中国向加拿大输入大米 4100 万磅，茶叶 800 吨。[2]

图 6-1-1 1892 年，诗丕亚船队服务于大西洋、太平洋、北美大陆的海岸线以及内陆河流和湖泊

（资料来源：Canadian Pacific Railway Company's Steamship Fleets, created by Hilder, A.H. 1910, WallaceB Chung and Madeline H. Chung Collection, University of British Columbia. Library. Rare Books and Special Collections. The Chung Collection. CC-GR-00072）

诗丕亚太平洋船队最早只有 7 艘木帆船。1885 年，太平洋铁路在 BC 省并轨，诗丕亚公司的第一任总裁乔治·史蒂芬（George Stephen）说："在我们联结起海洋对岸的中国和日本之前，太平洋铁路不能算完工。"该总裁早在 1884 年 10 月就前往英国，寻求筹建由穆迪港（Port Moody）通往亚太地区的远洋船队。经过两年的努力，他成功获得支持，开始英国和加拿大到亚太的邮件运输，逐渐发展起初具规模的环球航运业务。1886 年开始利用汽轮，第一年就运输了成千上万吨的茶叶。[3] 而这条贸易之路的利润丰厚，致使多国竞争激烈。除了美国，还有英国早在 1866 年就设置的蓝烟通（Blue Funnel Line）和日本于 1885 年开始的日本邮船株式会社（Nippon Yusen Kaisha）等的众多船队航行往来。中国所产之生丝，由温哥华转运至西方各国，加拿大的木材、纸张、枕木等大量销往中国。

1886 年 8 月，由日本横滨到纽约的海陆货运打破穿越太平洋的最快纪录，用了 47 天。而百年前，美利坚的中国皇后号从纽约到达广东用了半年的时间。随着科技的进步，航运业务加速发展。1887 年 5 月，太平洋铁路由穆迪港直通温哥华的海滨码头，各族商人们集会庆祝，翘首期待温哥华市从此走向繁荣昌盛，把棉花和小麦销往世界东方。李梦九在这一年捷足先登，以亚太代理的身份在维多利亚加盟诗丕亚公司，并逐渐带动亲属代理不同港口，肩负起更多经济、政治和文化交流的使命。

1887 年，爱彼斯尼亚号（Abyssinia）首次由香港和横滨抵达温哥华，有 22 位头等舱的客人，80 位普通舱的华人，3 个邮件袋和 11 个报纸袋以及 3000 吨的货物；货物以运往芝加哥和纽约的生丝和茶叶为主。[4] 船长到岸后款待温哥华市长，并提出应该就近建立小麦加工厂，将美洲西北地区的小麦面粉销往东半球。人们也在考虑把东海岸的棉花西运再卖到亚洲。[5]1888 年，诗丕亚公司有 9 次往返亚洲的航行，这一年还有 6 次租赁的轮船运输，甚至开始南下争抢旧金山的海上货运和客运。[6] 其他港口城市如西雅图、波特兰和塔科马尚无与远东的固定航运。李梦九看准了海上丝绸之路的潜力，在 1888 年花费两个多月的时间到东海岸考察商机、编织商业纽带，也为家族商业的拓展打下基础。当年加拿大的各地英文报纸都曾报道过他长期东游的事情。[7]

1890 年，诗丕亚公司在英国订制的三艘远洋客轮模型在纽约展示，它们是中国皇后号、印度皇后号和日本皇后号。当地华侨富商被邀请到曼哈顿下城的百老汇街（Broadway）诗丕亚公司的办公室参观。《纽约时报》的文章报道："诗丕亚公司多年致力于运送活着和死去的中国人穿梭于太平洋上，我们尽力使这些乘客舒适。乘坐过这些轮船的人们懂得太平洋上的惊涛骇浪和致命危险。现在通过购买三艘先进的蒸汽轮船，纽约的华人可以想象自己返乡的旅途了。不仅有舒适的卧房，还有敞亮的餐厅、安静的图书馆和写作用的房间。"[8] 200 多位华商应邀盛装出席，听取介绍，连声称赞。之后他们还被款待红酒、蛋糕以及雪茄。这些皇后号远洋轮船不仅规模宏伟，而且设施领先世界，即将奔赴温哥华驶入海上丝绸之路。推介会上展现的轮船模型造价高达 1000 英镑。那时的移民浪潮高涨，以休闲为目的的全球旅游方兴未艾，海上运输求大于供。

图 6-1-2 收藏在不列颠哥伦比亚大学图书馆的亚洲皇后号模型（笔者拍摄）

1891 年，英政府同意资助英国、加拿大和中国香港间的邮政服务，三艘皇后号轮船投入太平洋航行，服务长达几十年。[9] 皇后号屡次打破跨太平洋时长的最短纪录，带来无限商机，让温哥华人异常兴奋。以生丝为例，1901 年，日本皇后号抵达温哥华港，因为载有价值超过百万的中国生丝而引得西文报纸争相报道。[10] 这些原材料以最快的速度横跨北美大陆运往纽约州，实现海陆一体无缝衔接、争分夺秒的贸易线路。而中国的真丝成品就更是以翻倍的价格经温哥华运往西方各国。更何况还有茶叶、稻米以及瓷器，都是极受西方欢迎的海运重头商品。

司徒旄自立门户的年代，曾经光彩夺目的皇后号船队历经 20 年运输，变得暗淡陈旧。1911 年，中国皇后号穿过惊涛骇浪之后又遭遇大雾，在东京湾附近撞上礁石被毁。[11] 公司急需新船来升级换代。1913 年，崭新的亚洲皇后号和俄国皇后号加入亚太航线。它们超过 1.6 万吨位，虽然不是最大，却是太平洋上速度最快的，吸引东西方人士体验加速的太平洋之旅。

图 6-1-3　诗丕亚公司新装四轮火船的中文广告

司徒旄在 1913 年 6 月 1 日正式被诗丕亚公司任命，并将此信息在各大报上公布。他的语言功底浑厚，而且学过日文、印度文和中国官话，以及广东多种方言。他不仅举止言谈谦逊，而且书法和文笔优美，被东西方人士公认为学贯中西的学者。也有很多人称赞和羡慕他“自学成才”，他的工作岗位的确比大学校园更开眼界和长知识。

上任伊始，司徒旄就极力向东方人推介新的远洋轮船“最坚固、阔达、快速，每个钟点可达 21 海里，17 天到达香港”，介绍文下落款为“云高华东亚客总司理司徒旄”。[12] 两个月后，《亚细亚日报》刊登的《太平洋航路的今后观》[13] 指出，亚洲皇后号创造了太平洋航程最短纪录，在温哥华和日本之间仅用 9 天 5 小时就横跨太平洋。除了载客 1000 多位，还运输了生丝 1600 包、绢制品 230 件，以及茶叶 1.5 万箱。该文指出，日本正在积极参与海运竞争。[14] 司徒旄厚积薄发，在此职位上的任期长达 40 年，阅尽了穿梭于太平洋上的各色人等，朋友遍布世界。从这一年起，他以此身份在报纸上刊登的广告也持续了40年。

诗丕亚公司与香港合作密切，在那里的分公司被称作“昌兴轮船公司”。[15] 昌兴是被李－司徒－刘氏家族代理的下一个目标。公司采用醒目的标题描述亚洲皇后号处女航的回程：“东方丝绸的特快运输。”在亚洲皇后号处女航运回的大量货物中，有为纽约加工厂运送的价值连城的生丝，装满 14 节火车货柜，于 8 月 31 日夜间 11 点离开温哥华，9 月 7 日下午 5 点运抵纽约，开创了横滨到纽约之间货物运输最快纪录，其他公司无法匹敌。[16] 亚洲皇后号客舱的设施比从前的皇后号先进许多，司徒旄在华文报纸上的广告也极尽宣传“要以此船较之于他船，是亦犹昔者火船较之帆船也。船既新而且大，而其中布置尽善尽美”[17]。

## 二、海陆交接一云城

司徒旄与刘玉柳的家安置于靠近温哥华码头的西区，市中心西南端的英吉利湾，那里是 1792 年乔治·温哥华（George Vancouver）船长率领英国船舰登陆后与西班牙探险家交换信息的地方，也是这个城市最早开发的区域，自然美景与都市的喧嚣交融在一起。他们的家距离海滩大道（Beach Ave）仅 4 个小街区，步行 5 分钟可达，是温哥华观赏夕阳、户外运动的绝佳地点，也是隔佐治亚湾与故乡维多利亚相望的地方。开阔的海湾潮起潮落，凭海临风，会让人想起大洋另一侧正在经历大变局的华夏山水。

温哥华是这一地区最年轻的城市，印第安人曾聚居在一些风景最佳的地方，例如今天的斯坦利公园、不列颠哥伦比亚大学占据的灰岬角（Point Grey）和菲沙河的入海口等地。淘金客们从陆地北上到这里，或者从温哥华岛东进奔赴这里，再沿着各个河道去菲沙河的谷地淘金。此地伐木业兴旺，有大量的木材加工厂。得益于太平洋铁路，1886 年温哥华正式设立为市。太平洋铁路与 BC 省内铁路并轨后，并没有停留在原来计划的穆迪港，而是继续前进，铁轨再延长 22 公里，到了温哥华海港码头，也就是司徒旄家旁边的英吉利湾，实现了海陆运输的无缝连接。[18]

1886 年 6 月，一场大火将这座崭新的城市吞没，市议员们只能在帐篷里办公开会，准备重建工作。浴火重生的温哥华采用了先进的城市用水、电力和交通系统，无论海洋性的气候如何风云多变，都能保证城市居民不受灾害侵扰。天然海港的优越位置和基建受到英国和德国的青睐与注资。铁路和海洋运输不仅使美加受惠，与欧洲的贸易也节省了时间和成本。在司徒旎加入海运事业时，巴拿马运河尚未开通，温哥华的优势最为彰显，一跃成为太平洋岸边的重镇，迅速繁荣。加拿大中部草原和农业省份的小麦开始西运，在温哥华加工后运往亚洲。英吉利湾往来频繁的蓝烟通与皇后号汽轮成为人们习以为常的景观。加拿大随即成立温哥华港务局，大力投资陆运连接航运的设施，不久建立完成领先英帝国所有殖民地的海港码头 。[19]

图 6-2-1　大火后温哥华市政府第一次会议，帐篷上标志写着“市政厅”
（资料来源：Image AM1477-1-S5---: CVA 1477-419, Courtesy of City of Vancouver Archives）

图 6-2-2　初创时期的的温哥华
（资料来源：Image AM54-S4-: LGN 1051, Courtesy of City of Vancouver Archives）

太平洋铁路直通温哥华后，失业的华工遭到排挤和敌视，老弱病残在中华会馆的照顾下返回故乡，一部分前往墨西哥修筑铁路，一些人回到岛上的煤矿工作，也有一部分华工沿铁路前往加东和加中，逐渐遍布加拿大各地。留下的华人占据了如今唐人街的地段，但是他们被不断提醒不属于这片土地，有些人不堪忍受羞辱返回中国。也有华人不愿去给人打工，而是选择开垦农业。他们承包下 160 英亩的土地种植蔬菜，并被允许拥有 10 年的使用权。[20] 十几年后，菜农里涌现出一批殷实的商人，扩大经营到其他商业领域。其中就包括日后与司徒氏联姻的雷氏家族。

诗丕亚铁路公司开始中标开发市中心的项目，需要大批劳工。劳工骑士团（Knights of Labor，KOL）随即出现在这座崭新的城市，号召反对华工参与建设，甚至用武力驱逐华人。1887 年 2 月，数百人包围和烧毁“华工的营地，他们不仅暴力伤人，还恐吓一些人后退到冰冷的海水中”[21]。在太平洋铁路带来第一批东部乘客的 1887 年，温市的华人人数近百，而且聚居在一起，在一个木板房里的大通铺上拥挤度日。随着铁路通车，虽然华人开始逐渐陆续东进定居，但绝大多数仍然聚居在 BC 省，温市的华人很快就超过千人，有了广东巷和上海巷。1907 年的反亚裔暴乱没能阻止华埠的扩大，反而很快增加到了 4 个街区。

温哥华追赶维多利亚，逐渐上升为商业中心。到 1911 年人口普查时，全市总人口已超过 10 万；而华人人口也超过维多利亚，多达 3559 人，为全加最多。[22] 早期的华人将这座城市称为“咸水埠”。后跟随英文的发音出现多个名称，但都喜欢包括“云”字，例如“云高华”“云高佛”，或者更为浪漫地直呼“云城”。这里背靠落基山，面向太平洋，大洋上的暖流迅速上升遇到高耸的群山，极易形成雪白的浮云，带来丰沛的降水，冬季即使下雪，也会很快消融，植被终年新鲜翠绿，云卷云舒的日子特别多，招引来自世界无数文人墨客和艺术家。[23]

## 三、云城里的华人

在 20 世纪初，搬到温哥华定居的华人数量迅速增长，除了华工，曾经的包工头和贸易商也落脚温哥华，开发新的唐人街。1884—1908 年，旅加侨胞屡次上书要求领事保护。但是晚清外交无才，没有懂国际法的人，内忧外患，无暇也无力顾及，只有拖延和推脱，几十年的光阴里，其他国家的移民一直鄙视“天朝上国”的子民。侨社一切外交事宜均赖维多利亚的中华会馆权充办理。

侨领们包括司徒氏的两代人反复上书清廷，还要带头不停抗争 BC 省的歧视性政策。

在温哥华，华人起初经营洗衣店，蔬菜种植，为木材厂打工，基本是小本经营，很快在其他地方完成原始积累的华商开始入驻。温哥华的中华会馆在 1895 年才开始酝酿，得到维多利亚领袖们的帮助。经多方筹备，直到 1906 年才向政府注册成立，在此之前的所有侨务都交维多利亚的中华会馆统一办理。[24] 而云城的会馆设立后，是由卢梓荣和叶庭三等依据维多利亚的模式集资兴建馆舍，并于 1910 年建成使用。正如维多利亚的李梦九，温哥华的叶春田、陈才、李世璠等人此时已经功成名就，奠定了在温哥华唐人街的统治地位。这里的中华会馆也将他们奉为创始人。百年后，该建筑仍然屹立于唐人街。晚清状元朱汝珍题写的匾额从维多利亚复制，被作为礼物送达温哥华，悬挂至今。第一批中华会馆的领袖乐见其成，为温哥华的侨胞题有贺词："文明豪杰云集其间，咸庆规模日廓，气象益新，大局甫成，悉洗前途固习。吾等亲逢盛会，共表丹诚，群向庆贺，指日可致太平。"[25]

图 6-3-1　由维多利亚的中华会馆复制的匾额（笔者拍摄，右一为张启礽先生）

从会馆的创始人可以看出，温哥华吸引和聚集了有实力的华商。会馆首先设立中文学校，继而创办中华医院和安老院。[26] 模式基本照搬，然而温哥华的商机无限，比较突出的表现是华人商会的设立。1908 年，维多利亚的华商上书清廷，要求把华人总商会设置在历史悠久的维多利亚。[27] 文中提到“朝廷加意侨民，振兴商务”，温哥华先行一步，但是维多利亚作为 BC 省府，华商店肆在此地开设最多。1909 年的领事馆被设在温哥华而非维多利亚。首都渥太华的总领事馆和温哥华领事馆标志着中加两国终于有了外交关系。

图 6-3-2　温哥华中华会馆创办人及筹建热心人士像
（资料来源：《成立中华会馆的起因》，https://cbavancouver.org/?page_id=12，访问日期：2021 年 10 月 20 日）

搬到云城安家的司徒旄曾代表华人上书加拿大国会和总理。他是会馆和各种侨社组织求之不得的多语种人才，各界期盼他的参与并乐意委他以重任。在搬到温哥华之前，他已经为全加拿大的同胞争取过权益，与各地领袖都有过接触。搬至并扎根温哥华的有房地产开发的卢仰乔（梓荣）、主持家族银行业的林礼斌、经营多种生意的叶生，还有各种参与旅行生意的华商等，当然也有孙中山的老友廖翼鹏医生和他从事法律助理的弟弟廖鸿翔（David C. Lew）等。他们都是司徒家族的至交和在温哥华发展的人脉。面对种族歧视和排华的压力，云城的华商们认为必须有一个统领全加华人的组织凝聚大家力量，而人数最多的温哥华中华会馆理应担此重任。早在 1916 年，温哥华的中华会馆就试图改称为“全加中华总会馆”，统领中部省份的唐人街的抗争事务，并号召在温哥华集会行动。这一超越党派和地域宗亲的组织也遇到过不少困难。后来多伦多的华人居民增加，也试图领导全国的侨务。

司徒旄先是频繁往返于自己的小家和维多利亚，除了探望一家老小，他还有会馆和学校的义务。民国成立，旅加华侨认捐国民义捐 3 万余加币，电贺袁世凯、黎元洪总统就任。钟荣光到加拿大为岭南大学筹款。据官方统计，1912 年入境的华人近 7000 人，但随后的一年大批工人失业，维多利亚的中华会馆忙于救济，同时电告上海的中国红十字会，呼吁南北方停战，并捐助 1000 加币。紧接着就是战乱和旱灾、水灾，民不聊生，中华会馆不停地募捐，向内地和香港的东华医院提供捐助。[28]

司徒旄虽然家在温哥华，但是没有立即投入当地已经建立起的唐人街事务，而是虚心学习，熟悉环境之后寻找自己在新侨社的位置。例如清末民初，各大城市均成立华人商会，多伦多和蒙特利尔的商会因人事变迁而废置，维多利亚的商会延至抗战期间，无形中陷入停顿。只有温哥华中华总商会会务素称发达，司徒旄担任总干事 20 余年，推销国货，先后参加各种庆典和太平洋各国商品展览，深获中西人士好评。[29] 有了稳定的工作和收入，司徒旄没有就此止步和享受，也没有像他少年时那样激进，而是自我学习成长，在最需要的时候应邀出手，甘当中加桥梁。

清政府被迫实行改良前后，在海外与保皇和革命两党为了争夺侨胞支持，甚至出台过《国籍法》，规定只要父母一方是中国血统，海外出生的子女均自动取得中国国籍。1912 年，北洋政府《中华民国国籍法》延续了清廷以血统取得国籍的方法，把定居在国外有中国血统的公民、后裔称为“华侨”；北洋政府还通过了《参议院组织法》，规定了参议院要有 6 位华侨。[30] 唐人街的人们涉足政治，因为政治理念不同而产生隔阂，但是热衷参与国内政治的大有人在。驻加拿大总领馆和西部温哥华的领事交替频繁，早期多属于北洋政府而非执政于南方的国民党。无论他们来自哪个党派，都是学贯中西的知识分子，由司徒旄安排行程和接待。他们一直保持联系、乐于合作。

1914 年 7 月，中加两国政府就华侨问题进行交涉，温哥华的中华会馆反复开会，集思广益，联络渥太华的杨书雯总领事反映民意。参与上书杨领事和献计献策的包括报人和教师崔通约、法务助理温金有和司徒旄等人。[31] 他们希望经杨领事向加拿大政府再次要求取消歧视政策和华工的人头税，建议可以像对待日本工人一样每年规定人数上限；在加拿大工作 3 年以上的华工也应该被允许自由出入境，理应享有与其他族裔一样的权益；政府应该退还留学生的人头税。

1914 年 8 月 1 日，大埠旧金山中华会馆理事邝文光（M.Q. Fong）收到西雅图基督教长老会总会长的信。该信称 10 年前他们就接待过 70 余名中国留学生，1913 年又有 30 余名，这些学生在西雅图登陆之后被安排入美国名校就读。他认为给中国培养人才事关重大，因此通知中华会馆准备在西雅图设置一个机构，专门欢迎初抵北美的中国留学生。这篇翻译文章没有署名，但很有可能是司徒旄翻译并刊登报道的；该牧师与他自己的办学理念不谋而合。文章末尾还有评论称“同是美洲，同是宗教，同是长老会，舍路（Seattle，即西雅图。——撰者注）与温哥华相距不及三点钟水程。彼则欢迎华人，此则排斥华人，各走极端”[32]。可见美国当年对华人留学生的态度要比加拿大友善和宽容，美国人已经看到留美幼童的贡献，以及退还庚子赔款建立清华大学的意义，最关键的是中美之间因为留学生开始了无障碍的对话和沟通。

此一时期的国民党延续同盟会时期的做法，积极吸引新成员，并将分会支部迅速发展到东海岸。孙中山等在革命的过程中清楚地看到加拿大华侨的力量，把发展党务看作工作重心，因此派遣重量级的干部前往加东。本来在美国领导党务的林森和黄伯耀被孙中山派往加东，掀起爱国热潮，他们为了反对袁世凯的北洋政府，设立了一份周报，此报于1922年改为《醒华日报》，销路甚广，由留学多伦多的程天放担任主笔。同一时期的致公堂和宪政会则不同，没有急于向东部延伸组织，而是更重视久居西海岸的侨胞。[33]

司徒旄注意到温哥华侨社里面缺乏可以与主流社会平等对话的代表。除了本职工作，他以一个新人和知识分子的身份投入到第二故乡侨社的工作，继续他对教育和留学生事业的扶持，尽管困难重重。加拿大需要更多像司徒旄这样的人，工作上能服务于不同族裔，政治上虽属无党派，但是可以联络各个阶层，直通各级政府首脑。但争取种族平等是个长期的过程，面对不公，司徒旄需要团结同胞、共同抗争。他以自己的学养、卓越的沟通能力融入多种族社会和崭新的家园云城。

## 注　释

1. 桑宜川：《胡适先生的加拿大轶事》，加拿大网络电视台，2017。https://www.365nettv.com/2012-08-12-20-36-48/84-2012-07-08-17-11-16/52323-2017-12-10-14-03-12，访问日期：2022 年 11 月 9 日。
2. ［加］李东海：《加拿大华侨史》，中华大典编印会，1967 年，第 102 页。
3. W. Kaye Lamb, *Empress to the Orient*, Vancouver Marine Time Museum, 1991, pp.7-8.
4. *Railways of Canada*, W H Smith Publishers, p.220.
5. W. Kaye Lamb, *Empress to the Orient*, p.14.
6. Ibid, p.15.
7. *The Gazette*, Mar. 16, 1888, p.3. *The Kingston Whig-Stand*, May 4, 1888, p.5.
8. "Chinese men were pleased. They viewed the model of the Canadian Pacific's new ships," *New York Times*, Dec. 23, 1890.
9. E. Mowbray Tate, *Transpacific Steam: The Story of Steam Navigation from the Pacific Coast of North America to the Far East and the Antipodes, 1867–1941*. Cranbury: Cornwall Books, 1986, p.144.
10. "The silk connection," *Vancouver Province*, Aug. 6, 1901, p.12.
11. W. Kaye Lamb, *Empress to the Orient*, p.70.
12. 老侨曾赋予温哥华多个名称：咸水埠、云城、云高华、晚香坡等。
13. 《太平洋航路的今后观》，《亚细亚报》1913 年 8 月 21 日，第 6 页。
14. Canadian Pacific Ocean Services Pacific sailings, University of British Columbia. Library. Rare Books and Special Collections. The Chung Collection. CC-OS-00116.
15. 吴邦谋：《回到启德：从收藏品看香港航空史》（增订版），中华书局（香港）有限公司，2018 年，第 166—167 页。

16. Bernard Webber, *Silk Trains: the Romance of Canadian Silk Trains or "the silks"*, Kelowna BC: New Works Publications, 1992, p.16.

17.《梓里诸君留意》，《大汉日报》1914 年 8 月 1 日，第 1 版。

18. "Vancouver: a railway transforms a fledgling town called Granville into BC's largest city," K: *British Columbia an Untold History*, https://bcanuntoldhistory.knowledge.ca/1880/cpr-ends-in-vancouver, accessed Dec. 20, 2022.

19. "The Great Vancouver Fire," *K: British Columbia an Untold History*, https://bcanuntoldhistory.knowledge.ca/1880/the-great-vancouver-fire,accessed Dec. 20, 2022.

20. Edgar Wickberg, *From China to Canada: a history of the Chinese Canadian communities in Canada,* (Toronto: McClelland and Stewart, 1988), p.92.

21. Vancouver Anti-Chinese Riots 1886, https://en.wikipedia.org/wiki/Vancouver_anti-Chinese_riots,_1886, accessed Oct. 27, 2022.

22. *Vancouver Chinatown 1886-2011*, by Simon Fraser University, https://www.sfu.ca/chinese-canadian-history/vancouver_chinatown_en.html, accessed Dec. 27, 2021.

23.《成立中华会馆的起因》，加拿大温哥华中华会馆，https://www.cbavancouver.com/?p=1917，访问日期：2021 年 10 月 20 日。

24. 同上。

25. 同上。

26. 同上。

27.《农工商部奏坎拿大域多利设立商会请给官防折》，《政治官报》1908 年 6 月 14 日，第 5 页。

28.［加］李东海：《加拿大华侨史》，第 492—493 页。

29. 同上。

30. 石晓宁：《二十世纪一二十年代美洲洪门致公堂改堂组党若干问题初探》，

载暨南大学华侨华人研究院编《海外华人研究》第 6 辑，暨南大学出版社，2022 年，第 38—54 页。

31.《中华会馆呈杨总领事函照录》，《大汉日报》1914 年 8 月 1 日，第 2 版。

32.《欢迎华人学生入美之提倡》，《大汉日报》1914 年 8 月 3 日，第 3 版。

33. Edgar Wickberg, *From China to Canada: a history of the Chinese Canadian communities in Canada,* (Toronto: McClelland and Stewart, 1988), p.109.

# 第七章 风云变幻

## 一、家族第三代出生

1914 年在英语语境里意味着现代世界格局的发端，也是司徒家族第三代集中出生的一年。福特公司大规模生产汽车，开始以每年数千万辆的规模投入市场。长途电话普及，美洲东西两岸的人们可以随时通话。巴拿马运河开通，温哥华到北美东海岸和前往欧洲的航程缩短了 6000 海里。[1] 虽然中南美洲因为运河多了一条路径，但是北方温哥华的港口仍然是人们畅游全球的重要通道。司徒家人开始利用更多的交通和通信工具，联系更加紧密。司徒旄工作忙碌，联络着东西方各色乘客，安排着不同公司的商品货物运输，他对留学西方的同胞尤其关爱。交通运输、旅游留学业务蓬勃发展，诗丕亚公司再添两艘 3 万余吨的轮船，西人旅游、华人返乡变得更加快捷。[2]

正当司徒旄全力打造大洋两岸的关系桥梁时，欧战爆发，很快演变成 6000 万人参与的世界大战，殃及在英联邦自治领地的华人。英国对德国宣战，英国的自治领，包括加拿大也同时裹入战争，而北洋政府宣布中立，侨胞因此向英军捐款。同时，侨胞也关注其他需要帮助的人，“加拿大产业冷淡，失业侨胞十居四五，云域两埠中华会馆施粥救济。广东空前水灾为患，侨胞捐款 3 万余元救灾”[3]。

8 月 22 日，印度皇后号启程驶往东方，大家虽然担心，但是无人预料它的第 238 次太平洋航行就是最后一次。它一到达香港，便被英军征用，驶往孟买，在那里被改装为海上医院，后来又去波斯湾和欧洲运送伤员。印度皇后号在战时进行几十次航行，运送 1.5 万名伤员之后，被卖给了印度的一家公司。[4] 日本皇后号同样也服务于军需，包括运送中国劳工。[5]它虽在战争中幸存下来，但显得狭小和陈旧，很快退役。它的船头是一个迎风破浪的龙头雕塑，被安置在斯坦利公园的岸边，至今仍然凭海临风，成为永久的纪念。在它服务的31年的315次航行中，有22次打破太平洋航行最快纪录。[6]一战期间，太平洋上的船期被迫减少，甚至取消，一票难求。司徒旄在华文报纸上发布紧要告白，通知在加拿大不同城市的代理。

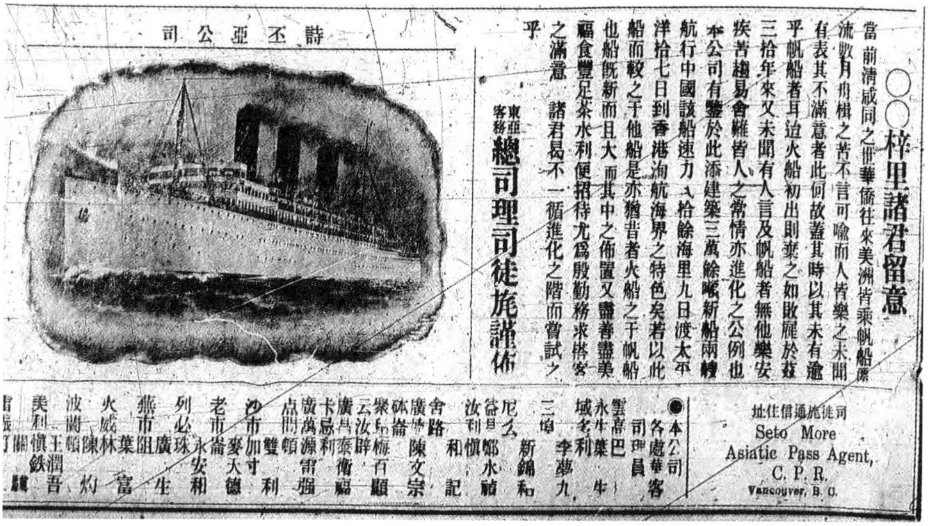
詩丕亞公司

○○梓里諸君留意

當前清咸同之世華僑往來美洲皆乘帆船㾭流數月舟楫之苦不言可喻而人皆樂之未聞有表其不滿意者此何故蓋其時以其未有逾乎帆船者耳迨火船初出則棄之如敝屣於茲三拾年來又未聞有人言及帆船者無他樂安疾苦趨易舍難皆人之常情亦進化之公例也本公司有鑒於此添建築三萬餘噸新船兩艘航行中國該船速力九拾餘海里九日渡太平洋拾七日到香港洵航海界之特色矣若以此船而較之于他船是亦猶昔者火船之于帆船也船既新而且大而其中之佈置又盡善盡美福食豐足茶水利便招待尤爲殷勤務求搭客之滿意　諸君曷不一循進化之階而嘗試之乎

東亞客務總司理司徒旄謹佈

●本公司各處華客司理員

司徒旄通信住址
Seto More
Asiatic Pass Agent,
C. P. R.
Vancouver, B. C.

图 7-1-1　司徒旄在中文报纸上的广告（《大汉日报》1914年8月3日，第1版）

图 7-1-2　日本皇后号报废后，船头被用来装点斯坦利公园

1914 年 8 月 21 日，司徒氏在新大陆的第三代、家谱中的二十四世出生，取名司徒炳唐。[7] 这不仅是家人的一大喜事，也是族群里亲朋好友相聚的缘由。云城的朋友们借双十国庆相约北京酒楼，开弥月盛宴。《大汉日报》的记者也应邀出席并作了报道卢梓荣主持宴会，发表诙谐贺辞。[8]

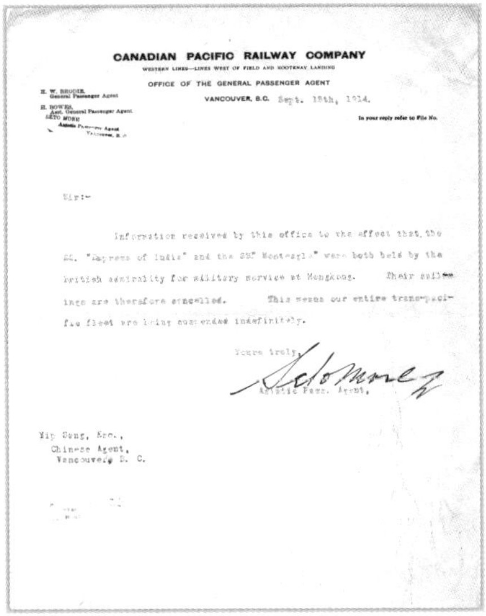
CANADIAN PACIFIC RAILWAY COMPANY
WESTERN LINES—LINES WEST OF FIELD AND KOOTENAY LANDING
OFFICE OF THE GENERAL PASSENGER AGENT
H. W. BRODIE, General Passenger Agent
H. BOWES, Asst. General Passenger Agent
SETO MORE, Asiatic Passenger Agent, Vancouver, B. C.
VANCOUVER, B.C. Sept. 15th, 1914.
In your reply refer to File No.

Sir:-

Information received by this office to the effect that the SS. "Empress of India" and the SS. "Monteagle" were both held by the British admiralty for military service at Hongkong. Their sailings are therefore cancelled. This means our entire trans-pacific fleet are being suspended indefinitely.

Yours truly,
Seto More
Asiatic Pass. Agent.

Yip Sang, Esq.,
Chinese Agent,
Vancouver, B. C.

图 7-1-3　司徒旄给客户发布紧要通知，确认印度皇后号和满提高两艘船被英国军方在香港调用，商用航班无限期取消，意味着移民和贸易通道中断（资料来源：University of British Columbia. Library. Rare Books and Special Collections. The Chung Collection. CC-TX-103-24）

10 月 7 日，刘吉祺长子刘毓麟在大洋彼岸的中国出生。在山海关北洋铁路官学堂任教的刘吉祺到美国使馆为儿子进行注册，获得出生证明。南北割据，夫妻二人坚守在动荡和艰苦的环境中，憧憬着刘毓麟长成栋梁之才，改变中国。他们相信凭借闯荡金山、辛勤付出，以及大洋两岸积淀的人脉将培养出具有全球视野的下一代。同年出生的还有刘玉兰的女儿 Dorothy Lucille（1914—2003）。她出生在一个医学世家，从加州大学伯克利分校毕业后嫁与华裔医生 Stanley Louie，生活优渥。[9]

◎◎緊要告白

將著前年加政府頒佈關令，準華人於是年八月一號之前回國者，可於歐戰宣佈停止後六個月內自由回加，不復征收人頭稅。此令與近滿期，戰務尚未告終，本公司特為利便華人起見，與加政府延長此令之期限，茲已照準矣。凡附搭八月二號啓行之滿提高回唐者，亦可享此權利。

時不亞公司東亞客務總司理　司徒旄啓

●●時不亞輪船廣告

滿提高再行

啓者自歐戰開發以來本公司所有各輪盡為英政府調用矣茲者海軍部已將滿提高交回照舊航駛太平洋旋唐諸君請為留意茲將暫訂船期開列如后

由雲高華啓行

三月二十七號

五月叁拾一號

八月二號

司徒旄謹佈

Seto More
Asiatic Pass Agent,
C. P. R.
Vancouver, B. C.

图 7-1-4　司徒旄在《大汉公报》上广而告之，因为战中不能一年内返回的同胞，在战争结束 6 个月内返回不必缴纳人头税

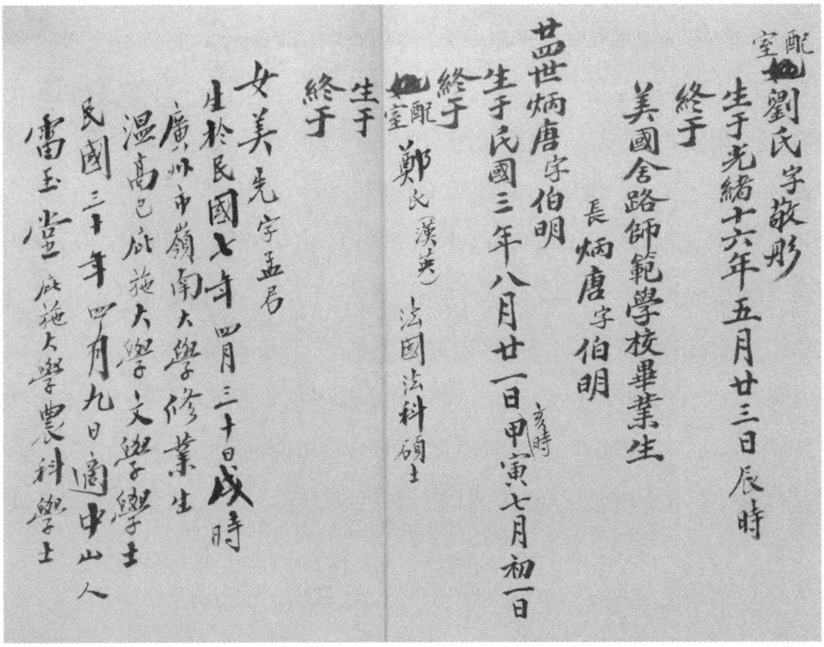
配室 劉氏字敬彤
生于光緒十六年五月廿三日辰時
終于
美國舍路師範學校畢業生
長 炳唐 字伯明

廿四世 炳唐 字伯明
生于民國三年八月廿一日甲寅七月初一日亥時
終于
配室 鄭氏（漢英） 法國法科碩士
生于
終于

女 美先 字孟君
生於民國七年四月三十日戌時
廣州市嶺南大學修業生
溫高巴欣拖大學文學學士
民國三十年四月九日適中山人
雷玉堂 欣拖大學農科學士

图 7-1-5　家谱中关于司徒炳唐的记录

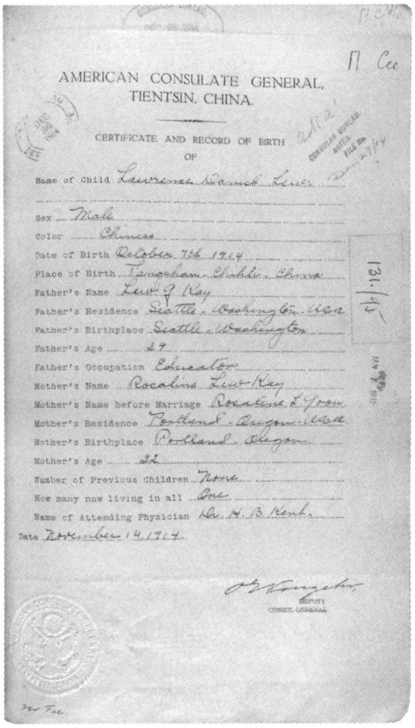
AMERICAN CONSULATE GENERAL,
TIENTSIN, CHINA.

CERTIFICATE AND RECORD OF BIRTH
OF

Name of Child Lawrence Warwick Lew
Sex Male
Color Chinese
Date of Birth October 7th 1914
Place of Birth Tangshan. Chihli. China
Father's Name Lew G Kay
Father's Residence Seattle. Washington. USA
Father's Birthplace Seattle. Washington
Father's Age 29
Father's Occupation Educator
Mother's Name Rocaline Lew Kay
Mother's Name before Marriage Rosaline L Goon
Mother's Residence Portland. Oregon. USA
Mother's Birthplace Portland. Oregon
Mother's Age 22
Number of Previous Children None
How many now living in all One
Name of Attending Physician Dr. H. B Kent.
Date November 14, 1914

DEPUTY
CONSUL GENERAL

图 7-1-6　美国驻中国天津领事馆签发的刘毓麟的出生证明

家族的第三代虽然相隔万里，却在世界风云变幻的同一年来到人间，[10] 抵达跨太平洋的移民世界，在人类社会加速竞争的多事之秋，他们一出生就注定不平凡。重视教育的家族已经奠定经济基础，对第三代有更多的期许，希望他们有前辈不曾企及的知识积累和发展空间，希望他们始终记得“我们是中国人，无论我们走到哪里都是中国人”——这是李梦九在 1899 年筹办乐群义塾时说的话，是他的肺腑之言。[11] 而第三代中，年长的李家两公子李毓堃和李毓霖准备赴岭南学校进修，为能在中加之间继续发挥桥梁作用而留学广州。诸交好同饯于适适轩，在座的有司徒旎舅舅、华侨公立学校的老师、家族好友等。大家一番友善温暖的临别赠言后，“旋有梦九君答谢”，李家兄弟将各自的照片赠给众人当礼物留念，还不忘在照片背面写下：“敬承家祖母、父母之命回粤读书。叨蒙诸士丈雅爱饯行，训勉前途，殊深感佩，敬呈照片。”[12]

世界局势动荡，海上丝绸之路不畅，从美国西雅图却又传来刘母李氏生病的消息，而此时长子刘吉祺和长女刘玉兰都远离家乡。相距本不遥远的刘玉柳与母亲中间有边境和美国《排华法案》的阻拦。刘玉柳经过反复陈情，终于申请到美国“第六项”签证（C.L.6），可以多次往返西雅图，免去每次签证面试的麻烦。“第六项”是美国《排华法案》出台后的款项，华人必须证明自己不是劳工，在加拿大有稳定的居所和联系方式，但又需要多次进出美国，方能办理。由于刘玉柳已不再是美国公民，又没有加拿大的身份，她入美的申请反复被拒，一晃好几个月过去了，让上有老母下有幼子的她非常焦虑。[13]在哥哥刘吉祺及其岳父、中国荣誉领事阮洽的帮助下，美国移民局将此案例上报给美国首都华盛顿的移民委员会。过了近一年，当局才终于同意破例给刘玉柳“第六项”签证。接下来一年的时间，她奔波往返于美加两地，有时孤身回美，有时由夫婿和儿子陪同来往。[14]刘氏儿女虽然已经各奔东西，但是在西雅图的家和母亲一直都被他们装在心里，深切挂念，也让刘吉祺放弃了第二次在中国发展的机会。

BC省府维多利亚经历了19世纪八方来客的辉煌期。但它毕竟建在海水包围的岛屿之上，在火车尚未通到加西的年代，所有来往都通过海路和船只。19世纪末，由于华人的牺牲和奉献，铁路由蒙特利尔向西直通温哥华，维多利亚的亚太门户地位被取代。铁轨联结到英吉利湾码头，来往于亚太的商品实现了无间断的转运，但是前往亚洲的轮船仍然停靠维多利亚港。原来岛上的许多老友都转往温哥华发展。除了商业和旅游业的人士，同为击楫社的成员、从事文化教育事业的徐孤风也搬至温哥华。司徒夫妇并不孤单。喜得麟儿之后，刘玉柳于11月带不足百日的司徒炳唐回到西雅图，与病重的母亲和哥哥刘吉荪团聚了3周。[15]

图 7-1-7　司徒旄的发小、同志和知音，温哥华的文化名人徐孤风（资料来源：《禺声月刊》，1939 年）

中华民国初年，司徒旄建议更改加拿大首个中文学校为华侨公立学校，自己继续担任学监。[16] 为人父后，他更热衷于教育，乘船往返海峡对岸的学校，每天早出晚归。学习过师范的刘玉柳则承担起华侨学校幼儿园班的工作。[17] 他们还在每个学期担任审考员，在集会和活动上发表演讲。1914 年 10 月，维多利亚华侨公立学校举办恳亲会，向家长展示莘莘学子的成绩，并邀请了驻渥太华的总领事杨书雯颁发毕业文凭。[18] 大姐司徒春颜负责女部的组织工作，学监司徒旄担任演讲嘉宾。司徒家族的女眷在公共事务中抛头露面，在当年的传统侨社中并不多见，却是这个先驱家族的传统。他们的集体努力不仅反映出他们对教育和族群义务的重视，对后代也是言传身教，使热心公益的家风代代相传。在这次盛大的恳亲会上，有学生进行乐队演奏，爱国学堂的教习受邀致辞，教习发表演说鼓励家长参与，将家庭教育和学校教育并重。

这所学校凝聚了李梦九和司徒氏几代人的期望与付出，好评如潮。学生家长和参观的人群约 200 人，每次学校活动都要唱校歌：

**域埠华侨中文学校校歌**

爱我侨校立维城，昌明国学育群英。
兄妹同校读书乐，藏修息游励前程。
礼义廉耻著校训，进德修重就大成。
古人示我三达德，好学知耻兼力行。
中西文学通国用，勉哉吾侨小学生。
乐莫乐兮师友情，祝我中华永光荣。

从学校的档案记录中，可以看到李姓、司徒姓、刘姓、周姓的众多孩子们与在校生一道进行表演，汇报所学知识。女孩子们的成绩尤其出众，特别是大哥司徒根柱和大姐司徒春颜的女儿们。司徒顺好和李月华不仅古文技能优异，还代表学生致辞，出席重大社交场合。李月华与老师们一道开创白话和官话的教学，并著书立说。在其他同龄少女待字闺中、只习女红时，李月华已经积累了中西各方学识，走入社会。[19]

图 7-1-8　司徒旄夫妇与李月华合影（1914 年）

## 二、拒日与万国博览会

一战爆发后，西方列强聚焦于欧洲战场。崛起的日本趁机向袁世凯提出21条，要求中国给予经济特权，割让胶州湾。中国人民极力反对，海外侨胞纷纷响应，为国捐款，同时抵制日货和日本轮船的海运业务。1915年2月，美国和加拿大的华侨开始各地集会，同仇敌忾，甚至一些偏远小镇里的华人都表示要坚决反对日本的无理要求。例如邻省阿尔伯塔的片珠隙（Pincher Creek，Alberta）有华人致电，主动要求参与大城市的抗议活动。小镇同胞的一片爱国热情也感染着域埠和云城里的人们。他们登文问道："日人前占台湾，后夺高丽，野心勃勃。内地人民皆攘臂而起，我外埠侨胞，亦应如何尽国民一份子乎？"[20]

3月中，经过民主投票，李梦九当选为域埠爱国团团长。"凡有血气，莫不切齿伤心。本埠爱国团发起救亡会……救亡会规定了贸易自由办法，杜绝与日本贸易，以争国体。"[21] 同李梦九并肩号召抗日的有他的连襟，代表了宪政会的刘子逵，还有内弟司徒旄。[22]3月22日晚，除了李梦九发表提倡国货的演说，还有记者崔通约和年少的刘光祖的发言。[23]3月23日，爱国团"假坐唐人戏院，开华侨全体演说会。到会者人山人海，座为之满。首有正团长李君梦九主席宣布爱国会理由，主席随请演说科员司徒英石君"。司徒旄以"消除意见、同扶祖国"为题，"演说毕，鼓掌之声如雷震响天外"。三点钟散会后，六点钟司徒旄又在闹市街口演说，"听者人山人海，途为之塞，演时适值微雨，说者听者皆不知寒，可见人心之愤激也"。[24] 从他的演说题目可以看出，辛亥革命之后的侨社政治分化，而这次民族危机是个可以团结所有华人的机会。4月，李梦九电报中国外交部，代表中华会馆表示，可以支持20万元来抵制日本，之后筹款工作就开始。[25] 其他城镇的华人各种组织也积极支持祖国的抗日活动，彰显华侨们的爱国热情。此前，李梦九、司徒旄和刘氏家族店铺都有日本出产和制作的瓷器和手工艺品。带头拒日的行动意味着他们不再代理日本出产和制作的商品。

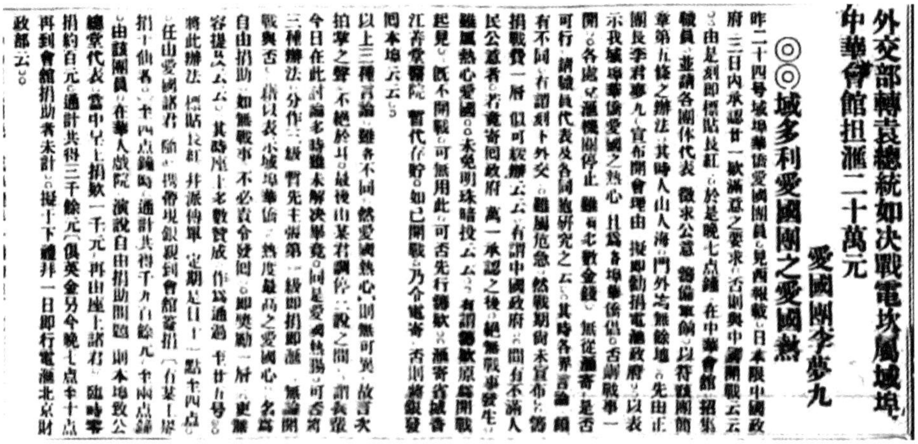

外交部轉袁總統如決戰電坎屬域埠
中華會館担滙二十萬元

◎◎域多利愛國團之愛國熱　愛國團李夢九

昨二十四号域埠華僑愛國團員見西報載日本限中國政府三日內承認廿一欵滿意之要求否則與中國開戰云云由是刻即標貼長紅於是晚七点鐘在中華會館招集職員並請各團体代表徵求公意籌備軍餉以符救國簡章第九條之辦法其時人山人海門外幾無餘地先由正團長李君夢九宣布開會理由擬即勸捐電滙政府以表示我域埠華僑愛國之熱心且為各埠華僑倡否爾戰事一開各處必滙欵停止雖有兆數金錢無從滙寄是否可行請職員代表及各同胞研究之云云其時各界言論頗有不同有謂刻下外交雖屬危急然戰期尚未宣布儲捐戰費一層似可稍緩云云有謂中國政府間有不滿人民公意者若竟寄回政府萬一承認之後絕無戰事發生雖屬熱心愛國未免明珠暗投云云有謂儲欵原為開戰起見既不開戰可無用此可否先行儲欵滙寄省城香江各安銀行暫代存貯如已開戰乃令滙寄否則將欵發回本埠云云

以上三種言論雖各不同然愛國熱心則無可異故言次掊掌之聲不絕於耳最後由某君調停三說之間謂長報今日在此討論者皆為未解決事竟同是愛國熱誠可否將三種辦法分作三級暫先主張第一級即捐欵滙無論開戰與否藉以表示域埠華僑熱度最高之愛國心名為自由捐助如無戰事不必責令發回即獎勵一層更無容提云云其時座上多數贊成作為通過至廿五号將此辦法標貼長紅并派傳單定期是日下午一點半四点任由愛國諸君隨時携帶現銀親到會館寄捐有某工業捐十仙者半四点鐘間通計共得千九百餘元半兩点鐘由該團員在華人戲院演說自由捐助問題則本埠致公總堂代表當中呈上捐欵一千元再由座上諸君臨時零捐約百元通計共得三千餘元（俱英金另今晚七点半十点再到會館捐助者未計擬于下禮拜一日即行電滙北京財政部云云

图 7-2-1　中华会馆担汇 20 万元

世界大战风云密布，美国太平洋邮船公司收盘。昌兴公司（诗丕亚公司在香港的公司）因为支援本国战事，轮船被他处调用。为了与日本海运业竞争，旧金山华人招股，伍盘照等于 1915 年 8 月成立中国邮船公司（China Mail Steamship Co.,Ltd），致力解决侨胞往返和海上丝路的商战问题。[26] 温哥华的中文报纸有该公司的很多告示，入股的加拿大华商不在少数。[27]8 月 22 日，司徒炳唐满一周岁。司徒一家和外甥女、大姐家的女公子李月华一同前往旧金山。他们此行有多个目的：一是探望姐姐刘玉兰一家；二是与旧金山的同行相聚，除了代理美国公司的海运业务，他们还要筹办自己的邮船公司；三是去参观巴拿马太平洋万国博览会（The 1915 Panama Pacific International Exposition）。

1914 年，巴拿马运河开通，大大缩短美洲东西海岸以及太平洋和大西洋之间的航程，博览会的举办就是为了纪念这一全球化的新进程。选择相距甚远的旧金山为会场，是希望展示大地震和火灾之后重建的这座移民城市，它被华人尊称为“金山大埠”。博览会从 1915 年 2 月 20 日开展，到 12 月 4 日才闭幕，展期长达 9 个半月，总参观人数超过 1800 万人，开创了世界历时最长、参加人数最多的博览会先河。[28] 当年司徒旄和刘玉柳就是因为西雅图的博览会结缘，频繁来访约会，最终成就跨国姻缘。南下旧金山路途遥远，他们和李月华兴致盎然地前往。中华民国在世界舞台上首次公开亮相，取得了不错的成绩。然而，在司徒旄眼里，中方的组织者工作粗糙，对不起那些国粹制作者们。他请求路过加拿大的记者黄远生（原名黄为基，字远庸）去博览会亲验自己所言非虚，并在报上呼吁改进。他的拳拳爱国之心感动了这位远道而来的著名记者。

黄远生，江西九江人，民国初年著名记者，以敢于批判时政闻名。他在政治上反对国民党，支持进步党，发表的文章在政界颇具影响。他反对袁世凯称帝，得罪了不少要人。[29] 黄远生于 1915 年 11 月 21 日抵达维多利亚。与欧美乘客待遇不同，华人都不被允许上岸，即使是路过也不行，除非缴纳 500 加币现金的人头税作为押金。李梦九接到消息，立即赶往码头出面担保黄远生下船，并陪同他参观维多利亚。黄记录道：

> 此君与关员大气磅礴，寥寥数语，以白粉写字于码头之门曰：送此二华人绅士以夜中九时以前回船。而余等竟登岸矣，此君为执业于关中之一人，为此埠巨侨，姓李名梦九。余登岸后询悉，乃即戊戌时保护康南海在此埠登岸之人。盖南海出亡，先到日本，次即到本埠，是余于诞登彼岸之乐以外，另增加一重光荣也。[30]

黄远生对加拿大的第一印象是宽阔的公共绿地、清洁的街道，以及明亮的电灯，他还惊诧于不见任何警察执勤。“一天然与文明合致之乐土，道路平润，光鉴照人，绝非上海可比。”[31] 游览期间，他们见到了八国联军进犯之后，从北京运至维多利亚的明代大钟。[32] 安放在域埠公园里的大钟提醒着中华侨民世纪之初的耻辱。李梦九陪同黄远生游览唐人街，介绍新旧中华会馆建筑、中华学堂和中华医院等价值 30 万加币的设施。全市 5 万人口中，常驻华人的数量有四五千。许多侨领纷纷赶来参与接待和交流。而聚会中黄远生也了解到，这里唐人街的会党名目繁多，与国内的情形一样复杂。[33]

当晚，黄远生兴致盎然地参观华侨学校。学生们白天在政府办的学校学习英文、数学和物理等，晚上 6 点到 9 点在华侨学校学习中文、地理、历史等。黄远生感觉华侨子女比国内的学生更加努力，也说明华侨不忘国本。他看到李澹愚（或淡愚，名春华，字淡如，号守梅）比较南北以及广话切音，绘声绘色，引得学生一片笑声。该校正努力将学生培养成继承中华文化传统、超越广东、放眼世界的通才。

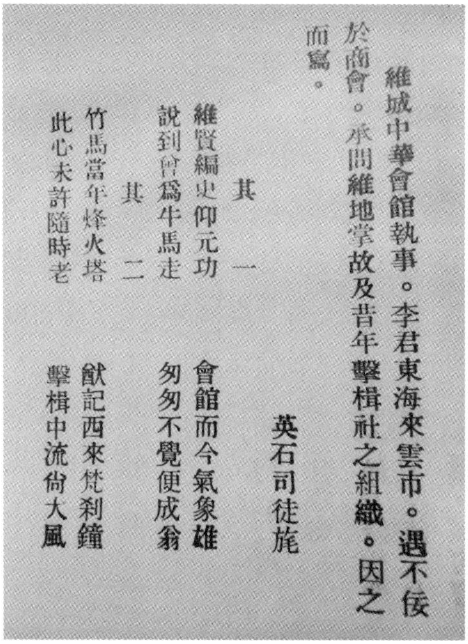

維城中華會館執事。李君東海來雲市。遇不佞於商會。承問維地掌故及昔年擊楫社之組織。因之而寫。

其一　　英石司徒旄

維賢編史仰元功　會館而今氣象雄
說到曾爲牛馬走　匆匆不覺便成翁

其二

竹馬當年烽火塔　猷記西來梵剎鐘
此心未許隨時老　擊楫中流尙大風

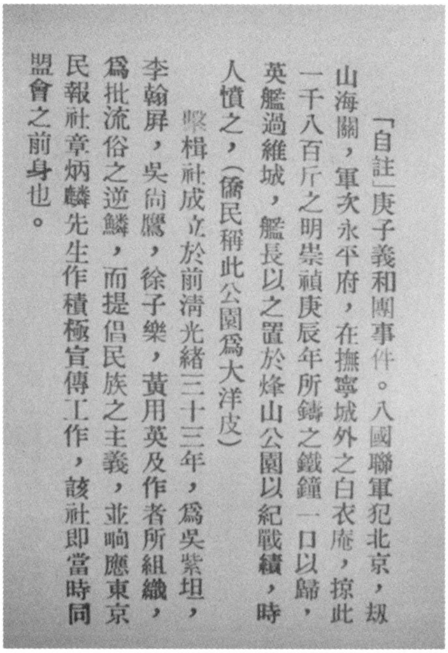

「自註」庚子義和團事件。八國聯軍犯北京，刼山海關，軍次永平府，在撫寧城外之白衣庵，掠此一千八百斤之明崇禎庚辰年所鑄之鐵鐘一口以歸，英艦過維城，艦長以之置於烽山公園以紀戰績，時人憤之，（僑民稱此公園爲大洋皮）

擊楫社成立於前清光緒三十三年，爲吳紫垣，李翰屏，吳尙鷹，徐子樂，黃用英及作者所組織，爲批流俗之逆鱗，而提倡民族之主義，並响應東京民報社章炳麟先生作積極宣傳工作，該社即當時同盟會之前身也。

图 7-2-2　《加拿大域多利中华会馆七十五周年纪念特刊》登载司徒旄的文章（1960 年）

在为《申报》撰写的稿件里，黄远生特别提到他对学监、刚从旧金山博览会返回的司徒旄印象深刻。搬去温哥华后，他经常渡海回维多利亚，义务承担着学校工作。在黄远生的记录中，这位英俊青年喜欢佩戴中国国旗。由于在旅途当中常有美国人把衣着讲究的司徒旄误认为是日本人，他索性挂了面小国旗在衣服上，以表明自己是中国人。记者盛赞其“可敬哉！可爱哉！此英英玉立于外国未曾一度回国爱国之青年”[34]。

谈到旧金山的世博会，司徒旄虽然对展品表示了赞赏，对主管陈琪却多有微辞，认为他领导布展不力，价目表不详。有西人对展品感兴趣，索要展品目录和介绍时，中方工作人员却迟迟找不到或拿不出。[35] 尤其与组织严密、精益求精的日本展馆相比，差距甚大，错失不少机会，对此他不免感到失望。他恳请记者出面呼吁，希望接下来的几个月中国展馆可以改进。对司徒旄来讲，这是 6 年前继西雅图博览会后，难得的在世人面前再次展现中国传统文化的机会。他特意带领全家和外甥女参观学习，过程中却让他看到中日之间存在明显差距。6 年前，在西雅图的日本展馆便有政府资助，耗资巨大，并有战胜俄国的军舰助威，可见日本人把冲出亚洲、走向世界看成全国的工作重心，而华商们只能自掏腰包，彼此赞助，在博览会上与别国一较高低。司徒旄对旧金山的这次博览会寄予厚望。

搬到温哥华工作和居住 3 年后，司徒旄仍然操持维多利亚的侨校，他每年都为成功毕业的学生颁奖和致辞。[36] 习惯于各种侨胞事务的司徒旄也逐渐在温哥华筹划新的组织。他从宗亲会开始，于 1916 年联手本族姓商人司徒国等在温哥华注册成立薛－司徒氏宗亲会风伦堂，以参与慈善、服务宗亲为宗旨，并担当创会会长。[37] 宗亲会健康地发展壮大，不仅照顾新移民，支援开平家乡的教育事业，而且带领大家建设会馆，共同富裕，留下很多佳话。[38]

图 7-2-3　开平会馆欢迎吴尚鹰（前排右五），司徒旄为后排左一
（资料来源：《驻云全加开平总会馆特刊》，1947 年）

# 三、为人师表

华侨学校团结着维多利亚的殷实富商和知识精英。他们不仅执掌和运营着加拿大华人的独立王国，也通过贸易、侨教和文化传承活动联系世界各地的侨胞，构建全球华人的关系网络。第一所华侨学校的毕业生在中加两国的作用逐年显现。1915 年，学校增设幼儿园两个班级，招收 6 岁儿童，暑假考核时，父母们公认孩子的表现确实优于私塾。1915 年夏，余同信以民国视学员的身份考察北美大陆上的华侨学校。他的报告刊登于《大汉公报》的头版："就美洲而论，以一人之眼光窥测，舍域多利公学，吾不知何者为完善。"[39] 北洋总统徐世昌和国务总理陆征祥都曾为这所学校捐款，学校声名远播国内。[40]1915 年，第一批中学生毕业，包括男女生共 12 名。[41]6 月，黄笏南带 3 位毕业生回国去岭南学堂深造，朝着跨洋社会的精英阶层努力。[42]7 月的一个周末，学校考核，除了教员和校长李梦九，李夫人、司徒旄夫妇和李月华都在被邀请之列。他们一起欣然前往查看，被称赞为"热心侨学者"[43]。

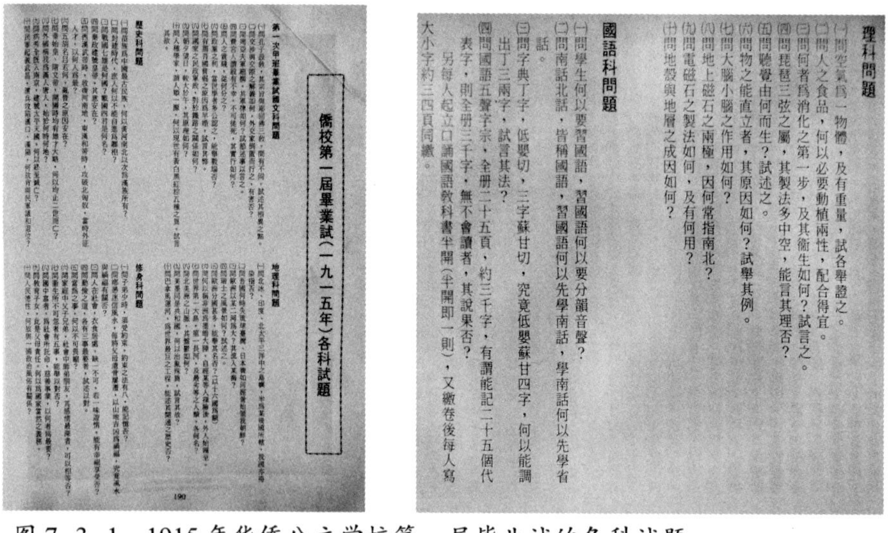
僑校第一屆畢業試（一九一五年）各科試題

第一次甲班畢業試國文科問題

地理科問題

歷史科問題

修身科問題

190

理科問題

㈠問空氣爲一物體，及有重量，試各舉證之。
㈡問人之食品，何以必要動植兩性，配合得宜。
㈢問何者爲消化之第一步，及其衛生如何？試言之。
㈣問琵琶三弦之屬，其製法多中空，能言其理否？
㈤問聽覺由何而生？試述之。
㈥問物之能直立者，其原因如何？試舉其例。
㈦問大腦小腦之作用如何？
㈧問地上磁石之兩極，因何常指南北？
㈨問電磁石之製法如何，及有何用？
㈩問地殼與地層之成因如何？

國語科問題

㈠問學生何以要習國語，習國語何以要分韻音聲？
㈡問南話北話，皆稱國語，習國語何以先學南話，學南話何以先學省話。
㈢問字典丁字，低嬰切，三字蘇甘切，究竟低嬰蘇甘四字，何以能調出丁三兩字，試言其法？
㈣問國語五聲字宗，全册二十五頁，約三千字，有謂能記二十五個代表字，則全册三千字，無不會讀者，其說果否？
另每人起立口誦國語教科書半開（半開即一則），又繳卷後每人寫大小字約三四頁同繳。

图 7-3-1　1915 年华侨公立学校第一届毕业试的各科试题
（资料来源：[加]林礼斌：《域埠中华会馆之沿革及华侨学校创立之缘起》，载《加拿大域多利中华会馆成立七十五周年、华侨学校成立六十周年纪念特刊》，第 4 部分）

该校不仅培养出如伍籍盘、吴尚鹰和李月华般优秀的毕业生，也吸引了国内知名的教育家。从建校伊始，校长李梦九就要求从广东聘请专业教师，与中国教育接轨。学监司徒旄与远道而来的先生们结下深厚的友谊。同时，先生们得到了学校领导和同仁的支持、学生和家长的爱戴，以及全城各界的仰视与敬重。1917 年，该校向中国教育部备案注册，与国内同等学校接轨，可以直接输送华侨子女进入国内高校深造。[44] 1920 年，在校生人数超过了 100 人。除了这座最早和经营最佳的华侨学校，其他中文学校也在这个时期得以广泛建立。

新会李澹愚于 1913 年至 1916 年间于维多利亚华侨公立学校任教，并留下大量报纸文章和出版物，记录他在加拿大的经历。拒日爱国团集会演说有他，各种文化活动有他，华文报纸上经常有他的稿件，记者黄远生到访时观摩的就是他的语言课。李澹愚是广东历史名人，自青年起就对教育情有独钟，在家乡执教和领导过 15 所学校，并推行过白话与官话。他联手海外及香港同胞共同支援家乡的公益事业，至今仍有迹可循。[45] 在加拿大期间，他迅速融入侨社，深得人们敬重。他曾作诗感谢李梦九等到他栖居的庄园探访：

偶尔微驱忧采薪，闲中小住爱湖云。
别来几日秋风健，难得群公礼数殷。
树下移谈看水色，石边分坐带苔纹。
知子肺渴思甘露，搓手橙香正夕曛。

李先生对拼音和声调素有研究，在海外热心推行广东话及北方官话。这与司徒旄注重培养通识人才的办学理念不谋而合。毕竟广东四邑老家的学校要晚于加拿大若干年后才推行官话，而司徒旄从自身的工作经历要求学生们突破广东地域和方言局限。[46] 李澹愚与林仲坚（名文骢）及李月华成功合撰《广话国语一贯未定稿》。[47] 1916 年 12 月，在介绍该书时，李澹愚提及司徒旄的推动作用，司徒旄“现在坎拿大诗丕亚公司受职，招待中国游学游历诸君，舟车往来，多数均讲北话，若海外侨童于北话字切未有门径，将来与外省人谈话，或赴北京就学，恐多误会云云”。此番见解促成李澹愚与李月华试造北话字切，再合撰《国语南北字切合璧》。学监司徒旄要求“即请排印，用以教华侨学生”。李澹愚说“是书之作，固由司徒君强迫而成”[48]。他在本书前言里提到，暑假开始动手，遇到问题就与司徒旄和李月华等切磋并逐字考证。加拿大早期华人主要由广东省四邑移居本地，所说多为四邑方言，司徒旄提倡广话、白话，他虽身居海外，却心系中国，是有前瞻性的教育家，预见到了北话的重要性。他与有识之士在海外悉心打造着中国文化中心，并责无旁贷地实践和贡献着。在这本书中，“读者可以看到广州话早期面貌”[49]。

司徒旄与学校老师们的友谊有大量诗歌和文字见证。例如《海外嘤鸣草》一书，由李澹愚编辑，在中国出版。收录的诗词均生动地描绘出华人知识分子的生活，以及他们对祖国文化的传承。其中一组诗写于1915年冬，他由维多利亚到访温哥华司徒旄的小家庭：

**赠司徒旄君**

淡如

（其一）

踏雪重游温古华，天寒闲访旅人家。

小家庭里饶真味，玫瑰香酵茉莉茶。

（其二）

去年英石产英儿，喜见牙牙学语时。

屈指几时才长大，授渠七绝百篇诗。

（其三）

隶帖收藏廿载余，印泥幸未饱虫鱼。

赠君两册兼题跋，免被旁人笑窃书。

李先生于1916年回国，抵达香港时，游说旅港同胞冯平山兴办义学。次年，冯平山回城创办平山贫儿义塾，聘李澹愚为塾长，免收学费，供给书具，一时被称为义举。城乡效仿开办的有南洋、澄波等20间义塾，亦受李澹愚影响。此后，他先后担任过15间义塾以及西南学校、平山小学、冈州中学的教务长或校长，对新会教育事业有所贡献。李澹愚还热心家乡文化教育建设。1919—1924年，他倡建公园，商请香港同胞捐建象山亭台石坊、圭峰白沙讲学亭等。李澹愚先生自己过着清淡如水的生活，却热衷于公共事业，曾向殷商富户募捐，施棺 3000 余具，收殓死于鼠疫者；还为宗族间的械斗奔走调停。[50] 他得到加拿大华侨的敬重，也培养出不少卓有成就的学生。

李澹愚和林仲坚在加任教期间多蒙司徒旄的款待和照顾。他们是同乡，师出吴铁梅，在广东已经积累了学术声望和教学经验。他们在维多利亚的教学强调知识、文化与德行的统一，“先伦理后艺能”[51]。他们赠送的印章和隶帖被司徒旄珍藏一生，并传给后人。

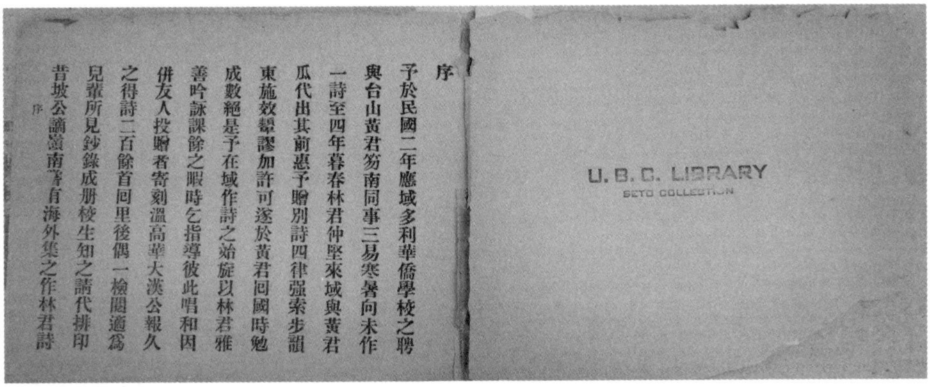


序

予於民國二年應域多利華僑學校之聘
與台山黃君笏南同事三易寒暑向未作
一詩至四年暮春林君仲堅來域與黃君
瓜代出其前惠予贈別詩四律强索步韻
東施效顰謬加許可遂於黃君回國時勉
成數絕是予在域作詩之始旋以林君雅
善吟詠課餘之暇時乞指導彼此唱和因
併友人投贈者寄刻溫高華大漢公報久
之得詩二百餘首回里後偶一檢閱適爲
兒輩所見鈔錄成册校生知之請代排印
昔坡公謫嶺南寄有海外集之作林君詩

序

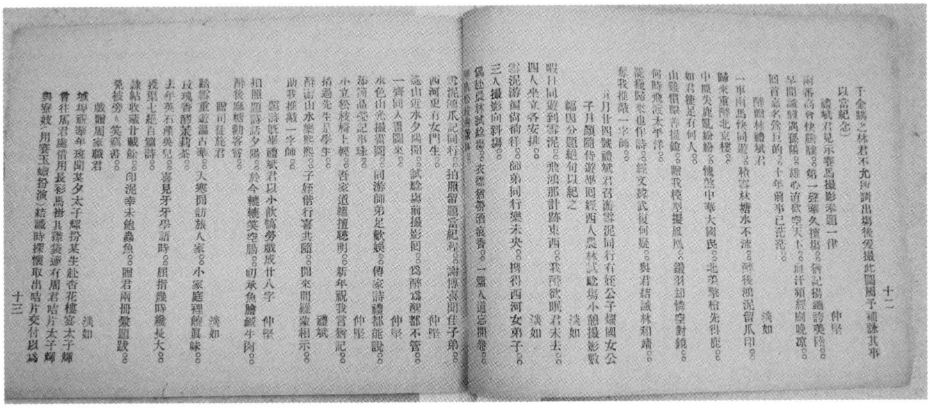
十二

千金購之林君不允迨讀出場後爰攝此圖屬予補錄其事
以當紀念）
讀斌君見示賽馬攝影奉題一律　仲堅
兩番高會快馳驅。。萬一聲華久擅場。。猶記揚鑣誇美陸。。
早聞議駐謁孫陽。。雄心直欲空天下。。血汗頻經劇曉涼。。
回首嘉名猶旦的。。十年前事已茫茫。。
陪贈林禮斌君　淡如
一車南馬快同遊。。積雪林塘水不流。。醉後鴻泥留爪印。。
歸來重醉北京樓。。
中原失鹿亂紛紛。。慷慨中華大國民。。北美擊槍先得鹿。。
如君捷足有何人。。
山雞慣學善提鑣。。贈我模型擬鳳凰。。鐵羽却憐空對鏡。。
何時飛渡太平洋。。
豈獲歸來也作詩。。經文緯武復何疑。。與君結識林和靖。。
奪我推敲一字師。。
五月廿四號禮斌君召游雪泥同行有姪公子燿國女公
子月顏隨侍遊畢回經西人農林試驗場小憩攝影數
幅因分題絕句以紀之　淡如
暇日同遊到雪泥。。飛鴻那計跡東西。。我醉欲眠君未去。。
四人坐立各安排。。
雪泥游徧倘徜徉。。師弟同行樂未央。。攜得西河女弟子。。
三人攝影向斜陽。。
偶赴農林試驗場。。衣襟猶帶酒痕香。。一篇入道忘開卷。。

雪泥鴻爪記同行。。拍照留題當紀程。。謝傳喜聞佳子弟。。
西河更有女門生。。　仲堅
遠山近水夕陽開。。試驗場前攝影回。。爲醉爲醒都不管。。
一齊同入畫圖來。。　仲堅
水色山光攝畫圖。。同游師弟足歡娛。。傳家詩禮都能說。。
添箇晶瑩記串珠。。　仲堅
小立松枝椅上輕。。吾家道韞擅聰明。。新年祝我當猶記。。
指過先生是學生。。　禮斌
醉遊山水樂熙熙。。子姪偕行喜共隨。。問來問難蒙相示。。
助我推敲一字師。。
題詩既畢禮斌君以小飲犒勞戲成廿八字　仲堅
拍照題詩話夕陽。。於今轆轆笑空腸。。叨承魚膾鹹牛肉。。
醉後應頻勸客嘗。。
贈司徒旄君　淡如
鉛雲重疊溫古華。。大寒問訪旅人家。。小家庭裡饒真味。。
玫瑰香醪茉莉茶。。
去年英石產英兒。。喜見牙牙學語時。。屈指幾時幾長大。。
授渠七絕百篇詩。。
隸帖收藏廿載餘。。印泥幸未飽蟲魚。。贈君兩冊聊題跋。。
免被旁人笑蠹書。。
戲贈周家職君　淡如
域埠新華年班聞某夕太子燿扮某生赴杏花樓宴太子輝
曾往馬君處借用長彩馬褂具襟袋適有周君咭片太子輝
與寮效（用賽玉嬌扮演）結識時探懷取出咭片交付以爲

十三

图 7-3-2　《海外嘤鸣草》（1917 年），集结李澹愚在加拿大教书时所作的 200 余首诗词

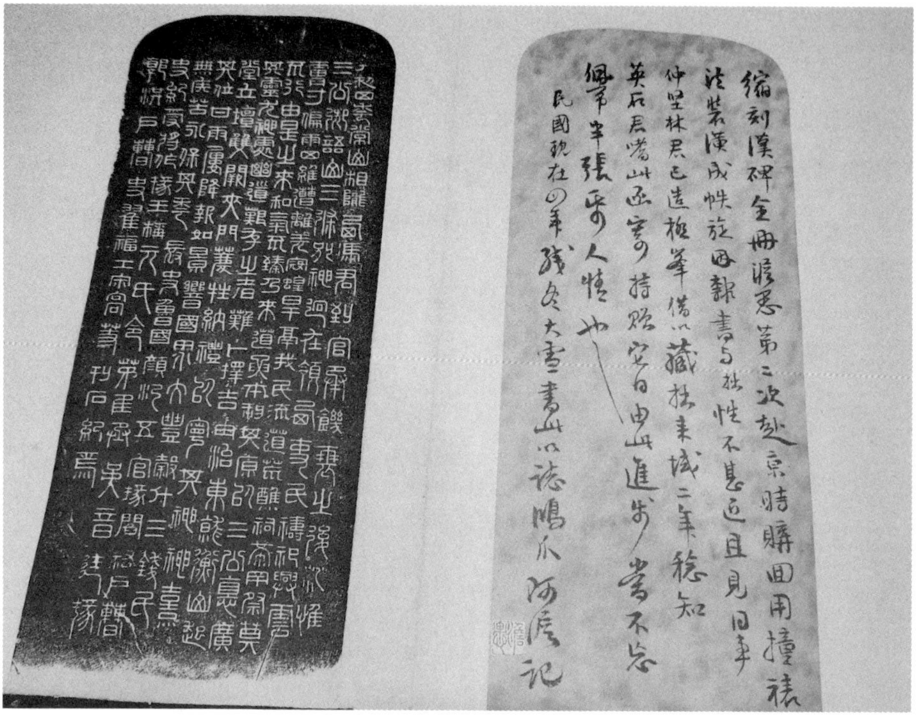

图 7-3-3 李澹愚赠送司徒旄的隶帖

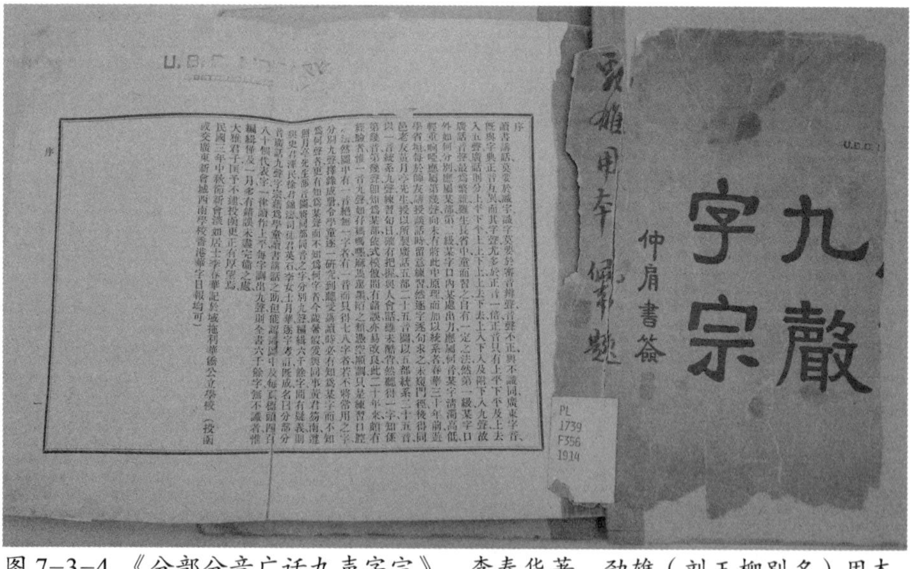


图 7-3-4 《分部分音广话九声字宗》，李春华著，劲雄（刘玉柳别名）用本，仲肩（即林仲坚）题书签

图 7-3-5　林仲坚在《避庵诗存》中的肖像（时年 55 岁）

林仲坚精于诗词、金石、书法。他比李澹愚晚至加拿大，身体欠佳。司徒旄与朋友林礼斌等一起出资鼓励林仲坚将诗集出版，还委托另一位教师联系上海商务印书馆。1918 年 7 月，由李澹愚署眉的林仲坚的诗集《避庵诗存》付梓。林仲坚希望中国走向民主共和的同时停止战乱，劝说大家停止笔战，允许不同政见共存。[52] 林仲坚曾在诗中写道："病入膏肓须药石，路径榛莽出迷途。厚生正德维风俗，善养和平血气苏。"[53] 这代表着民国早期国内外知识分子的共同心声。他在《避庵诗存》中记录自己身在城外山庄，久病未愈，司徒旄前来探望并讲解养生之道。他让林老师意识到自己是常年伏案读书写作，驼背严重，而致使肺气不畅，情不自禁写下一首诗歌："闻君一夕话，如禅得三昧。园居借养疴，试行且暂耐。虽无远童术，或堪却老态。嗟哉此良言，感君真垂爱。志之不敢忘，韧作秋兰佩。"[54]

在加拿大执教的两年，林仲坚曾在郊外的陈氏山园养病，得知儿子在家乡土客械斗中丧生，他几度病倒，甚至入院做过手术，[55] 幸而有师生和家长们格外关照，方才得全。他的诗集由司徒旄等资助出版，全面记述了加拿大自然、人文、西方文化生活以及华人对祖国传统文化的渴望和传承。诗集中也有记录男女老幼各种学生和家长到庄园探望他的情景。林仲坚任期未满提前回国，重新担任西南学校校长的职务，但不过匆匆两年，便撒手人寰。

《大汉公报》连续记录了侨社为林仲坚送行的情景，别情寄语的诗歌中，人们对他远离家乡倾心侨教的奉献充满感激。驻温哥华领事林轼垣亲自为林仲坚拉着行李箱登船送行，留下一段佳话。[56] 现摘录两首送别诗如下：

（其一）

寂寞天涯岁晚时，客中送客不胜悲。
那堪海外观涛雪，幸在人间有酒诗。
一岛孤悬风物变，重阳此去客舟移。
神州丧乱寻常事，珍重前途任所知。

（其二）

于今国学等微尘，海外能诗有几人？
卅年兴丧悬双眼，廿世潮流荡一身。
蒿木战争原乱世，热心教育亦平民。
先生门下多才俊，师弟重逢道义亲。

11 岁的学生林月颜临别赠诗《赠家先生仲坚回国》也被选登在报纸上：

人生最爱读书先，受业于今已两年。
自幸女儿得进步，先生回国送归船。
前程万里太平洋，远望山长水亦长。
我愿先生安稳去，平安一路到家乡。[57]

同时期任教华侨学校的还有晚清举人黄笏南（Wong Fut Nam），他于1913—1915 年、1918—1920 年先后两度在维多利亚执教。[58] 黄笏南是李澹愚和林仲坚的晚辈，虚心好学，与校长李梦九和学监司徒旄的交情颇为深厚，后来回到国内，奉命负责联系林仲坚诗集出版事宜。1915 年带学生回国前，他还不忘到旧金山参观巴拿马万国博览会，之后才搭船渡洋。[59]

1918 年初，黄笏南再次受聘回加任教，与李梦九、司徒旄一起接待了民国教育的大家们。4 月 29 日，司徒旄与王领事等温哥华华商领袖在码头迎接教育家严修、前教育总长范源濂、上海神州女学校长张昭汉、驻美公使顾夫人唐宝玥、新任巴西公使谢贻霆以及众多随行人员，并安排他们入住温哥华大酒店，次日参观不列颠哥伦比亚大学。然后客人们分几组继续美洲的行程。教育家们则一同拜访久负盛名的维多利亚华侨学校。[60]

5 月 1 日，校长李梦九携学校员工驱车码头，迎接志同道合的贵宾到访。晚间，教育家们受到师生夹道欢迎，学生行过鞠躬见面礼后，李梦九介绍说，严修、范源濂、孙凤藻和严智开四先生为“吾国教育界之巨子，居官多年，成绩甚好，大有功于共和，诚为民国不可多得之人物，吾等何幸得与诸先生聚首，聆听其指导”。晚上在华侨学校参观后，他们致辞鼓励学生，称赞该校的学生面貌，学生代表发音北话纯正，名不虚传。4 位先生各书横幅题词以留作纪念，黄笏南指导学生用北话致答谢辞。大家同唱爱国歌曲，结束会晤。[61]

1920 年代，黄笏南自温哥华返乡，在台山建设旅馆，开办学校。后来他在香港经商致富，还不忘捐献东华医院和东华学校，与加拿大的朋友们一样坚守理想，始终如一地赞助教育。华侨公立学校的同仁友谊深厚，无论身处何地，都为人师表，也共同谱写了联结大洋两岸、回馈乡里教育的一段传奇。

1918 年的春天，司徒家的女儿司徒美先出生，比哥哥司徒炳唐年幼近 4 岁。夫妇满足于儿女双全的四口之家，与两个姐姐不同，司徒春颜和司徒鸣玉都生养过不止 10 个儿女。因此司徒旄的家被老师和朋友们称赞为“小家庭”，一家人几十年一直在温哥华西区滨海的房子里生活。

加屬新聞

◎◎李夢九校長訓詞照錄

民國四年三月二十一日。為域多利華僑公立學校第一次高等小學甲班畢業之期。鄙人李夢九忝當校長。得與總領事楊先生暨各界代表各位值理各位學東兩位教員甲班學生。聚會一堂。能無欣幸。竊思坎屬華僑學界。以本校發起為最早。亦以本校學生為最多。諸生在此受學。所以能堅持到底。領有畢業文憑者。固由各位父兄。深知教育子女之要。亦因各位值理竭力維持。各位教員。認真教授。乃有今日良好結果。今此畢業高等小學領有文憑者男女生十二位。惟高等小學教科。只係國民尋常知識。由此直進。尚有中學高等學及大學三級。諸生須知前程遠大。斷不可以此次畢業自足。如或萬不得已置身農工商賈。稍有餘暇。溫習以前教科。及多看有益書報。于謀生做人。處事涉世。必能各有進步。此外一切不正當之行為。更不必為諸生慮。諸生久居外洋。兼受西人學校文明教育。如何乃成學生人格。無待鄙人贅說。深望諸生以後。無論升學與否。務將謀生做人處事涉世。各種道理。印入腦筋。隨時留心。隨處留心。做成良好國民資格。此固諸生及諸父兄之幸。亦鄙人之幸也。

图 7-3-6　《李梦九校长训词照录》

（资料来源：《大汉公报》1915 年 3 月 24 日）

除了当地华侨子女的教育，司徒旄对留学生的帮助一直没有间断，他反复要求加国政府放宽对留学生的要求，退还人头税。他清楚国内学人睁眼看西方、学习先进科学技术对中国何等重要。1918 年，战事仍然继续，加国政府考虑到中国与德国断交，组织劳工团参战，以及留学欧洲受阻等各方因素，终于放宽了针对华人学生的政策。[62] 司徒旄安排照顾远渡重洋的中国学生，包括南洋华侨子女赴美国或者欧洲留学。[63] 他因此也结识了李石曾、吴玉章等人，与他们成为志同道合、共同发展留学教育的朋友。[64]

图 7-3-7　31 岁的刘玉柳带儿女（分别 7 岁和 3 岁）出入美国国境的记录照片（资料来源：Chinese Exclusion Act Case Files, RG85, National Archives-Seattle, Seto More Fannie File, Seattle Box 787, file 7030/12060）

## 注　释

1. E. G. Perrault, *Tong: the Story of Tong Louie*, Vancouver's Quiet Titan, Harbour Publishing, 2002, p.41.
2. "May win back trade with two new steamers," *Vancouver Sun*, Oct. 23, 1914, p.9.
3. [加] 李东海：《加拿大华侨史》，中华大典编印会，1967 年，第 493 页。
4. W. Kaye Lamb, *Empress to the Orient*, Vancouver Marine Time Museum, 1991, p.72.
5. Ibid, p.74.
6. Ibid.
7.《司徒氏家谱》（约完成于 1942 年），家族私人收藏。
8.《司徒英石得男之庆》，《大汉日报》1914 年 1 月 12 日，第 3 版。
9. Elaine Louie, "In Mother's Closet: Sequins and Secrets," *New York Times,* Feb.18, 2001.
10. 刘氏兄妹刘吉祺、刘玉兰和刘玉柳都在 1914 年诞下后代，这也是小家庭各自的第一个孩子。
11. "A Chinese School," *Daily Colonist*, Jan. 18, 1899, p.8. 因为白人喜欢嘲讽华人为"John Chinaman"，李梦九索性借用这个绰号说"我们就是中国人，无论到哪里都是。既然面临全球化的商业关系，华侨子女不学中文是不行的"。
12.《李毓堃兄弟回国回粤岭南求学之佳音》，《大汉日报》1914 年 10 月 22 日，第 3 版。
13. 来自美国《排华法案》档案， Chinese Exclusion Act on Seto More, No.27881 from Seattle，由西雅图档案馆复制。
14. 美国《排华法案》档案的记录有西雅图和维多利亚的美国移民官员上报美国首都的文字，提到司徒旄工作的重要性以及兄长刘吉祺的书面陈情等。档案中有他们一家人申请和乘船入境美国的详情。

15. 同上。

16.《大汉公报》有很多报道：1915 年 7 月 17 日、19 日和 23 日，第 3 版；1917 年 7 月 26 日、10 月 29 日，第 3 版。

17. 例如《大汉公报》1915 年 7 月 6 日，第 3 版。

18.《大汉公报》1914 年 10 月 20 日，第 3 版。

19.《大汉公报》1915 年 3 月 22 日、7 月 6 日，第 3 版。

20.《域部爱国团开演说会详情》，《大汉公报》1915 年 3 月 16 日，第 3 版。

21. 同上。

22.《域多利华侨之爱国热》，《大汉日报》1915 年 3 月 13 日，第 3 版。

23.《爱国团第 3 回大演说》，《大汉日报》1915 年 3 月 23 日，第 3 版。

24.《域埠爱国团开演说会详情》，《大汉公报》1915 年 3 月 16 日，第 3 版。

25.《域多利是真爱国团》，《大汉公报》1915 年 4 月 27 日，第 3 版。

26. [ 美 ] 麦礼谦：《从华侨到华人：20 世纪美国华人社会发展史》，香港三联书店，1992 年，第 99 页。

27. 例如《大汉公报》1915 年 11 月常登头版的招股广告和第 2 页招股简章，1917 年 4 月 4 日，第 4 版。

30. 黄远生：《游美随录：域多利之一日 诞登彼岸》，《申报》1916 年 1 月 5 日，第 3 版。

31. 黄远生：《游美随录》，《申报》1916 年 1 月 6 日，第 3 版。

32. 鲁正葳：《撩开民国黑幕：报界奇才黄远生见证》，甘肃人民出版社，2004 年，第 246—256 页。

33. 黄远生：《游美随录》，《申报》1916 年 1 月 7 日，第 3 版。

34. 鲁正葳：《撩开民国黑幕：报界奇才黄远生见证》，第 255 页。黄远生在《申报》的文章也有提及，应该是民国的五色旗。见黄远生：《游美随录》，《申报》1916 年 1 月 5 日，第 3 版。

35. 同上。

36. 尤其在 1915 年夏天，可参注释 16。

37. 温哥华薛氏、司徒氏宗亲会凤伦堂的历史，http://vancouver.fongleuntongso-

ciety.org/cn/history/, accessed Jun.4, 2021。

38. 笔者 2017 年和 2018 年分别拜访香港总会和司徒旌建立的温哥华分会。

39.《域埠华侨公学报告册》，《大汉公报》1915 年 7 月 13 日，第 1 版。

40. 高信、张希哲主编，李东海等撰：《华侨史论集》，华侨协会总会，1963 年，第 41 页。

41. [ 加 ] 林礼斌：《域埠中华会馆之沿革及华侨学校创立之缘起》，载《加拿大域多利中华会馆成立七十五周年、华侨学校成立六十周年纪念特刊》，维多利亚：域多利中华会馆编辑出版，1960 年，第 4 部分。

42.《黄教员师弟同舟》，《大汉公报》1915 年 6 月 2 日，第 3 版。

43.《域埠侨校考试日学戊己班幼稚生之成绩》，《大汉日报》1915 年 7 月 6 日，第 3 版。

45. [ 加 ] 林礼斌：《域埠中华会馆之沿革及华侨学校创立之缘起》，第 4 部分。

46. Belinda Huang, *Teaching Chineseness in the trans-pacific society: overseas Chinese education in Canada and the US 1900-1919*, (Ph.d diss, Princeton University), p.231.

47. 李澹愚、林仲坚、李月华合撰：《广话国语一贯未定稿》，于 1916 年刻入《大汉公报》附张，借以输进加拿大侨胞。林仲坚为新会人，于 1915—1917 年赴域多利华侨公立学校任教；李月华乃李梦九女儿。参见《本社论说：欢迎李澹愚林仲坚两君李月华女士合撰之广东国语一贯新书》，《大汉公报》1916 年 2 月 11 日，第 1 版。

48. 李澹愚：《本社论说：国语南字北切合璧序》，《大汉公报》1916 年 12 月 9 日，第 1 版。

49. 粤音资料集丛：《广话国语一贯未定稿》，https://lee1916.jyut.net/，访问日期：2022 年 9 月 28 日。

50. 陈福树：《新会书法史上的“大三李”与“小三李”》，载政协江门市新会区文史社会法制委员会编《新会文史资料》第 61 辑，政协江门市新会区文史社会法制委员会，2007 年，第 190—192 页。

51.《赠域埠侨校教员黄笏南先生归国序》，《大汉公报》1920 年 11 月 17 日，第 1 版。

52.《诗界：留别孔昭君并劝息战以全友谊何如？》，《大汉公报》1917 年 11 月 23 日，第 9 版。
53. 林文骢：《避庵诗存 集句诗存》，商务印书馆，1918 年，第 67 页。
54. 林文骢：《司徒英石君告予养生术作此致谢》，收入氏著《避庵诗存 集句诗存》，第 3 页。
55. 同上。
56.《鸿儒谈笑缘棚尾拉箱之荣辱》，《大汉公报》1918 年 1 月 18 日，第 11 版。
57.《谐部》，《大汉公报》1917 年 11 月 19 日，第 9 版。
58.《工商晚报》1979 年 8 月 22 日，第 2 页。
59. 林文骢：《避庵诗存 集句诗存》，第 51 页。
60.《中国名人抵云埠之详情》，《大汉公报》1918 年 5 月 2 日，第 3 版。
61.《欢迎会之热闹》，《大汉公报》1918 年 5 月 3 日，第 3 版。
62. Chinese Exclusion Act case files, RG 85, National Archives-Seattle, Seto More Fannie (alias Lew Tue Fannie) case file, Seattle Box 787 file 7030/12060.
63.《留美学生改期于昨日放洋》，《时事新报》1921 年 8 月 22 日，第 9 页。
64. 司徒旄及其家族档案，包括他对报社记者们的表述都是尊称他们为自己的老师。

# 第八章 血雨腥风

## 一、参战的华人

第一次世界大战对加拿大华侨影响重大。1916 年，华工的失业比例超过 70%，华商和中华会馆的救济工作繁重。[1] 虽然在加国的华人被当作二等居民，但是仍然有华裔青年加入远征军，代表这个自治领为英联邦出征。[2] 加拿大的正规军仅几千人，需要广泛征兵，本来仅吸收白人，但是法裔对此并不热衷。1915 年后，随着需求增加，先后有 3500 名原住民参战，还有 1000 多名黑人工兵，以及 227 名日裔和 300 名华裔入伍。[3] 华人长辈大多认为自己既不受欢迎，也不属于加拿大，本族裔的女人和孩子本来就少，还被歧视与排斥，不能再让后代去战场上送死，否则在新家园更无指望。加军也一度拒绝华人入伍，只在大量伤亡和军力不足的情况下才允许华人以自愿的方式参战。温哥华的经济在 1913 年已经下滑，欧洲发生的战争令其人口急剧减少，据 1911 年的统计，全市居民为 10 万人，而一战共有 5.5 万人参战，每个家庭都有男人上战场，平均每个街区都收到 2—3 个阵亡通知。很多白人妇女被迫或者主动响应号召投入劳动力市场。而对于底层华人来说，开战以来遭受更大打击，中华会馆为侨胞提供紧急救助，并警告珠江三角洲的乡亲们不要贸然前往加国。[4] 加军在 1917 年 4 月的维米岭（Vimy Ridge）战役取得大捷，彰显了自身的军事能力，然而这场战役伤亡惨重，需要增补兵源。[5]

中国在 1917 年参战，与英国成为盟国，加军征兵的种族限制有所松动。第二代华人青年有些认为自己就是加拿大人，同样是有血性的男儿，与长于这片土地的其他男人没有区别，也可以成为战斗英雄，甚至情愿战死疆场。他们与正式入伍的战士不同，只能以志愿军人的身份参战。由于仅 300 余位华人士兵服役于加拿大兵团，他们很容易被人忽视。其中就有雷氏兄弟，他们于 1917 年参军，并载誉而归，从而改变了后半生。

另一位梁姓华裔青年弗雷德（Freddy Lee）出生在 BC 省内陆的锦陆（Kamloops），于 1916 年 11 月志愿参战，1917 年 8 月，他在法国的一场关键性战役中血洒沙场。这位曾被遗忘的华裔战士一个世纪后才得到应有的纪念。一战 100 周年纪念活动时，在战场旧址修建了以“弗雷德”命名的步道。[8]

除了华裔战士，还有 14 万华工从中国为欧战出征，他们也是近几年才获

图 8-1-1 Wee Tan Louie 被 BC 省的征兵部门拒之门外，他骑马翻山越岭到邻省阿尔伯塔，1918 年 2 月参军，4 月抵达英格兰，在法国、荷兰和比利时战场出生入死，获得胜利勋章，返回后在温哥华生活[6]
（资料来源：Chinese Canadian Military Museum）

图 8-1-2 Wee Hong Louie 在多伦多开设收音机商店时，却因为华裔身份而无法获得营业执照。他把自己战时的军装和军功章打包寄给 Mackenzie King 总理陈情，总理归还了原物，还复信致歉。雷家得到许可，并将生意持续到 20 世纪 70 年代后期[7]
（资料来源：Chinese Canadian Military Museum）

图 8-1-3　弗雷德的戎装全身像
（资料来源：Chinese Canadian Military Museum）

得关注。中国北洋政府在一战的前两年都保持中立，静观战局变化。连续的府院之争、政见不统一，让北洋政府再三权衡大战的影响。总统府秘书长梁士诒提出“以工代兵”的主张：“中国财力兵备不足以遣兵赴欧，如以工代兵，则中国可省海陆运输饷械之巨额费用，而参战工人，反得列国所给工资，中国政府不费分文，可获战胜国之种种权益。”[9]3 月，中国与德国断交。经过辩论，南方国民党反对参战，而段祺瑞主持的北洋政府于 8 月 14 日决定加入协约国参战，寄希望于战后收复胶东半岛，并且提升中国的国际地位。

图 8-1-4　1917 年威廉角营地上集结的中国劳工团，没有足够的房屋，只能用临时帐篷。与城市隔离又紧邻太平洋岸边，劳工团的行迹在战时被严格保密
（资料来源：Image Mil P194, Courtesy of City of Vancouver Archives）

14万劳工在接受体检和选拔后由多个港口登船，分别经苏伊士和巴拿马运河远赴欧洲。其中有8万多劳工横跨太平洋，抵达加西的温哥华岛，在威廉角登岸检疫，从温哥华乘全封闭的铁路专列到加东，再重新登船，过大西洋奔赴欧洲战场。[10]

图8-1-5　华工在温哥华登车奔赴加拿大东海岸
（资料来源：Image AM1376-: CVA 139-17, Courtesy of City of Vancouver Archives）

劳工团的运输由加拿大军方和诗丕亚公司负责。司徒旄和李梦九一面应对因欧战转而经加拿大回国的乡亲，一面协助劳工团运输和过境。从司徒旄私人档案中可以看出，他与参与组织和谈判的中国外交官和负责交通运输的官员都有交往，包括周自齐、于右任、叶恭绰、周传经等。[11]从1917年的4月到9月，北洋政府计划运送15万华工。经好望角的船运历时3个月，前期，华工中已经有人因为缺乏新鲜蔬果出现黄瘦病，而经加拿大抵达欧洲仅需39天。[12]南方的国民党与德国交往密切，加拿大政府担心国内的奸细泄密，实行了封锁境内国民党喉舌及其组织的一系列措施。运送8万多劳工过境，中加政府严密封锁消息，既有战时加国党禁、报禁的原因，也有避免德国轰炸、保证劳工安全的考量，此外就是担心大量劳工过境和严重的失业现象引起排华动乱。

1917年4月2日，俄国皇后号搭载第一批华工到达温哥华岛。前一周加拿大就已经颁布战时报禁的命令，严防消息流出。[13]这是一战期间加拿大政府的一件大事，成功与否关系到整个战局。4月7日，贸易和劳工部长J. H. McVety到访维多利亚，会晤李梦九、中国领事林轼垣和法律助理廖鸿翔。会后，廖鸿翔有意或无意露出华人知道大批华工过境之事，引起旁人警觉，并立即向政府检举。[14] 这些相关人士的对外联系，例如信件、电报等都被政府监视。[15]

加拿大政府免去了赴欧华工的人头税，用诗丕亚公司的火车运送他们横穿北美大陆，全程需要整整 6 天的时间。到达东部的哈利法克斯之后，再登船过大西洋抵达利物浦，然后奔赴法国或者比利时战场。一些华工在翻山越岭和渡过两个大洋的漫长旅途中生病，甚至丧生。威廉角曾经的营地就有 21 座华工的坟墓，仅有 5 座墓因为有劳工团的编号可以识别，还有不少无名墓。这些华人长眠于此，没有等来亲人祭拜。直到一个世纪之后，他们为一战出征的事迹才被中加两国公开纪念，威廉角竖立起大理石碑诉说这段鲜为人知的历史。[16] 除了联邦战争墓地委员会的活动，一些史家利用解密的政府档案和私人通信日记等逐渐揭示了百年前的秘密。[17]

一战后期，加拿大经济更加低迷，很多华人回流或者靠中华会馆施粥救

图 8-1-6　威廉角华工墓地
（资料来源：Dominique Boulais/Commonwealth War Graves Commission）

济。[18]虽然长辈排斥本族裔青年参战，但他们并不反对在战争期间为加拿大做贡献。除了踊跃认购债券，司徒旄还安排运送华工，负责普通乘客的调度，夫人刘玉柳则带领女友们参与劳军活动。[19] 1917年底，在温哥华的大型劳军展会上，刘玉柳主持了一个极具中国特色的展位。她和叶生夫人、温金有夫人等都身着旗袍，摆出中国的茶具和艺术品，吸引人们围观，在劳军的同时也彰显了本族裔文化特色。[20]

威廉角也是华工战后返乡时在北美的最后一站。在美洲西北角的这个营地上，华工需要隔离和等待返乡的轮船，引起周围居民的好奇。他们身材壮硕，给人善良淳朴、热情厚道的印象。加拿大人首次见识大批中国山东汉子，逐渐由陌生过渡到喜欢。有华工已经略通英文，在西人的帮助下乘车溜出营地，试图到维多利亚唐人街居留。但是因为身材高大和口音特殊，很容易被军警认出，不能如愿留下。[21] 并非所有西人都排斥华人，也有一些居民甘于出手相助，甚至不顾被起诉和坐牢的风险。[22]

图 8-1-7　林领事和中外客人在领事馆前院合影。前排左三为刘玉柳，后排右二为司徒旄，右五为林轼垣

［资料来源：(Group in front of the) Chinese Consulate (at 3738 Pine Crescent), Image AM1376-: CVA 1376-310, Jun. 24, 1917, Courtesy City of Vancovuer Archives］

图 8-1-8　身材魁梧的中国劳工团成员与加拿大人合影
（资料来源：Image J-03495_141, Courtesy of BC Archives）

这次 8 万多华人过境是在与外界隔离的状况下进行，也有政府避免传染病传播的考量。[23] 加拿大对来自太平洋对岸的人检疫严格，还把患有麻风病的华人隔离在达西小岛（Darcy Island）上，仅定期投放食物，让他们自生自灭。[24]

一战时期，华工出征，付出惨痛代价，力图为本民族赢得国际地位，这也是近代中国人首次集体亮相国际舞台，是被淡忘了一个世纪的历史。华工们在加拿大西海岸留下了故事，甚至丰碑。而深入欧洲华工中的晏阳初、吴玉章与司徒家族因为共同的教育救国理念相识，日后吸收了更多的司徒氏后人投身中国基层教育事业。

## 二、以共和之名

民国伊始，中国并未像人们期待的步入现代文明社会。相反，南北对峙、党派纷争、暴力充斥、土匪横行，使不少人反对继续革命。黄远生向国内报道了海外侨社的矛盾和党争。旧有的堂口之争随着党派林立而恶化，暴力层出不穷。洪门致公堂与国民党之间的怨恨凸显出来。“孙中山、冯自由、胡汉民饱受洪门人士诟病，认为他们没有履行革命成功前的承诺，甚至企图消灭洪门。”[25] 当年加拿大筹饷局的成绩远胜美国，但是国民党没有偿还致公堂抵押不动产的借款，甚至不愿承认洪门的合法地位。维多利亚的致公总堂只能宣布破产。为此，黄三德从旧金山北上安抚侨胞。黄三德带着洪门的两项诉求回国，一是让洪门注册成中国合法社团，二是归还借款。1917 年，黄三德再次回国拜见孙中山，旧事重提，仍无下文。[26]

继欧阳庚之后，张康仁于 1910 年到 1913 年在温哥华担任领事，了解华侨们慷慨解囊、襄助革命的历史。曾同时期在温哥华办报和筹款的冯自由，辛亥革命后被召回国，担任稽勋局长。[27] 张康仁在卸任之前致函冯自由，为致公堂请功，并请转呈国务院，表扬洪门功绩，其中写道："慨然冒险而筹革命巨款者，则以加属致公堂为始，……洪门致公堂者，实为世界历史所未有，殊非过言也。……竟能如是竭力，非捐于革命之后，而能捐于革命之前，亦不可谓非难能而可贵矣。"对于致公堂的合法性问题，他也提出了自己的看法，认为"应由政府给以永远之印信，彰其盛德，出其固有完备之组织，及保全其爱护党派之真诚，如是则后世永远引为纪念，皆知致公堂为最高尚之爱国模范。……此证书以尽我之责任焉，此上稽勋局并转国务院诸公暨袁大总统钧鉴。大中华民国二年一月十二日驻温哥华正领事张康仁谨上"[28]。旧金山的洪门大佬黄三德，曾经在 1904 年营救过孙中山，并花费重金为孙中山聘请律师。黄三德亲自回国要求将海外致公堂在国内立案，但是孙中山和胡汉民未予兑现，[29] 致使黄三德里外不是人，只好亲自到温哥华为洪门兄弟们解释。黄三德与张康仁均得到侨领们的拥护。[30]

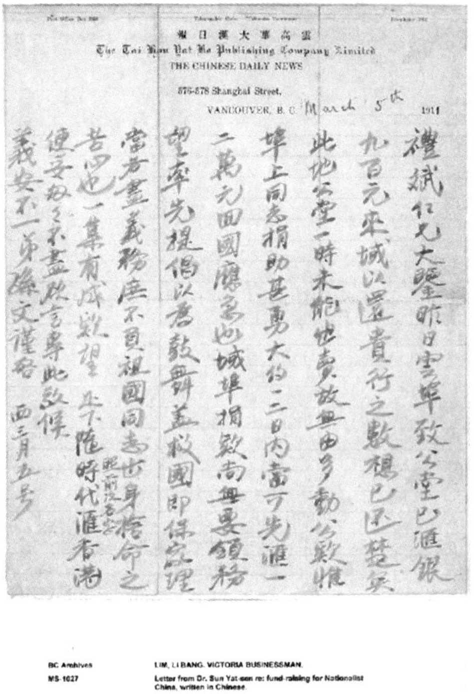
雲高華大漢日報
The Tai Hon Yat Po Publishing Company Limited
THE CHINESE DAILY NEWS
576-578 Shanghai Street,
VANCOUVER, B. C. March 5th 1911

禮斌仁兄大鑒：昨日雲埠致公堂已滙銀九百元來城，以還貴行之數，想已還楚矣。此地公堂一時未能出賣，故無由多動公款，惟埠上同志捐助甚勇，大約一二日內當可先滙一二萬元回國應急也。域埠捐款尚無要領，務望率先提倡，以為鼓舞，蓋救國即保家，理當盡義務，庶不負祖國同志出身捨命之苦心也。一集有成數，望亦隨時代滙香港（照前漢名字）便妥。匆匆不盡欲言，專此敬候義安。弟孫文謹啓 西三月五号



图 8-2-1　孙中山给华商、司徒氏世交林礼斌的信，提出出售致公堂地产捐款（资料来源：29.Image MS-1027, Courtesy of BC Archives）

在世界经历一战的年代，《大汉日报》主笔崔通约写道："此次战事与我国息息相关，国名为共和，盗贼充斥、党人纵横，虽无外人剖割，亦将坐以待亡。"[31] 更何况"日本已经执亚洲海陆权之牛耳，趁机接济革命党以器械粮食扰乱中原，

图 8-2-2　张康仁领事肖像
（资料来源：Hong Yen Chang, Studio Portrait, Pacific Rim, Huntington Digital Library）

使我国政府疲惫应接不暇。且深悉我国爱国之薄弱，如散沙一盘。必无甚反抗，即反抗亦无能力”。作为权威报纸主笔，崔通约的观点代表了一些华人的态度。崔通约于 1900 年在香港加入兴中会，1906 年受格致书院同事钟荣光的推荐到温哥华主持《华英日报》。民国初年，崔通约呼吁团结，一致对外，催促制宪而非继续革命。

少年时激进的司徒旄现在思想有所改变，没有加入国民党也不卷入党派之争，而是更关心教育和文化的传承。1911 年 5 月，崔通约在旧金山被同盟会除名，之后又到温哥华续任已改称《大汉日报》的主笔。他和时任驻温领事的张康仁同属共和党。作为致公堂的机关报，《大汉日报》于 1915 年更名为《大汉公报》，与国民党在维多利亚设立的《新民国报》针锋相对、辩论不断。7 月，余同信代表北洋政府考察海外教育，应维多利亚致公总堂的邀请造访并致辞。李梦九和司徒旄也应邀前往。余同信说道：“鄙人调查美洲学务，尤以域埠为尽善。想见诸君之爱国之苦心毅力，培养子弟，他日为国增光。回国之后定报告政府以褒奖之。”司徒旄应致公堂之邀发言说：“贵堂破产襄助革命成功，而改建共和，以贵堂为巨子，亦以贵堂为首功。前经破产，为国民所钦佩。”[32]

1915 年的加拿大经济萧条，移民大幅减少。知识青年也相继准备离去，回国服务。司徒旄的好友吴紫垣、吴尚鹰就一直盼望回广东老家与父母团聚、大展宏图。他们 3 人曾经是域埠击楫社的同志、中华会馆的书记、华侨公立学校的创始人和教习、《大汉日报》的撰稿人，曾携手走遍加西的海滨和山巅，共同探索在人世间最适合的位置。两位吴氏青年都加入同盟会，接受冯自由和孙中山的领导，有力地协助了革命宣传和募捐，并返国继续投身革命。吴紫垣忠实于中国的教育事业。在写给儿子们的信中，他回忆3人在BC省山水间的友情和憧憬。他自愧于英文出众的两位朋友和同志，因为要赚钱养家而忽视了英语学习。他期待战后在南京建立两广大学，自任校长。[33] 吴尚鹰回国后先在广州法政学堂执教，后来受到重用，起草《土地法》，身居高位，抗战时在海外寻求援助，功不可没。他一直与司徒旄一家保持密切联系，甚至试图帮助司徒旄去探访红色中国。

图 8-2-3　司徒旄的至交，身居国民党高位的知识分子吴尚鹰（右一）陪同胡汉民在欧洲
（资料来源：University of Bristol - Historical Photographs of China reference number: Fu-n061）

1916年7月21日，吴尚鹰和两个弟弟在新会汾水江车站被土匪掳走并勒索巨款。其父吴荫民到处奔走筹款营救。与吴家三子同时被绑的人多有被折磨致死者，吴尚鹰与弟弟吴尚雄、吴尚志最后被父亲赎出，“已经无人形，遇难适满百日”。吴父是为《楼冈月刊》供稿并为多座学堂授课的知识分子，著有《百日忧患记》，其英文版由吴尚志在美国出版。[34] 这足足百天的惊悚遭遇让留在加国的朋友甚为担忧。这也是司徒森要求长子远离党争、不回广东家乡的原因。司徒旄本身的工作和当地侨社的任务繁重，家人又都在北美，也没有回去探亲的急需。虽然他语言文化上有传承，对祖先故土有憧憬，又是孙中山的“至交”，[35] 但是他没有跟随朋友们回国，而是更看重在加拿大的发展。

国内极端暴力事件愈演愈烈，海外唐人街也不能幸免。1915年12月，与司徒一见如故的记者黄远生在旧金山唐人街遭人枪杀，终年30岁。杀手是国民党员刘北海，在美国负责党务的林森为幕后指使。[36] 国民党认定他是拥护北方政府的

图 8-2-4　记者黄远生，终年 30 岁
［资料来源：Huang Yuansheng - 黄远生 - 维基百科（wikipedia.org）］

喉舌，痛下杀手。当年的国民党即中华革命党在上海和旧金山都有针对报社和记者的恐怖袭击。[37] 袁世凯称帝，加拿大各地的侨胞组织义勇军回国讨袁，直达山东潍县（今潍坊）。刺杀黄远生的刘北海就是义勇军先锋队成员。海内外发生暗杀事件后，人们纷纷谴责袁世凯，但是近年台湾的档案解密还原了历史真相。黄远生的遇害震惊中外，包括刚刚接待过他的李梦九和司徒旄。驻美国公使顾维钧亲自护送黄远生的灵柩归国。[38]

加拿大的国民党员在同期采用暴力手段争夺各种侨社组织的领导权，中华会馆首当其冲。1916 年 9 月 1 日，维多利亚中华会馆换届改选，司徒家二女婿、高档服装店的老板、宪政会的刘子逵当选正董，引起国民党员不满。[39] 国内黎元洪恢复民国元年（1912）约法，续行召集国会。9 月 5 日，国会讨论废立孔教问题。国民党议员要求废除孔教的消息传来，遭到加拿大各地侨团以及中华会馆的反对。[40] 国民党员借故发难，在 10 月 8 日中华会馆的会议中纠集近千人冲击会场，砍伤刘子逵、林立晃正副董并伤及致公堂成员 8 人。同族内的暴力相向震动全城。西文报纸称刘子逵遭到来自重型桌椅的猛烈击打，头部和上肢受伤严重，几乎当场丧命。[41] 几个月前在组织爱国团抵制日本时，国民党党员高云山等还参与合作，谁能料到这次出手如此狠毒。刘子逵两周的住院救治虽然让他暂时逃过一劫，但没过几年就撒手人寰，留下 11 个子女与妻子司徒鸣玉抚养。[42] 本来抵押不动产捐助革命的致公堂在民国之初就对党魁们的冷漠态度失望至极，又经这一恶性事件，唐人街加快分化。11 月，加拿大洪门致公堂组建自己的政党达权社，以对抗国民党的活动。[43] 一向倡导团结的司徒旄在那个年代无力回天，沐浴在血雨腥风之中。

图 8-2-5　孙中山和加拿大的敢死队员合影于山东潍县
（资料来源：image asian_hl_img_002, Lok Tin Lee Collection, University of British Columbia Library）

1918 年，汤化龙去日本悼念亡妻后，乘船到北美的第一站就是维多利亚。汤化龙是晚清进士，曾留学日本学过政法，1908 年当选湖北咨议局议长，是晚清立宪派领袖。武昌起义后，他曾在黎元洪的支持下进入湖北军政府，但很快被革命党从湖北排斥驱逐。他与梁启超政见一致，反对南北分治或继续暴力革命。1913 年，汤化龙任民选国会的议员和议长。袁世凯解散国会后，汤化龙任徐世昌内阁教育总长兼学术委员长。他反对袁世凯称帝，在宪法案研究会期间与国民党有分歧和对立。

国家领导权几度更替、纷争不断，汤化龙失望之余，决定远游国外。1918 年 6 月 19 日，汤化龙和翻译助理霍坚（1890—1957，字侣白、俪白）

图 8-2-6　霍坚肖像

抵达加西，李梦九等到维多利亚码头迎接，安排参观华侨学校。汤化龙在学校演讲强调："若爱国团体内而横生党派，使其奋斗力薄弱，不用于对外而用于对内，则最为可惜。"[44]第二天，汤化龙一行就南下奔赴西雅图，随后考察美加多地教育机构。8 月 28 日，由温哥华领事王麟阁陪同与霍坚等一道返回维多利亚，住进皇后饭店，等待回国船期。9 月 1 日汤化龙与乡亲聚会（老侨中也有说晚宴是霍坚与李梦九的长女李月华的订婚宴）后，与 40 多人一起步行前去李梦九家做客，途中遭理发匠王昌迎面枪杀。[45]霍坚亦受伤倒地。而王昌无路可逃，在街头举枪自尽。[46]他被国民党追认为烈士，遗体以水晶棺运回广东，厚葬于黄花岗。英文报纸称王昌是激进的国民党员，为国民党争夺华人的领导权和争取华商们的财力支持，他完全效忠于南方的革命派。[47]

汤化龙曾支持革命，反对袁世凯称帝，并深知党祸横行。他已经远离了政坛，到北美考察教育，因为这是中国的当务之急。他在游记中提到两年前黄远生遭暗杀一事，有人提醒过他，他深知此行的风险。汤化龙的遇害震惊海外，对已经血雨腥风的北美侨界又是一大打击。据加拿大政府和警方观察，汤化龙命案后，加拿大的华人迅速分化成极端对立的阵营。王昌虽然年轻，但也在维多利亚居住了十几年，虽然他激进，喜欢赌博，也有犯罪前科，但举枪杀人之后当街自尽还是让人不寒而栗。[48]历史悠久的维多利亚唐人街在北美的名声向来良好，而在毁家捐助辛亥革命取得成功后，国人反倒变得血腥。实际上不只加拿大，1918 年底，美国旧金山举财力支持中国邮船公司的陆氏也遭枪击刺杀，公司业务开始下滑，终无法竞争过日本。

然而汤化龙身上的惨案并没有吓退李梦九和司徒旄一家。他们担心忙于安排汤化龙后事的霍坚会被当作下一个暗杀目标，特为他请求警方保护。警方劝告霍坚搬离酒店，前往威廉角的检疫隔离营地，以便保护。霍坚与李月华正在热恋，开始一再拒绝，后来才听从了警方安排搬离了市区。

1918 年 9 月 14 日，霍坚搭乘日本的船只护送老师的灵柩回国。临行前，以李梦九一家为首的侨胞为汤化龙举办追思会，送别这位民国初年的议长和致力于中国现代化教育的先驱。参与送别和追思的华商、领事和加拿大的官方政要，都有一队警察严密保护。人们围绕鲜花簇拥的棺椁，瞻仰了汤化龙的遗容，悲愤之情感染着在场的所有人。前往码头的途中也由警察开道，霍坚被两名侦探保护在中间的车上，因为有人声称他就是下一个刺杀目标，因此沿途也布置了警力。[49] 媒体报道专门提到李梦九携家眷主持追思，并在码头送别。

从霍坚 6 月首次到访，李月华就为他的相貌和才学倾倒。霍坚同样惊艳于李月华的大家闺秀风姿。霍全程陪同汤化龙，并且是他北美之行的翻译，9 月他重回维多利亚，与李月华共同经历了久别重逢的喜悦和目睹血案的惊恐与悲愤。霍坚重新安排船期，主办追思和护送灵柩归国的一系列表现，让李梦九的掌上明珠、维多利亚城里特立独行的名媛更深地爱上了他，认定他们将终身相守。霍坚身材高大，外形优雅俊俏，流利掌握 5 种语言，怎能不让李月华相见恨晚。共同的经历让她明知有危险，也甘愿放弃优渥的“白宫”大小姐的生活，准备远嫁中国，哪怕要陪同爱人漂泊动荡、辛苦一生。

## 三、跨太平洋社会

自从广东成规模地向美洲移民，太平洋两岸的经济与社会就相互依赖。虽然有大洋横亘其间，但是血脉、亲情、爱情和政治、商业，甚至军事都紧密缠绕在一起。一般中国家庭中有人忍辱负重，先行一步奠定基础，妻子和儿孙方可跟进，甚或分居两地，靠亲情和侨汇维系。美加的法律、跨洋的花费以及西方人的傲慢与歧视都不能割裂这个环环相扣的移民社会。大洋两岸的相互依存与支持形成各种乡里同姓同源的网络，又有侨汇、侨批、贸易、人员流动而发展成一个特殊的跨洋社会。饮食、文字、戏剧、休闲、风俗等让这个社会带着自己文化的根须不断发展。加拿大的政客把中国人看作潜在的同盟者，又看作是潜在的威胁。不断讨论、出台和修改的《排华法案》，其背后隐藏着的就是担心用扁担挑起全部家当、赤手空拳而来的中国人，在北美大陆上有能力和耐力立足、扎根，甚至开创奇迹。假以时日，任凭发展，政治经济命脉是否有可能易手给中国人？

在跨洋社会的早期阶段，华人很难像李梦九和司徒旄一样与他者、强权的领袖互动，侨社内部也矛盾重重。驻温哥华领事林轼垣经历政权更迭，坚守岗位，为同胞服务，却遭到国民党的反复攻击和罢免。林轼垣的任期跨越清朝和中华民国，经袁世凯、黎元洪两任总统。作为李家和司徒家的朋友，林轼垣曾积极发动华侨为民国筹款，为留学生要求退还人头税。1915 年 4 月 29 日，中国外交部收到他从温哥华发的电报："据域多利中华会馆爱国团长李梦九禀称，已募集军饷二十万元，为决定，恳密示，转请电呈大总统钧鉴等因。理合电闻，并恳代呈。……林轼垣叩。二十七日。"[50]

1916 年，国民党人冲击中华会馆，重伤多人，同时向中华民国外交部状告林轼垣。当地侨胞对林领事尊重感激之情时常见报，因此让人怀疑这次状告纯属政治原因。[51] 外交总长伍廷芳下令加拿大总领事杨书雯前往云城查清真相。杨书雯在华人聚会上指出："吾国自共和以来，正值欧战剧烈，不暇他顾之时，应有为强之机会，乃五六年来，当国诸公，绝少真心为国为民眼光远大之人，皆以意见为政见，党政分歧，互相水火，……置国本于不顾，今国势危殆若此，奉劝诸君及各侨民，当以国事为前提，勿以党争为急务。""一有意见，仇视终身。……乃因党界邑界姓界之分，遂成参商，小者耗财，大者失国体，甚无谓也。"1916 年 11 月，林领事登报声明他将被调任新西兰领事，离任后先由本地律师助理廖鸿翔料理领事馆事宜，他几年前就开始为中领馆服务。[52] 然而几年后，廖鸿翔喋血温哥华唐人街，有目击证人看到枪手是华人，但一直没有破案。温市为他送葬的规模盛大，司徒旄在葬礼上悲痛致辞，并为他抬棺。[53] 同为海关和法庭翻译的廖鸿翔与叶庭三曾互相揭短、对簿公堂，当时针对是否有翻译参与非法移民、赚取好处的调查波及甚广，甚至到了香港。[54]廖鸿翔与李梦九和司徒旄关系一直很好，而司徒氏与叶氏家族同样为世交。[55]

搬到温哥华没几年，司徒旄目睹了不少华人间的矛盾和争斗。1916年，他呼吁开平同乡团结组社以求生存。"同处于一隅，星离沙散。恒见感情日薄……乃有凤伦堂团体之发起焉。"[56]联合司徒氏和薛氏两姓宗族建立司徒凤伦堂，凡旅居温哥华的司徒氏、薛氏华人均可参加，旨在团结两姓宗人、联络宗亲、精诚团结、互惠互助，共谋宗亲福利事业。凤伦堂每年举行春宴活动，1919年后，中国北方旱灾，南方多省都是战场，民不聊生。这一时期，多位司徒家族成员号召团结，或者现身慈善和教育活动。[57]

有"革命元勋、艺坛卓杰"之誉的陈树人被看作岭南画派的创始人和留学日本的文化精英。孙中山派他于1917年奔赴加拿大，统领国民党加拿大总支部，主持《新民国报》笔政。[58]陈树人曾被当作汤化龙案的幕后主使而遭拘捕和传讯，甚至即将被递解出境。在王昌行刺的当天早晨，警方收到陈树人代表国民党和他主持的报纸状告汤化龙的信件，怀疑他就是指使王昌的幕后总指挥。创办于民国元年的《新民国报》也一度被查禁。陈树人还被《大汉公报》多次点名批评，甚至嘲笑。记者把他和领事林轼垣作比较，说林领事欢送教习时为林仲坚拉过行李箱，陈树人虽然任教于温哥华的中文学校，却不会如此对待同僚。还有"陈树人一日在云域两埠，就一日有文战"的说法等。[59]幸而平日陈树人以文会友，司徒旄等尤其尊重和照顾文化领袖。陈树人与李梦九为同乡，李梦九和司徒旄的有意保护，对陈树人的平安回国起到重要作用。多年后，陈树人还不忘签名赠送司徒旄其出版的画册。[60]

在政见纷杂的华侨社会，知识分子和政治家来往频繁，不觉中扮演了凝聚或割裂族群的角色。一个实例就是崔通约。1908年，崔通约因为刊登广东捉拿保皇会会员的消息而得罪了一批人，甚至被诉诸法院，导致《华英日报》损失惨重。[61]1909年2月16日，保皇会的《新报》刊登过李梦九、司徒旄、李翰屏和吴紫垣等人退股《华英日报》的消息，他们不愿投资于互相诋毁的中文媒体。[62]崔通约在1910年远走加州，1914年又回到温哥华，取代了冯自由等

图 8-3-1　陈树人赠与温哥华学生自治会的照片（1918 年）
（资料来源：University of British Columbia. Library. Rare Books and Special Collections. The Chung Collection. CC_PH_00234）

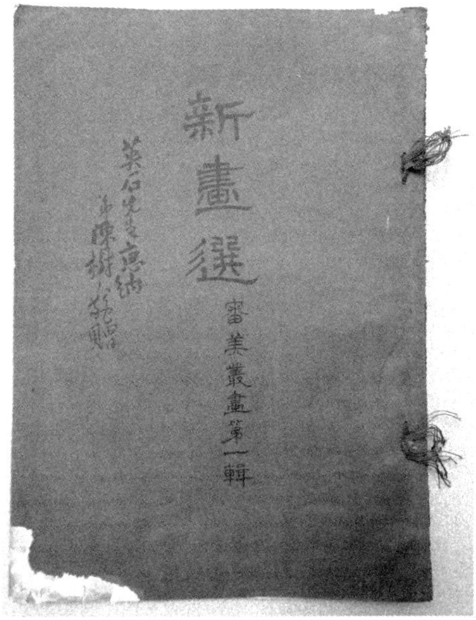


图 8-3-2　陈树人赠送给司徒旄的画册

同盟会成员，接手更名后的《大汉日报》。后来崔通约又得罪了孙中山和革命党人，尽管他本人认为这是因为孙中山听进了谗言。[63] 办报的同时，他还在教育温哥华的侨胞子女，开办了竞存学塾。1915 年秋，他带家眷回国，司徒旄送其到船上，并介绍崔家给船长认识。船长特别允许崔通约一家人享受头等舱的设施。[64] 崔通约不忘撰文记载告别加拿大的这段航程，对司徒旄的特殊照顾充满感激。

图 8-3-3　国民党加拿大第二次代表大会，前排居中高个者为陈树人
（资料来源：Image AM1535-: CVA 99-5274, Courtesy of City of Vancouver Archives）

在跨太平洋社会的重镇云城和域埠，与各方人等和平相处并提供帮助是司徒家人坚守的准则。从 1899 年乐群义塾建立以来，中加两国的教育都在变革当中。教育的地位不断上升，毕竟事关国家的未来和公民的创造力。加拿大华侨捐助中国教育事业在 20 世纪初已形成常态。民国元年，钟荣光到加拿大为岭南学堂筹款。[65]

1919 年春，司徒春颜携第八子李毓材（1903—1936，Fred，Yook Choi）登上亚洲皇后号，赴北京参加女儿的婚礼。她计划留下儿子，让他在中国上大学。[66]

同年 10 月 29 日，司徒旄参加了唐人街加拿大胜利债券的筹款晚宴。恰巧有到美国考察经济和筹建中美合作懋业银行的徐恩元到埠，与他随行、准备回访中国的美国银行家们共同体会了温哥华唐人街的慷慨捐献。但他们不知道的是，这些华商为祖国捐赠更巨。徐恩元是浙江吴兴人，1897 年毕业于上海南洋公学。1905 年赴英留学，入读伦敦大学经济政治科，1908 年跟随汪大燮考察英国宪政，1911 年为伦敦币制会议代表，1916 年任中国银行总裁，1917 年任国务院参议，之后在金融界担任要职。[67] 他在温哥华接受了英文媒体的采访，并在餐会上发言说，有计划将中国工商银行开到北美各大城市，包括温市。他认为中国的当务之急是教育与交通，二者都与司徒家的理念和工作契合。参会的有驻温领事叶可梁、温哥华市长及华人商业大佬廖翼鹏、司徒旄、温金有、叶恩、叶生等。徐恩元还提醒同胞“虽然不能参战，但是既然身为此地的居民，还是要有所奉献”。司徒旄向美国人和加拿大人解释，第二次发放胜利债券华人就踊跃认购，第三次又是华人领先。席间有两面旗帜拍卖筹款 1 万加币，再为胜利债券增添一笔大额。[68] 温哥华市的华人为加拿大一战的胜利债券贡献了超过 10 万加币。

# 注　释

1.Edgar Wickberg, *From China to Canada: a history of the Chinese Canadian communities in Canada,* (Toronto: McClelland and Stewart, 1988), p.118.

2. 加拿大退伍军人网站的加拿大华人：Chinese Canadians, https://www.veterans.gc.ca/eng/remembrance/people-and-stories/chinese-canadians#03, accessed Jun.20, 2021.

3.[加]梁介庸:《落基山史记》, 温哥华: 加拿大华人历史研究学会出版, 2018年, 第185页。

4. E. G. Perrault, *Tong: the Story of Tong Louie, Vancouver's Quiet Titan*, Vancouver BC:Harbour Publishing, 2002, pp. 42-43.

5. Canadian War Museum, The Battle of Vimy Ridge, https://www.warmuseum.ca/the-battle-of-vimy-ridge/, accessed Dec. 10, 2022.

6. "Wee Tan Louie," Chinese Canadian Military Museum, https://www.ccmms.ca/wee-tan-louie/, accessed Nov. 1, 2022.

7. "Wee Hong Louie," Chinese Canadian Military Museum, https://www.ccmms.ca/veteran-stories/army/wee-hong-louie/, accessed Nov. 1, 2022.

8. "Special projects: Frederick Lee--WWI Soldier," Chinese Canadian Military Museum, https://www.ccmms.ca/special-projects/frederick-lee-wwi-soldier/, accessed Nov. 1, 2022.

9.《我的爷爷是华工》, https://www.thepaper.cn/newsDetail_forward_10350460, 访问日期：2022年11月1日。

10. 徐国琦著，潘星、强舸译：《一战中的华工》，上海人民出版社，2014年，第55页。

11. 雷氏－司徒氏家庭档案（Louie-Seto family private archive）

12.《第一次调查华工在法情形》，《益世报》1918 年 11 月 18 日，第 3 版。
13. 石晓宁：《一战中加拿大国民党支部“党禁”事件始末》，https://www.sohu.com/a/254306225_523175，访问日期：2022 年 11 月 1 日。
14. Reid report to Chambers, April 7, 1917, NA, Canada, R6-E T/1 01.
15. 徐国琦著，潘星、强舸译：《一战中的华工》，第 63 页。
16. BC 省档案馆有专题展览和媒体发布活动，也有视频。
17. Dan Black, *Harry Livingstone's Forgotten Men: Canadians and the Chinese Labour Corps in the First World War*, Toronto, ON: Lorimer Publishing, 2019.
18. [加]李东海：《加拿大华侨史》，中华大典编印会，1967 年，第 493 页。
19. “Connaught I.O.D.E. holds gay bazaar,” *Vancouver Sun*, Dec. 1, 1917, p.4.
20. Ibid.
21. 英文的相关著作自 2008 年起层出不穷。Andrei Bondoreff, “William Head: a transit point for Chinese war labourers; Members of Oriental Labour Corps recruited in First World War effort,” *Times Colonist*, Jan. 25, 2009, c8.《大汉公报》（1919 年 10 月 27 日，第 3 版）对回程的劳工也有报道，例如《山东工人抵埔之消息》。
22. 同上。
23. Mark Humphries, “Spanish flu, the pandemic that killed 50 million, started in China — but may have spread via Canada, historian says,” *National Post*, Feb 04, 2014, https://nationalpost.com/news/canada/spanish-flu-the-pandemic-that-killed-50-million-started-in-china-but-may-have-spread-via-canada-historian-says, accessed Nov. 1, 2022.
24. Mack Lamoureux, “Island of Death: BC's Forgotten Racist Leper Colony,” Vice, https://www.vice.com/en/article/9kgyaz/island-of-death-bcs-forgotten-racist-leper-colony, accessed Oct. 29, 2022.
25. 石晓宁：《从革命到建设：辛亥革命前后海外华人政治心态的蜕变——以《大汉公报》及崔通约为例》，《社会科学辑刊》2014 年第 6 期，第 159—167 页。
26. [美]陆国燊：《孙中山与美洲华侨：洪门致公堂与民国政治》，香港商务印书馆，2019 年，第 233 页。
27. 冯自由被称为“革命童子”，他从北美回国后主要的工作是收集各地参加革命人士的事迹，分别稽核褒奖，因此得以接触大量史料，后来集合成书。参庄树雄、郭启明、刘勇：《冯自由：革命童子笔为锋》，《南方都市报》1910年10月13日。

28.《温哥华张领事上稽勋局书》，《申报》1913年4月6日，第11版。

29. 叶克飞：《先醒来的人：中国近代第一批留学生》，浙江大学出版社，2017年，第520—521页。

30. 同上。

31. 崔通约：《欧洲大战与我国之关系》，《大汉日报》1914年8月4日，第1—2页。

32.《域埠致公总堂欢迎余委员暨来宾演说详情》，《大汉日报》1915年7月14日，第3页。

33. 吴诩麟编辑：《革命老人吴紫垣文集》，吴成达堂，1962年，第130页。

34. 刘绍唐：《民国人物小传（二八一）》，《传记文学》，1998年10月，第131页；吴荫民：《开平吴荫缘　百日忧患记》，出版信息不详，1916年。

35. 司徒旄击楫社的同志黄灼棠，以及温哥华的领事陆鸿勋都曾提及司徒旄与孙中山是好友，但目前尚未没有发现司徒旄与孙中山交往的一手文献。

36. 鲁正葳：《撩开民国黑幕：报界奇才黄远生见证》，甘肃人民出版社，2004年，第255—277页。此事由刘北海在台湾离世前亲口供出。

37. 上海的《亚细亚报》、旧金山的《中西日报》等都遭遇过暴力袭击。

38. 鲁正葳：《撩开民国黑幕：报界奇才黄远生见证》。

39.《民国五年至六年域多利中华会馆选举新任董值芳名列左》，《大汉公报》1916年9月5日，第3版。

40. 正如改良和革命引发不少后续，孔教运动在海外侨社同样掀起巨大影响。参吴震：《孔教运动的观念想象：中国政教问题再思》，复旦大学出版社，2019年。

41. “Chinese riot is climax to trouble,” *Daily Colonist*, Oct. 10, 1916, p.7 and Oct. 31, p.7. 报道3名国民党成员被指控，高云山获袭击他人罪。

42.《加属新闻：华商又弱一个》，《大汉公报》1922年7月28日，第3版。

43. 石晓宁：《一战中加拿大国民党支部“党禁”事件始末》，https://www.sohu.com/a/254306225_523175，访问日期：2022年11月1日。

44.《华商欢迎汤总长》，《大汉公报》1918 年 6 月 21 日，第 3 页。
45. "Local Chinatown in a Ferment," *Daily Colonist*, Sept. 4, 1918, p.11.
46. 东荪：《哭济武先生》，《时事新报》1918 年 9 月 5 日，第 2 版；《汤济武在加遇害记》，《时事新报》1918 年 9 月 6 日，第 6 版；《汤济武在加遇害二志》，《时事新报》1918 年 9 月 7 日，第 6 版。
47. "Local Chinatown in a Ferment," *Daily Colonist*, Sept. 4, 1918, p.11.
48. 同上，整版报道刺杀事件，不仅震惊维多利亚唐人街，也让加拿大警方加强了警戒治安和开展对幕后指使人的调查。陈树人等首先成为被调查的对象。
49.《汤化龙灵柩起运回国》，《大汉公报》1918 年 9 月 17 日，第 3 版；"Body of Murdered Statesman shipped," *Daily Colonist*, Sept. 15, 1918, p.7.
50. 石晓宁：《一战中加拿大国民党支部"党禁"事件始末》，https://www.sohu.com/a/254306225_523175，访问日期：2022 年 11 月 1 日。
51.《林领事惠及爱国侨胞之通告》，《大汉公报》1915 年 2 月 24 日，第 3 版。
52.《西报载驻温领事之更动》，《大汉公报》1917 年 11 月 19 日，第 3 版
53. "Funeral of David Lew was largely attended," *The Province*, Oct. 27, 1924, p.24.
54. Chinese "Merchants": Titbits from Evidence Detectives Came to Hong Kong, *South China Morning Post,* Mar. 16, 1911, p.8.
55. 互相参与家族的婚礼等活动，森记姆和李梦九夫妇被奉为上宾，司徒旄与廖鸿翔的兄长廖翼鹏交往密切。
56.《先侨心声：司徒省吾于温哥华》，《开平文史》1987 年第 17 期，第 49—54 页。
57. 例如 1921 年 4 月为国内饥荒筹款募捐(《大汉公报》1921 年 4 月 12 日，第 3 页)，1922 年 4 月为中华医院家族的女眷也出面并带头捐款，为顺德同乡的捐款（《大汉公报》1922 年 3 月 9 号，第 3 页），等等。
58. 刘绍唐：《民国人物小传（二十一）》，《传记文学》，1975 年 1 月，第 245—248 页。
59.《记者当坚立于言论界，陈树人细看》，《大汉公报》1918 年 1 月 17 日，第 1—2 版。
60. 陈树人赠送司徒旄的画册，被其妥善珍藏，与其他知名画家的作品一道留传给后代。司徒旄的孙辈中有专业人员整理、评估了相关私藏艺术品，并集成

了可观的藏品目录。

61. 崔通约，笔名沧海，曾师从康有为。崔通约个性鲜明，不为权贵所屈。

62. 李梦九与司徒旄从《华英日报》退股的声明刊登在1908年初的《新报》上，目前仅存剪报，没有发现完整版面。

63. 崔通约：《沧海生平：中华民国开国史之亲历》，沧海出版社，1935年，第40页。

64.《满提高船感触之实记》，《大汉日报》1915年9月11日，第3版。

65. 李东海：《加拿大华侨史》，第492页。

66. "Personal Notes Social Events," *Vancouver Daily World*, May 9, 1919, p.6.

67. 可参［美］蒲嘉锡著，赵真华、陈佳琪译：《同床异梦——中华懋业银行的历史（1919—1937）》，北京大学出版社，2014年。此书记述了中国历史上第一家也是唯一一家中美合资银行中华懋业银行的兴衰进程。徐恩元一行抵达温哥华后，与司徒旄共同见证了国际关系的重要时刻。

68. "Successful Dinner for Victory Loan is Given by Chinese," *Vancouver Sun*, Oct.30, 1919, p.12；《徐博士谈论中国之急务》，《大汉公报》1919年10月30日，第2—3版。

# 第九章 何处为家

## 一、归去来兮

华裔二代多有一技傍身，勤奋好学，语言又无障碍，却很难在北美发展。李梦九早在 1914 年秋就命令两个儿子奔赴岭南进修，为他们日后在香港工作奠定基础。出生在“金山”的家族二代中，最早到中国发展的是西雅图的刘吉祺。他在中国走向共和之时，满怀豪情地去奉献。1913 年秋大婚后，刘吉祺携妻再次奔赴中国，任职山海关北洋铁路官学堂近 3 年，为中国培养出第一批现代科技和工业人才。[1] 他的长子刘毓麟就出生在那里。

图 9-1-1 美国西北角的中国荣誉领事阮洽
（资料来源：Image 1998.024 Goon Dip Portrait, Courtesy of Wing Luke Museum）

刘吉祺的岳父阮洽少年时给西人家庭做帮佣，英语流利。他性格外向豪爽，善于和其他族裔沟通，曾与波特兰市的梅伯显合作经营多个商铺。梅伯显是美国西北角几个州的荣誉领事，不领取薪水，但要领导华侨一致对外。1908 年，梅伯显把华盛顿和阿拉斯加两个州的荣誉领事权分配给阮洽。他们都曾捐官给清廷，而且得到驻美公使梁诚的推荐和授权。阮洽于 1909 年的博览会运筹帷幄，

图 9-1-2 阮洽在西雅图为博览会建立起的酒店仍然屹立，入口门洞上雕刻有阮洽的名字
（资料来源：Courtesy of the Seattle Municipal Archives）

虽然没有清廷的支持，却穿戴官服出场，而且气质谈吐不俗。美国人冲着他的信誉和经营天赋，乐于与他合作。他为西雅图的华人和本家族开创了局面，奠定了经济与社会基础，也为长女选择了当地首个华人大学毕业生作为如意郎君。[2]

共和之初，中国北方政局不稳，物质欠缺，急需刘吉祺这样在西方受过高等教育、中文流畅、有志报国的年轻人，再由他们去培养领先世界的科技和工业人才。但此时恰逢袁世凯复辟，母亲在美国病危，刘吉祺被迫携妻儿回美。他们于 1916 年 3 月 24 日经神户回到西雅图。[3]1917 年初，司徒旄的岳母李氏在儿女、子孙的陪伴下离世，终年 52 岁。刘吉祺只好留在美国安家，逐渐接替岳父的工作，担任西北地区中华民国副领事，他们还一起投资阿拉斯加的矿山公司，开采出金、银、铜等贵金属。[4] 刘吉祺的四个子女都很优秀，无愧于披荆斩棘的祖父和力图忠孝两全的父亲。他们在双语的环境中长大，同时学习和适应中美两国的教育方式；长子刘毓麟和妹妹刘毓真大学期间曾作为交换学生留学岭南。

刘乾的三子、刘玉柳的弟弟刘吉瓒于 1912 年被常春藤的宾夕法尼亚大学医学院录取，远赴东海岸的费城读书。刘吉瓒不仅术业有专攻，还是拳击和摔跤健将，被称为那时“唯一练拳击的中国人”。[5] 他开创了 135 磅重量级的常胜史，向世界发出挑战赛邀请。[6] 他的比赛成绩见诸美国东西海岸的各大报章，记者充分发挥想象力，有评论说他父亲是在广东拥有大量土地的百万富翁，所以他才有运动经费参与环美淘汰赛。殊不知其父刘乾早在8年前就驾鹤西去，子女们完全是凭借自身努力打拼。刘吉瓒在热身准备比赛时还经常要应对记者的访问，他曾说："假以时日，中国人在奥运会上不可小觑，我回国行医时就会看到学校里都会有体育馆，可以教授各种体育竞技。一个国家的体育塑造了其国民，你们应该感谢美国。"[7]

图 9-1-3　刘吉瓒刊登在全美多处报纸上挑战赛的邀请
（资料来源："Chinaman to teach boxing," *Seattle Star,* May 7, 1916, p.7）

作为常春藤私立研究型大学，宾夕法尼亚大学拥有美国第一所医学院，历史悠久，师资优良。[8]从刘吉瓒与教授合作发表的论文可以看出他毕业前的研究已经属于外科前沿领域。[9]1922年，他

DON G. LEW

Seattle, Wash.

Age, 27. *"Don."*

University of Washington, B.S., 1915. Wrestling Team (1). Lightweight Boxing Champion, University of Pennsylvania. (1, 2, 3). Episcopal Hospital, Philadelphia.

Though he does not come directly from the land of poppies, dragons, and rice, Don still has the superstitious impression that spiders, cock-roaches and snail hearts are to some degree antidotal to various yellow fevers. He says he never did wear knee-pads and kneel down before the sacred lactating Jerseys, that he never had a que, and never took in laundry. Four years of training in the arts of fistic manipulation have given Don enough ability to hold down a position as bouncer in one of Pekin's notorious dives, and some time in the future we may hear of his showing the coolies what a real Boxer uprising is like.

*Page One Hundred-forty*

图 9-1-4　刘吉瓒宾大毕业册里的记录
（资料来源：University Archives and Records Center, University of Pennsylvania）

图 9-1-5　刘吉瓒夫人袁慧燮（右）与友人的合影

离开美国，为西医东渐贡献专长。作为住院实习医生，他先到了北京协和医院。[10]那是在中国，甚至在世界范围内都领先的医院，奠定了他在中国工作的高起点。实习结束后，他前往青岛开业，行医的同时为青岛港提供检疫服务。[11]他实现了自己的诺言，1922 年，他被北洋政府聘为即将收回的青岛特别行政区防疫部医生，1928 年他开设自己的私人诊所。他爱上了青岛小姐、名媛，袁昶的后人袁慧燮（1907—?，Helen Yuan）。[12]

1918 年汤化龙案后，李月华与霍坚订婚。李月华坚定地要嫁到中国去并于次年在北京与霍坚成婚，父母赶赴北京参加婚礼。1920 年 3 月，李月华随夫赴欧洲，陪他上任驻葡萄牙参赞一职。1921 年霍坚从欧洲任上赴美国华盛顿出席万国会议。[13]他们的长子霍超白（生卒年不详）出生在欧洲。正如报上所赞的，李月华“饱受中西学识”，订婚前就已经与华侨学校的先生们有一系列的著作出版。她与霍坚的婚姻被称赞为“鸳鸯比翼”。[14]

霍坚出生在广东南海殷实的盐商家庭，从小就随父到印度经商，闯荡多年。1905 年，他在孟买开始接触阅读梁启超的著作，觉悟到要为拯救中华民族出一己之力。[15]1906 年，他回到广州读书时加入了同盟会，后经同乡介绍，在上海与梁启超相识。梁启超对他印度的经历非常感兴趣，询问“英人治理印度及印回两族龃龉形甚详”[16]。霍坚在英国留过学，还在日本帮助宋嘉树为中国青年会教授英文。

辛亥革命时，霍坚是黄兴的部下。1913 年，霍坚考入日本早稻田大学，入

图 9-1-6　霍坚、李月华和长子霍超白的合影
（资料来源：陈华新《李大钊的生死之交霍侣白》，《世纪桥》2001 年第 1 期）

读政治经济科，结识了低他一级的李大钊。在日本强占胶州湾时，他俩成立了有几十位留学生参加的神州学社。后来李大钊辍学先行回国，护国讨袁。他曾题诗给霍坚："当年相见即相知，抵掌谈心恨见迟。"他们分手后一直保持书信联系，李大钊还催促霍坚毕业就尽快归国，不要在日本耽搁。1916 年 7 月，两人聚首上海，一起乘船北上，到北京创办《晨钟报》，李大钊为总编辑。李大钊将校友霍坚推荐给汤化龙，颇受汤化龙器重，安排他服务于众议院外交部国际协调处。1918 年 1 月，李大钊转任北京大学图书馆主任。霍坚为李大钊提供西洋社会运动史和马克思主义的学说。[17] 他们当年在北京常与梁启超、汤化龙、林长民等聚会，关系密切。[18] 同年春天，霍坚陪同汤化龙访问北美，虽在加拿大觅得良人，却眼见老师和伯乐在自己的面前殒命。

大洋对岸的一家人继续在新国度发扬祖先传统，操办侨校，慈善募捐。1919 年 10 月，司徒氏 3 代人共同组织和参与了维多利亚华侨学校的纪念孔圣大典和第三届毕业典礼。李梦九校长主持并颁发毕业证书，司徒旄演说《圣教保国》，学生代表发言的有第三代、大姐司徒春颜的儿子李毓棠和大哥司徒根柱的女儿司徒顺好。[19] 这是李梦九最后一次主持学校工作。[20]

图 9-1-7　华侨学校第三届毕业生与学校值理和教习合影（1919 年 10 月），李梦九为中间位置白发者，司徒旄在李梦九的右后侧

（资料来源：Group outside Chinese School, Fisgard Street, Image PR-0223-M08108, Courtesy of City of Victoria Archives）

1920 年，李梦九选择搬回香港，任昌兴轮船公司，即诗丕亚香港分公司总管，这个职位被大洋两岸的华人视作肥缺。[21] 而于李梦九本人，既有华

人“金山梦”的衣锦还乡，也有因为对子女的思念心切和希望享受晚年的四代同堂。

李梦九代表同胞与主流社会交涉，近40年里，作为中间人，无论多努力，他都是遭到嫉妒和非议的人物。他不仅在报上悬赏重金惩治那些造谣诽谤之人，也请律师进行过多次法律诉讼。[22]夹在加拿大官方和良莠不齐的华人之间，沟通与合作绝非易事。有华人谎称自己是商人或者土生的加拿大人，引得民众抗议和政府介入调查，调查时间之久、范围之广，令人难以承受，而且引起华人内部的互相揭发和诬陷。但是，李梦九也目睹了精英学者远渡重洋，却被歧视和刁难，迟迟不能上岸。廖鸿翔与同行竞争，互相指责，10年前就遭到法务部的特别调查团立案调查，使主流社会怀疑中国人的诚信，也让当年参与调查的张康仁领事花费了大量精力。[23]李梦九遭到牵扯，被迫接受调查，质询他的法庭记录在英文报刊上连篇累牍，但最后没发现他有违法行为。1920年4月，李梦九在车内遭遇卡车追尾，被挤向路边，警察也只是让几位车内的白人青年交罚款。[24]他到中年就已经头发花白，面容疲惫。他的理想是为后代提供最佳的、中西兼备的教育机会，他做到了，然而政治权益是他无力争取的。他不仅要面对主流社会的歧视，还要承受同胞的怀疑。国民党刺杀黄远生，冲击中华会馆，重伤刘子逵，开启了遍布美洲的血雨腥风，持续10年之久。[25]中华会馆受到重创，人心涣散，面临破产，商业领袖们渐行渐远之时，又有汤化龙喋血街头。

司徒春颜在北京出席婚礼后南下香港，准备全家搬迁。[26]李梦九于1920年5月返回香港，先住酒店。[27]司徒春颜回到维多利亚，料理家人搬迁事宜，并告别亲友。11月18日，出生在加拿大、成长于维多利亚的李夫人携子女登船，准备到香港定居。他们乘坐的俄国皇后号乘客超过千人，于当晚9时从维多利亚起航。虽然同船不乏名流要人，包括中国教育会驻美国华盛顿的主席施先生、清华大学的教授等。[28]但当晚集体表达敬意的仪式单单为李夫人举办，因为李氏夫妇几十年如一日为社区服务奉献。为了表达敬意，负责交通的官员、诗丕亚公司的代表在码头为他们一家赠送银质纪念品，感谢李梦九和司徒春颜为这个港口城市所做的一切，也希望凭借礼物让李夫人记住这片生养过她的地方。[29]

图 9-1-8　李梦九的母亲离开加拿大前与留下的女眷和孙辈们的合影。两位亲家母坐在中间，司徒森夫人为白发高个子在左，身后站立者为刘玉柳。其女儿司徒美先依偎着奶奶的左侧，前排右二穿海军衫的是司徒炳唐

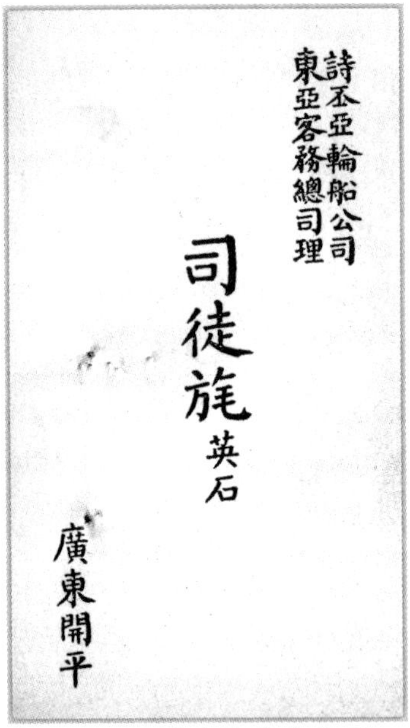


图 9-1-9　司徒旄的中文版商业名片在留学生中广泛散播（资料来源：University of British Columbia. Library. Rare Books and Special Collections. The Chung Collection. CC-TX-103-12）

20 世纪的广东人，无论出身于何种阶层都不惧迁徙。然而被连根拔起后，在他乡的土壤中还能重新枝繁叶茂绝非易事。1921 年初，司徒旄在中部草原的曼尼托巴省会温尼伯接受采访时说“过去的几个月，已经有 1 万名华工取道加西前往古巴”。他们当中有的买了古巴的种植园，但更多的是受到古巴政府的鼓励，作为劳工前往，但是古巴的劳动市场需求趋于饱和。[30] 国内也有报道称古巴政府开始驱逐华工。[31] 那一年，加拿大共有华人 5 万人左右，分布在所有省份，但仍然有超过一半的华人聚居在面向太平洋的 BC 省。[32] 美洲大陆由南至北、从东到西都有来自中国广东的开拓者，美洲也是中国人的美洲、广东人的美洲。只是身在海外，即便品学兼优也无法在专业领域大展宏图。一代移民大多带着落叶归根的执念回归故土，二代则继续寻找能施展才干的乐土。

## 二、黄白分校

既然决定留下，就要让后代享受到平等的权利！司徒氏一如既往地参与侨教、慈善募捐和抗争不公。1922 年，维多利亚一个重要的历史事件就是“黄白分校”。政府税收支持的公立学校对华人子女的排斥时有发生，矛盾积累若干年后酿成轩然大波，引发华人有组织地强烈抗争。

自 1882 年美国出台《排华法案》之后，加拿大仍然需要大批劳工。华工的增加意味着学童数量的增加，虽然比例不大。而公立教育系统俨然变成所谓的“主人”和“外来人”的战场。域埠乐群义塾从一开始就提供中英双语教学。培养学贯中西的人才是李梦九和司徒旄的梦想。他们建立起来的高水准、严要求的学校，被美国和加拿大后来的华侨学校争先效仿，也一直被东西方学者深入研究。[33]进入 20 世纪，来自西方的民族主义思潮为华人在海外的教育注入新的内容，从而更强调世界民族国家之间的竞争关系。跨太平洋社会中身处中、美、加与欧洲诸国，或者流动于其中的人在加强联系的同时也更明确了民族国家间的政策界限。

少数华商子弟进入公立的英语学校读书，没有引起主流社会的关注和反感。19 世纪末到 20 世纪初又有近 1000 名华人女性入境，孕育出华裔二代。1901 年，BC 省《公共教育法案》（Public Education Act）规定城市里 7 岁到 14 岁的居民必须接受义务教育，但是人口激增和基础设施滞后的矛盾，以及正规教师队伍的缺乏，使学校过于拥挤、教学质量欠佳，“黄白分校”的争议从个别学校开始，影响到整个维多利亚市。《公共教育法案》出台那年，维多利亚 108 位华人学童中只有 15 人上学校局的公立学校，全市学龄儿童入读率不到三分之二。[34]但是，之后华人学生的增长引起西人家长的恐慌，他们担心唐人街和外国港口城市流行着的鼠疫和麻风病。[35]1903 年，人头税大幅上涨，但政策还是有利于学生，华人学生在公立学校学满一年可以获得退税。1907 年到 1908 年，教育歧视日趋严重，学校局开始限制华生进入西校，交付了人头税的学生不再能获得政府退税。中华会馆雇佣西人律师弗雷德·彼得斯（Fred Peters）代表华人利益诉诸法庭，强调华人孩子享有受教育权力。这位律师还获赠“李观荣”这个中文名字。[36]学校局却变本加厉地规定即使当地出生的华裔也要会英语方可入学。李梦九的3个孩子就遭遇这个问题，需要有西人朋友出面做证，证明孩子们都有私教、学习过英文。侨社筹集的律师费被李观荣律师婉拒，这笔闲置资金因而用于购置土地、兴建新的华人公立学堂。李梦九将自家的地产让出一半作为学童的运动场，决意追求高标准的教育，包括体育课程。1909年盛大的开幕仪式吸引了八方嘉宾，学校质量之高，令西人羡慕，学校局也改变了态度。不料李梦九离境赴香港之后，排斥华人学生的声浪再起。1921年，省政府以各种理由要求隔离公立学校的华人学生。有报告称分布在全市4所学校的216位华生来自不洁净的家庭，因此应该被集中在一处，以免影响其他学生。1922年，维多利亚学校局决定将这400多位华生从各个学校逐出，集中在破旧的屋舍内。[37]这不是一次孤立的事件，温哥华和本拿比早已有家长反对华人孩子出没，说会降低小区的地价，他们甚至觉得华人学童在公园玩耍嬉戏也有碍白人孩子。

这些违背法律的种族歧视行为，令华裔新一代走到了争取平等权益的前沿，领导了一场大规模的平权运动。1921年中华会馆选举，年轻的刘光祖获选为副董。他是司徒氏二女婿刘子逵的侄子，曾经与司徒旄一起携西人律师到首都渥太华请愿。那年刘光祖尚年少，然而司徒旄也是自少年时代就挑起重担的才俊。该届中华会馆的司库是从岭南学成回加的李氏长子李毓堃，家族中的“传帮带”由来已久，贯彻到了第三代。他们已经是学贯中西、德才兼备的领袖人物。他们认为歧视华童的做法危害极大，长此以往，会让华侨不再有立锥之地。

图9-2-1　司徒氏亲友、后起之秀刘光祖

刘光祖和中华会馆值理们利用报纸一一驳回学校局的排华言论。秋季开学前，他们指导学生一旦被学校局强制分隔，就务必抗议和罢

课。1922年9月5日，开学第一天，华人学生果真被命令列队到隔离出的单独校舍集中，学生们振臂高呼抗议、罢课回家，开始了一年之久的反对“黄白分校”的抗争。[38]

起初，在警察的保护下还有少数学生不忍丧失机会继续上学。但是经受了3周的骚扰和谩骂后，华人学生全部罢学。带头者开始在维多利亚募捐，筹划抗争到底。诗丕亚公司的海员们捐款表示支持。他们明知自己的弱势地位，但仍然以书面形式表示“最强烈反对”，并且多方联系，在外交和道德层面反映诉求。[39] 中华会馆联合同源会和中华商会声明：学生失学要学校局负责。刘光祖带领联合起来的各界组织一面向省教育厅抗议，一面通电中英文各大报社，还上书领事林葆恒。[40]

10月28日，抗争会在唐人街安置了临时课堂——中华义学，收容罢课学生。当年击楫社的成员和华侨公立学校的教员黄灼棠负责义学中文教学，并由同情华人的西人女教师教授英文。[41] 陈礽梅任校长，留学美国路过当地的程天放等也留下任教救急。[42]

除了岛上的维多利亚，温哥华的学校局同一时间也提议“黄白分校”，但有4所学校的校长在师生的支持下顶住了压力，拒绝分离华人学生，学校局遂打消了这个念头。[43] 小家庭在温哥华的司徒旄清醒地意识到抗争的重要性。他参与组建了域埠抗争分校后援会，并与温金有一起担任交际员，负责与政界、法律界和教育局的沟通。[44] 他们游说同情华人的西人朋友，给不同报社写信呼吁。1922年11月2日，在维多利亚的华人剧院集会示威，几位领袖登台演讲，司徒旄是其中一位。11月19日又在西人戏院集会，5000多人到会，座无虚席，后至者站在四周和走道。听完演讲后，群情激奋，大家齐声高唱爱国歌曲，学生们表演“同胞们团结起来”等节目，“高呼大中华民国三声万岁”，决定向民国政府集体请求暂停与加拿大政府的贸易合作协定。[45] 这场原本局限在一个城市内的教育平权运动，被有组织地上升到一个民族在世界上生死存亡的高度。1923年，中国驻加总领事周启濂（Tsur Chilien）[46] 到BC省抗议，并表示会要求中国政府对加拿大和英帝国实施贸易制裁。4月6日的《维多利亚每日殖民报》总编辑发文说学校局的做法显得短视和狭隘，只会在国际埋下仇恨的种子。[47]

这次抗争组织得力，影响广泛，意义重大。与媒体的沟通触及世界各地，渥太华的联邦政府、教会组织甚至普通公众都有人支持华人。长达一年的抗议过程中也曾出现过意见不统一，甚至退缩。但是领袖们选择坚持到底，人类世界的认知在改变，全球性的反帝、反殖民运动和平民劳动阶层争取平等权益的大环境产生了积极影响。刘光祖强调：“不能因为少数富商将抗争看作过激行为就停止，半途而废会让我们一落千丈。”1923 年 8 月，市教育局终于通知中华会馆，允许华童返回原来的学校就读，只有 17 位学生需要先集中补习英文。1923 年 9 月 4 日，《大汉公报》头版宣布抗争以华人的胜利而告终。这次教育平权运动有 4000 名华人参与，抗议演变成了更大规模的民主平权运动。[48] 不仅得到上海、香港、广州的声援，还得到芝加哥大学、麦吉尔大学、哥伦比亚大学的支持。[49]

同时逐渐收紧的排华政策更让北美的华人看重自己的双重身份，更加强了祖国文化的传承和影响。司徒旄夫妇将家人的往来书信编辑成册，交给《新民国晨报》印刷，供孩子们学习中文之用。虽然罢课，中文学习不能间断。这本百年前的《浅白信札》封面写有“敬呈司徒旄、刘劲雄两君以为家庭教育之预备”。该书收录司徒－李氏－刘氏等家族后代与长辈的通信，目的是让学童学习书信写作、对长辈的称谓和敬语、简要叙事等。书信的内容反映出这个家族成员的亲密关系，亦提及华童在校学习情况和成果。

弟寄兄函

毓[坤霖]胞兄同鉴：

敬启者：分别年余，时深纪念。[弟]与材哥读书，略有进步。毓文读第二册国文，能解二百余字。祖母以下，皆极平安。[舅]父[妗]母（即司徒旄夫妇。——撰者注），常在[我]家。[舅]父之子，名叫炳唐，已能行动。顺字告知。敬问

旅安

胞弟[毓棠]鞠躬，孔子诞前一日写

这是李氏弟弟写给在岭南读书的两位兄长的信，言简意赅。

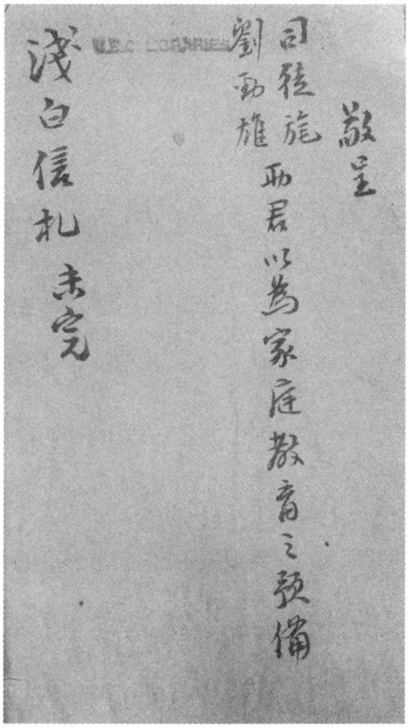


图 9-2-2　百年前司徒氏家庭教科书封面

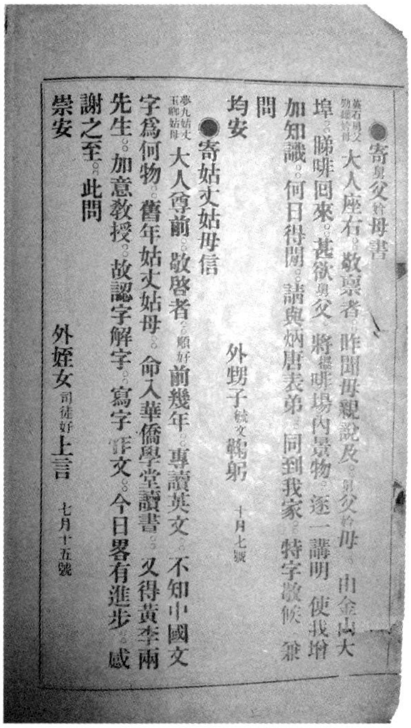
●寄舅父舅母書
大人座右。敬禀者。昨聞母親說及。舅父舅母。由金山大
埠。睇啤回來。甚欲舅父。將啤場內景物。逐一講明。使我增
加知識。何日得閒。請與炳唐表弟。同到我家。特字敬候。並
問
均安
外甥子毓文鞠躬　十月七號
●寄姑丈姑母信
大人尊前。敬啟者。前幾年。專讀英文。不知中國文
字爲何物。舊年姑丈姑母。命入華僑學堂讀書。又得黃李兩
先生。加意教授。故認字解字。寫字作文。今日略有進步。感
謝之至。此問
崇安
外姪女司徒順好上言　七月十五號

图 9-2-3　1915 年李毓文写给司徒旋夫妇的信，想听他们介绍旧金山世博会之行。司徒顺好写给李梦九夫妇，感谢他们督促自己学习中文

## 三、《排华法案》（1923）

人类社会的种族偏见向来有之，不足为奇，然而在加拿大这个所谓的文明世界，以平等博爱自诩的新兴移民国家，却系统性地歧视华人，而且到 20 世纪 20 年代愈演愈烈，极其恶劣。白人至上主义者的意识形态致使一些人一边抨击中国人卑劣，一边担心会被“卑劣”的种族超越而失去主宰地位。加拿大的第一任总理麦克当纳（Sir John A. Macdonald）就在 1885 年批评华人是“他者”，应予限制。[50] 劳工阶层的嫉妒和政客翻云覆雨的煽动也起到了推波助澜的作用。华人把铁路贯通全国之后，联邦政府出台所谓《中国移民皇家报告和证据书》[51] 列举华工各种问题，并以此为由开始征收人头税。1900 年，又开展第二次调查，正值中国的庚子之乱，加拿大出兵会同八国联军攻占北京，

掠回明代大钟立于维多利亚市一处公园。仇恨使 BC 省民极力要求驱逐华人，最后以人头税翻倍而告终。

中国驻英公使和驻美加的使臣有外交层面的交涉，尤其是郭嵩焘、黄遵宪、张荫桓、梁诚、周自齐和欧阳庚等人护侨事迹显著。然而这些举措在郭嵩焘的年代相对奏效，后来则变得收效甚微，清政府已经被世界强国嘲笑，因其不能给海外子民有力支持。1903 年，人头税增长到 500 加币，相当于普通人两年的收入。[52] 中华会馆曾致电公使和领事，请求向国人解释不友好的现状，劝告同胞不要贸然前来。自 1886 年至 1923 年间，加政府的人头税收入高达 2300 万加币，接近修建太平洋铁路的联邦预算，相当于 2016 年的 3 亿多加币。[53]

一战期间，加拿大失业率居高不下，而 500 加币的人头税没有阻挡华人移民的步伐。1917 年，只有几百位华人到来，战后接下来的几年又有数以千计的华人入境。一直由中华会馆经营的中华医院面临无钱装修和维持的困境，关键时刻，司徒家族全体出动。1922 年 4 月，司徒森夫人带领女部劝捐团向华商家族募捐，大笔捐款入账，帮助医院在夏天完成装修，11 月重新启用。

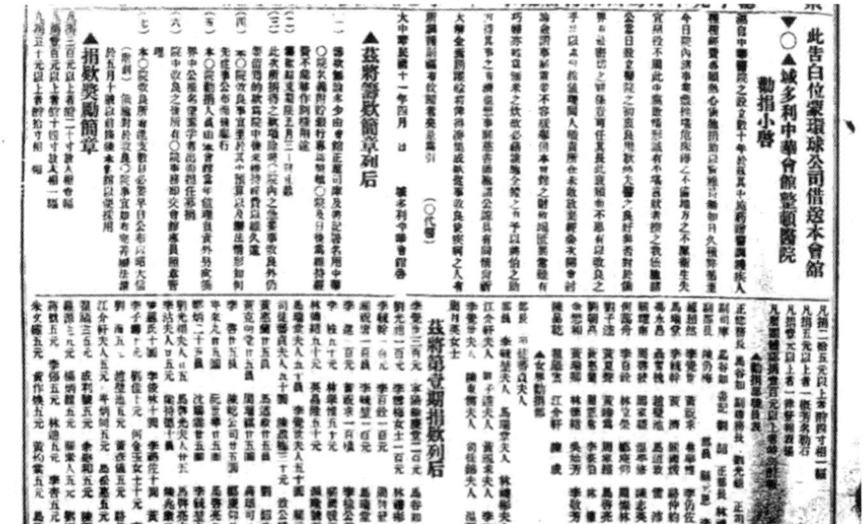
此告白位蒙環球公司借送本會舘

域多利中華會館勸捐醫院

勸捐小啓

茲將籌款簡章列后

捐款獎勵簡章

茲將第壹期捐款列后

图 9-3-1 《大汉公报》有关劝捐的报道，女界劝捐部的部长是司徒森夫人，司徒家的许多成员榜上有名

（资料来源：《医院今后无挫之舆》，《大汉公报》1922 年 4 月 5 日，第 3 版）

图 9-3-2　带头为中国赈灾的森记姆
（资料来源：Image M09892_141 Courtesy City of Victoria Archives）

移民加拿大、养育子女的几十年中，老司徒夫人向来倾心慈善事业，尽管自家并非当地的商业大户。20 年前救济印度饥荒，维多利亚华人妇女捐赠就列有司徒家族全体成人包括女眷的名字。[54]1921 年，为了给国内旱灾募捐，老司徒夫人又领导过女界劝捐队，成绩卓著，她被侨胞亲切地称作“森记姆”。[55]一年后，中华会馆再次请她领导女界的募款活动，并将其事迹载入会馆的年度报告。

1922 年，加拿大国会议员们强烈要求立法阻止亚裔移民。7 月，总领事周启濂被政府授命订立两国通商及移民条约。[56]温哥华中华会馆在 29 日成立中加华侨条约研究会，由 12 名社会贤达组成，司徒旄被推举为临时主任，书记由黄孔昭担任。他们采取了民主集中制的做法，号召广泛参与，“各邑、各团、各界明达君子有愿加入研究者，本会极表欢迎”[57]。他们在报纸上撰文：“周总领事莅坎未久，其对于坎人苛待我侨民、辱我国体，使我受万国所无之耻辱，恐未能周知，其对于立约之方针，以挽回吾人以后之权利恐未能熟悉。”周启濂在英国留学获得硕士，又从德国取得政治学博士学位，并在澳洲、纽约都工作过，而且高居民国驻美总领事的职位两年。北洋政府安排这样一位学者型的和有经验的外交官到任，彰显对中加关系的重视和问题的棘手。周总领事鼓励全加的华人提出自己认为应有的权益。1923 年 1 月 30 日，周领事夫妇由渥太华抵达温哥华，受到侨胞热烈欢迎，举办各种宴请集会。会上，周启濂不仅介绍国内的发展变化，也分析中加贸易和国际形势。

以司徒旄为首的研究会就正在谈判的中加订约提出 4 点主张，要求加拿大政府在法律政策层面上一视同仁。这 4 点是司徒先生在几个月倾听民意、经过十几次会议讨论并且集体表决提炼出的结果，刊登在 1 月 31 日的《大汉公报》上，主旨如下：[58]

（1）完全取消现行之《中华移民律》。

（2）参照万国禁工律移民的做法，但应当允许其他类别移民自由入境。

（3）在加拿大的华人居民应享有与来自其他国家的居民同等待遇。

（4）应当保留已在加国但未有领取人头税证书的华人的身份，他们若出境应保证其返回加拿大的权力。

上有老迈的父母，下有年少的儿女，司徒旄明知困难重重，还是一面全职工作，一面团结华人，代表自己的族群发声。无论何种情况，只要有需求和机会，他就全心投入，不求回报，这种低调的奉献是司徒氏秉持的行为原则，贯穿了每一代子孙的人生。

周启濂除了到加西的华人重镇访问，也注重唤起白人的同情之心，他用英语演讲，强调中加贸易的重要性。[59]1923 年 2 月 28 日，联邦议会拟出《华人移民苛例43条草案》，4 月，草案在众议院通过。尽管周领事向国会送达 12 点意见，但是外交层面的交涉没有起到效果。[60]全加华人联合会于是年成立，决定将全体加拿大的华人联合起来共同游说国会。然而，无论是外交干涉，还是民意表达，没有强大的祖国作为后盾，一切努力都显得苍白无力，收效甚微。日本侨民在加的待遇开始改善，因为日英双边协约的签署使日本的地位得以提升，日本被看作可以影响到英帝国和英联邦的有分量的国家。军阀混战、政权频繁更迭的中国则不然。南北分治、外交无才，国人互相诋毁和牵制，令西方列强不看好与中国谈判任何协定。孙中山就曾写信与加拿大内务部长，建议加拿大忽略北洋政府谈判条约的请求。[61]

4 月 27 日，周总领事电告司徒旄，经过多次严重交涉，第五款即针对留学生的款项得到修改，加拿大已经确认。[62]5 月，周领事再次致电，认为时间紧迫，各市代表应该尽快集结赶赴渥太华，重点是与财务部长沟通。维多利亚的中华会馆以刘光祖为代表，到多伦多参加全加华人联合大会。司徒旄被选举为温哥华的代表，周领事多次致电通报进展，携手抗争。[63]11 年之后，刘光祖与司徒旄再次赴渥太华国会山庄，联合其他主要城市的侨领、周启濂总领事和律师共同游说国会。他们带去长达 18 页的陈情书，解说移民法例不合人道，且违背国际公法，力请国会将此案上呈特别委员会讨论。但是执意排华的议员们加速了草案议程，极力回避华人代表游说。[64]分布在全加不同省市的侨社都增派代表进渥京援助，与特别委员不停抗议陈情，为时长达两个月，最终还是没能阻止法案的通过。[65]代表们失望而归，但他们利用理性合法的手段与种族歧视斗争，虽败犹荣。加政府并非要排斥所有华人，而是那些“不再有利用价值”的华人。由于司徒旄和刘光祖等代表的陈情，结果获得“以商、学两纸入口而未经商或入学者可以补税居留，其他修正者有 8 项，印指模和外出必携带居留证等项被删除，增加了移民局判决案可以上诉，华侨入口可以向移民部长申请等项”[66]。

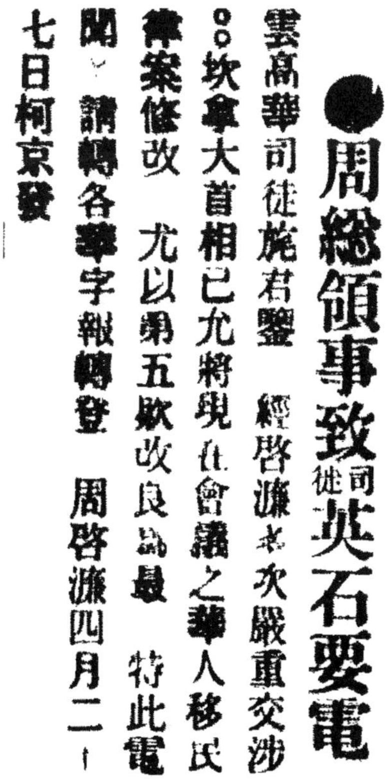
●周總領事致司徒英石要電

雲高華司徒旄君鑒　經啓濂屢次嚴重交涉○○坎拿大首相已允將現在會議之華人移民律案修改　尤以第五欵改良爲最　特此電聞、請轉各華字報轉登　周啓濂四月二十七日柯京發

图 9-3-3　周总领事致司徒旄要电

虽然华人在加拿大的人口一直被控制在 1% 以下，华人移民却为加拿大贡献巨大。[67]不幸和不公的是整个族裔都变成种族歧视的受害者。尽管世界不

同国家和民族的人们都到新大陆寻找机会，只有华人需要缴税方可居留。加拿大虽然没有变成世界上的强权帝国，却与英国的白人至上主义一脉相承。1923年的《排华法案》是加国历史上第一个也是唯一的排斥一个特定种族的法案，与它宣称的“容忍的国度”大相径庭。种族主义影响着每一个在加华人的生活，无论是否在当地出生，华人都要在政府登记注册。如果不在规定的一年内注册并获得带有照片的身份证明，将面临罚款，甚至监禁。而身份证上除了基本信息，还标明“不具备加拿大的合法身份”。[68]

这是在加华人的至暗时刻，意味着加拿大终止华人进入，家庭不能团聚。中华会馆组织翻译新例修改后之全文，视此条例为“侨耻亦国耻也，国耻不忘，始可以言雪耻，知耻发奋，为将来雪耻之地步云尔”[69]。正如“二十一条”和巴黎和会都让同胞感到莫大屈辱，《排华法案》再一次在民族大熔炉里仅对华人进行羞辱。第二代、第三代华人确实只有发奋，才能寻求一切机会雪耻。紧接着的几年，华裔青年们在商业、学术、文化，甚至体育方面快速进步，让各族裔刮目相看。[70]

1924年7月1日是加拿大日，因《排华法案》生效，华人视其为“侨耻日”而拒绝庆祝。所有唐人街商铺、餐厅都停止营业。晚间华人集会，抱团取暖，抒发抗议不公的情绪。[71]同年，康有为的女婿、康同璧的夫婿罗昌由新加坡转任加拿大总领事，交涉针对华人的苛例，并召集了全加华侨代表大会，为废除苛例做准备。华人对他寄予厚望，所到之处热情欢迎。他先拜访维多利亚的华侨并会晤省府官员，再乘船到温哥华。中华会馆、致公堂、宪政会等代表齐聚欢迎。罗总领事表示：“此来，非欲升官发财，而是抱有四个目的：一争公理，二争人道，三争人格，四尽责任。”他于一年后被调回国内，司徒旄在温哥华与罗昌互动，并发表演说要求废除苛例。[72]后来罗昌之子罗荣邦成为西雅图华盛顿大学的教授，在著书立说时还专门请教司徒旄。[73]

由于司徒旄工作的特殊性，加上他积极参与大洋两岸的事务，他与驻外使臣和外交人员关系密切。例如曾任代理美国公使的周自齐，1978年要求加拿大政府为暴乱中的华人损失补偿，他派遣欧阳庚抵埠调查。[74]

七一僑耻紀念

嗚呼．吾國之國恥多矣．百年來輾轉呻吟於帝國主義者鐵蹄之下．其間或割地．或賠款．困極一時之恥辱．猶不若不平等條約之訂定．爲國人賣身之文契．受永遠之束縛．歷萬刼而不復之可痛也．故現在談滌雪國恥者．端在合力謀不平等條約之廢除．加拿大四十三條中國移民例．卽無數不平等條約中之一．是吾人之僑恥亦國恥也．國恥不忘．始可以言雪恥．本會竊取古人臥薪嘗胆之義．於僑恥紀念之今日．特將吾僑七年來蒙耻忍辱以居此歛血吞聲以就範之四十三條苛例全文．刊列於后．俾吾僑觸目驚心．知恥發憤．爲將來雪耻之地步云爾

●加拿大對華移民新例修改後之全文

图 9-3-4　《七一侨耻纪念》（《43 条苛例》的中译文）
（资料来源：News sheet regarding discriminatory treatment of Chinese by the exclusion act, University of British Columbia. Library. Rare Books and Special Collections. The Chung Collection. CC-OS-00045）

1915 年，周自齐与孙宝琦等筹得巨款修建中央图书馆。[75] 周自齐还参与一战后和谈，1921 年 11 月，他以中国代表团高级顾问身份出席华盛顿会议，要求收回山东主权。他不仅是成绩卓著的外交人才，还对电影技术情有独钟。1923 年初，周自齐和董康考察欧美，行至温哥华。周自齐与司徒旄、霍坚以及西雅图的刘氏已经有多年交往，这次经维多利亚回国也是司徒旄的安排。曾经担任摄行大总统的周自齐出身于交通系，在老友面前，他敞开心扉，对国内政局颇有微词，表示不愿再置身政治旋涡，而是想发展中国的棉布生产、设立中美总商务公司和影画公司。周自齐回国不久就在北京病逝，其盛大葬礼被录制成了电影。周家后人专门给司徒旄寄送了讣告哀启，叙述了他积劳成疾患病去世的过程。对此，司徒家族一直保存和珍藏着，以示对这位外交官、先贤和朋友的尊崇与怀念。

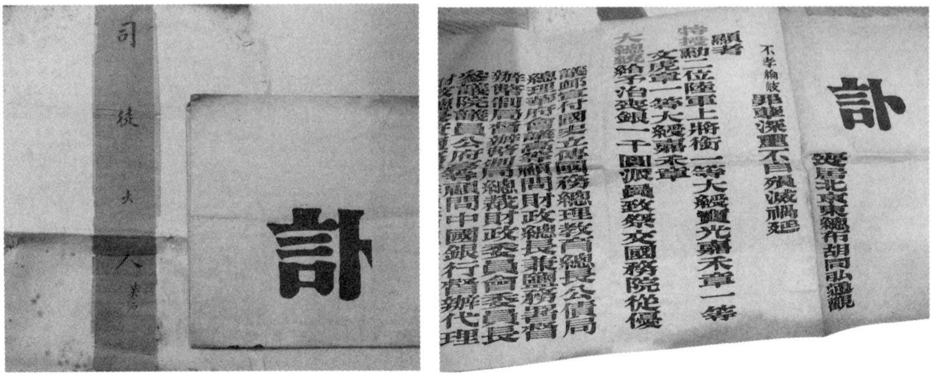


图 9-3-5　周家人从北京寄给司徒旄周自齐的讣告

《排华法案》唯独对在加拿大的华人进行排斥，仿佛是一片压顶的乌云让一些人知难而退，或者即便待在加国，也是一副颓唐的模样，但也让一批像司徒旄这样的人更加进取。除了祖传的丰厚文化底蕴，司徒旄通过与这些大格局的人际交往开阔了眼界，决心改变这个不公的世界。接下来的 20 多年，他勇挑重担，从不懈怠地、有策略地联手学界、商界，游走于不同族裔社区和各个阶层，逐渐将自己的族群提升和带入主流。然而，司徒氏及相关家族的付出远不止这些。一系列的抗争活动后，他们主动联合美国和加拿大的学者们，力图获得更加广泛和深远的支持。

## 注　释

1.《刘吉祺在美逝世》，《新闻报》1948 年 3 月 8 日，第 2 页。文中提到他是留美法学博士，曾为清华大学的教授。

2. 阮洽的奋斗史和夫妻二人身着官服的全家照可参西雅图的历史与工业博物馆的网站，https://digitalcollections.lib.washington.edu/digital/collection/imlsmohai/id/10877/，访问日期：2023 年 12 月 1 日。

3. Ancestry Library 的出入境和乘船记录，以及家族口述记录。

4. 阿拉斯加州立图书馆有该公司信，https://alaska.libraryhost.com/repositories/2/resources/193, accessed May 20, 2021. 阮洽与女婿刘吉祺曾为该矿业公司的主管，该矿自 1922 年开始开采，到二战时期结束。截至 1938 年，共收获 8.7 万多盎司的黄金和 2 万盎司的白银，还有铅和铜等金属。

5. Joel S. Franks, *Crossing sidelines, crossing cultures: sports of Asian Pacific American cultural citizenship*. Lanham MD: University Press of America, 2000, p.44.

6. “Young Chinese College Boxer Challenges the world of his size,” *Indianapolis News*, Mar. 29, 1916, p.7.

7. “Chinaman to teach boxing,” *Seattle Star*, May 7, 1916, p.7.

8. 宾夕法尼亚大学（佩雷尔曼）医学院是美国第一所医学院，也是第一所学校医院的所在地。今天，医学院附属于宾夕法尼亚大学医院、宾夕法尼亚长老会医学中心和宾夕法尼亚医院。

9. President George Ross, Transaction of the Philadelphia Academy of Surgery.stated meeting held on Feb.07, 1921, https://philaacademyofsurgery.org/sites/default/files/transactions/1900-1950/1921February7.pdf, accessed Dec. 20, 2022.

10. *The fifteenth annual report of the superintendent of the Peking Union College Hospital*, for the year ending June 1923, p.5.

11.《在青招募华工续志》，《新中华报》1928年12月1日，第6版；《青岛名票刘吉赞夫人照片》，《青岛时报》的广告。
12.《青岛名闺刘吉赞夫人像》，《北洋画报》1933年8月1日，第966期，20卷。
13.《新闻报》1921年5月6日，第3版。
14.《鸳鸯比翼》，《大汉公报》1919年8月4日，第3版。
15. 陈华新：《李大钊的生死之交霍侣白》，《世纪桥》2001年第1期。
16. 霍俪白：《梁任公先生印象记》，《时事新闻》1949年第11期，第13—14页。
17. 陈华新：《李大钊的生死之交霍侣白》，《世纪桥》2001年第1期。
18. 霍俪白：《梁任公先生印象记》，《时事新闻》1949年第11期，第13—14页。
19.《庆祝孔圣大典并举行毕业礼之热闹》，《大汉公报》1919年10月21日，第3版。
20. 李梦九回港4年后病逝，也算落叶归根。
21. Lisa Rose Mar, *Brokering belonging: Chinese in Canada's Exclusion Era, 1885-1945*, London：Oxford University Press, 2010, p.65.
22. “$300 Reward,” *Victoria Daily Colonist,* Nov. 8, 1892, p.6.
23. 1911年BC的报纸连续报道调查质询事宜，不列颠哥伦比亚大学图书馆也保留张康仁介入和帮助的档案。“New Regulations for Chinamen,” the *Daily Colonist,* Sept. 27, 1910, p.1.
24. “News in Brief: in Police Court,”*Victoria Daily Times*, Apr. 27, 1920, p.7.
25. David Chuenyan Lai, *Chinese Community Leadership: Case study of Victoria in Canada*, Singapore：World Scientific, 2010, p.135.
26. “Passengers: Departed,” *South China Morning Post*, Aug.13, 1919, p.5.
27. “Visitors at Hotels: Hong Kong Hotel,” *South China Morning Post*, May 7, 1920, p.11.
28.《俄皇后轮解缆》，《大汉公报》1920年11月19日，第2版。
29. “Canadian mail on Empress of Asia,” *The Victoria Daily Times*, Nov. 18, 1920, p.12.
30. “10,000 Chinese has left for Cuba, says Mr. Seto More,” *Vancouver Daily*

*Province*, Feb. 9, 1921, p.23.

31.《赴古巴华人又被拨回》，《时报》1923 年 4 月 20 日，第 2 张。

32. 黄泽苍：《华侨现势》，民智书局，1935 年，第 102 页。

33. Belinda Huang, *Teaching Chineseness in the trans-pacific society: overseas Chinese education in Canada and the US 1900-1919,* (Ph D diss., Princeton University, 1909).

34. "Chinese Education," *Victoria Daily Colonist*, Feb. 14, 1901, p.3.

35. Belinda Huang. *Teaching Chineseness in the trans-pacific society: overseas Chinese education in Canada and the US 1900-1919*, (Ph. D Dissertation, Princeton University）, 1909, pp.169-170.

36.［加］林礼斌：《域埠中华会馆之沿革及华侨学校创立之缘起》，载《加拿大域多利中华会馆成立七十五周年、华侨学校成立六十周年纪念特刊》，维多利亚：域多利中华会馆编辑出版，1960 年，第 4 部分。

37. Timothy John Stanley, *Defining the Chinese Other: White Supremacy, Schooling and Social Structure in British Columbia before 1923*,（Ph. D thesis UBC）1991.

38. ［加］刘光祖：《域埠华侨卅年奋斗事迹》，载《加拿大域多利中华会馆成立七十五周年、华侨学校成立六十周年纪念特刊》，第 4 部分。

39. "Showdown in School Crisis," *Daily Colonist*, Oct. 8, 1922, p.3.

40.［加］刘光祖：《域埠华侨卅年奋斗事迹》，载《加拿大域多利中华会馆成立七十五周年、华侨学校成立六十周年纪念特刊》，第 4 部分，第 6 页；*The Victoria Daily Times*, Oct.11, 1922, p.4.

41. Lisa Rose Mah, *Brokering belonging: Chinese in Canada's Exclusion Era*, London: Oxford University Press, 2010.p.77.

42.［加］刘光祖：《域埠华侨卅年奋斗事迹》，载《加拿大域多利中华会馆成立七十五周年、华侨学校成立六十周年纪念特刊》，第 4 部分，第 6 页。

43. E.G. Perrault, *Tong: the story of Tong Louie, Vancouver's Quiet Titan*, Vancouver BC: Harbour Publishing, 2002.

44.《抗争分校后援会成立》，《大汉公报》1922 年 11 月 3 日，第 3 版。

45.《空前未有之演说大会记》，《大汉公报》1922 年 11 月 21 日、22 日，第 3 版。

46. 周启濂，浙江宁波人，上海圣约翰大学毕业。后赴爱丁堡大学深造，获文学硕士学位；继留德专修政治学科，获博士学位，1914 年派任中国驻日本公使馆三等秘书；1918 年受任中国政府特派员去澳大利亚看管德、澳囚犯；1919—1920 年任美国纽约、中国驻美总领事，1922—1923 年加拿大中国驻加总领事。

47. "Chinese Segregation," *Victoria Colonist Daily*, Apr.6, 1923, p.3.

48. 五四运动的余温和国共两党掀起的反帝反殖民的运动对身在加拿大的华人有积极的影响。香港海员大罢工被看作是红色记忆，体现团结、和平、谈判的重要性。

49.《太阳报又斥域埠学务部》，《大汉公报》1922 年 9 月 19 日，第 3 页。

50. 麦克唐纳总理说加拿大强国之梦中虽然需要中国劳工，但他也指出华人与加拿大主流无法共情："当一个中国人来到这里，他是打算返回故国的；他不带家人，是新大陆上带着自己目的过客，与我们没有共同兴趣。中国人靠出卖体力赚钱，但他并不在加拿大消费，而是将工资带回中国。他没有不列颠人的特色、情感或者愿望，因此不配有投票选举权。"麦肯锡·金（Mackenzie King）也说："早在 1908 年，我们就提过加拿大要限制移民，以维持一个白人的国家。这不仅是一个很自然的选择，而且也有出于经济、政治和社会的考量。"

51. Report of the Royal Commission on Chinese Immigration: Report and Evidence 1885. 即《1885 年中国移民皇家调查报告和证据书》。

52. Federal Headtax, https://www2.gov.bc.ca/gov/content/governments/multiculturalism-anti-racism/chinese-legacy-bc/history/discrimination/federal-head-tax, accessed Jul.4, 2021.

53. Chinese Head Tax in Canada, https://en.wikipedia.org/wiki/Chinese_head_tax_in_Canada#cite_note-inflation-CA-11, accessed Jul.4, 2021.

54. "Indian Famine Fund: Contributed by Chinese Women and Children,"*Victoria Daily Colonist*, Oct. 9, 1900, p.8.

55.《驻域筹赈国内旱灾团收到各人捐款芳名录》,《大汉公报》1921年4月23日,第10版。

56. 同注释46。

57.《会馆设中坎订约会》,《大汉公报》1922年7月31日,第3版。

58.《中坎订约会致中华会馆函照录》,《大汉公报》1923年1月31日,第3版。

59. "Says segregation not political move," *The Daily Colonist*, Jan. 30, 1923, p.5.

60.《周启濂总理事致中华会馆书》,《大汉公报》1923年3月14日,第1版。

61. Edgar Wickberg, *From China to Canada: a history of the Chinese Canadian communities in Canada,* (Toronto: McClelland and Stewart, 1988), p.144.

62.《周总领事致司徒英石要电》,《大汉公报》1922年4月27日,第3版。

63.《关于移民苛例之要电》,《大汉公报》1922年5月11日,第3版。

64. Patricia Roy, *The Oriental Question: consolidating a Whiteman's Province*, 1914-1941, Vancouver BC: University of British Columbia Press, p.75.

65. Lisa Rose Mar, *Brokering Belonging: Chinese in Canada's Exclusion Era*, 1885-1945, New York: Oxford University Press, 2010, p.84.

66. [加]刘光祖:《域埠华侨卅年奋斗事迹》,载《加拿大域多利中华会馆成立七十五周年、华侨学校成立六十周年纪念特刊》,第4部分,第6—10页。

67. Anthony B. Chan, *Gold Mountain: The Chinese in the new world*, Vancouver, BC: New Star Books, 1983. p.10.

68. 每一个证明的底部都有这一个句子印刷在上面:"This certificate does not establish legal status in Canada."

69. 中华会馆广泛派发的"七一侨耻纪念日"。

70. 从7月2日开始,当地中文报纸大量报道华侨纪念集会,其秩序与合作精神是以前未有的。

71.《七一纪念之演说会》,《大汉公报》1924年7月2日,第3版。

72.《欢宴欢送罗领会志》,《大汉公报》1924年4月29日,第3页,1925年6月8日,第1页;《东华报》1924年6月7日,第6版。

73. Lo Jung-pang, *Kang-Yu-wei: A Biography and a Symposium*, Tucson, AZ:

University of Arizona Press(1967).

74.《时报》1908 年 12 月 17 日，第 3 页。

75.《论图书馆与社会之关系》，《大汉日报》1915 年 7 月 28 日，第 1 版。

# 第十章 种族关系调查

## 一、兹事体大

在《排华法案》出台之后，美国每隔10年，即分别在1892年和1902年将其更新并强化一次，力图使其永久化。黄遵宪曾写诗评论美国的排华行径："倾倒四海水，此耻难洗濯。"[1]加拿大的BC省一直是排华主阵地，反复要求全加限制华工，酝酿已久的《排华法案》最终于1923年由自治领政府出台。南北分裂的中国政府无力阻止又一个《排华法案》出现。全加华侨联手抗争，虽然条款稍有修改，但还是出台了《43条苛例》，比美国的法令更加苛刻。华人不能再申请家人团聚，如果返乡探亲，需提前申请和缴费。所有华人，无论是否出生在加拿大，无论是否已经具有国籍，都被要求在一年之内重新登记注册，之后会收到一个浅黄色的C.I.45卡片，上有个人信息和照片。[2]BC省以及美洲西海岸针对华人的种族矛盾到了最尖锐的程度。

1924年，美国芝加哥大学的城市社会学家帕克博士（Robert Ezra Park，华文报纸翻译成"柏博士"）领导了一个针对亚裔和种族关系的课题研究项目组。这是美国和加拿大建构国家的过程中第一次关注东方人的观点。课题开宗明义地指出，种族问题在北美大陆这个种族大熔炉里至关重要，[3]而亚太圈的北美西海岸种族矛盾突出，吸引了社会学家的注意。被称作"种族矛盾前沿"的太平洋沿岸不仅是亚洲移民登陆的地方，也是他们重新扎根的聚居之地。纽约的社会与宗教研究会（Institute of Social and Religious Research）广泛募捐，支持了此课题近一半的经费。课题的行政和研究由斯坦福大学管理，主席是韦布尔教授（Ray Lyman Wilbur），他在西海岸募集另外一半经费，设置分会组织，联合各界参与。帕克教授被后来的学者誉为“对分析种族关系和文化对比贡献最突出的社会学家”[4]。从温哥华开始，该课题计划面谈采访大量的亚洲移民，包括华裔、日裔、印度裔，甚至菲律宾裔。课题组在 1923 年 9 月提前发放了 180 份问卷，提出有关移民的人口、经济地位、宗教信仰、社会关系、疾病与犯罪等诸多方面的问题，为 1924 年初的实地采访和一对一的调研做足准备。

课题的意义重大，机会难得，其成果可以引导未来的主流民意。[5] 然而美加的学者没有中文听说能力，需依赖华人翻译方可完成田野调查。BC 省的华人针对这个课题成立了专门的委员会，司徒旄担任主席，和他共同领导该委员会的是知名的学者宋良弼（Lambert Sung）。委员会提前劝诫侨胞不可掉以轻心，必须集体布局，要引领学者得出华人向往的结果，为本民族赢得主流社会的同情和支持，并借学者的力量反对种族隔离和排斥政策。他们将这个课题当作一场智慧较量，拟充分展示华人带到北美大陆的优良传统和对新家园的贡献。

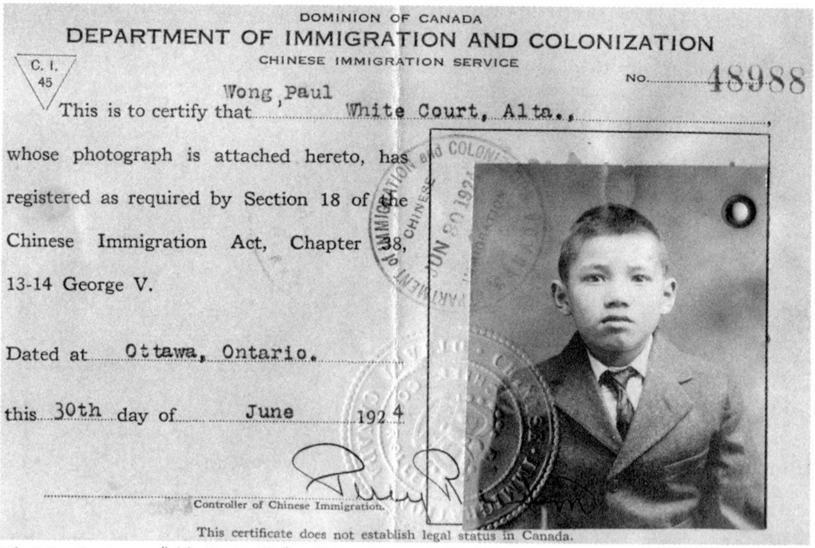
DOMINION OF CANADA
DEPARTMENT OF IMMIGRATION AND COLONIZATION
CHINESE IMMIGRATION SERVICE
C. I. 45
NO. 48988
This is to certify that Wong, Paul White Court, Alta.,
whose photograph is attached hereto, has registered as required by Section 18 of the Chinese Immigration Act, Chapter 38, 13-14 George V.
Dated at Ottawa, Ontario.
this 30th day of June 1924
Controller of Chinese Immigration.
This certificate does not establish legal status in Canada.

图 10-1-1 《排华法案》登记注册的卡片样例
（资料来源：registration card issued to fulfil the requirements of the 1923 Chinese Exclusion in Act in Canada.纪念加拿大《排华法案》100周年的线上展览项目，https://1923-chinese-exclusion.ca/，访问日期：1922年6月20日。此登记卡片照片：https://1923-chinese-exclusion.ca/c-i-certificates/）

大家团结一致，反对歧视性和机构性的分离政策，安排接受采访的大多是有文化、经历和见解的华侨。司徒旄不仅与当地侨领合作，而且联络西海岸的侨社联合行动，包括内兄、西雅图的领事刘吉祺。华人团体一系列的主动交流被后来的学者称为“北美种族关系知识的创造者”、芝加哥学派对移民研究成果的“隐形作者”。[6]

参与研究和调研的当然也包括其他族裔，尤其是主流欧洲裔的各行业人士。温哥华最知名的大学不列颠哥伦比亚大学（University of British Columbia，UBC）的博格斯教授（Theodore Boggs）是课题的分会主席，配合当地的调研。还有媒体人、BC 政治活动家纳尔逊（John Nelson），自愿参与这项研究并充当总稽查，他曾是排除亚裔的积极倡导者。芝加哥的学者联络到乐于发表见解和接受采访、对亚裔友善和敌视的不同类型的西人机构与个人，包括排亚联盟的成员。[7] 然而具体如何采访，帕克教授估计到了当地学界的主观倾向和先入为主的偏见，专门从芝加哥选派了自己的博士研究生劳申布什女士（Winnifred Raushenbush），到温哥华进行为期 6 个月的坊间调查。这是一位认真且智慧的已经小有成就的学者，她成长于极具影响力的基督教社会主义家庭，其祖先和后代都是知名学者。她在加拿大的调查为我们留下了大量的采访记录。[8]

劳申布什女士先行一步，于 1924 年初抵埠。数周后，其导师帕克教授也抵达温哥华，并立即受到司徒旄等人的招待。1924 年 3 月的《大汉公报》报道说，这位女学者在短时间内已经拜访了中华会馆、中国领事馆、报社、民安班和华人戏院等地。[9] 美国学者出现之前，中华会馆已经紧锣密鼓地开始了大量筹备工作。1924 年 2 月 13 日的公听会吸引了大批听众，司徒旄、廖翼鹏和宋良弼将学者的问题翻译给同胞，并强调华人各自的经历将被写入学术和历史著作，对后世影响深远。廖翼鹏和孙中山先生为广州博济医院同学，曾在日本横滨经商，贩运文具。孙中山先生在“山下町本牧桥寓所，辟室延其居住，中山先生住楼上，宗仰和廖翼鹏住楼下，革命大计，每与共商。”[10]1911 年 2 月 18 日，他陪同孙中山前往司徒旄的故乡维多利亚募款。[11] 他在日本和加拿大都为孙中山的革命事业贡献良多，但拒绝了回国做官的邀请，一直在加拿大行医。革命元老廖翼鹏被选举为 1924 年中华会馆的主席，而司徒旄和宋良弼是以学者身份主持项目的两位负责人（co-chair）。这些华人领袖的人品、学识和地位保证了同胞们听从统一指挥，密切配合。前一年的《排华法案》和纪念“侨耻”的活动似乎把政治分裂的唐人街团结了起来，而这次课题来得非常及时，研究对象已经有相当的群众基础和共识。

公听会的次日，中华会馆董事会紧急召集学者，针对课题公开的 9 个问题逐一讨论，分析如何给出恰当的答案，他们还互相辩诘，以确保其妥当，可谓深思熟虑。他们拒绝让实地调研的学者倒向反华的一面，力图展示华人并非与西人水火不容，而是受到了歧视；也不是掠夺资源的过客，而是深受排斥。[12] 兹事体大，必须系统性地将中华会馆、同源会和华人学生联合会组织起来，协调统一，并将此作为抗议排华的有力行动。领袖们没有主动邀请华工参与，明白侨社与学者们的动机和兴趣不同，甚至会出现矛盾。

美国学者对自己的研究方法充满信心，也清楚侨社贤达想利用这个机会进行公关。帕克教授认为，即便如此，他们仍然可以去伪存真，分辨出真实的调研结果。虽然调研者对华工的遭遇和与家人分离表示同情，但并没有产生多少共鸣和进一步深入交流的愿望。临时采访到的打工仔的记录都很简短，没有翻译的帮助也不可能深入下去。而课题的侨社组织者和翻译们展现出的精英的一面，与西人知识分子没有太大区别。这些华人均为受过良好教育的中产阶级，拥有知识特长，对国家以及自己的族群有过贡献。他们的职业包括医生、法律助理、法庭和港口翻译、国际贸易、商业和文化领袖等。

大漢公報

捐款者。均請必要贊助。各該三團體每認購一千元。使各人主張中華會館認定購若干。有主購五千者。有主購一萬者。後全體一致通過會館認購五千。以為表率。另提議公派陳璧宗林煥庭周寶山廖榮敦黃寄生楊貴恒梁晃廖觀明曹茂森曹扶基十君於次晚下午壹句鐘。往謁各團體。勸令踴躍認購。俾巨款可集。以維國體云。（按）僑界大小團體。不下廿餘所。每所認購一千。每年不過捐出五十元左右。本自易為。深望各團體激勵。踴躍認購。毋讓三團體專美。而為國體僑民爭光也

柏博士到埠調查亞人

美國芝加高大學教授柏氏博士。現抵本埠。從事調查太平洋岸全部東亞人情形。據柏氏稱。調查之目的。係註事實及評論。凡各種東亞人態度。均要研究。將調查所得。著述成書。陳於公共學院。以供衆覽。及刊於雜誌。使閱者備悉亞人情形。此事早已在紐約埠社會及宗教調查會會員心中。年前該會曾派委代表。來太平洋岸調查。該會經捐款二十五萬元。專辦此事。該會支部。則設於本埠。咏裕金路羅省總利。及三藩市等處。此等支會。共集款三十萬元。專為調查東亞人事務之用。柏氏博士。前已研究數種人類。關於黑人波蘭及歐洲人。均已著有專書。此次為考察美洲各處亞人情形如何。與此處人士對之有無感情關係。以期養成社會學經驗。故特與其秘書老市晚舞士女士。到來本省調查。該女士經於數星期前抵埠。曾到本報。領事署。中華會館及啟民安班啟院探訪。女士是美國紐約省老且市打埠老市晚舞士博士之女。該博士是社會學專科教授及著作家。至女士亦長於該科。本省地方調查支會。以卑詩大學卜十博士為會長。麥卡利市爲書記。辦事所設於獎者上樓內九二壹號房

图 10-1-2　华文报纸高调报道种族关系的课题

所谓困扰北美新大陆几十年的“东方人问题”在这次主动沟通的过程中开启了一个重要的历史节点，各阶层不同族裔由激烈竞争转为尝试理解。司徒旄和维多利亚的表亲刘光祖看到了希望，积极投身于这项承上启下的重大课题。他们带领华人社区回答了一系列问题：华人有多大可能融入北美社会？除了对祖先故土，他们对加拿大和英帝国是否也忠诚？华人精英是否有能力带动华人社区转型、与时俱进？[13]对此他们的回答都是肯定的，而且更进一步宣传中国已经开始了现代化的进程，也在追求民主、教育、革新和个人自由。在加拿大的华人就是中国迈向现代化的前卫力量，可以带动中国进入国际大家庭。要消除在白人印象中华人的黑社会堂口老大的不良印记，证明自己不是奴役同胞和穷人的恶棍。他们并非威胁加拿大的民主政治、擅长幕后交易的外国人，相反，他们是热爱并建设加拿大的光明磊落的人。他们以自身经历证明，不同族裔可以根据经济和社会环境而改变和磨合，加拿大的华人正如已经分布在世界各地的华人一样，乐于拥抱现代文明。他们认为种族是生物性的，又是由文化积累传承和塑造的，不可能完全与祖先文化割裂。

当然，侨社的领袖们也无法回避其他族裔抱怨的恶习，包括不爱清洁、赌博、吸食鸦片和卖淫嫖娼等，他们把这些问题的根源直接指向种族排斥。华工的妻子孩子不能到加团聚，他们拼命打工赚钱，独自在异国他乡，只能苦中作乐。但所谓不合适的行为都是到了加拿大之后才有的，或者是由帝国主义殖民者造成的，并非中国传统。至于白人强烈反对的异族通婚，他们认为这属于个人选择，不宜看作社会问题。

在回应主流偏见的过程中，于侨社的领袖们而言，不公平的经济竞争是最难应对的问题。多数加拿大人崇拜像李梦九这样的成功人士，主流媒体追踪他的足迹，不停曝光，但是他们反对华工拉低薪酬、恶性竞争的做法。小业主也反感华人，因为华人经营的商店以薄利多销吸引不同族裔的顾客。华裔领袖们强调，尽管华二代和华三代不会降低自己的薪酬和生活水平，但首先要被接受成平等的公民，而非次等的和外来的临时人口。他们尽量回避高涨的民族主义情绪，低调解释回馈祖国的大量慈善行动，甚至回避华人的宗教信仰和跨国的大同思想。他们更不会极力宣扬祖先文化的优越感和中华帝国的文化自大。他们只是就事论事地讲述自家和宗族的传统以及长辈们的希冀。

该课题的采访发生在加国《排华法案》出台的第二年。司徒氏的第一代因为不想做永久的二等公民，本着落叶归根的传统放弃了加拿大。很多华商将子女送回中国接受教育，谋求发展空间。尽管受访者普遍表示，因和平的环境和丰富的自然资源，他们更希望留在加拿大生活，但是种族歧视让他们看不到前途。司徒旄和刘光祖在这个调查课题中与芝加哥的女博士劳森布什建立起友谊，邀请她聚餐，甚至到自己家中做客。司徒旄辅佐中华会馆的主席廖翼鹏共同参与对中华会馆的采访，宴请帕克教授及其女助理。[14] 司徒旄进行了大量的幕后筹备工作，虽然在英文档案中遗失了对他和家人的专门描述。刘光祖则为学者展示了省府维多利亚华裔二代的风采，并更明晰了“华裔加拿大人”的双重身份定位。

## 二、华裔加拿大人

早在1912年2月，司徒旄参见国会山庄的政客，就华裔受到歧视的问题上书，他首次提出“加拿大华人”（Canadian Chinese）的概念。在这次调研活动中，年轻的一批华裔（以第三代为多）非常踊跃地接受采访，甚至主动出击，“华裔加拿大人”的概念由他们正式提出，凸显其清醒的身份定位。[15] 与老侨的过客心态不同，他们自豪地展现自己对祖先故国的感情，也表现出坚守和融入加国的情怀。表现突出的是两位年轻人，一位是在温哥华参与政治和社团活动的黄惠民，另一位是在维多利亚担任侨界领袖，并在“黄白分校”抗争取得胜利的刘光祖。

针对种族关系调查的课题，司徒旄从一开始就要求温哥华的中华会馆联手维多利亚的同源会（Chinese Canadian Club）。[16] 在以刘光祖为首的同源会里，有几十个青年人在会所接受了女博士的采访。当被问到两年前抗争“黄白分校”的经历时，他们并没有显现出胜利者的骄傲，而是更多地表示了往事不堪回首的耻辱。回顾数不清的会议、谈判和在各大媒体上的疾呼，他们说宁可忘掉那一段抗争经历。刘光祖不止一次接触过前去采访的劳森布什女士，在采访记录里，她对刘光祖着墨最多，可见刘光祖给她留下了极其深刻的印象。她记录了刘光祖中规中矩、细心关照他人的“典型中国传统绅士举止”。

刘光祖虽然出生在加拿大，但回国留学多年。1919 年返加后，又拼命补习英语和加拿大文化。他注意到加拿大的西人喜欢户外旅游和社交活动，很少待在自己家里。他经常怀念在中国的美好时光，一直萦绕在他心头的是他的教书先生。先生乐于请学生到自家天井里赏月、吟诗和跳舞。他说，在维多利亚三分之一的华人仍然在聚会时以诗词唱和作为保留节目。刘光祖提到他有很多白人朋友，还曾应邀到东部的法语城市蒙特利尔参加婚礼。在那里，他被法国朋友和犹太朋友请到各自家里，受到非常友好的招待，感觉十分温暖。

采访刘光祖和同源会后，劳森布什女士专门记录了刘光祖的成长经历，以示其为中西文化熏陶出来的绅士。文章提到他带堂妹到同源会活动并悉心进行照顾，这里提到的堂妹就是刘子逵和司徒鸣玉的女儿。叔父刘子逵在被国民党暴徒重伤后，已于两年前去世；刘光祖对叔叔的子女多有照顾。

刘光祖接受劳森布什女士采访时 28 岁，已经事业有成，而且像很多加拿大人一样四处旅游，广交朋友并寻找商机。他提到，最感震撼的就是维多利亚和温哥华两个港口的繁忙程度，轮船上的大宗商品在无间断地装卸和转运。他知道广东每年产出几千万元的生丝，而养蚕的桑树需要加拿大的肥料，于是做起了进出口贸易，成为家族里穿梭于海上丝绸之路并颇有成就的又一成员。他告诉女博士，他代理的广东公司急需德国的碳酸钾。他正在读欧洲旅行指南，决定尽快去德国接洽业务。他经常利用太平洋铁路旅行，前一年被中华会馆派往首都渥太华游说国会，试图阻止或推迟法案出台。回首一年前的往事，刘光祖说那纯粹是政客们在玩弄把戏，现在他明白假以时日，耐心以对，在加拿大终究会拨云见日、消除歧视。刘光祖和他的同源会成员给学者留下了积极向上的印象。他还引领着女博士参观维多利亚唐人街的学校、中华会馆和医院。在李梦九离开之后，医院的筹款和管理重担就落在他和家族其他成员的身上。在他执掌中华会馆的年代，非常希望从中国聘请医护人员，但又无力承担相关费用。一位男护工兢兢业业地维持着、照顾着老无所依的华工们。刘光祖给采访的美国女博士留下了极佳的印象。[17]

THE UNIVERSITY OF BRITISH COLUMBIA

BEATRICE MARGARET WELLINGTON

"A full, rich nature, free to trust."

Independent, frank and kind, with abundant good nature—that's Beatrice. In English and History, the courses which she has selected for special study, she has developed a distinct talent. Goal? Columbia University. Why? Because of her vital interest in girls and their activities. In her serious moments Bea. indulges in S.C.M. discussion groups, and, for recreation, she attends Gym. Pet pastime: Tea with Jean. Pet aversion: Crowds. She is a friend to all—to those who know her best, a real pal.

MAX HENRY CLARKE WRIGHT

In spite of several protracted interests off the campus, Max has played an important part in the activities of his class and Alma Mater. Perhaps his six feet four inches of height had something to do with his election as Class Marshal in his second year. He joined the Lit. and Scientific as a Junior, filling the office of Treasurer, and in his fourth year was elected President of that department. Max is majoring in English and Philosophy, and a seat on Council does not prevent him from writing short stories and dabbling in journalism.

MURIEL EMMIE WAGENHAUSER

Muriel considers herself a cynic, but how then does she account for a humorous quirk at the corners of her mouth? Coming to U.B.C. from South Africa as a Sophomore, she has since then pursued a course in History Honors with vigour and determination, while her interest in the Historical Society, of which she is Vice-President, is further evidence of her particular flair. Her summers are spent in Princeton studying Sociology first-hand. Always in a hurry; but never too busy to argue, in which pastime a cosmopolitan outlook and a practical mind find expression in occasional wit and keen retort.

TOM MOORE WHAUN

Moore joined our class in the Junior year. He began with Arts '25, but withdrew for two years to devote his time to newspaper work, in which he is still engaged. An ardent student of Economics and History, and an extensive reader, he loves to get to the bottom of all social problems. Thoroughly versed in Chinese affairs, Moore may often be founf explaining the situation in the Far East to a group of interested students. We are indebted to him for a broader and truer understanding of China.

CLARA MAUDE WALSH

"Her charm is in her being just herself."

Maude entered our class in her third year from the University of Alberta. In spite of such a handicap, she has made a great many loyal friends at Varsity, and has shown deep interest in all the University activities. Maude ranks among the best pianists in the University, holding the degree of A.T.C.M. Needless to say, she is a decided acquisition to the Studio Club. The cheery smile and sense of humor that Maude possesses have made her a favorite with her many acquaintances and friends.

Page Thirty-eight

图 10-2-1　黄惠民在不列颠哥伦比亚大学毕业册上的照片和纪录，提到他给那些有兴趣的同学讲解远东的情况（1927 年）

［资料来源：The Twelfth Annual of The University of British Columbia （the Totem), 1927, p. 38. UBC Library］

与刘光祖相似，黄惠民也是先在国内接受教育，1907 年才到加拿大继续求学和工作。[18] 他接受采访时说，在《排华法案》出台前，他一直远离中国政治。他说得虽不甚准确，但也确实代表不少华人的态度。黄惠民是华二代的又一典型人物。他在 1921 年入读不列颠哥伦比亚大学，但是辍学两年，又去《加拿大晨报》广告部工作，也在不断寻求自己的身份定位，最终于 1927 年大学毕业。1916 年，他参与组建 BC 省中国学生联合会并担任副主席。[19]1918 年，他卷入国民党搅动的温哥华唐人街权力之争，摧毁了一些老侨的赌场；同期还有伍籍盘反对鸦片走私并摧毁了唐人街的地下工厂。黄惠民在接受芝加哥大学女学者的采访时说，除了负责《晨报》广告业务，他还时常担任法庭翻译，是积极扎根于加拿大又积极参与太平洋社会的一员。还说他和同龄朋友已经淡化种族认知，自认是世界公民，种族区别和矛盾应该是过去式了。在这一点上，不同年龄和族裔的人们的确在变化，这与当时的世界形势有关。有不少年长的精英相信未来人类不可能等级森严，多重隔阂，而是会相互学习和影响。他们和相关学者共同组织学术研究会，放眼研究全人类的社会问题。

温哥华欧裔人给学者们提出了一个问题，就是华人是否真的能够融入和适应民主社会。尽管他们看到中国的辛亥革命和国民党领导下南方的一些变化，但还是认为普通百姓只是盲从，缺乏民主觉悟。

黄惠民声称自己是被逼无奈反抗加拿大苛例，而他的反抗是超越地域界限的。他的英文信在加拿大不受重视，却被翻译成中文发表在中国多个报刊上。他还提到香港海员罢工和中国反帝运动的高涨。[20] 他参与的黄江夏会馆辖制的文疆学校还举办共产主义演讲日，学生们娓娓道来，要为普通工人争取权益。黄惠民工作的《加拿大晨报》就在加拿大的华人中宣传民主思想，提倡追求个人自由理想，被看作是国民党左派或者亲共产党的一份报纸。黄惠民是激进的温哥华中国学生联合会的领袖。而维多利亚的同源会会员也有类似的思想，他们对未来更抱着积极的态度。刘光祖的朋友 Cecil Lee 就说过，加拿大的白人不能因为种族身份永远限制自己。他观察到，法裔加人也受歧视，但是加国出现了来自法裔社会的总理，可见加拿大在进步。他预见华人未来会参政，甚至可能担任加拿大的元首。[21]

图 10-2-2 黄惠民和王领事等组成的学术组织成员合影

（资料来源：Image AM1523-S6-F57-: 2008-010.3917, Courtesy City of Vancouver Archives）

## 三、档案中的华人

在前述的坊间调查记录中，很多华人在被采访时的回答令人拍案叫绝、肃然起敬。华人精英全力以赴效忠祖国的革命和建设，也开始改良加拿大自治领，相信加拿大会成为适合后代成长的公平社会。虽然劳森布什女士也随意抽查偶然碰到的华人，例如酒楼里只会零星英语的小伙计，但是更多采访的是在司徒旄引领和介绍下的知识精英。

前宪政会会长廖崇教（Lew Shong Kow）自 1912 年起负责温哥华的爱国学堂。他早在 1911 年就担任宪政会的西文书记，1929 年再次当选为会长。相比中国，他更喜欢加拿大，因为这里和平安宁。廖崇教提到美国人比加拿大人友善，以前的加拿大人对华人友好，但是在 1907 年有暴徒攻击过唐人街，前一年又出台新法案检查每一个华人，让他的同胞备感羞辱。他也提到赌博和鸦片，说警察偶尔到唐人街抓个买卖不足几元钱的华人，但是真正的幕后大佬，警察却不敢碰。廖崇教在接受采访时说，学堂曾经也教过英文，但是“黄白分校”抗争胜利后，学校就只教中文，孩子们尤其喜欢学习汉语诗歌。大部分学生是商人后裔，超过 30% 的学童出生在华工家庭。他预言中国可能会像俄国那样发生无产阶级革命，由共产党取得政权。或许 40 年后，不同族裔的加拿大人会融合在一起。既然日本和英国可以结成同盟，中加之间也未来可期，华人和其他加拿大人早晚会和谐地生活在一起。他对欧洲政治和法国大革命也颇有研究。廖先生的谈吐惊艳到了女博士。[22]

同年 2 月 4 日，宋良弼接受了采访。他是考取晚清功名的学究，曾于 20 世纪初到加拿大留学，毕业前正当《大汉日报》组建，便被招募进去。他对中国的党派之争和内战不满，认为社会的进步需要循序渐进。他说华人当然希望看到中国强大，只有当中国与世界列强平起平坐，华人才会被平等相待。“孙中山来时，我陪了他很多天，我告诉他咱们不能被乌托邦的幻想给迷惑了。”“我读达尔文和赫胥黎的书，现在还在读斯宾塞英文版的《社会原则论》（*Principles* of Sociology），家里5个孩子虽然都没有选举权，还是叫他们学习加拿大政治。”他担心种族歧视弥漫的社会影响子女的未来，孩子们去工厂都会遭到其他族裔工友的排斥，如果被迫回中国，他们首先要掌握汉语。还有一条出路就是去往加拿大的东部，一位日裔在东部省份的学校当校长，而在BC省这是不可能的事情。他还提到半个世纪后兴许加拿大的种族会开始融合。他认为英国不过是亚欧大陆的一个半岛，欧洲人还会再次兵戎相见。全世界的人类文明都将倒退，战后“欧洲人恐怕会像南方的黑人一样穷”。他说这些话时，距离二战全面爆发还有15年，地区性军事冲突早在1931年就开始了，足以印证这位华侨学者的前瞻能力。[23]

图 10-3-1　革命元勋廖翼鹏医生

同日，司徒旄陪同中华会馆正董廖翼鹏接受采访。廖翼鹏是广东惠州人，早年与孙中山是广州博济医院的同学，赞成孙中山所宣传的革命理想，支持兴中会，后赴日经商。1898年秋，廖翼鹏与侨商一起创办横滨华侨学校。1903年，他在横滨山下町开设振华商店，卖文具的同时，也专门售卖革命报纸杂志。孙中山从越南的河内抵达日本，就借住于振华商店。廖翼鹏积极支持孙中山在日本的革命活动，振华商店成为孙中山和革命党人、留日学生的一个联络站。[24]孙中山能在加拿大华人中募捐成功，与廖翼鹏以医生和富商的身份深入侨社进行宣传有关。民国初年，孙中山的不少老友都回广东参与政务，但是廖翼鹏决定留在加拿大。他与司徒旄等老朋友经常以诗词唱和，回顾革命经历和为海外华人争取权益。例如：

**自怀**

我本栽兰剪艾人，岂同鸡犬逐红尘。
早知桃杏伤春老，劫后依然未了因。

廖翼鹏在温哥华对中华会馆的工作热心，德高望重，被选举为总值理（主席或者正董）。在这次种族关系调查中，廖翼鹏的领导号召能力举足轻重，他欣然邀请好友司徒旄和两位芝加哥的学者共赴晚宴。席间，他介绍了温哥华中华会馆的历史和他领导下的工作情况，主要是照顾那些无法立足的华人返乡，确保他们回到自己的村庄找到亲人。他提到，虽然与温哥华总医院有合作，但还是使用华人自己集资建立的医院和聘用华人护工更经济实惠。馆舍大楼出租的租金仅够维护运营。中华会馆也做了大量慈善募捐活动，刚刚为日本地震灾民捐款3000加币。当然，中华会馆更多还是接济华人，任何有经济困难的华人都可以找中华会馆纾难解困。[25] 廖翼鹏知识丰富，他不仅将加拿大的华人组织与美国的做比较，也了解中国近年的地域政权变化。廖翼鹏和司徒旄还为两位美国学者解释了华人“落叶归根”的信念——先侨去世下葬7年后，要由本宗族和同乡的人开墓起骨，清理包裹后送回家乡，与亲人们同葬一处。中华会馆承担了运送先侨遗骨的工作，这种习俗和工作曾引起白人抗议。他们也介绍了中国历史、行政区划和对外交流，尤其是唐代贸易和文化交流的鼎盛，以及留学生互访和佛教的传入。他们把芝加哥大学的学者变成了朋友，将自己的祖先传统和历史文化娓娓道来。[26] 只可惜，虽然索引条目仍在，司徒旄邀请学者到自家做客的内容却从档案中遗失。

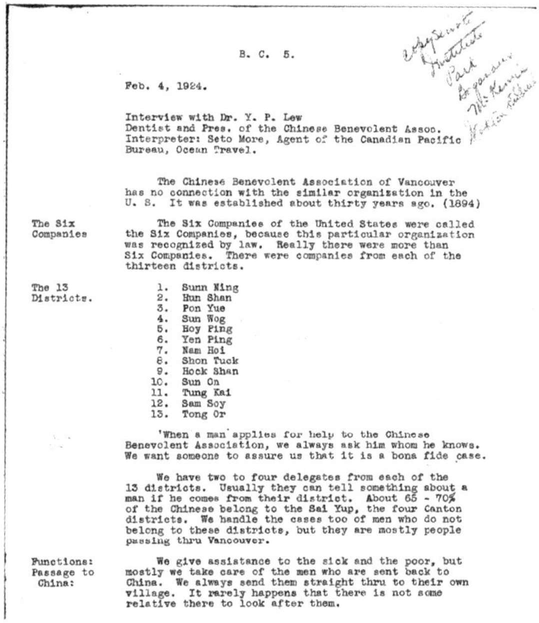

B. C. 5.

Feb. 4, 1924.

Interview with Dr. Y. P. Lew
Dentist and Pres. of the Chinese Benevolent Assoc.
Interpreter: Seto More, Agent of the Canadian Pacific Bureau, Ocean Travel.

The Chinese Benevolent Association of Vancouver has no connection with the similar organization in the U. S. It was established about thirty years ago. (1894)

The Six Companies — The Six Companies of the United States were called the Six Companies, because this particular organization was recognized by law. Really there were more than Six Companies. There were companies from each of the thirteen districts.

The 13 Districts.

1. Sunn Ning
2. Hun Shan
3. Pon Yue
4. Sun Wog
5. Hoy Ping
6. Yen Ping
7. Nam Hoi
8. Shon Tuck
9. Hock Shan
10. Sun On
11. Tung Kai
12. Sam Soy
13. Tong Or

'When a man applies for help to the Chinese Benevolent Association, we always ask him whom he knows. We want someone to assure us that it is a bona fide case.

We have two to four delegates from each of the 13 districts. Usually they can tell something about a man if he comes from their district. About 65 - 70% of the Chinese belong to the Sai Yup, the four Canton districts. We handle the cases too of men who do not belong to these districts, but they are mostly people passing thru Vancouver.

Functions: Passage to China: — We give assistance to the sick and the poor, but mostly we take care of the men who are sent back to China. We always send them straight thru to their own village. It rarely happens that there is not some relative there to look after them.

图 10-3-2　司徒旄与廖翼鹏宴请芝加哥学者及谈话记录

（资料来源：Survey of Race Relations records, Box 24:5, Interview: Dr. Y. P. Lew, Dentist and President of the Chinese Benevolent Association; interpreter, Seto More, agent of the Canadian Pacific Bureau, Ocean Travel, 1924 February 4 . Hoover Institution Library & Archives）

对黄惠民的采访可以看出本地华人社区的分化。他批评温哥华的《大汉公报》保守和故步自封，认为维多利亚的华人更激进和西化。1922 年创办的《加拿大晨报》广告收入可观，发行量超过 4000 份，温哥华就占到了总量的四分之一。黄惠民为了报纸的广告工作从不列颠哥伦比亚大学休学。他介绍说，所有华人都支持共和政体，只是对中国变化的速度看法不一，而加拿大的洪门已经变得反动和腐朽了。[27]

为了同样的田野调查，西雅图的刘吉祺是课题组重点采访对象。大家都知道他是当地第一位华人大学生，成绩优异，而且是兄弟会成员，具有极强的影响力。采访人贝内特（C.H. Bennet）几次试图联系刘吉祺未果。后来，他请动了华盛顿大学刘吉祺的导师，才通过书信和电话约上了他。作为中国驻西雅图领事和多个商业公司的经理、华人社区领袖，刘吉祺异常忙碌。[28] 在 8 月底的采访当中，刘吉祺同意邀请更多华人参与和接受访问，但他本人当天已经有工作午餐的预约，谈话较为仓促。

刘吉祺在采访中提到，他曾于 1910 年和 1913 年两次赴华教书，前后共 5 年的时间。他从小每天至少学习 3 个小时中文。虽然他的英文没有任何外来口音，他自我感觉还是与美国人不同，尤其是在中学的社交活动中，会明显感到自己是外人，索性后来就拒绝这类活动的邀请。他不认为异族应该通婚（他自然无法预见自己的长子会迎娶一位印第安女士）。他也提及曾在温哥华的剧院遭受过歧视，要等说明自己是剧院老板的朋友和客人，才不会被驱赶到次等座位。但是商业方面，美国人很现实，只要有利可图便愉快合作。他认为美国教育要优于中国，更注重全面发展，希望自己的后代先接受美式教育，再到中国学习和发展。由于《排华法案》，在美国的华人数量已经从 15 万人降低到 4 万人。中国人在家乡做工就不必起早贪黑、加长工时。那些回到农村的人们可以享受日出而作、日落而息的慢节奏。他的言外之意，在美华人是被逼无奈才放弃种种乐趣，起早贪黑，以便日后衣锦还乡。西雅图的华人虽组织各种堂口互相关照，但是 40% 的人并不属于任何堂口。他家在西雅图市中心的第十街上，那是父亲早年在唐人街之外购置的房产。父母起初受到过邻居们的排斥，但到他这一代，邻里关系已经融洽。[29]

从课题的档案记录可以看出，美国1920年代的种族关系已经趋于缓和。美国人尤其欢迎学生和知识分子，而加拿大，尤其是太平洋沿岸的加西种族歧视尤为严重。[30]BC省也被称为“拒亚省”，不仅政治、教育和工商团体，甚至农民协会也集会要求各级政府赶走亚洲人。[31]芝加哥的帕克教授最终没有出版相关专著，但他发表了大量会议论文，每次访谈的记录大多保留完整，为日后的相关工作打下基础，也影响到了知识界和政商界的态度。后来，斯坦福大学作为主持单位，将项目范围延伸到包括在墨西哥和夏威夷的东方人，并在1928年开始陆续出版专著。[32]温哥华当地配合调研的学者、不列颠哥伦比亚大学博格斯教授在结束了田野调查工作后，呼吁取消境内针对华人的歧视政策并给予华人选举权，他认为不平等的社会就不会和谐，只会动荡。[33]纳尔逊本来是连续发文反对亚洲移民，但在调查之后，他加入了美国学者在1925年创建的太平洋国际学会（Institute for Pacific Relation，IPR），希望加强民间和学界的交流。他还在全国性的杂志上发文，承认自己过去认知上的错误，认为加拿大人需要改进和重新认识亚洲人民。

太平洋国际学会是非政府组织，但是对国际政策和协商议程有积极作用。加拿大与中国、日本同在学会中改善国际关系，成员国还包括美国、苏联和澳大利亚等。中国分会的宗旨是：“研究太平洋国际问题，努力国民外交，增进各民族间友谊及谅解。”会址设在上海敏体尼荫路（今西藏南路）123号。中国从1925年参与发起创立太平洋国际学会，到1950年宣布退出，共计25年。胡适、晏阳初和陈衡哲等都是积极参与者，也是司徒旄在加拿大帮助和招待过的客人。

司徒旄、刘光祖、刘吉祺等华侨领袖和知识分子在1924年的调查中，起到了积极的和关键性的谋划、领导和沟通作用，为北美学者补上了有关中国人和中国传统文化的重要一课。这一课题的参与，也让他们积累了经验，更有策略地分享和交流思想，为家族后代在北美的发展打下坚实的基础。

## 注 释

1.〔清〕黄遵宪：《逐客篇》，收入陈铮编《黄遵宪全集》上册《人境庐诗草》，中华书局，2005 年，107 页。
2. 华裔博物馆广泛收集和展出了这些注册卡。从 2023 年 7 月 1 日开始，一场名为《寻影觅迹：1923 排华法案》的展览吸引了大量不同族裔的人们前来参观。
3. *Survey of Race Relation*：*A Study of the oriental on the Pacific Coast.* office file, box 1, page4, Hoover Institution Library & Archives.
4. "Park probably contributed more ideas for analysis of racial relations and cultural contracts than any other modern social scientist."Mary Jo Deegan, Jane Addams and the Men of the Chicago School, 1892-1918, New Brunswick: Transaction Publishers1990.
5. Lisa Rose Mar, *Brokering Belonging: Chinese in Canada's Exclusion Era,* 1885-1945, New York: Oxford University Press, 2010, p.84.
6. Ibid.
7.《调查亚人之九大问题》，《大汉公报》1924 年 2 月 14 日，第 2—3 版。
8. 现存北美西海岸的美国学术图书馆，例如俄勒冈大学，斯坦福大学图书馆、档案馆，部分已经扫描上网，但也有一部分标注遗失。
9.《柏博士到埠调查亚人》，《大汉公报》1924 年 3 月 4 日，第 3 版。
10. 高拜石：《新编古春风楼锁记》第陆集，作家出版社，2004 年，第 323 页。
11. 邵雍：《中国近代会党史》，合肥工业大学出版社，2009 年，第 128 页。
12.《大汉公报》1924 年 2 月 14 日，第 2—3 版。
13. Lisa Rose Mar, *Brokering belonging: Chinese in Canada's exclusion era*, 1885-1945. New York: Oxford University Press, 2010. 作者以整个第 4 章节论述加拿大的华人领袖们如何管理了这次社会调查。

14. *Register of the Survey of Race Relations records,* box/folder 24:5, 18,& box/folder 35:305. Hoover Institution Library & Archives.
15. Lisa Rose Mar,"From Diaspora to North American Civil Rights: Chinese Canadian Ideas, Identities and Brokers in Vancouver, British Columbia, 1924 to 1960," (PhD diss., University of Toronto, 2002), p.138.
16. 该组织 1914 年成立，全部由出生在加拿大的华裔青年组成，在《从中国到加拿大》的第 97 页提到了组建年代。
17. 翻译自劳申布什女士的采访记录。
18. Erwin Woodzack, *The early Chinese-Canadian presence at UBC*, https://archives.library.ubc.ca/2020/09/11/the-early-chinese-canadian-presence-at-ubc/#respond, accessed Nov. 1, 2022.
19. Ibid.
20. 香港海员大罢工是香港历史中一件主要罢工事件，发生于 1922 年。此次罢工与孙中山及国民党关系密切。
21. "By the side of other Canadians: the Locally Born and Invention of Chinese Canadians," *BC Studies*, no. 156,（Aug.2007）:109-139.
22. "Interview with Lew Shong Kow," *Survey of Race Relations Collection 1924-1927,* Hoover Institution Archives, Stanford University, Box24, Major Documents, 1905-1926, BC 1, Hoover Institution Library & Archives.
23. "Interview: Lambert Sung, interpreter, 1924 February 4," *Survey on Race Relations, 1924-1927*, box 24:3, Major Documents, 1905-1926, BC3, Hoover Institution Library & Archives.
24. 冯自由：《革命逸史》第 3 集，中华书局，1981 年，第 3 页；全国政协文史资料委员会宗教组编：《名僧录》，中国文史出版社，1988 年，第 25 页；邵雍：《中国近代帮会史研究》，上海人民出版社，2011 年，第 117 页；王赓武：《香港史新编》，香港三联书店，1997 年，第 873 页。
25. "Interview: Dr. Y. P. Lew, Dentist and President of the Chinese Benevolent Association; interpreter, Seto More, agent of the Canadian Pacific Bureau, Ocean

Travel, 1924 February 4" *Survey on Race Relations*, 1924-1927, box 24, Major Documents, 1905-1926, BC 5, Hoover Institution Library & Archives .

26. Ibid.

27. "Interview with Moore Whaun, advertising manager of the Canada Morning News, 1924 Feb.13," Boxes24, Hoover Institution Library & Archives.

28. C.H. Burnett,"Life History and Social Document of Lew Kay, Seattle Washington, Aug. 29, 1924," *Survey on Race Relations*, 1924-1927, box 28, Major Documents, 1905-1926, Hoover Institution Library & Archives.

29. Ibid.

30.《云高华排亚运动》，《侨务》1922 年第 58 期，第 6 页。

31. Eliot G Mears, *Resident Orientals on the American Pacific Coast: their legal and economic status,* Chicago, IL: 1928 University of Chicago press.

32. "Oriental presentation into BC," *International Forum Review*, July 1926,pp.11-19.

33. Woods Lawrence T."John Nelson (1873-1936) and the origins of Canadian participation in APEC,"*Institute of International Relations*, University of British Columbia. Working paper no. 18, 1997.

# 第十一章 彼岸是家

## 一、魂归故里

正当家族二代在北美极力沟通、配合种族关系调查时，传来李梦九在香港去世的噩耗；他走到了母亲和岳父司徒森前面。维多利亚市的英文报纸头版对此进行了报道，并给予李梦九高度评价和崇高敬意，认为他是移民局“最受人尊敬的官员”，“对于他的一系列缅怀纪念活动将不会局限于东方人”。与他一起在香港工作的李家两位公子证实父亲身体欠佳已有一段时间，香港的气候让他病情加重。[1]BC省报刊登了诗丕亚公司总裁对他几十年贡献于海上丝绸之路的高度评价。[2]《南华早报》报道，5月9日，李梦九在九龙弥敦道479号的家中离世，留下老母、48岁的妻子和13个子女。[3]那个周末，昌兴公司在香港为他下半旗致哀。BC的省报盛赞李梦九早在1885年起就帮助诗丕亚公司发展，在维多利亚的几十年中一直是华人领袖，尤其是对学校和医院的贡献卓著。[4]5月16日，司徒春颜在香港登报感谢众人，特别是出席葬礼的朋友们。[5]

作为加拿大侨社的“无冕之王”，李梦九接待和帮助过几乎所有靠岸的中国精英，包括李鸿章、载振、康有为、康同璧、张荫桓、梁诚、欧阳庚、崔通约、冯自由、孙中山、黄远生、汤化龙、严修等。他也照顾过成千上万的华工，影响过不计其数的华裔二代，包括司徒旄、刘光祖和刘吉祺等。他的那句名言：“我们是中国人，无论走到哪里，我们都永远是中国人！”一直被后人，包括只讲英语的华人传诵。他也给欧洲裔的领袖和学者留下深刻的印象。

图 11-1-1 乐群义塾值事小像
（资料来源：IMG_4650, Courtesy of University of Victoria Library）

7 年前，李梦九被推举为华侨爱国团的团长，号召大家抵制日货、捐款抗日。维多利亚的华人老少都记得他的英姿，仿佛他从未离去。当年，他虽忙碌，却经常出现在学校，甚至带小朋友们一起进行户外运动。1915 年夏天，他亲自带领几十个学生在运动场齐唱《从军歌》。唱毕，他问：“如果从军最有可能对谁作战？”学生们回答是：“日本侵略军。”他又问：“谁会真正上战场？”所有的男生都举起了手。他接着问：“战场上会有伤亡，谁会救治伤员？”所有的女生都举起了手。李梦九开怀大笑，带领学生们高唱爱国歌曲，引得学校围栏外的路人鼓掌叫好，也引出楼里工作的人们加入喝彩。“一见两班爱国情形，故为狂喜。再见各位侨胞对于幼小儿童游戏运动一有感触，亦都拍掌奖励，且知揭帽行礼，我中华……必日有进步矣。”[6]《大汉公报》惟妙惟肖地记载了他在学校的活动和各种事迹。[7] 惊闻他与世长辞，中华会馆和中文学校广泛征集缅怀他的事迹、诗歌、文字，并于 1924 年 8 月举行了追思会，出席者甚众，挤满了整座建筑。

很多西方人对李梦九的品格、智慧和贡献也大加赞扬。例如一战前，在温哥华扩充医院需要捐款时，他参与其中。当最后经费不足、无法达标时，李梦九开口劝华商补上空缺。在事情过去很多年，甚至李梦九驾鹤西去之后，集资项目负责人仍然感动地向人们诉说这个故事。[8] 李梦九带头打造的中华会馆和华侨学校百年后仍然屹立于加拿大最早的唐人街。该建筑与市政府办公楼相对处有一条路，以李梦九的名字命名。“李梦九路”的旁边还有描绘他一家人的壁画和表彰他事迹的纪念碑。虽然司徒氏和李氏等第一代在《排华法案》汹涌时退居香港以示抗议，但留下的后人继续参与海上丝绸之路的业务，努力提升本族裔地位。

在香港，李家两位公子继续管理昌兴公司的海运。李月华随夫在驻葡萄牙使馆工作，长子霍超白出生在那里。1921 年，霍坚作为商业代表直接从欧洲奔赴华盛顿，出席万国议院商业会。[9]1923 年，他从葡萄牙外交官的岗位上辞职，与家人回国投身教育，任职于吴淞中国公学。[10] 为了办理中国公学的立案手续，他曾短期在北京法政大学任职教务主任，办妥后于 1926 年秋回吴淞继续任教并担任教务长。[11] 他曾在《晨报副刊》上呼吁从“五卅”惨案中吸取教训，“与其扩大罢工风潮，不如全国一致实行抵制英货”[12]。彼时正值太平洋对岸的种族

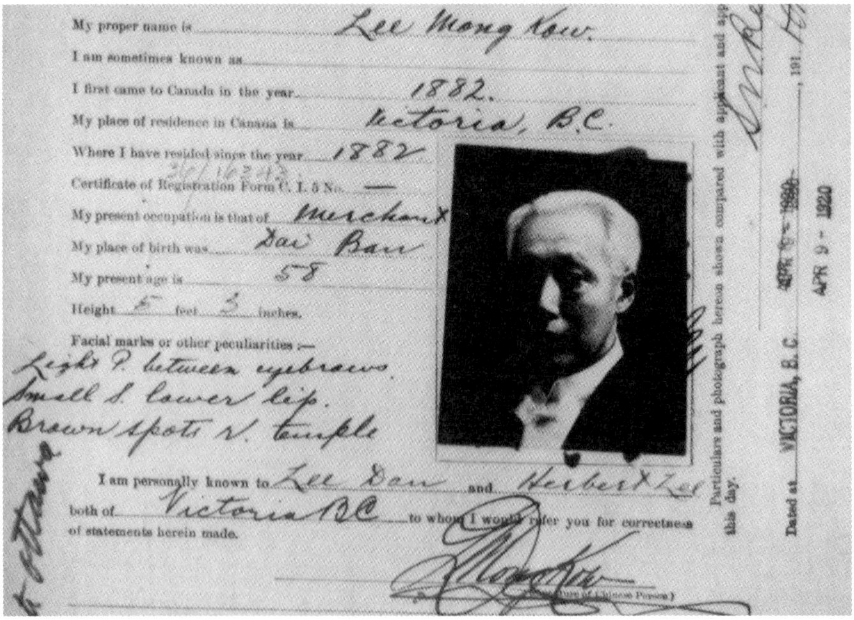
My proper name is Lee Mong Kow.
I am sometimes known as
I first came to Canada in the year 1882.
My place of residence in Canada is Victoria, B.C.
Where I have resided since the year 1882
Certificate of Registration Form C. I. 5 No. — 36/16343
My present occupation is that of Merchant
My place of birth was Dai Ban
My present age is 58
Height 5 feet 3 inches.
Facial marks or other peculiarities:—
Light P. between eyebrows.
Small S. lower lip.
Brown spots R. temple
I am personally known to Lee Dan and Herbert Lee
both of Victoria BC to whom I would refer you for correctness of statements herein made.
(Signature of Chinese Person)
Particulars and photograph hereon shown compared with applicant and approved this day.
Dated at VICTORIA, B.C. APR 9 - 1920, 191

图 11-1-2　李梦九告别生活了近 30 年的维多利亚，奔赴香港

关系调查之时，学者们呼吁将中国人也当作人来对待，民间和学界必须加强国际交流。

霍坚知道他在早稻田大学的好友李大钊是中国共产党的创始人和领导人之一。1924 年初，李大钊到广州参加国民党的第一次全国代表大会，途经上海，与霍坚短暂相聚。1927 年 4 月 6 日，李大钊在东郊民巷被捕，霍坚闻讯立即乘船北上营救。他所搭乘的正是 11 年前与李大钊一起北上的新铭号。霍坚到达天津时，就从张重民处惊闻李大钊已经从容就义。他痛失挚友，彻夜未眠，题《哭李大钊》一诗：

惊闻燕赵伤豪杰，披发缨冠渡海来。
大暮鸣琴今已矣，伏枕痛哭有余哀。

霍坚匆忙从天津入京，希望协助家属和朋友料理后事，留有诗云：

红楼一角梦方酣，梦影游离记两三。
燕子又来寻旧侣，落花随水到宣南。

宣武门南曾是老友聚会的地方，也是李大钊将陈独秀和梁漱溟等介绍给他的地方。霍坚冒着生命危险，一直保管着他与李大钊的通信和遗札手卷，并在中华人民共和国成立后上交国家，无愧于李大钊的生死之交。周恩来、董必武和邓颖超等都与他有通信往来。[13] 经历过恩师喋血加拿大，知己惨遭军阀绞刑，霍坚接下来与黄兴、李梦九、廖翼鹏和司徒旄一样“不争”，即不参与党派之争，而是投身中国的基层建设和教育事业。

图 11-1-3　西雅图的刘氏次子刘吉荪肖像

刘吉祺担任民国政府驻美国西北角的副领事，和岳父阮洽开拓出西海岸一直到阿拉斯加的更多商机，包括金矿。刘氏自家的店铺由次子刘吉荪

图 11-1-4　1924 年刘氏二代及其配偶们在西雅图的合影，左一为刘吉荪，左二为梅桂莲

继承和负责。1924 年 5 月，刘玉柳在温哥华申请全家赴美探望二哥。这次第二代携第三代的大团圆，本来兄妹姐弟家庭美满、事业有成、其乐融融，却有着为刘吉荪健康担心。刘吉荪留在西雅图，挑起全家生意的重担。他的健康在 1924 年出了状况，妹妹刘玉柳一家放下一切，全体出动南下，远在加州的姐姐刘玉兰一家也北上赶来。5 个月后，刘吉荪英年早逝。刘家打拼出的商业王国和诗丕亚公司代理业务留给其妻子梅桂莲（1892—1987，Rose Ling Moy Lew）打理。梅氏 30 多岁开始守寡，她把家族的商业打理得井井有条，又把 3 个女儿送入华盛顿大学。[14] 她的经历就像维多利亚的司徒鸣玉，把 11 个孩子抚养成出类拔萃的人才。在那个年代，她们实属非常了不起的女性。女性坚强卓越的生存能力是家族世代兴旺的基础。

## 二、“中坎亲善”

排华政策的出台并不意味着抗争和平权运动的结束。罗昌总领事在首都渥太华召集侨社领袖商讨应对措施。中华会馆通报北洋政府，请求交涉《43 条苛例》，并通报全国报界援助，还派代表回国争取支持。[15]1927 年 8 月的太平洋关系学会年会的代表顾子仁和余日章分别收到 BC 省华人的电报，请求中国代表团为华侨发声。[16]

在接下来的 24 年间，加拿大仅允许几十位中国移民入境。华人占 BC 省人口比例从 15% 逐年下降，到 1931 年仅占 4%。曾在加拿大开枝散叶的司徒森，不能忍受加国的排斥政策，知道自己将不久人世，与大女儿、三女儿和幼子及其各自的家人都迁回中国。司徒旄对记者说，1925 年，多达 6000 名至 7000 名华人离开北美西海岸，他们大多回国。[17]

这一时期，司徒旄的三姐司徒兰香一家和弟弟司徒琚在中国香港和大陆学习和经商，并侍奉年迈的父母。1927 年初，司徒森在香港去世，享年 91 岁。因为靠近故乡开平，其简朴的丧事有很多亲友参与帮助。他的妻妾随后也相继去世，同葬于香港，算得上落叶归根。司徒琚写信给温哥华的哥哥报丧，提到父亲去世前还挂念着家乡的水患，希望后代帮助出资治理。

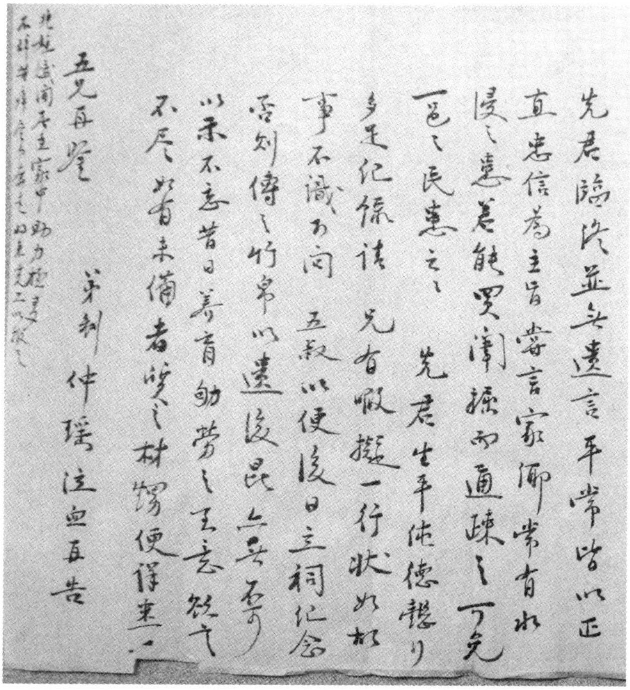
先君臨終並無遺言平常皆以正
直忠信為主旨寧言家鄉常有水
浸之患若能[illegible]而通疏之可免
邑之民患云云　先君生平[illegible]
[illegible]請　兄有暇擬一行狀如[illegible]
事不識方向　五叔以便後日立祠紀念
否則傳之竹帛以遺後昆亦無不可
以示不忘昔日養育劬勞之至意　然亦
不足　如有未備者略之材料便得寄來一一
弟制　仲琚　泣血再告
五兄再覽

图 11-2-1　司徒森讣告和他留给后世造福乡里的遗愿

司徒旄和哥哥司徒根柱以及二姐司徒鸣玉三家坚守在排华政策笼罩下的北美。这里是他们出生的地方，他们也都在此拥有温馨家庭和优秀子女。对于他们来说，加拿大就是故乡，自己就是加拿大人。接下来的路该如何走，第一代已经做出了榜样，打下了基础。留下的司徒氏族人清醒地意识到自己的重任，坚定地传承着祖先的文化，积极地寻求政治环境的改善。从竭力抗争和铭记侨耻，到与美国学者共同完成种族关系的调研之后，他们更加关注族裔间的交流，眼界超越了祖先故土和加拿大西海岸。司徒旄学习了日语、梵文，参加不同族裔的社群活动，其思想和行为转变与国内、国际政治环境也不无关系。

1925 年，孙中山逝世，加拿大各埠华侨举办追悼和游行活动。加拿大的共产党阵营本来与国民党海外组织有接触，但随着中国国内政治的变化，其刊物的语气也在改变。1926 年，加拿大政府组织代表团赴华考察商务贸易，两国寻求经济合作。威灵顿勋爵作为英国庚子赔款委员会的负责人，被任命为加拿大的新总督。他和 6 人委员会在中国花费了两个月调查退还赔款使用的最佳方式。王景春博士在维多利亚的俄国皇后号上听说了威灵顿勋爵的总督任命消息，盛赞他的工作和英国退还赔款的作为。[18] 温哥华的育才学校扩大规模，由司徒旄的老友徐孤风任教务主任。8 月的开学典礼请到司徒旄和廖翼鹏等先生致辞。司徒旄教授语言文字，廖医生讲解卫生和健康知识。[19] 已经在故乡维多利亚积累了侨教的经验，随着温哥华中文学校的增加，司徒旄积极参与其中，也乐见一对儿女到中文学校学习。此时期国内和国际局势变化，中国共产主义青年团（Communist Youth）在温哥华的华文报纸头版头条有报道，并列出 14 条组织纪律，引起关注。[20]

本来联俄联共的国民党左派面临右派阵营的威胁。几年前，汤化龙喋血街头的一幕还挥之不去，1924 年秋，著名的法律助理廖鸿翔被枪杀在温哥华唐人街。目击证人说枪手是华人，警察无法破案。10 月，全城为他举办葬礼，司徒旄在葬礼上以英文致悼词，并为他抬棺。[21] 事隔 3 年，《加拿大晨报》（*Canada Morning Post*）的两名主管遭遇行刑式暗杀，枪手随即自我灭口，死无对证。警方在温哥华国民党党部搜到疑似负责人曾石泉的信，他在信中要求除掉《加拿大晨报》的雷鸣夏，因而逮捕了他。[22]9年前，曾石泉就因汤化龙案遭到过警方逮捕，这是第二次。但他很快以2万加币保释，因证据不足，警方无法定罪。一贯的海外暗杀手法让人们深信，此命案就是右派争夺媒体所致。[23]这份国民党曾经的左派言论机关报在海外华人中间发行广泛，是右派主导的《新民国报》（*The New Republic*）的竞争对手，后来几经刁难，无以为继，在1929年宣布"已矣"。司徒旄的好友、参与创办这份报纸的黄灼棠以及任广告经理的黄惠民躲过了枪击，却仍然命悬一线。雷鸣夏曾经与司徒旄等侨领关系密切，共同抗议"黄白分校"和《排华法案》，如今却惨死在自己同胞手下，怎不令人心痛！

1927年，国内政治的分化很快就在加拿大的侨社得到反映。国民党掌控的华文学校开始悬挂孙中山的照片，重要活动前都要重温总理遗训。在国民党清党的过程中，曾经的击楫社成员被扣上亲共的帽子。他们曾为革命积极宣传、募捐，争取支持，但时过境迁，如今却变成国民党的敌人，遭到通缉。通缉名单上包括徐孤风、曹懋森、黄灼棠等司徒旄最亲密的朋友。虽然北伐成功，中国逐渐统一，他们却只能"望洋兴叹"。[24]即使父母去世，司徒旄都没有回到中国的一个原因就是政治风险和革命阵营内部的斗争。他选择继续从事教育事业，在加拿大营建中国文化中心。

1927年底，他当选为温哥华中华会馆的主席，曹懋森当选为秘书长。他们不仅对内公开透明，将理事会的会议记录在报上公布，还开始带领大家走出唐人街，以亲善的姿态融入主流社会。为结束洪门致公堂与国民党对立状态导致的侨社的暴力冲突，维多利亚成立维持和平协会，司徒旄和李世璠等德高望重的无党派人士充当调停员。[25]

一战后，加拿大经济很快恢复，广东的不少中学、图书馆等都得到加国侨胞的捐助。1920年，台山中学捐款总额近25万加币，后来冲破50万加币。靠海外华人捐建和扩大，台山中学的规模领先中国同类学校。1921年，广州培正中学派员到加筹款，同年，蔡元培也到温哥华为北京大学图书馆筹款。[26]随后，开平中学的集资活动在加拿大火热登场，司徒旄是旅加筹办开平中学捐务总处的值理，捐务活动动辄就有几万之巨的集资。[27]1927年8月，广州的

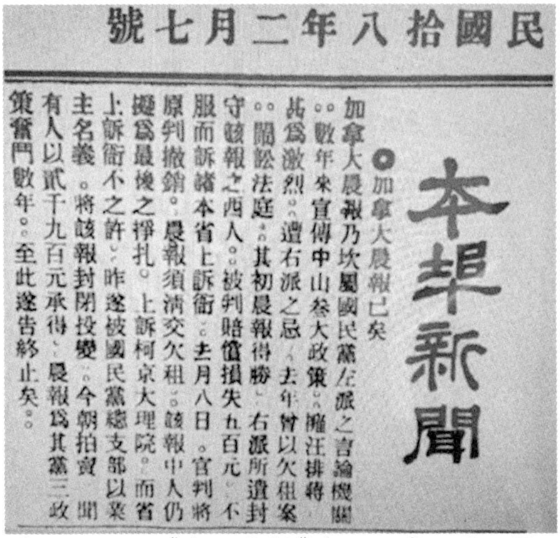

民國拾八年二月七號

本埠新聞

○加拿大晨報已矣

加拿大晨報乃坎屬國民黨左派之言論機關。數年來宣傳中山叁大政策。擁汪排蔣甚爲激烈。遭右派之忌。去年曾以欠租案鬧訟法庭。其初晨報得勝。右派所遣封守該報之西人。被判賠償損失五百元。不服而訴諸本省上訴衙。去月八日。官判將原判撤銷。晨報須清交欠租。該報中人仍擬爲最後之掙扎。上訴柯京大理院。而省上訴衙不之許。昨遂被國民黨總支部以案主名義。將該報封閉投變。今朝拍賣。聞有人以貳千九百元承得。晨報爲其黨三政策奮鬥數年。至此遂告終止矣。

图 11-2-2 《大汉公报》(1929年2月7号，第3页)宣布《加拿大晨报》被迫告终

广智学校教员郑君霈抵温哥华，受到同胞欢迎，并为新学校捐助。国内自然灾害严重，1927年，华侨慷慨捐输，建设侨乡，振兴实业，兴办教育与公益，以及对护法、北伐诸战役的捐助，“事迹昭著，厥功尤伟”[28]。

1927年夏天，司徒旄还欣喜地接待和安排世界教育大会的8位中国代表，包括3位从哥伦比亚大学毕业的女性教育家。该大会在多伦多举办，30多个国家的2000多位代表与会。多伦多大学邀请刘廷芳和顾子仁两位博士宣讲中国近况，并且于是年邀请中国代表团的团长、前东南大学校长郭秉文博士担任教授。由于中国代表人员不足，不能参与所有的分会讨论，在选举下一届委员会投票时也没有优势。日本代表团表现积极，不停请各国代表吃饭，希望能获得更多话语和领导权，但是郭秉文博士成功连任世界教育会副会长，击败日本对手。[29]

1928年初的英文报纸刊登了整版的华人贺岁宣传和广告，以中英文同时出现在《温哥华太阳报》(*Vancouver Sun*)上，是该市有史以来的第一次。[30] “中坎亲善”醒目的大标题，表现华人是本地居民的一份子。华人虽然将侨耻铭记在心，但也热爱自己建设的这片土地，乐于与全城的居民共同展望新年。“坎”在这里代表加拿大，因为当年华侨利用更接近英文发音的翻译，称其为“坎拿大”或者“坎那大”。中华会馆的英文介绍包括：第一是30年来成功、公正和有效地管理和服务于华人；第二是骄傲地向全城公布“会馆旅行了职责，照顾老弱病残的华工，没有让一个华人伸手向市政府要福利”；第三是做促进中加人民友谊的代表。

以中华会馆的名义号召“中坎亲善”，无疑也是劝慰侨胞们在民间广结善

缘，进一步融入众多族裔的大熔炉。司徒旄领导中华会馆后，集资募捐，为华人儿童兴建游艺场。游艺场于3月24日的周末隆重开幕。他邀请市长泰勒（Taylor）亲自剪彩、站台支持。[31]市长盛赞华人的自治精神和对下一代的慷慨投入，评论场地建设严格遵循了安全条例。该场地不仅适合儿童安全地运动、嬉戏，成人也可以在此地休闲、享受户外阳光和空气，有利健康。英文报道称：“这是全国第一个为华人儿童打造的游艺场，侨社集资超过4500元。”[32]华文报纸称此为“华埠空前之盛况”，捐款人中也有白人。开幕式那天阴雨寒冷，却吸引了不同族裔的数千人到场。会后，司徒旄还在唐人街的中华会馆招待媒体，并与市府领导座谈。市长看到举着旗子列队进入运动场的男孩子和在秋千上荡漾的女孩子们，分外开心。《温哥华太阳报》头版头条报道这一盛事，也是开创了历史先河。[33]

这一时期，土生华人第二代和第三代成长起来，他们不再有语言障碍，接受了中英两种教育，对加拿大更有归属感的同时，又痛恨自己的二等公民待遇。华人青年身体壮硕、气宇轩昂，不仅举止绅士，同时重视体育竞技，想一改“东亚病夫”的形象。他们组织了一支中华学生体育会的足球队，从 1925 年开始所向披靡，屡屡取胜，代表了温哥华唐人街的崭新形象。队员的年龄在 17 岁到 21 岁之间，由华商二代组成，包括叶氏、雷氏和温金有等人的后代。

图 11-2-3　1928 年 1 月 21—23 日的《温哥华太阳报》整版的华人广告，包括中华会馆英文介绍和强调加深中加友谊的广告

图 11-2-4　与市长一起启动华埠儿童游艺场，右一为司徒旄，左一为市长，左二为驻温哥华领事，左三为商业大佬李世播

（资料来源：Image AM1688-S1-F4-: 2021-034.118, Courtesy of the City of Vancouver Archives）

图 11-2-5　市长开心接过女孩儿递给的糖果，这位 18 岁的女生因为在剧场演出筹款成绩突出而受到表彰。司徒旄（右一）在一旁微笑

（资料来源：Image AM1477-1-S5-: CVA 1477-144, Courtesy of the City of Vancouver Archives）

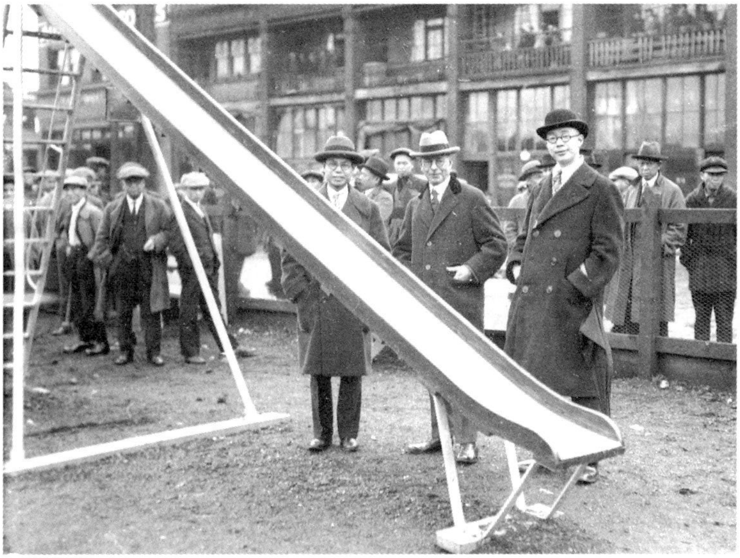

图 11-2-6　司徒旋与市长在滑梯旁合影
［资料来源：（Mayor L.D. Taylor at opening of children’s playground at Carrall and Pender streets），image AM1477-1-S2---: CVA 1477-68, Courtesy City of Vancouver Archives］

图 11-2-7　司徒旋、市长与玩秋千的小朋友合影
［资料来源：（Mayor L.D. Taylor at opening of children's playground at Carrall and Pender streets），　image AM1477-1-S2---: CVA 1477-69, Courtesy City of Vancouver Archives］

司徒旄领导的中华会馆和商会极力支持这支华人青年足球队，队员们成为英雄和偶像。这个移民国家仅仅因为他们是华裔，就剥夺其政治和就业等权益，对他们束缚手脚，然而在相对开放和公平的足球场上，他们满怀信心，以体魄、速度和技巧取胜。华二代们明白他们的胜利不仅是足球比赛的胜利，而是在挑战种族偏见，在为全体华人赢得荣誉和尊严。这支华生球队经过 4 年奋斗，从初级杀进高级联赛。决赛在 1926 年 5 月 24 日举行，现场吸引了 3000 多名球迷，经过加时赛，中华学生体育会的足球队以 5 ∶ 3 击败了 Kerrisdale 队，勇夺锦标以及易洛魁（Iroquois）杯！当时的《省报》（*The Province*）这样评价这支中华足球队伍："他们是一支让人赏心悦目的球队，踢法干净，速度奇快，精力充沛。他们是过去的一年里，最让人期待的球队之一。难能可贵的是，一有义赛之类的活动，他们就最先响应。只要有义赛活动，他们都积极参与。"[34] 放在当下，这样的交流可能稀松平常，但在华裔被视为二等公民的年代，这样的竞技交流是极为罕见的！队员多克・叶（Dock Yip）回忆当年说："在球场上，是我们唯一可以与白人队员平等交流、竞技的时刻。每到周六球队出赛，唐人街店铺关闭，万人空巷，人们都赶赴球场，为球队助威，期待一起分享荣耀。不仅如此，唐人街的钱庄、商铺，甚至赌徒也会捐钱，用他们的方式支持这支球队。"

图 11-2-8　中华学生体育会合影（1926 年）
（资料来源：Image 6-A72203 AM1108-S4-CVA 689-68, Courtesy City of Vancouver Archives）

决赛胜利一个月后，他们在最大的中餐馆宴请足球总会官员和裁判，席间有活动及庆典，更有官员演讲祝贺球队夺冠。[35]1933 年，中华学生体育会足球队站到了荣誉的顶峰。[36] 他们一路过关斩将，在大陆杯（Mainland Cup）决赛中击败了不列颠哥伦比亚大学队，夺得冠军。[38] 这个冠军的分量让唐人街沸腾了！手捧奖杯的队员被抬高，鞭炮锣鼓喧天，远远超过农历新年的热闹让不知情者以为出现了暴乱和火灾，匆忙报警，消防队和警察摩托车队出动，到现场才发现是燃放了太多的鞭炮。[38] 这支载入体育荣誉榜的球队的成员之一就是司徒氏未来的女婿、打拼出商业帝国的雷玉堂。

除了温哥华的社团活动和中华会馆的领导工作，司徒旄也十分重视中加之间的文化交流。北伐之后，到访的各界精英增多，从他们身上，司徒旄汲取知识，收获友情。1928 年 4 月，民国著名教育家、外交家、学者谢德怡（Dr. Tehyi Hsieh，Thomas Jones Chia）到访。谢德怡出生在新加坡，留学英国剑桥大学后成为清廷驻澳大利亚的外交官。他趁在美国出席会议的机会，留在美国发展，娶美国人为妻。他已经在美国 20 多所大学巡回演讲，引起强烈反响。温哥华的侨胞对他也不陌生。3 年前，谢德怡就代表中国向西方表示“收回治外法权和关税管理，中国人的做法只为爱国而非排外”[39]。谢德怡应司徒旄之邀到访，方便大家一睹尊容，聆听演讲。谢德怡的事迹在中西知识分子当中引起轰动，被称为“中国的泰德·罗斯福”，其演讲都在拥有超过千人席位的地方举办。他受到以司徒旄为首的各族裔的热情接待。[40]

这是谢德怡第二次到访 BC 省，他不辞辛劳，到落基山中多地演讲，持续近两个月，受到热烈欢迎。[41] 他总结中国的最新变化：只要给中国一个机会，在经历了其他国家也经历过的革命阶段，各种商业开始交叉纵横，妇女得到解放，逐渐在政治、经济和社会上担纲，农民运动也直达中国的心脏。他给加拿大的知识分子描绘出一个与印象中的中国完全不同的景象。他说，中国统一后会朝着平权、自治的社会发展。当然，在古老的国土上重建一个新的国家会遇到很多困难。[42]

1910年
任翻译官时

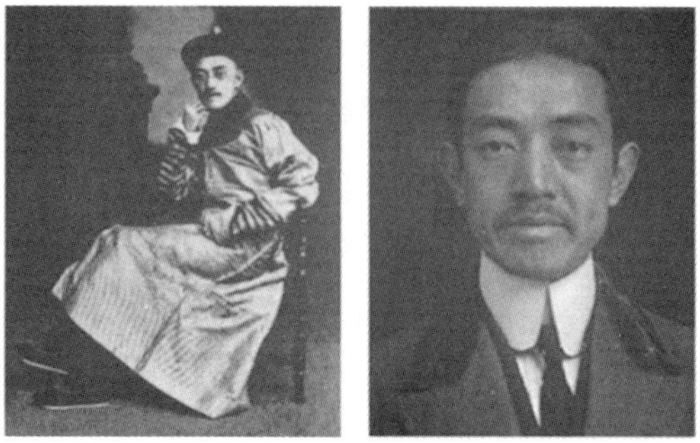

1916年
获释出狱时

图 11-2-9　谢德怡肖像
（资料来源：陆礼强《漫谈澳洲华人-15：百多年前中国驻澳门总领馆的枪击案及其后续发展》，感谢陆先生授权）

## 三、青出于蓝

第一代移民先驱回流之后，留在老家维多利亚的只有老司徒收养的儿子司徒根柱和二女儿司徒鸣玉两家人，继续司徒氏安身立命的裁缝生意。而这两家都出现杰出的后代，足以告慰落叶归根的司徒森。司徒根柱后人成为维多利亚不可多得的商业精英，而司徒鸣玉家儿女优秀，还出了一位世界冠军——刘光锐（1918—2009，Harvey Kuang Yo; Lowe）。

司徒顺好从小就是乖乖女，学中文也比家族其他孩子用功。[43] 1921 年，18 岁的司徒顺好嫁给了李华钳。李华钳在 1908 年由广东台山到维多利亚与父母团聚，与司徒顺好同为华侨学校的学生。他中学毕业后开始操持家族生意，即父母在唐人街开的源泰烧腊店。司徒顺好与大姑司徒春颜的经历类似，从小就与未来的夫婿相识，而且两人还是同学。两人的工作经历也相近，都是从小生意开始。出嫁前，司徒顺好在父亲的裁缝店帮忙锁扣眼、熨烫衣服。她与李华钳共同养育两男两女，继续秉持传统的价值观，勤俭持家，注重教育，回馈社区和族群。儿女们记忆中的顺好妈妈做得全家的衣衫，栽种高产的蔬菜，多出来的还交给菜农收购，卖到市场赚钱补贴家用。

司徒顺好给了丈夫很大的助力，做起了烧腊餐厅相关的一系列买卖。1926 年，李华钳与人合伙投资，建了个温室，满足广东人一年四季都需要新鲜蔬菜

图 11–3–1　茂利公司的介绍，公司使用的是李司徒氏的自置楼
（资料来源：Courtesy BJARNE TOKERUD BOOKSELLER INC. website: www.bjarnetokerud.com）

的要求。看到有利可图，他便出售了股份单干并扩大经营，建起大规模的道格拉斯温室，在冬季也可以产出番茄、黄瓜、豆角，甚至冬瓜。他用热水器为温室加热，并且买下附近的空地养猪，供给家里的烧腊店。司徒－李氏的经营规模不断扩大，养猪多达400头。他的温室也在扩大规模，将源泰的肉食生意合并，再有加拿大其他公司的加盟，李华钳注册了茂利有限公司（Morley Co. Ltd.），把加拿大的农产品销往香港。[44]

司徒顺好和李华钳夫妻俩分工明确，为生病的司徒根柱养老送终，还坚持要求4个子女放学后去读中文学校。李华钳无论多忙，都要在晚上到华侨学校接孩子们放学，一起回家餐聚。唐人街上巍峨屹立的会馆和学校就是司徒氏第一、二代共同建立的，司徒顺好夫妇作为第三代也接受了传统的中文教育，他们的孩子仍然没有丢掉传统文化。李华钳不仅生意经营有方，他回馈侨社的一个重要工作就是继续承担华侨学校的管理责任。[45]

自1922年开始守寡的司徒鸣玉严格管教子女成长。长子刘光篪（1900—1981）是华侨学校教习们的得意门生，学贯中西，他也很早就在侨社担当重任。高中毕业后，他考入美国名校芝加哥大学专攻亚洲研究。幼子刘光锐在一个缺失了父权威严的家庭里长大，爱好广泛，性格温暖外向。

和所有司徒氏后代一样，司徒旄的一对儿女每天下午去温哥华的华侨公立学校学习中文。这是陈树人等人在1917年开设的学校。这一时期，司徒旄作为名誉校董，经常参与学校的活动。因为同学们多数是第二代，而司徒炳唐与司徒美先成长于移民先驱家庭，他们的父亲在不同族裔间自由地穿行，自己与西人也没有文化隔阂，中文基础已经扎实，见多识广，在学校中是让人羡慕和喜爱的一对兄妹。在1927年的华裔学生展览会上，13岁的司徒炳唐夺得折中画派头奖。[46]这是一次统筹温哥华所有中文学校，共录取2000多件作品的大型展览，参观人数超过4000人。司徒炳唐有长大之后进行国际贸易的宏愿，而妹妹司徒美先尤其渴望变成一个医生。她的与众不同吸引了不少小男生的注意，但是排华阴影不散，未来的道路并非平坦。学贯中西、博采众长，是他们将来立足社会的先提条件。

## 注　释

1. "Lee Mong Kow Dies in China," *The Victoria Daily Times*, May 10, 1924, pp.1-2. and May 12, p.9.
2. "Lee Mong Kow is dead at Hong Kong," *The Province*, May 13, 1924, p.7.
3. "Death：Lee Mong Kow," *South China Morning Post (1903-1941)*; Hong Kong, May 12, 1924, p.8.
4. "The flag was at half-mast," *South China Morning Post (1903-1941)*; Hong Kong, May 12, 1924, p.3.
5. "Acknowledgment," *South China Morning Post (1903-1941)*; Hong Kong, May 16, 1924, p.8.
6.《校将放假时幼稚生游戏体操之爱国热》，《大汉公报》1915 年 7 月 20 日，第 3 版。
7. 同上。
8. "Women have accomplished magnificent work for new jubilee hospital," *Times Colonist*, Mar. 7, 1925, p.6.
9.《专电》，《新闻报》1921 年 5 月 6 日，第 3 页。
10.《部令：霍坚恳请辞职》，《政府公报》1923 年 3 月 22 日，第 7 页。
11. 张东荪：《追悼颂华老友》，《大公报》1947 年 9 月 17 日，第 4 版。
12.《经济绝交之本意：与其扩大罢工风潮，不如实行全国一致抵制英货》，《晨报副刊》1925 年 6 月 22 日，第 2—4 页。
13. 陈华新：《李大钊的生死之交霍侣白》，《世纪》2001 年第 1 期，第 4—9 页。
14. 来自家庭私人档案和大学的档案照片。
15.《反对加拿大对华移民新律》，《时报》1923 年 9 月 11 日，第 6 页。
16.《中华会馆之抗苛例运动》，《大汉公报》1927 年 8 月 13 日，第 3 页。

17. "Chinese Traffic Declines," *The Ledge*, Jan.28, 1926, p.3.

18. "Lord Willingdon praised by Associate from China passing through Victoria," *Time Colonist*, Jun. 14, 1926, p.1.

19.《育人学校开学纪盛》，《大汉公报》1926 年 8 月 17 日，第 3 版。

20.《大可注意广州共产主义青年团》，《大汉公报》1926 年 6 月 14 日，第 1—2 版。

21. "Funeral of David Lew was largely attended," *the Province*, Oct. 27, 1924, p. 24.

22. 欧济霖、陈汉忠编著：《新会史志丛书》第 1 册《新会华侨华人史话》，中国县镇年鉴社出版，2004 年，第 120 页。

23.《晨报惨杀案判决》，《大汉公报》9 月 15 日，第 3 版。

24. "黄灼棠、马镜池、李石俵、李君实叛党撤职通缉案，曹懋森等通缉案，"典藏号：001-014163-00001-000，台湾"国史馆"档案史料文物查询系统。

25. Edgar Wickberg, *From China to Canada*, Canada: *a history of the Chinese Canadian communities in Canada,* (Toronto: McClelland and Stewart, 1988), p. 165.

26.［加］李东海：《加拿大华侨史》，中华大典编印会，1967 年，第 494—495 页。

27.《旅坎筹办开平中学捐务总处第 5 期取到捐款布告》，《大汉公报》1924 年 9 月 29 日，第 12 页，为开平中学捐款已近 2 万加币。

28.［加］李东海：《加拿大华侨史》，第 435 页。

29.《世界教育大会议之一瞥》，《大汉公报》1927 年 8 月 27 日，第 3 版。

30. "Chinese Benevolent Association," *The Vancouver Sun*, Jan.21, 1928, p.15.

31. "Benevolent Association has equipped the Pender area for Children," *The Province*, Mar.23, 1928, p.34.

32. "Kipling was wrong: East meets West," *The Province*, Mar. 25, 1928, p.3.

33. "The latest in playgrounds," *Vancouver Sun*, Mar. 26, 1928, p.1.

34. "Great Demonstration by Orientals When Team Captures Mug," the Province, May 25, 1926, p.18.

35.《加拿大华人足球史》，https://wiki.cfadata.com/index.php?title=%E5%8A%A0%E6%8B%BF%E5%A4%A7%E5%8D%8E%E4%BA%BA%E8%B6%B3%E7

%90%83%E5%8F%B2，访问日期：2022 年 11 月 12 日。

36. C.R. Foster,"Chinese Students are Colorful Team," *the Province*, Jun. 4, 1933, p.20.

37. Lynn Desjardins, "1933 soccer team honoured in Asian Heritage Month," https://www.rcinet.ca/en/2017/05/10/1933-soccer-team-honoured-in-asian-heritage-month/, accessed Dec. 20, 2023.

38. "Oriental riot: celebration of soccer victors disturbed the police," *Vancouver Sun*, May 30, 1933, p.7.

39.《华人爱国并非排外》，《大汉公报》1925 年 8 月 11 日，第 2 版。

40. "Dr. Hsieh Tehyi will be in Vancouver soon," *The Province*, Apr. 17, 1928, p.7.

41. "Dr. Tehyi Hsieh to Address Luncheon Club on Saturday," *the Province*, May 18, 1928.

42. "Quality a feature of a program," *The Chillliwack Progress*, May 31, 1928, p.1 and 9.

43. 在司徒旒、刘玉柳夫妇编辑成册的家族学童的书信里，司徒顺好被当作榜样。

44. ［加］李惠贤：《李氏南恩祖家谱》，1995 年，第 41—47 页。李华钳是李氏第 33 代。

45. 同上。

46.《美洲破天荒之学生成绩展览会》，《大汉公报》1927 年 10 月 17 日，第 3 版。

# 第十二章 交流与传承

## 一、中加桥梁

《排华法案》限制了中国华工和新移民，却不能阻挡华裔加拿大人的前进脚步。他们不仅自己团结起来，各阶层、地域和行业的组织，也清楚地意识到唐人街相对封闭带来的危害。这一时期人们普遍认为华人被隔离于主流社会之外，而他们的生活也只能局限在唐人街内。[1] 司徒氏则不同，第二代和第三代以更开阔的胸怀走入温哥华的不同社区。司徒旄以大姐和姐夫为榜样，主动出击，联手志同道合的西人朋友，寻求归属感与合作契机，主动融入多族裔多文化的社会。

1929 年，温哥华国际俱乐部（International Club of Vancouver）换届，司徒旄当选为副会长，国际通讯委员为黄惠民。[2] 这是一个强调各国交流，包括与亚洲各国交流的社团组织。加拿大和温哥华的一些有识之士意识到了种族融合、和谐共存的重要性，开始花费大量时间和精力组织活动，增加不同族裔间的了解。俱乐部的成员以白人知识分子为多，此次吸纳了亚裔，还选为领导人。司徒旄和黄惠民作为华裔代表加入，随后带动华人改变了全城的文化景观，展现了华裔加拿大人的视野和格局。俱乐部小型活动经常在负责人或者成员家里举办，大型的活动会利用剧场、酒店等地。1932 年初，司徒夫妇将这个俱乐部的领导们请到自己家，商讨年度舞会的计划。[3] 他们决定这一年的舞会要与以往不同，要求出席者身穿本民族传统服装，凸显这个移民城市的多族裔面貌。从这一时期开始，司徒夫妇经常参与云城的演讲、讨论会和接待会。全城的慈善和文化活动都留下他们忙碌的身影，文化交流开始贯穿他们以及子女的人生，而随着中国逐渐融入国际大家庭，活动日渐增多，丰富多彩。

全球化的经济、贸易、文化交流带来了中国各界翘楚，他们的思想言谈以及西方人的互动立即为中国和侨民带来积极的影响。西方经济大萧条使得不少人士开始反思自己的文化，对来自中国的“他者”产生好奇，更加乐于沟通。1929 年，陈焕章（Chen Huan-chang）[4]、施肇基（Alfred Sao-ke Sze）等人到访，在中西人士间演讲互动，增进了解。施肇基在 20 世纪初获得康奈尔大学哲学博士，服务于晚清外交，曾陪同端方等晚清大臣访美。他早在一战期间就任驻英公使，出席巴黎和会，作为中国代表团的一员拒绝在出卖山东的和议上签字。1921 年，他出任驻美公使，并出席华盛顿会议。这次他又转任英国公使和国际联盟中国代表，与当地侨胞和友人进行交流。曹懋森时任中华会馆总值理，代表侨胞呈请施公使对英国政府施压，要求废除加拿大苛例。[5] 司徒旄也代表中华商会向施肇基陈情，陈焕章则在中华商会演讲，宣传孔教的重要性。[6]

图 12-1-1 施肇基公使与温哥华同胞合影，司徒旄第二排（左五），司徒夫人（前排右一）

（资料来源：Group of men and women in what may be an association hall, 1929, image AM1523-S6-F34-: 2008-010.1712, Courtesy of City of Vancouver Archives）

20 世纪 30 年代，到访和路过云城的嘉宾如潮。[7] 1 月 31 日，加拿大皇后号载京剧大师梅兰芳一行抵达维多利亚，各侨团派人到港口欢迎。[8] 司徒旄为梅大师介绍侨界众领袖，并迎接 20 多位同团成员下船，安排参观省府，在下午参观了中华会馆和华侨学校，与华人领袖和老师亲切交谈。之后，司徒旄亲自护送贵客们赶搭 4 点钟的轮船南下至西雅图。[9] 内兄刘吉祺在那里等待，迎接并安排了吃住和下一站的接待。[10] 齐如山对北美第一站就印象深刻："我们刚到维多利亚港时有一位司徒旄君，字英石，就到船上来欢迎招呼，指点得非常周到；并且在本地几种报上，替我们极端地鼓吹；又合本埠诸位侨胞雇了两辆汽车，带我们游各处名胜建筑，遇有趣的古迹，或奥妙的建筑，都给我们详细说明；以后又请在中华会馆茶会；末了又同船伴送我们到西亚图，沿路办理指示一切，司徒旄君固然是热心了，就是维多利亚埠其余的侨胞们，也对我们非常爱护。"[11] 虽然梅兰芳此行的目的并不是加拿大，这里的人们在海外多欣赏粤剧而并非京剧，但还是对这次巡演引以为荣，明白其中的使命和意义，即将中华表演艺术推广到西方，可谓"东学西传"。

对梅兰芳此行而言，国内外的压力很大，新文化运动让知识界对传统京剧颇有微词，美国观众的戏剧传统完全不同，更何况翻译介绍的剧情难以引起美国人的兴趣。美国正值前所未有的经济危机，此行一波三折，依赖中美顶级的赞助团队以及华美协进社（China Institute）方可成行，包括驻美公使伍朝枢夫人何宝芳、刚访问过中国的美国第一夫人伍德罗·威尔逊夫人（Edith Wilson）、约翰·杜威（John Dewey）教授、前驻中国大使、华美协进社社长、银行家慈善家以及知名学者等的共同努力。[12] 北美各华人聚居的城市多邀请粤剧戏班演出，慰问老侨以解乡愁，规模不大，且仅限于唐人街的戏院。但那些粤剧并不能代表梅派的京剧艺术，更何况是顶级水平的京剧。这次梅兰芳的演出致力于以民间交流的方式将中国国粹推介给西方观众，只求交流互动，而非以官方交流或盈利为目的。这一点与正在带领侨胞走出唐人街、树立华人新形象的司徒旄不谋而合，他竭尽全力帮助梅兰芳的戏班，期待中国传统戏曲能够在海外流传。他不仅自豪地参与热情接待，还将梅兰芳在加拿大靠岸的照片带到《良友》发表，进而与梅兰芳变成朋友。[13] 接下来司徒旄在北美的文化教育活动就得到了梅兰芳的力挺和支持。

同年 3 月底，中国银行张嘉璈行长乘俄国皇后号抵达维多利亚，司徒旄登船迎接。张嘉璈早年留学日本，晚清时曾任职于邮传部，属于交通系的知识精英官员，业务上早就与李梦九和司徒旄有往来。两个同龄人相聚在张行长西方考察的第一站，寒暄之后还合影留念。张行长的哥哥张嘉森与梁启超、汤化龙以及霍坚等人关系密切，称司徒先生为“英石吾友”，专门为他赠送墨宝。[14]他们的妹妹张嘉芬，即徐志摩的第一任妻子张幼仪，曾任上海女子银行总裁，是经历坎坷的杰出女性。张嘉璈管理中国银行时成立经济研究部，培养了一批经济学家，他踌躇满志，决心把中国的经济搞上去。这次欧美考察之后的几年，他的财政金融权力被孔祥熙和宋子文逐渐取代。1935 年，他转任铁道部部长，1937 年任交通部部长，在工作上与司徒旄仍然有直接联系。[15]

1930 年夏季，谢德怡由西向东各地巡回演讲，[16]并由老友司徒陪同。[17]这位剑桥大学的博士和前外交官在美国拥有大量听众。这次再访加拿大各城市，不出意外地引起轰动。6 月初，谢德怡抵达萨斯客彻温省（Saskatchewan）的雷吉纳市（Regina）。华商的接风宴会在一家中餐馆内举办，省长亲自带领白人

图 12-1-2　司徒旄与张嘉璈在俄国皇后号船上合影（1930 年 3 月 8 日）
（资料来源：University of British Columbia Library）

政要共 60 多人出席。[18] 谢德怡出言批评加拿大的排华政策，尤其是阻碍华工家庭团聚的非人道做法。7 月，另一座萨省城市晚宴可谓盛况非常，宴会上谢博士连续演讲 3 个小时，中英文的记者们慕名参加。他带着浓重的英音说道："一战期间，日本没有对英国提供丝毫的帮助，而中国派出了 28 万之众的劳工团。如果再有世界大战，中国必定会与英联邦站在一起。"这场宴会由巡回演讲团的几位西人艺术家陪同，还有同样善于发表爱国演说的司徒旄。虽然注册宴请的有 50 人，挤在门外和窗外的还有 50 人。谢德怡慷慨陈词："加拿大的华人已经是共和中国的自由良民，不再是清帝国的奴隶。加拿大对共和中国的帮助会被全体中国人铭记在心。中国的苏醒会是世界的幸运，而不会是全球的累赘。目前加拿大有 3.6 万多名华人。新中国这位母亲正用渴望的眼神注视着她在海外的孩子们。她是多么希望远在加拿大的你们能利用所学知识帮助她壮大，把祖国变成像加国这般先进和富足。"司徒先生也应邀分别用中英文致辞。[19] 在宴会的最后，已经是凌晨两点多，谢博士还鼓励大家要以司徒旄为榜样，他提到应该有人为司徒先生立传："司徒旄的传记将会是一个激励后代的无价之宝，因为他对人类社会发展保持乐观心态，因为他谦虚的品格，亦因为他对未来的加中关系充满信心。"[20]

图 12-1-3　谢德怡被誉为"中国的泰迪·罗斯福"

（资料来源：Tehyi Hsieh, the "Teddy Roosevelt of China"：portrait seated, reading，Alton H. Blackington Collection, Robert S. Cox Special Collections and University Archives Research Center, UMass Amherst Libraries）

1932年，北美基督教中国学生会（Chinese Students Christian Association in North America, CSCA）的总干事萧元恩应邀做客温哥华。基督教学生会（即美国和加拿大高校学生的基督教学生会，俗称“北美协会”）已经有22年的历史，总部设在纽约，分部设在20多所美国的大学和4所加拿大的学校中，旨在使大学生们在各自学校之外进行交流，建立友好关系。萧元恩从1929年开始担任中国学生会的总干事。[21] 国际俱乐部的马凯（McKay）夫妇邀请会员和萧元恩聚在位于灰岬角（Point Grey）的海边别墅。司徒夫人刘玉柳用水仙布置会场，给聚会添加东方风味。[22]同年5月，刘玉柳再次组织中国茶聚，为帮助淞沪抗战后的上海难民募款。[23]

1933 年 5 月 1 日，刘吉祺和岳父阮洽以及驻美国华盛顿州的外交官北上加拿大，齐聚维多利亚码头，与司徒旄一道欢迎民国代总理以及财政部部长宋子文。宋子文及其财政专家一行乘美国杰佛逊总统号深夜停靠维多利亚码头，休整后乘火车东去，前往美国首都会晤罗斯福总统。[24]

1933 年 8 月 14 日至 28 日，太平洋国际关系学会第五次年会在加拿大的班芙（Banff）举行。胡适受南京政府委托，任代表团团长。该学会是 1925 年成立的非政府组织，由亚太国家的学界和商界领袖组成，总部起初设置在夏威夷的檀香山市，鼎盛时期会员国达 14 个，年会在不同国家轮流举行。

7 月 4 日早晨 8 点，胡适乘船由夏威夷抵达维多利亚，司徒旄与加拿大分会的负责人一起登船迎接，并陪同胡适于下午 3 点抵达温哥华。在总部檀香山的首次年会上，加拿大侨社曾因《排华法案》请中国代表在大会上提议讨论，并予以援助。这次，中华会馆又将《43 条苛例》资料整理成帙，委托代表团在大会上提出讨论。胡适重申：“这些问题是各国和各民族的问题，我们的工作是为这些国家和民族着想，为了一个民族或为了许多民族着想。这是最神圣的信托，但也是最危险的工作。这一工作在华人圣贤的口吻说来，‘一言兴邦，一言丧邦’。我们只能祛除偏见，去负这神圣的责任。”[25]

当晚，胡适接受加拿大分会 20 多位会员的邀请进行演讲，之后被载到斯坦利公园继续讨论和观光。当晚他还拜访了对中国友好的知名学者。第二天他到中华商会演讲，司徒旄把胡适的讲话翻译成广东方言。然后，与领事和国际俱乐部的主席一道在火车站送别。胡适乘火车东行到卡尔加里（Calgary），再往班芙出席大会。胡适在日记中记录了对司徒旄的印象，感谢他的帮助，把行程和在温哥华的活动安排得细致体贴：“其人甚精明努力，可造之才。”[26] 正如谢德怡一样，其后胡适又多次到访北美西北角，还特意去西雅图的刘吉祺家做客。[27]

1934 年 3 月，世界基督教学生同盟（World’s Student Christian Federation, W.S.C.F.）总干事顾子仁（Dr. TZ Koo）到访。[28] 两年前，萧元恩博士在唐人街、各大教会的教堂、大学和国际俱乐部等进行了一系列的演讲，受到加拿大人的广泛欢迎。[29] 顾子仁同样围绕这些主题，强调国际主义和中加友谊，鼓励两国互派公使，发展贸易与合作关系。这是顾博士在为期 7 个月的欧洲、美国和加拿大的旅行讲学的最后一站，司徒先生到码头欢送他回国。顾博士身着华丽中式服装，与司徒旄的西装形成鲜明对比，在记者们的好奇注视和采访中，他们在甲板上合影留念。司徒旄敬重这样的客人，因为他们可以用流利的英文替中国发声，反对日本武力入侵，号召各国和平友好相处，又在西方民众面前凸显东方人格魅力。1937 年 11 月，顾博士在同盟经费的赞助下再访温哥华，在不列颠哥伦比亚大学演讲。[30]

图 12-1-4　顾子仁博士身着中式礼服与司徒旄在码头告别（资料来源：*Victoria Colonist*, Mar. 17, 1934, p.7）

同年访问的还有司徒先生的同乡、秋瑾烈士的女婿黄公柱。[31] 黄公柱是日本陆军士官学校第 10 期步科毕业，历任建国湘军讲武堂教官、驻粤湘军总指挥部上校参谋、第二军独立二旅少将旅长。黄公柱的 1933 年环球考察由红海、地中海前往欧洲，然后跨大西洋周游美加各地。同期，他的妻子王灿芝留学西方，也力图为中国的军事贡献所学。黄公柱的北美之旅和从温哥华登船返国都得到司徒先生的安排照顾，利用诗丕亚公司的火车穿越崇山峻岭，落地温哥华观光再转船返国。在 1935 年付梓的《欧美考察记》中，他提到了司徒先生：“生长于此，故对此地之情形极为熟悉，且能操国语，国文亦佳，实为华侨中出类拔萃之人才也。”[32] 黄公柱回国后注重军事技术，并投身抗日，任重庆抗日游击总司令部中将总司令。1946年退役时，军衔为陆军中将。[33]

战功显赫的蔡廷锴将军本来也计划造访云城。蔡将军率领19路军在“一·二八”事变和淞沪战役中奋勇抗日，令侨胞们深受鼓舞。蔡将军因为与红军联手反蒋抗日而丧失兵权，被迫远走他乡。在北美所到之处，他积极宣传抗日救国，控诉日本侵华罪行，抨击南京政府的不抵抗政策，深受海外华侨和外国友人的欢迎与支持。东海岸的司徒美堂代表致公堂随蔡将军访问并保护他的安全。[34] 谢德怡博士安排蔡将军演讲。司徒旄接到消息，提前两个月就布置欢迎这位抗日英雄，并在中英文媒体上造势。[35] 但是，蔡廷锴由于国内形势紧张、抗战工作需要而提前回国，没有经过温哥华；也可能因为安全起见，毕竟国民党右派的行刺暗杀已经留下黑暗的历史。蔡廷锴回国后通过写信和寄送照片的方式感谢全城同胞的抗日捐款。蔡廷锴访问北美洲极大地激发了侨胞爱国抗日热情，他们踊跃捐款，甚至归国参战。对于林森克扣北美华侨为19路军的捐款一事，媒体也曾连续报道。[36]

1935年3月，5位民国空军将领，包括上将毛邦初（Mow Pang Tzu）到访温哥华。司徒旄以海鸣阁主席的身份宴请，并请毛将军就华侨青年学习飞行、回国抗日的问题做出说明。[37] 在场的有雷炳扬领事、海鸣阁的同人：叶求茂、张椿杰、宋良弼等，还有正在学习飞行的华侨青年们。毛邦初是中华民国少数的专业空军出身的将军，曾在苏联和意大利学习过飞行。他在杭州笕桥领导过1937年的“八一四”对日空战，也是世界上第一位飞越驼峰航

温哥華中華會館先生惠鑒
中華民國二十一年一月念八日倭寇犯上海光鼐等率十九路軍守土衛國之義責之於吳淞閘北間父老兄弟諸姑姊妹相與庀餼糧輸財物所以厚軍實撫戰士者無不至民族禦侮精神於以振皇嗟乎斬將搴旗已挫封豕長蛇之氣節衣縮食深知仁人志士之心謹識數言永銘高誼
第十九路總指揮　蔣光鼐
十九軍軍長　蔡廷鍇
淞滬警備司令　戴戟
中華民國二十一年　月　日

图12-1-5　19路军将领蔡廷锴、蒋光鼐和戴戟致温哥华中华会馆的信与照片

线的中国飞行员。毛邦初对云城的同胞们表示，青年人首先要把身体锻炼好，民国空军欢迎华侨子弟回国效力而且会给予优待。具体程序是先到航空事务委员会报道，经体检合格，数学、科学和中文考试过关，飞行技术也需要过关，然后会被分配到各地的飞行学校，尤其是杭州笕桥中央航校。虽然录取考试可以降低中文要求，但是综合素质的考核竞争非常激烈，中央航校只有40% 的学员被选拔为空军飞行员。到访的将领还强调："华侨海外学习飞行，不外乎平常之飞行。对于军事飞行，只达皮毛，实无大用。故有志于航空方面回国效力者，需专学航空之一科，如机械工程科、无线电通讯等。"这些科目的大学毕业生是中国军方急需的。[38] 司徒氏长孙司徒炳唐也急于回国效力，无奈他所学习的商科不被看好，但是他未来的妻子郑汉英就是首位民国空军飞行女中尉，服务于航空事务委员会，既是民间外交的高手，也是军事飞行的专家。

图 12-1-6 在温哥华印刷制作的诗丕亚公司船期日历宣传画，中英文对照，还有农历供华侨参考使用。司徒旐在签字分发

（资料来源：*Vancouver Sun*, Jan. 14, 1938, p.20）

1935 年 3 月，王宠惠乘加拿大皇后号抵达维多利亚，司徒旄陪同雷领事前往码头迎接，安排他为政治和商业精英演讲。他在 1905 年获得美国耶鲁大学的民法学博士，1928 年担任民国政府的首任司法部部长。面对温哥华的听众，王宠惠分析国际形势，并对西方的国际政策提出批评，强调战争威胁日益迫近。[39] 他这次途经加拿大，沿太平洋铁路前往东岸，再登船往海牙，奔赴国际法庭法官的工作。虽然是国民党的元老，他还是想回避党内的派系之争。与王宠惠同时在温哥华的还有国货制造大家黄鸿钧。中华商会利用剧院请黄鸿钧分享他在美国学习然后在上海制衣业成功的经验。黄鸿钧鼓励华侨子女回国求学。[40] 这些名人精英的交流幕后都有司徒旄的辛苦付出。

图 12-1-7　诗丕亚公司的广告日历（1935 年）（资料来源：University of British Columbia. Library. Rare Books and Special Collections. The Chung Collection. CC-OS-00398 &399）

图 12-1-8　诗丕亚公司的广告日历（1936 年）

## 二、云城汉学

除了搭建政治、经济和文化交流的桥梁，迎来送往，安排会议，充当翻译，司徒旄还收集了成千上万册不同语种的书籍，不断从中汲取营养。[41] 他与各族裔分享自学所得，学以致用。他为加拿大人讲解介绍中国的天文、地理、文化和历史，并带领侨社呼吁大学开设汉学研究课程。[42] 1930 年加拿大的第一个汉学项目在东部的麦吉尔大学（McGill University）设立，特聘经验丰富的江亢虎（Kiang Kang-hu）主持。[43]

司徒旄成长的年代，BC 省忙于基础设施建设，无暇无钱顾及发展文化教育事业。直到 1908 年，人口有了显著增长，财务状况也有所改善，省议会才决定立法建立大学。[44] 在此前后多年的高等教育都依赖东部几所前辈学校，尤其是麦吉尔大学设立的学院（McGill University College of B.C.）[45]。司徒旄正式为诗丕亚公司工作后，不列颠哥伦比亚大学才正式成立，开设的首批课程仅涵盖文学、农学和应用科学。富商叶生的女儿叶金陵于 1915 年进入文学院，成为第一位入读不列颠哥伦比亚大学的华裔女学生。[46] 此后，她奔赴广州，为中国的女性教育贡献所学，于 1931 年出任广东省立第一女子中学校长。[47]

种族关系调查使加拿大人对中国人的看法有所改变，大学里的中国元素随之增加。太平洋国际关系学会紧接着成立，主导种族关系调查的学者参与其中，开始环太平洋圈商界和学界的积极对话。该学会与不列颠哥伦比亚大学的汉学发展结下不解之缘，是重要推手之一。博格斯教授呼吁取消境内华人的歧视政策、给予华人选举权，他认为不平等的社会就不会和谐，只会动荡。[48] 积极参与这次种族关系调查的中文媒体人黄惠民 1927 年从不列颠哥伦比亚大学毕业，他在校园里经常为同学解答对东方世界的疑问。[49] 1926 年 11 月，校董事会的两位成员莱特和洛德先生（Mr. Lett and Mr. Lord）建议申请英国庚子赔款作为经费开创不列颠哥伦比亚大学的东方学，包括语言、文化和商业等课程，但是没有引起董事会的重视。[50] 1928 年，美国学人基金会（American Learnt Society）在纽约召开全面提升汉学教学与研究的会议。在会议记录中，他们承认西方学界迟迟才认识到“中国对人文和社会学术的贡献”，还指出1850年前汉籍的数量超过世界其他语种出版物的总和。1928年，全世界规模最大的出版社不在纽约、伦敦、巴黎或者柏林，而是在上海。[51]这次会议后，美国开始有组织地全面推行汉学。而接下来的几年，太平洋国际学会和太平洋科学学会（Pacific Scientific Congress，PSC）等组织的国际会议在加拿大召开，为中国人提供了展现学术水准的平台。他们代表中国与世界级学者对话，彰显中华文明对人类文明的贡献。他们同时也为加拿大人宣讲中国，为他们提供了解中国的机会。[52]

20世纪30年代，中国的国际地位有所提升，海归们帮助中国更多地与世界交流。温哥华本地学者包括司徒旄开始应邀到大学校园举办讲座，满足象牙塔里的人们的知识渴求。[53]麦吉尔大学的汉学系主任江亢虎博士在1931年演讲，并做客不列颠哥伦比亚大学。[54]他早年执教于加州大学伯克利分校，为美国国会图书馆工作，是人们崇尚的可以用英文回答问题的中国学者，也是最早将社会主义思想引进到中国的学者之一。[55]他不仅盛赞中国现代化过程中妇女能力的提升，还阐述自己对玛雅文化与中国文化关联的观点。他有力地在美国和加拿大推动系统性地教授和研习汉学。

1933年，遵循大学的惯例，江亢虎有资格并且被批准一年的学术假期，研究中国的最新发展。[56]时至“九一八”事变之后，日本侵占东北，对华夏大地虎视眈眈。江亢虎对记者们表示：“中国，我的祖国面临危机，我必须回去帮助挽救我的同胞。”[57]他休假回国，途经温哥华，举办为期一周的家藏中国艺术展，参观的人流不断，每周都有好几千人。江亢虎在同一周还举办了好几场汉学讲座，尽管原计划只讲两场。[58]不幸的是，力主其汉学研究、亲自聘请江亢虎的库里校长（Sir Arthur Currie）于11月去世。正值经济大萧条的困难时期，麦吉尔大学没能寻获可以代替江亢虎的教授。1934年7月，该校决定关闭汉学系，1937年出售了葛思特图书（Gest Collection），加拿大首个汉学系就这样无疾而终。[59]

汉学在麦吉尔的遭遇，让人不免担心不列颠哥伦比亚大学能否开创这样一个可持续性发展的综合性学科。可喜的是，中国不同领域的人才走出国门，与西方交流日益密切。到访温哥华的、公开和私下交流的精英不在少数。1933年，不列颠哥伦比亚大学决定将荣誉博士学位授予中国现代石油工业之父——翁文灏。翁文灏是地质学博士，在矿产勘探和地震研究方面做出了杰出贡献。翁文灏是第一位获得不列颠哥伦比亚大学荣誉学位的中国人，在其学位授予辞中写有这样一段话："翁博士将其在西方古典大学所学的文化和科学知识服务于一个更为古老的文明。在资源极为有限的动荡时期，他仍坚持不懈地投身于中国的地质研究，并出版了丰硕成果。他的贡献真正体现了对于科学的探索所需要付出的耐心和无私精神。"[60]

多数西方人远远地欣赏着古老华夏的文明，学生和家长则要求增加了解和学习的机会。温哥华的英文报纸报道，省报也登载西人信函，强调BC省学务部门应该开设中文和日文课程。也有国会议员强调，与东亚通商就要学习中日语言文化。[61]加拿大商会也是推进全国汉学研究的动力。1930年秋，有50位成员组团前往中国考察商机，他们撰文介绍中国经济和基础设施有所发展，尤其河道水利运输发达。上海居民已达84万，香港97万，都有几万名西人长期在此居住和经商。他们要求培养和储备与中国进行贸易合作的人才。[62]毕竟在大萧条时期，学府经费捉襟见肘，在不列颠哥伦比亚大学开设汉学的努力举步维艰。更何况，作为英帝国联邦的加拿大崇尚迅速崛起的日本，却一直鄙视闭关自守以天朝上国自居的中国。民国初期，连年征战，政坛更迭，加国的执政者们没有把中国当作可以合作的伙伴，所以学校将设置汉学的提议打入冷宫。

既然大学里尚未建立起正式的汉学项目，1932年起，司徒先生开始在不列颠哥伦比亚大学办系列讲座，是最早在该大学提供中国文化演讲的学者之一。20年前，广东的教书先生们曾经带来了不同年代的印谱，司徒旄一直为之着迷。[63]1933年，他特意举办讲座，介绍中国印章的刻制方法。他的讲座是温哥华各界人士文化交流的一部分，其他还有中国传统民歌、舞蹈和手工艺展示。司徒旄的讲座吸引听众，因为他横向比较了远古时代中国、希腊和罗马的印章，并介绍相关的重大考古发现。[64]

佛教传入中国后成为中国传统宗教之一，虽然不是佛教徒，司徒旄也曾认真学习佛学，并在温哥华组织了佛学研究会，并自称"景空居士"。1932年10月，

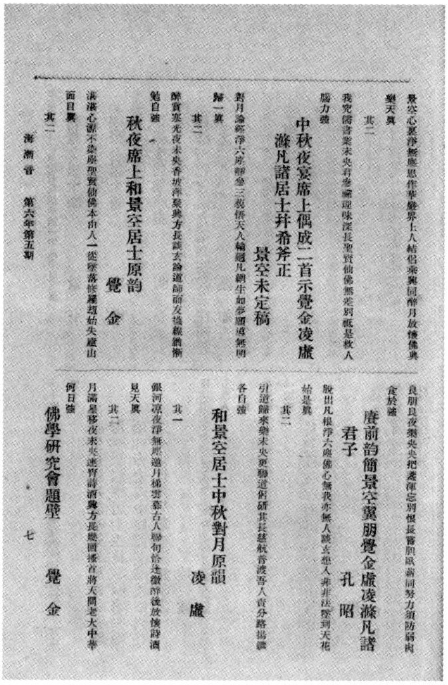

覺空心裏淨無塵思作攀離界上人結侶乘槎同醉月放懷佛典樂天眞

其二

我究儒書業未央君參禪理味深長聖賢仙佛無差別祇是教人協力強

中秋夜宴席上偶成二首示覺金凌盧滌凡諸居士幷希斧正

景空未定稿

對月論禪淨六塵靜參三藐偕天人輪迴凡劇生如夢顯道無明歸一眞

其二

醉賓集光夜未央香坡弄聚興方長談玄論道師而友攜綫勉自強

秋夜席上和景空居士原韵

覺金

淸淨心源不染塵聖賢仙佛本由人一從墮落修羅境始失廬山面目眞

其二

海潮音 第六年第五期

良朋良夜樂未央把盞渾忘別恨長膏肥臥薪同努力須防肉食於強

賡前韵簡景空冀朋覺金盧凌滌凡諸君子

孔昭

脫出凡根淨六塵佛心無我亦無人談玄想入非非法墜到天花始是眞

其二

引道歸來樂未央更聯道侶研其長慈航普渡吾人責分路揚鑣各自強

和景空居士中秋對月原韻

凌盧

其一

銀河涼夜淨無塵邀月梯雲慕古人聯句恰逢微醉後放懷詩酒見天眞

其二

月滿星移夜未央連宵詩酒興方長幾回搔首將天問老大中華何日強

佛學研究會題壁

覺金

七

图 12-2-1 景空居士司徒旄的文学活动

（资料来源：凌虚《法苑诗林》,《海潮音》1925 年第 5 期，第 8 页）[66]

他利用自家宅院接受了暹罗王及其驻加外交代表赠送的佛经。[65] 他不忘邀请民国驻温领事，以及当地学术和国际交流的人士出席，“景空居士代佛学研究会向暹罗总领事谢暹罗王弘法之大愿，与送经之盛心”，无疑是一次高规格的交流活动。

司徒旄还在皇家天文学会发表演讲，并被推选为副会长。[67] 该学会的会长一般由顶尖大学的校长兼任，例如不列颠哥伦比亚大学的盖奇（Gage）校长等。当地媒体称赞司徒旄是自学成才的学者，可以使用中国方言和不同国家的语言。司徒旄往往与中国的访客深入地讨论他们家乡的逸闻趣事，讨论之热烈，仿佛他曾经到过那里，然后访客才吃惊地发现他从来没有去过中国，这些见闻完全是他从书本和其他旅客处学到的。他爱好广泛，对文学、诗歌、美术都有涉猎，还有两个彰显中华古文明的业余爱好：天文和印章。其中，他更加痴迷于中国古天文学的实践。他说，天文学是中国最古老的一门艺术，为此他常举办讲座对其进行介绍。[68]

## 三、云城金禧年

1936 年上半年，有两位特殊的客人造访云城。5 月底，温哥华的中西人士迎来抗日名将方振武（Fong Chen Wu）将军。方振武在 1928 年 5 月的“济南惨案”时拒绝撤退，一直与日军对抗，致使被撤职。由于反蒋，他曾被投入汤山监狱。

1933 年 5 月，他参加吉鸿昌的察哈尔民众抗日同盟军，任前敌总司令兼北路前敌总指挥，兵败于昌平小汤山，逃往香港。在香港，方振武加入中华民族解放行动委员会，于 1935 年留洋，在欧洲和北美游历一年，考察、学习西方政治军事。方将军抵达温哥华时，一踏出船舱就听到人群的欢呼，两位女孩子送上大束的鲜花。[69] 全城中西人士分立街道两旁，警车开道，予以这位抗日英雄极高礼遇。方将军不停地向欢迎的人群点头和鞠躬，表达谢意。司徒旄是欢迎特别组织委员会的成员，参与安排和陪同方将军接受英文报纸采访，到中华会馆会晤以及致公堂演讲。方振武说，中加关系应该可以更进一步，需要同胞们将加拿大的先进之处介绍到中国去并鼓励致公堂昆仲“与侨界及全国民众联合，不分党系，在同一战线上共同抗日而拯危亡”[70]。

如果说对方振武将军的欢迎是对抗日民族英雄的崇拜，那么接待李石曾到访，对司徒旄来说，就有着更加深刻的个人原因。司徒旄一直向外界尊称李石曾是自己的老师，尽管老师只比他大几岁。他与老师的理想一致，都想“撷取各国文化之精华，兼容并蓄，融为一炉”。李石曾，名煜瀛，1902 年随清驻法公使孙宝琦赴法留学，1906 年在法国加入中国同盟会，访问加拿大时已被看作是国民党的元老。他不仅学习农业，还在欧洲出书讲解和宣传豆腐的价值，将豆腐制作工艺发扬到了法国。他创立的豆腐公司帮助河北老家的农民移民法国，且从 1913 年起与张静江、吴稚晖和蔡元培组织勤工俭学运动，促成 4000 名国人赴法留学，其中很多进步青年成为中国共产党的领导人。同一时期，司徒旄虽然远在加拿大的西海岸，却与之遥相呼应，并以教育救国的共同理想创办了尚志学校，通过其工作的便利安排留学生们的全球行程。李石曾归国后在天津出版《民意报》，1915 年任法华教育会副会长。后任北平大学校长、北平师范大学校长、北平研究院院长等职。[71]1928 年参与创办中央研究院，1929 年出任故宫博物院院长。[72]1932 年，李石曾把位于上海福开森路世界社的图书馆改建成第一个国际图书馆，并与知名学者一起兴办世界学校，鼓励中国青年有规模地留学欧洲，利用教育和科技救国，其中包括司徒氏未来姻亲郑氏的女杰——郑毓秀和郑汉英。

1935 年，李石曾在欧洲和美国进行和平宣传与文化交流，最后一站是温哥华。英文媒体称其为“年轻共和国的成熟政治家”。他一直建议政府要走出去，与他国广泛交流。这次，他作为中研院、世界社和国际图书馆的负责人，对欧洲和美国进行了为期 8 个月的文化访问。他的国际图书馆在全球的收藏已经达到 25 万卷，分别在日内瓦和上海有馆舍，这次在纽约也已经筹备和兼并现有的一些小馆。国际图书馆将分别服务于欧洲、亚洲和美洲的读者。让西方人可以“学习耶稣基督诞生千年前的中国智慧，可以见识到中国任何一个图书馆的珍本秘籍”。1936 年 4 月初，他从纽约乘飞机抵达西雅图，再北上温哥华见老朋友司徒旄。[73] 李石曾对记者说：“我们也要帮助中国读者了解西方，利用书籍和文化交流来促进世界和平。”记者评论说，李石曾的法文远比其英文流利。他由司徒旄陪伴护送，从温哥华前往维多利亚，然后登船返国。[74]
司徒旄真可谓往来无白丁、朋友遍天下。他是李石曾的老朋友、学生和追随者，也是在加拿大弘扬中国文化之人。1936 年夏季的温哥华喜迎世界八方来客，也是司徒旄一展文化桥梁功能的机会。以司徒旄为首的中国文化艺术展筹委会再次请回江亢虎解说展品，还有来自国内的一班学者、艺术家、表演者和手工匠人，大洋两岸的华人联手举办了一场宣扬汉文化的盛事，让主流社会意识到中国的灿烂文化在加拿大已经植入根系，必将发展壮大。[75] 司徒旄同时肩负着让中国文化感召世界各国游客去华夏故土寻幽探古的责任。上海的英文媒体报道说，到中国的游客增加最要感谢的人就是司徒旄。[76]

为庆祝温哥华成立 50 周年，市府计划从 7 月 1 日直到 9 月 7 日，举办为期 10 周的全城系列庆祝活动。海报的设计展现了该市的国际交通枢纽特色，从淘金到海陆空交通，尽显发展变化。50 年后的华人

图 12-3-1　金禧年的邀请画
（资料来源：Image AM177-F39-: 1972-606.1, Courtesy City of Vancouver Archives）

已经与筚路蓝缕、披荆斩棘的第一代开拓者不同，他们掌控着太平洋的贸易，维系着中加两国关系，肩负着中华文明传承的使命。云城华人公认必须全力以赴，将中国元素加入全城金禧年的庆祝活动中。司徒旄再次担纲，被选为中华文化艺术展览筹备主席以及金禧年庆祝委员会的秘书长。他的投入和运作让中华文化在云城舞台上闪亮登场。

艺术展览会最先请到的是3位匠人，他们展现了用竹子搭建牌楼的传统工艺，不需要用钉子固定。作品已经在前一年香港的比赛中获得头奖。这次工匠们远渡重洋，在温哥华再次展现中国的竹文化。6月底，牌楼初见规模，每天都吸引众人驻足欣赏，为3位匠人和他们的传统手艺叫好。[77]

司徒旄已经组织、参与过多次文化盛会，积累了经验。他首先发挥司徒宗亲会的力量。凤伦堂的司徒国（1898—196？，Seto Gok）先生代表筹委会回国接洽、选拔艺术家。[78]经与中国政府协商，这次活动的学术文化顾问由浙江大学校长郭任远担任。郭任远是广东潮阳县人，毕业于美国加州伯克利大学，是中国心理学的奠基人，毕业后曾在美国执教一年。他是早期激进的行为主义者。

图 12-3-2　千禧年唐人街的竹制牌楼（资料来源：Chinese Carnival Arch, Image AM1535-: CVA 99-4923, Courtesy City of Vancouver Archives）

郭任远在20世纪20年代发起的关于本能问题的论战，轰动了美国心理学界。6月29日，郭氏夫妇乘俄国皇后号抵埠。他们先在北美西海岸讲学，然后回到温哥华参与文化展。[79]

代表国内学者征集展品的人是江亢虎，司徒先生的老朋友，他早在1914年就游历过北美西海岸。1928—1930年，他曾在美国国会图书馆工作。江亢虎在1931年暑假做客不列颠哥伦比亚大学，讲述中国传统文化和分析中日关系。[80]1933年，他把家藏近百件书画带到温哥华美术馆展出，并举办多场讲座，听众反响热烈，深得人们喜爱。[81] 江亢虎在温哥华结交的不仅有同胞，还有白人当中的中国文化迷。虽然失去加拿大的教职，但江亢虎已经是公认的可以用英语讲授中国文化艺术的专家。他欣然接受司徒先生的邀请，立即行动，全力以赴筹备盛会。他在全国各地征集到的展品可以归纳为三类：文化艺术、工业和农业产品，并由昌兴公司的日本皇后号于 6 月 27 日装船。[82]

金禧年温市人口 35 万，第一天在斯坦利公园举办的开幕式吸引了 10 万人，创造了历史纪录。第二天，司徒旄及委员会宴请市长和金禧年筹备会成员。市长表示："对华人领袖们的领导能力有信心，18 日开幕的中华文化展一定会取得成功。"[83] 同胞商户忙着在唐人街清扫、布置、装饰，街容为之焕然一新。中华会馆也发文提醒人们"促进中西友好感情、图谋国家体面"[84]。为此，组委会还制作印刷了小册子分发给参观者，包括市长和中国领事的贺词。唐人街为期两周的各种表演、讲座、游行和展览等盛事，充分展示唐人街的历史、社会生活、妇女地位、华文教育和华人社团，包括扬威全国的足球队等。针对别有用心的指控，或者人们记忆中的老唐人街，宣传册里面还特别提到，这里没有鸦片馆。7 月 4 日，

图 12-3-3　活动董事会的合影，司徒旄居中
（资料来源：Vancouver Golden Jubilee Chinese Carnival board of directors，Image AM1523-S6-F60-: 2008-010.4074, Courtesy City of Vancouver Archives）

会展设施基本搭建完成，两位由伦敦远道而来的记者被请到唐人街，先睹为快，代为宣传。记者兴奋地描述，他们是被组委会“绑架”到华人艺展的。因为天黑，司徒旄和他的组委会成员陪同，并提供了电子火炬。[85] 除了竹楼，展品还有东方艺术品。[86]

英文记者报道江亢虎的“家谱可以回溯 1633 年，他将亲自携带价值 100 万加币的中国艺术品于 7 月 14 日抵达温哥华港”[87]。《大公报》有更醒目的报道，称江亢虎顶着烈日，四处奔波演讲，汇集了文学、艺术和农工等类别展品 2000 余件，将亲自送展到温哥华。[88] 随后《温哥华太阳报》头版报道了远道而来的中国文化使者们。当晚，司徒夫妇携女儿司徒美先设宴款待他们。[89]

APPENDIX A

THE GOLDEN JUBILEE

Giant Chinese Carnival

« PROGRAM »

THREE WEEKS OF UNSURPASSED ATTRACTIONS.
HEARTY WELCOME TO ALL JUBILEE VISITORS.

Site.—Corner Pender and Carrall Streets.

DATE—July 18th to August 8th.

SPECIAL FEATURES.

1.—Bamboo Arch.—An Arch valued at over $20,000. Won first prize over 40 arches in Hong Kong in 1935, the Jubilee Year, in the celebrations of His late Majesty, King George V. Over 100 Chinese artisans employed for One Year in building this Arch.

2.—Pagoda.—Famous Pagoda which exhibits over 20 Chinese Artists and Artisans, such as Jade cutters, ivory carvers, embroidery workers, etc., whose work is emblematic of Chinese cultural life, trades and professions. A hundred per cent "Celestial" atmosphere, plus rare arts. First time presented in Canada.

3.—Dr. Kiang Kang-Hu.—A reputed and authoritative Chinese scholar, specially come from China for the Vancouver Jubilee. Dr. Kiang will deliver interesting lectures on Chinese Culture and Art, and Chinese Literature, comprising Classics, Poetry, etc. For a time, Dr. Kiang was

40

图 12-3-4 节目单
（资料来源：University of British Columbia Library. Rare Books and Special Collections. The Chung Collection. CC-TX-279-22）

展览开幕后，当江博士被问到展品的价位时，他没有正面回答，直言它们都是无价之宝。[90] 参会的西方人对江亢虎的夫人卢岫英评价颇高。她是美国哥伦比亚大学毕业、说着纯正美式英语的中国学者，温哥华人对她非常感兴趣。记者评论说，江夫人的英文比大多数西方人都好，并赞美她对女权主义理解透彻，对幼儿的教育和健康有公认的专业素养，是真正的国际主义者，是为人民服务的人，更是成功的母亲和妻子。江夫人出生在加州的华侨家庭，幼年曾回国读书，从哥伦比亚大学毕业，后入读多伦多大学的幼教研究生课程。在北平做幼教，为儿童福利工作，积极改革幼教理念，提升卫生意识，预防结核病。[91]

江夫人不仅忙于布展，而且顺势介绍中国女性艺术家及其参展作品。夫妇俩就中国绘画、刺绣、雕刻等传统艺术工艺做了详细介绍，引得加拿大商业和专业协会的妇女组织集体参与和聆听。她呼吁放宽在加拿大华裔女生的留学限制，她认为，相比之下，美国和英国政策更加宽松。江夫人也是国际岚馨会（Soroptimist）成员。

图 12-3-5　唐人街的选美冠军与司徒旋、江亢虎等中外人士集体照
（资料来源：《全加中华总会馆工作报告：中华民国 43—44 年》）

恭賀本市華僑中國文化
藝術展覽會開幕

雲市自船長雲哥華氏初刱發見以來：篳路藍縷：以啟山林：經之營之：不遺餘力：迄今樓宇崇傑：水陸溝通：莊嚴瑰瑋：蔚為大觀：實已繁榮：成為商務輻湊之巨埠矣：溯而計之：遠閱五十年：如斯偉大事功：安可無盛典以紀念之乎：是故此次本市有慶祝雲市五十周年立埠紀念之舉也：凡諸鋪張：以見美備：余本市華僑亦一体參預其事：特組中國文化藝術展覽會：持將璧書：煞費經營：茲已啟幕：聿觀厥成：其中驕羅山海：儁瑰瑤奇：猗列豐壽：皆是名貴：更有錦繡柔瓷陶藝種種：令人目不暇給：行見東方文藝可灌輸於泰西：中外友誼更敦篤乎斯七矣：爰實片言：藉當穢賀：

| | |
|---|---|
| Associated Dairies Ltd. | Walburn Neon Ltd. |
| Alexander Henderson K. C. | W. H. Malkin Co. Ltd. |
| Jones Tent & Awning Co. Ltd. | Signal & Signs Ltd. |
| Home Oil Distributors Ltd. | David Spencer Ltd. |
| False Creek Lumber Co. | Hudson's Bay Co. |
| United Distillers Ltd. | |

躬鞠等人同

图 12-3-6　温哥华西人大公司经理恭贺信，翻译成中文发表

图 12-3-7　司徒美先（左二）与中西女友的着旗袍合影
（资料来源：*Vancouver Sun*, Jul. 18, 1936, p.8）

在云城忙碌了3周，回国后，江亢虎对国人谈及此行的感触，对侨领的组织能力和精益求精的做事态度给予高度评价。展品提前3天才运抵温哥华港口，从运输至唐人街，到开箱、布展，紧锣密鼓，却非常顺利地按时完成了。美国参访者购买了一部分展品，另有一些被邀请南下继续展览，但运送回国的展品久久不能清关入境，足以说明两地办事效率差别极大。[92] 司徒旄动用了所有人脉资源，连结起大洋两岸，让中华文明在温哥华大放异彩，让来自世界各地、各界不同族裔的人们欢畅交流，开创了温哥华50年历史中的先例，再次以身作则成为家族后人的楷模。携自己众多作品赶赴盛会的杨令弗女士在会场欣然作画，其画作被司徒旄与老友廖翼鹏珍惜保留，在几年后还拿出与众人欣赏并配诗，留下文人雅集的一段佳话。[93]

图 12-3-8　美国小影星秀兰·邓波到温哥华唐人街助兴，与选美皇后合影

（资料来源：Shirley Temple and Grace Kwan, Image AM1523-S6-F55-: 2008-010.4342, Courtesy City of Vancouver Archives）

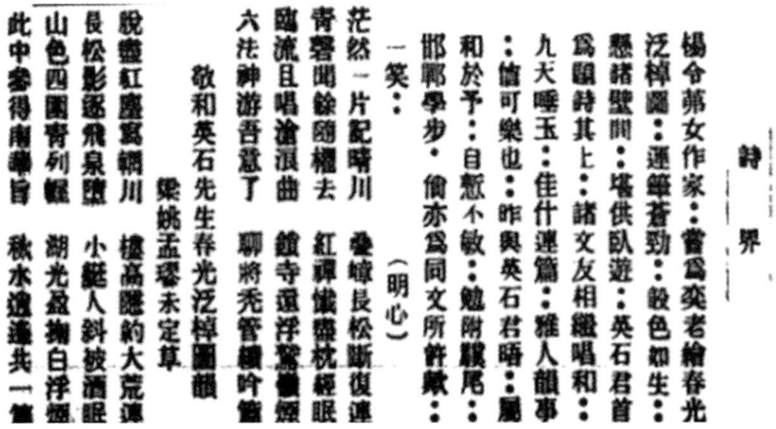

詩界

楊令茀女作家，嘗爲奕老繪春光泛棹圖，運筆蒼勁，設色如生，懸諸壁間，堪供臥遊，英石君首爲題詩其上，諸文友相繼唱和，九天唾玉，佳什連篇，雅人韻事，洵可樂也，昨與英石君晤，屬和於予，自慚不敏，勉附驥尾，邯鄲學步，倘亦爲同文所許歟，一笑。（明心）

茫然一片記晴川　叠嶂長松斷復連
青磬聞餘[illegible]櫂去　紅裙[illegible]枕經眠
臨流且唱滄浪曲　館寺還浮[illegible]煙
六法神游吾意了　聊將禿管續吟篇

敬和英石先生春光泛棹圖韻　梁姚孟璆未定草

脫盡紅塵寫輞川　樓高隱約大荒連
長松影逐飛泉墮　小艇人斜被酒眠
山色四圍青列幛　湖光盈掬白浮煙
此中參得南華旨　秋水遙遙共一篇

图 12-3-9 关于杨令弗作画，司徒旄、廖翼鹏等配诗的中文报道

## 注　释

1. Kay Anderson, *Vancouver's Chinatown: Racial discourse in Canada, 1875-1980*, Montreal: McGill-Queens University Press, 1991, pp.106-107.
2. "Mrs. John McKay is named as the President of the International Club," *The Province*, Jan.8, 1929, p.1.
3. "International ball this year will be held February 26," *The Province*, Feb. 4, 1932, p.10.
4. 陈焕章，光绪三十年（1904）进士。1905 年赴美留学。1911 年获哥伦比亚大学哲学博士。1912 年归国，模仿基督教建制在上海创孔教会，任总干事。康有为任会长。1913 年被聘为袁世凯总统府顾问，入京，与严复、梁启超等联名致书参众两院，请定孔教为国教。1915 年反对袁世凯称帝，离京返乡。1930 年在香港设孔教学院，自任院长。
5.《中华会馆欢迎施使志》，《大汉公报》1929 年 3 月 30 日，第 3 版。
6.《中华商会请陈博士演讲》，《大汉公报》1929 年 3 月 30 日，第 3 版。
7. 进入 20 世纪 30 年代，早期留学西方的知识分子协同中国各行业的翘楚开启了频繁的民间外交活动。
8.《华侨团体欢迎梅兰芳》，《大汉公报》1930 年 2 月 1 日，第 3 版。同年 2 月 4、5 日，第 3 版。
9. 齐如山：《梅兰芳游美记》，《传记文学》第 7 卷第 4 期，第 52—61 页。
10.《梅兰芳君在舍路受各界欢迎摄影》，《世界日报》1930 年 2 月 7 日，第 3 版，此版还刊有刘吉祺等与梅兰芳的合影。《梅兰芳抵美之盛况》，《大汉公报》（1930 年 2 月 4 日，第 3 版）的报道称刘吉祺在西雅图的欢迎活动规模盛大，晚宴超过百人。
11.《陈卬与梅伶接洽之经过》，《世界日报》1930 年 2 月 7 日，第 3 版。
12. "Chinese actors on tour give Americans new picture of race: mission arrives here

branding film and stage conception as gross caricature," *Evening Star*, Washington D.C. , Feb. 14, 1930.

13. [加] 司徒英石：《海外华人消息：梅兰芳赴美在船中摄影、梅氏与其随行之演员及音乐队等登岸前在船上留影》，《良友》1930年第45期，第15页。
14. 司徒氏后代的私人收藏。
15. Howard L. Boorman, Richard C. Howard. *Biographical Dictionary of Republican China*. New York: Columbia University Press. 1967, pp.28-30.
16. 这是谢德怡继1920年、1928年之后到加拿大西部各城镇的又一次演讲之旅，不同的是，此次有司徒旄同行。但目前尚不清楚司徒旄是专门陪同谢博士，还是有其他公务。
17. 《大汉公报》1920年2月，谢作为中国代表参加万国工商会议，他和朱汝梅、伍盘籍等曾在中华会馆一起演讲。"Dr. Tehyi Hsieh to address luncheon club on Saturday," *The Province*, May 19, 1928, p.19.
18. "Chinese hold novel banquet for Dr. Hsieh," *The Leader-Post*, Jun. 3, 1930, p.10.
19. "Many functions to be held on liner," *The Province*, Aug. 26, 1930, p.12.
20. "Moose Jaw Stage Chinese Banquet with 17 Courses on Menu," *The Leader-Post*, Jul. 11, 1930, p.10.
21. 萧元恩，1929—1938年任北美基督教青年会总干事。
22. "Mr. Hsiao to be guest of honor Tuesday evening," *The Province*, Apr.24, 1924, p.12.
23. "Chinese women' s tea to aid war refugees," *Vancouver Times,* May 19, 1932, p.8.
24. "Chinese Leader is on Economic Tour," *Victoria Daily Times*, May 1, 1933. p.13.
25. 桑宜川：《胡适先生的加拿大轶事》，加拿大网络电视，2017年12月11日，365netTV.com, 访问日期：2022年10月22日。
26. 胡适著，曹伯言整理：《胡适日记全编》七，安徽教育出版社，2001年，第223—224页。
27. 胡适著，曹伯言整理：《胡适日记全编》七，第32页。
28. "Eastern and Western Garb," *The Daily Colonist*, Mar.17, 1934, p.6；《顾子仁博士之演词》，《大汉公报》1934年3月5日，第3版。

29. "Mr. Hsiao to be guest of honor Tuesday evening," *The Province*, Apr. 24, 1932, p.12.
30.《顾子仁博士到埠演讲》，《大汉公报》1937 年 11 月 9 日，第 3 版。
31. 秋瑾烈士的女儿王灿芝于 1932 年与黄公柱结婚。黄公柱曾留学法国，并在日本参加同盟会，参加过武昌起义和后来的武汉保卫战，在抗战后期病逝。
32. 黄公柱：《欧美考察记》，商务印书馆，1935 年，第 399 页。
33. 识典百科。
34.《致公党在抗日战争中有哪些贡献？》，中国致公党，http://www.zg.org.cn/zlzx/zst/201506/t20150608_24160.html，访问日期：2022 年 10 月 30 日。
35. "Chinatown prepares for war hero," *Vancouver Sun*, Oct. 31, 1934, p.22.
36.《国民党政府吞骗华侨捐款与陷害 19 路军之铁证》，《大汉公报》1932 年 4 月 22 日，第 1 版。
37.《海鸣阁欢晏五航空家》，《大汉公报》1935 年 3 月 9 日，第 3 版；"Chinese Airmen Honored," *The Province*, Mar. 9, 1935, p.4.
38.《海鸣阁欢宴五航空家》，第 3 版。
39. "Chinese Stateman worried by affairs", *Victoria Daily Times*, Mar. 18, 1935, p.18;《王宠惠对报界之谈话》，《大汉公报》1935 年 3 月 18 日，第 3 版。
40.《中华商会欢迎黄鸿钧》，《大汉公报》1935 年 3 月 18 日，第 3 版。
41. 同上。
42. 同上。
43. Macy Zheng, "Principal Sir Arthur Currie and the Department of Chinese Studies at McGill," *Fontanus*, vol. 13, 2013, pp. 69-80.
44. 1908 年 3 月 7 日省议会决定建立大学的法案：An Act to establish and incorporate a university for the province of British Columbia, https://www.library.ubc.ca/archives/pdfs/misc/universityact1908.pdf,accessed on August, accessed Aug.20, 2022.
45. Erwin Wodarczak, *The early Chinese Canadian presence at UBC, September 11, 2020*, https://archives.library.ubc.ca/2020/09/11/the-early-chinese-canadian-presence-at-ubc/#respond, accessed Aug. 20, 2021.
46. University of British Columbia, *UBC-China: One Hundred Years of History 1915-*

*2015*, Vancouver, UBC press,2015, p.11.

47. Linda Yip, *The Chrysalis: the early life of Susanne Gim Ling Yip Sang*, https://blogs.ancestry.ca/ancestry/2020/04/22/the-chrysalis-the-early-life-of-susanne-gim-ling-yip-sang/, accessed Aug. 13, 2021.

48. Theodore Boggs, "Oriental presentation into BC," *International Forum Review*, Jul. 1926, pp.11-19. 1885年加拿大开始对入境华人征收人头税，并且一路涨价，1903年增至500加币。1878—1899年，加拿大通过了26项针对中国人的歧视性法律。1923年加拿大出台的《排华法案》拒绝华人移民，今后的几十年华裔人口下降。在政府和主流社会将华人看作异端、不可同化、必须排斥在外的年代，大学没有开设汉学的基础。

49. Erwin Wodarczak, *The early Chinese-Canadian presence at UBC*, September 11, 2020, https://archives.library.ubc.ca/2020/09/11/the-early-chinese-canadian-presence-at-ubc/, accessed Nov. 15, 2022.

50. *UBC Senate Minutes*, Nov. 12, 1926, https://open.library.ubc.ca/collections/ubcpublications/senmin/items/1.0115347,accessed Nov. 15, 2022.

51. *American Council of Learned Societies Bulletin*, No. 10, Apr. 1929, p.3.

52. 太平洋国际学会第5届年会于1933年8月在加拿大的班芙国家公园召开，胡适时任中国分会会长，也是这届会议的中国代表团团长。同年，太平洋科学第5次会议在BC省召开。

53. *Ubyssey*, Nov. 4, 1932, p.2 and Feb. 9, 1934, p.1.

54. *Ubyssey*, Sep. 29, 1931, p.1.

55. Macy Zheng, "Principal Sir Arthur Currie and the Department of Chinese Studies at McGill," *Fontanus*, Vol. 13, 2013.

56. "Kiang Kang Hu to Visit Vancouver," *Vancouver Sun*, Apr. 12, 1933. P.1. 江氏在1940年出任了汪伪政府考试院副院长一职，导致不堪的人生结局。

57. *Nanaimo Daily News*, May 9, 1933. p.1.

58. "Technique of Chinese Art," *Vancouver Sun*, Jun.15, 1933. p.3.

59. Su Chen and Junmin Zhao, "The Gest Chinese Research Library at McGill

University, 1926—1936," *The East Asian Library Journal* 11, no. 2（2004): 41-99.

60. *UBC-China: One hundred years of history 1915-2015*,Vancouver, UBC press, 2015, p.12.

61.《提倡教授中日文》，《大汉公报》1930 年 10 月 13 日，第 3 版。

62.《坎商游华坎人注目》，《大汉公报》1930 年 10 月 13 日，第 3 版。

63. 司徒旄藏书中有大量印谱。

64. "Thursday lecture on art of seal-cutting," *Vancouver Sun*, Sep. 19, 1933, p.11.

65.*The Province*, Oct. 6, 1932, p.11; "King gives scripts," *Vancouver Sun*, Oct. 8, 1932, p.15.

66. 凌虚：《法苑诗林》，《海潮音》1925 年第 5 期，第 8 页。

67. "Meeting of the Society," *Journal of the Royal Astronomical Society of Canada*, v. 29, 1935, p. 34. v.30, 1936, v.31 1937, v.32 1938. 在加拿大皇家天文学会的会刊上多次记录有司徒先生的演讲和活动。

68. "Lecture Thursday on art of seal cutting," *Vancouver Sun*, Sep. 19, 1933, p.11.

69. "War in Far East Coming--Gen. Fong: Noted Chinese welcomed to Vancouver," *Vancouver Sun*, Jun. 1st, 1936, p.5.

70.《方将军到公堂之演说》，《大汉公报》1936 年 6 月 1 日，第 3 版。

71. 陈世东主编，中共上海市徐汇区湖南街道工作委员会、上海市徐汇区人民政府湖南路街道办事处组织编：《200031：一个历史街区的文化记忆》（1），上海教育出版社，2017 年，第 170—173 页。

72. 陶旅枫、彭新卫编著：《明德人轶事》，湖南师范大学出版社，2013 年，第 32—33 页。

73. "China Official Cites Perils," *Salt Lake Telegram*, Apr. 3, 1936, p.9.

74. "Noted Visitor: Li Yu-Ying," *the Province*, Apr. 4, 1936, p.32.

75. 温哥华金禧年的活动从 1936 年的 7 月 1 日开始到 9 月初结束。其中中国文化艺术展从 7 月 18 日开幕，有国内的手工艺匠人、表演艺术家、美术大师（如杨令茀女士）等。艺术展大获成功，为本地人充分展现中华文明的精髓。

76. "Bilge and bunder" CSW, China Press, Jul. 03, 1936, A1. 该报道除了介绍急速增长的由上海入境的西方游客人数，还说道："在外国人心目中建立起中国魅力，要归功于司徒旄，加拿大太平洋公司的亚太经理。”

77.《艺展会大批货品抵埠》，《大汉公报》1936 年 6 月 30 日，第 3 版。

78. 司徒国与司徒旄是同龄人，也是同乡。他们共同创建宗亲会，带领族人相互扶持、共同富裕，捐献开平中学，并成功运作温哥华金禧年的中国文化艺术展。

79.《皇后号抵埠之所闻》，《大汉公报》1936 年 6 月 30 日，第 3 版。

80. "Dr. Kiang speaks on oriental life to S.C.M. members," *Ubyssey,* Sep. 29, 1931, p.1.

81. "Technique of Chinese Art," *Vancouver Sun*, Jun. 15, 1933, p.3.

82.《我国出品运坎展览》，《大公报》1936 年 6 月 27 日，第 4 版。

83. "Oriental Carnival Group Dinner Hosts," *The Province*, Jul. 2, 1936, p.11.

84.《中华会馆之通告照录》，《大汉公报》1936 年 7 月 2 日，第 3 版。

85. "No Speeches for Journalists in Chinatown: British Visitors Get Thrill out of Unusual Dinner,"*The Province*, Jul.4, 1936, p.4.

86. 手工艺匠人表演玉石切割、象牙雕刻、蚕丝刺绣、水墨书法等技艺。

87. University of British Columbia Library. Rare Books and Special Collections. The Chung Collection. CC-TX-279-22.

88.《我国出品运坎展览》，《大公报》1936 年 6 月 27 日，第 4 版。

89. 同上。

90."Only True Art Evaluation is Public's Pleasure," *Vancouver Sun*, Aug. 1, 1936, p.11.

91.《幼教人材训练 儿童年应注意》，《益世报》1935 年 8 月 9 日，第 8 页。

92.《参加坎拿大艺展经过与感想》，《大公报》1936 年 10 月 26 日，第 8 页。

93.《诗界》，《大汉公报》1939 年 8 月 21 日，第 9 版。

# 第十三章 留学中国

## 一、悠悠大王

司徒旎的二姐司徒鸣玉于1922年守寡。虽然自家裁缝店铺地位稳固，经营有方，但是没几年，北美经济下行，危机爆发，全家拮据度日。刘子逵撒手人寰时，他的第11个孩子——刘光锐还未满3岁。让全家人意想不到的是，10年之后，刘光锐玩成了一个世界级的悠悠大王（Yo-Yo King）。刘光锐将母亲给的零花钱积攒到3角5分的时候，全款购买了一个邓肯牌77号悠悠球，然后“一玩冲天”，横扫世界，改变了命运。[1]

图 13-1-1　悠悠大王刘光锐

20 世纪 30 年代初的萧条时期，物美价廉又好玩的悠悠球忽然在北美流行起来。邓肯（Duncan）工厂抓住商机，大规模进行生产，伴随着一位叫库克（Irving Cook）的商人的有力宣传，市场对其需求不断增加。[2] 在孩子和成人玩家要求下，北美各地纷纷举办比赛。首都渥太华的英文报纸这样形容当时的场景："这里悠悠，那里悠悠，到处都悠悠。"[3] 刘光锐就是借助这些悠悠球比赛走出了故乡维多利亚和温哥华岛。他在温哥华市取胜，奖励是到东部大城市，包括多伦多、渥太华和纽约比赛，并表演特技，而且享受乘坐头等铺位、旅行费用全免的待遇。

1931 年，刘光锐的生活发生了天翻地覆的变化。他第一次坐火车横穿加拿大，还连续获得悠悠球比赛的冠军。刘光锐持续取胜，打遍全加拿大无敌手，吸引大量玩家跟随和效仿，甚至赢得到英国访问的机会。向来重视教育的司徒鸣玉心疼幼子，不放心他长期远行，又耽误学业。代为品牌宣传的库克答应每月付给 25 加币，并为刘光锐聘请私教，保证其不荒废学业，这才成行。1932 年，刘光锐的悠悠事业到达顶峰。9 月 12 日，他在伦敦举行的第一届世界悠悠球锦标赛中获得冠军。夺冠的比赛安排在伦敦的帝国剧场，观众们为他痴狂。刘光锐进行旅行表演，让饱受经济萧条困扰的欧洲人，尤其是很多法国人跟他一起

图 13-1-2　温哥华一辆车顶上的悠悠球表演，当年的市级比赛奖金为 100 加币（资料来源：Image CVA 371-1922, Courtesy of City of Vancouver Archives）

变成快乐玩家。有人说，这个华裔小男生的袖子里藏了上千种玩法。[4] 很多欧洲名胜景点、酒店都欢迎刘光锐免费入住，请他参与开幕式和庆祝活动。著名的巴黎埃菲尔铁塔就表示小明星刘光锐的表演为其增添了荣光。[5]

刘光锐曾说："赢得了世界冠军后，公司给了我国王般的待遇！"[6] 除了头等舱的国际旅行、丰厚的奖金，他的双手还上了高额保险。刘光锐结识了英国王子和娱乐界不少明星，享受起梦幻般的明星时光，也练就了当众表演和与人沟通的超凡能力。1932 年底，他乘船横跨大西洋，到达纽约，一路表演着、被追捧着回到故乡和亲人身边。在维多利亚，他也经常被请到教会的礼拜和活动上演讲、介绍他的英国之行。[7] 他每个月都收到表演邀请，逢年过节更是数不胜数，他被称为"年轻的亚裔艺术家"[8]。

图 13–1–3　刘光锐（后排左三）、李惠贤（后排右三）曾是维多利亚华裔学生篮球队的队友，曾共同取得冠军
（资料来源：Image courtesy of Mr. Robert Lee）

母亲要求刘光锐尽快去掉身上的光环，重新做回一个普通学生，必须高中毕业。附近城市的比赛，他还可以继续参加。1936 年 10 月，司徒鸣玉奔赴香港，探望家族的众多成员，并且到上海观光。她目睹中国的发展，上海远比加拿大的任何一个城市繁荣。次子刘光埙（生卒年不详）已经在上海工部局有了一份稳定的电子工程师的工作，女儿也嫁入上海的好人家。司徒鸣玉决心让天资聪颖的小儿子就读上海的大学。刘光锐理解母亲的苦衷，听从安排，在 1937 年 6 月再次离开家，跟随妈妈和两个姐姐前往上海求学。不同的是，这次跨越了更宽广的海洋，奔赴的是先辈们的故乡。[9]

移民先驱家庭的子女回中国接受教育的不在少数，司徒 – 李氏的第三代早在民国之初就有大姐司徒春颜的两位公子奔赴广州学习，为他们在香港立足和执掌昌兴公司奠定了文化基础。李毓棠在中加两国的贸易中占据重要位置，不仅在香港接待和引领加拿大的几十位商界领袖，也为温哥华的金禧年文化艺术展提供运输赞助。[10]

## 二、刘氏兄妹

1916 年，刘毓麟被父母从唐山带回西雅图，他是聪明外向的小家伙。经日本开往美国的邮轮有两周的航程，刚学会走路和说话的刘毓麟从不寂寞，成为旅客中的小明星。父亲刘吉祺忧心忡忡，中国政局混乱，人民困苦，母亲在西雅图做手术情况不乐观。出生在中国的刘毓麟却那么兴奋，仿佛知道自己的未来像太平洋的海水一样一望无际，人生会永远在追寻光明的路上。他不喜欢在船舱内休息，而是喜欢到处玩耍。他尤其喜欢攀登堆积如山的救生衣。好不容易爬到顶部，努力让自己站稳，然后得意地大声发表演讲。小毓麟用刚学会的、简单的中文和日文词语交替着大声讲着，听他宣讲的人越来越多，引得众人注目，大声叫好。这个两岁的小男孩成为船上最受欢迎的乘客。[11]

1933 年，刘毓麟进入父亲的母校华盛顿大学，担任新生的辩论队队长。[12]他对一位年轻教授 Robert T. Pollard 讲授的中华文明课非常感兴趣。教授在课堂上娓娓道来，让刘毓麟憧憬着祖先故土。学生们课下互相讨论，彼此激励到中国去留学。广东有北美华侨集资、陈宜禧带头修建的新宁铁路。美丽的海滨城市，被德国和日本争夺的青岛，二叔刘吉瓒就在那里做医生，当然还有被誉为“东方明珠”的香港和被誉为“东方巴黎”的上海。刘毓麟认为需要到祖先的故乡去，身临其境，才能感受和领悟美国教授展现的中国智慧与文明。刘毓麟与生俱来的领袖气质为小他两岁的妹妹和两个年幼的弟弟做出了榜样。

1934 年，刘毓麟考取岭南大学交换生的奖学金，前往广州就读。[13] 刘家长子刘毓麟和独女刘毓真（1916—2005）继承了家族本色，敢想敢为，在同龄人中表现突出。刘吉祺是华盛顿州体育协会会员，所以在淘气女儿刘毓真腿部受伤的时候，她可以享受体育协会的会员福利、免费的水疗和游泳设施等。而对长子刘毓麟，刘吉祺夫妇寄托了更多的希望，他每周可以从父亲那里领到 5 美金的零用钱，用作乘车上学或者午饭的费用。

图 13-2-1　刘毓麟与他领导的华盛顿大学辩论队（上图右一、下图左一为刘毓麟）（资料来源：Tyee 1934 Yearbook, p.139, University of Washington Libraries, Special Collections, image number: 141.TF）

图 13-2-2　岭南大学的女生（1936 年 5 月）
（资料来源：Female Students in front of the Girls' Dormitory 在女生宿舍“广寒宫”前合照之女生1936，Courtesy Lingnan University Archives）

刘毓真出生于父母和哥哥由中国返美之后，后来还有了两个弟弟 Wally 和 Richard。作为家中独女，刘毓真是刘吉祺的掌上明珠。她性格豪爽外向，喜欢爬树、骑马、滑冰等各种户外运动，像个假小子一样无拘无束地成长。祖父母刘乾夫妇早逝，但她对外祖父母印象深刻。她记得小时候经常骑自行车，冲着下坡，风驰电掣般地去看望外公阮洽，引得父亲多次提醒她女孩子骑车满城疯逛不够淑女。年纪稍长，她就开着自己的汽车到处兜风访友。她很自豪于外公是西雅图的第一任中国领事，即使仅为荣誉上的。阮洽为世博会招待八方来客，大手笔地投资，建立了一个 5 层高、8.6 万多平方英尺的酒店。[14] 他很享受地住在自家酒店的第 4 层，占据 10 个房间，里面包括他的办公室。刘吉祺从中国回到西雅图后出任副领事，阮洽将公共场合演讲的任务都交给了女婿。阮洽于 1933 年去世，引得全城各界人士送行。教堂里容纳不下，人们就在街上目送这位叱咤风云的领袖远去。

刘毓真参加了女童子军，经常和白人同学去打网球，或者去私人沙滩游泳，但偶尔会被限制入内，仅仅因为她是华人。好在朋友们都是西雅图非富即贵的千金，在她们眼中，刘毓真和自己一样，不应受到歧视。刘毓真亲自组织和领导了第一支华人女童子军。她费力说服了母亲们，到岛上、到山里风餐露宿、野外求生。1934 年，刘毓真考上华盛顿大学的音乐系，但是一年后被父母催促着去了岭南找哥哥，以便开阔眼界，提升中文。有先行一步扎根青岛的叔叔刘吉瓒，还有已经融入岭南学人的哥哥刘毓麟照看，父母放飞了女儿。刘毓真像出笼的小鸟，在岭南玩得同样开心。她自称第一年成绩不好，对岭南大学和身旁的师生们多出了羡慕与敬畏。第二年，才让自己踏实下来，渐入佳境，中文水平迅速提高。[15]

岭南大学自 1933 年起提供美国交换生奖学金，是中国第一所接受美国交换

图 13-2-3　1937 年田径场上的岭南女生刘毓真（右二）
（资料来源：Photo Lingnan women track meet, taken by Melville Jacoby, courtesy the estate of Peggy Stern Cole and Bill Lascher, https://lascheratlarge.com/）

学生的高校。得奖的学生多数是美国高校低年级的学生，并且需要证明他们的学术素养和校外活动能力。[16] 截至 1936 年，共有 60 位美国学生受益，包括刘氏兄妹和他们的老朋友兼校友、同样来自西雅图华盛顿大学的梁受欣（Shou-yan Leung）。美国交换生可以免学费和住宿费，但要承担食物和交通费用。他们的学业完全可以和美国本校同轨，在岭南是为了更多地了解中国国情，尤其是青年人面对的挑战。[17]

刘毓麟初到岭南，最先感受到的是中国同学的内向和对校工的不尊重。虽然住在同一栋学社宿舍，每天见面，但是他们不乐意暴露内心的想法，有些人对家庭背景也讳莫如深。他们大多不关心国际关系和日本的野心，这与美国学生的视野、兴趣形成鲜明对比，尤其是对带领华盛顿大学辩论队到处演讲比赛的刘毓麟来说，这是一种文化冲击。学生食堂里发生过几次中国同学对工作人员摔打叫嚣的事情。一个富家子弟因为师傅弄错了他点的晚餐，就把白米饭、一盘菜和一个瓷勺子摔到地上，直到领班出来才平息了事件。刘毓麟发现，无论是本地升学还是交换的学生，都存在着贫富差距。一些依靠宗族和村子集资送出来读书的穷困生，态度就很谦卑，对工作人员也友善。相比之下，本土男生的身体素质低下，除了饮食习惯和营养差别，刘毓麟观察到有些男生不屑于体育锻炼，尤其不乐意把自己推到极限去塑身。

这些岭南的大学生代表了较早接触西方文化的国人，他们喜欢美国电影，但多数只觉得新鲜好玩。刘毓麟则相反，他发现中国电影非常好，更有深度和现实意义。广州的同学请交换生一起到闹市区下馆子，他们还很神秘地在外面传看报纸，并告诉他报纸是批评政府的——被查禁的那种。他和同学们也响应公立学校组织的集会，抗议日本入侵东北和觊觎华北，但是他对于集会之后没有后续的行动颇感失望。

1936 年初，对于刘氏兄妹来说非常震撼的一件事是晏阳初的访学，他们和其他留学生与老师们一道听了晏阳初的英文讲座。晏阳初指出，中国 90% 的人口在农村，而且是文盲，中国的出路在于对这些人的教育。他选择了河北定县，或者选择任何一个亟待发展的典型农村，以图取得老一辈和德高望重的人的支持，再联系各级政府获得许可。他们已经在 10 个县开始试验，当地、所在省及国家政府都配合着把发展的权力下放了。晏阳初的平民教育组织为成人扫盲，为学童建立学校，很多知识青年牺牲自己的优渥生活和大好前途到这些地方进行服务。晏阳初强调，他选拔年轻知识分子时最看重其自我牺牲的精神、热情和爱国情怀，其次才是专业，目前已经有医护、教育、卫生等各种专业人才加入他们，奉献自己的专长。刘氏兄妹早从父辈口中得知晏阳初的大名，这次的聆听更让他们印象深刻。他们被岭南大学同学们的响应鼓舞。同一时间，李梦九的女儿和女婿正准备由四川奔赴河北定县服务，霍坚被选为定县县长。这个归国华侨富商、昔日的欧洲外交官和大学教授，现在要深入到河北的农村去开始新生活。[18]

岭南的春天，红木棉盛开，校园里经常举行联谊活动。在留学生和本地生共同举办的舞会上，刘毓麟看到约有四分之一的女生难以融入。留学生和已经有男女朋友的人则更容易享受舞蹈，但是有那么多内向害羞的同学静静地坐在墙边当观众。刘毓麟决定让所有人都加入一个最简单的集体舞行列，但男生要先排好队来对应每一个女生。他起立大声号召着。他的话音一落，10 多个女生夺门而逃。经过他耐心地鼓励，还是留学生们首先响应开始排队，国内学生逐渐加入，最后这个集体舞在欢快和谐的气氛中结束。岭南大学虽然开放先进，刘氏兄妹注意到多数女生从不开口向男生讲话。[19] 无论是在美国的华盛顿大学，还是在中国的岭南大学，刘毓麟都随时随地担当领袖责任。而妹妹刘毓真除了中文水平迅速提高，还继续着她的体育活动，尤其是在田径运动场上，奋力与比自己高大的白人同学竞赛。

## 三、司徒兄妹

20 世纪 30 年代，司徒旄的一对儿女开始跟随父母参与不同族裔的文化活动。司徒美先不仅张罗着国际俱乐部成员的海边聚会，还帮助妈妈招待东部来访的知名作家。[20] 希腊裔为东正教堂和穷人筹款，在大剧院举办文艺汇演和舞会，司徒一家四口是少数出席的华人。[21] 由于信仰和语言的不同，希腊移民在加拿大也遭受歧视。乐队演奏希腊传统音乐，大家交流了舞蹈、传统服饰、艺术品和美食佳肴。司徒一家的出现是对希腊裔的支持，也展示了华人精英的格局。

1931 年夏天，看到小表弟刘光锐名利双收，远游他乡，17 岁的司徒炳唐开始打工，在从夏威夷到温哥华的加拿大皇后号上做船员服务生，积累工作经验和收入，顺便游览著名的热带岛屿。然而，身为华裔，即便在游轮上工作，也有白人极力抗议，他们要求国会议员驱逐所有亚裔船员，以白人代替。这一抗议闹剧上升到联邦政府的层面，直到商务大臣出面，说华人有权在游轮上工作，加拿大如果不雇佣华人，会很难与美国、日本的游轮竞争。[22] 虽然家庭经济条件比起前两代好很多，世界也在变得越来越小，第三代华裔仍然遭到排斥和歧视。司徒炳唐已经成长为英俊少年，他向往大洋彼岸的华夏山水和祖先落叶归根的地方。1932 年，司徒炳唐再次登上邮轮打工，这次，他真的经过日本到达了仰慕已久的上海和香港。第一次踏足祖先故土，他明白了为何日本如此觊觎中国。经过了 1 月 28 日淞沪会战和随后的大瘟疫，上海周遭满目疮痍，却还是远比故乡温哥华热闹和繁荣，每天都有世界各地的客人来来往往，不愧为国际大都市和商业文化中心。靠邮轮行过万里路的司徒炳唐理解了前辈的付出。母亲此时正在温哥华为上海的难民募捐，也鼓励他主动寻求自己的立足之地。

1931 年，新的温哥华美术馆建成，司徒旄注册成为第一批会员，因为他坚信全城的文化设施一定会得益于中国的传统文化。[23] 他既是会员，也是顾客，努力学习和弘扬祖先文明，同时影响后代，希望他们能成为学贯中西的人才，服务于中加两国。1933 年 6 月，江亢虎在温哥华美术馆展出家藏中国艺术品，并举办关于中国艺术史的讲座。第一个星期就吸引了 6000 多人。司徒家全体出动，支持和享受城中文化交流盛事。[24]

1933 年，司徒炳唐入读不列颠哥伦比亚大学，但是他对未来留在温哥华工作没有信心。紧接着，西雅图的表亲去中国留学，让他也开始动心。1935 年，他的妹妹司徒美先申请了不列颠哥伦比亚大学，本来立志学医，却遭到学校拒绝，加上毕业之后华人也没有资格执业，司徒美先只能改学生物。1936 年，父亲的老师、国民党的元老李石曾到访温哥华，并受到司徒一家的热情招待。在他的感召下，他们兄妹就做好了以岭南大学为主，上海、南京的大学为辅的留学计划。

家族里稍微年长的堂兄表姐同样在北美出生和长大，有的已经毕业，在香港工作，或者在上海继续读书，从事与专业相关的工作，有的仍在岭南高年级就读，因此兄妹俩在中国不会孤单。8 月 22 日，在父母的鼓励和祝福中，司徒炳唐和司徒美先兄妹登上加拿大皇后号赴中国留学，开启人生新的历程。虽然司徒炳唐的神情有些许忐忑，父母脸上却洋溢着自豪的神情。《温哥华太阳报》等登载大幅照片，报道了一家人在邮轮上告别的情景。[25]

同一时期，刘毓麟和刘毓真兄妹从岭南大学放暑假，去青岛叔叔刘吉瓒家避暑，同时了解中国北方的风土人情。他们在岭南大学暑期通讯录中留下了叔叔在青岛的地址。

广东不仅有姑姑、叔叔，父母的老友，还有表亲。司徒炳唐已经从李石曾和父母处听说了宝安郑氏的故事。他也得知自法国学成归国的郑汉英，与他年龄兴趣相当，也途经上海，并朝着岭南故乡奔去。

图 13-3-1　司徒炳唐和美先告别父母乘船远航。父母脸上洋溢着自豪的神情，司徒炳唐却有些许忐忑

（资料来源：*Vancouver Sun*, Aug.25, 1936, p.10）

在 1936 年 12 月《岭南大学生员一览》中，刘毓麟的在读记录显示其为历史政治系四年级学生。[26] 司徒美先是生物学一年级的学生。[27] 时任校董有唐绍仪、钟荣光、孙科、香雅各（James McClure Henry）等。刘氏和司徒氏家族的两对兄妹在岭南大学同时度过一个学年。他们利用周末和假期走访开平和台山侨乡，了解祖父母的宗族根脉，也到过香港和澳门，探亲会友和采购，这些地方都可以当天来回。

## 四、霍坚与李月华

李月华在少女时代曾流连于维多利亚的上流社会，经常开着敞篷汽车带家人和朋友出行。婚后，她与丈夫霍坚的生活丰富多彩，从葡萄牙的外交官到国内不同大学的教务长，现在他们又转向基层服务；他们始终对中国的未来抱有信心。

从葡萄牙辞职回国后，霍坚主要在大学里工作。1927 年，他们的第二个儿子霍超元（1927—？，笔名鲁夫）在北京出生。同时任职吴淞中国公学和北京法政学院教务长的霍坚需要两者兼顾，奔波于京沪之间。北伐军进军上海和南京，强制接收吴淞中国公学。霍坚携带家眷从北京赶到上海，办理交接手续，借宿于张东荪家。张东荪与张嘉森痛恨国民党专制，决定组织在野党，但是他们寄予希望的梁启超在京病重，并请霍坚转告上海的同僚，自己不能出任党魁。两年后，梁启超去世。

自1929年起，霍坚深入基层，在清远和新会任县长，然而一介书生，无论学问如何，做事总是困难重重。[28]好在有贤妻李月华与他共同探索民族的前途。一家四口在广东任职留下不少足迹。霍坚既出台了自己的施政报告和计划，也对相关部门官员进行了全面的考核。工作之余，他喜欢与妻子带孩子们登山观景。[29]

经过广东老家基层实践之后，霍坚回归教育界，加入晏阳初的中华平民教育促进总会（即平教会）。1934年，晏阳初和日本时期的老同学陈筑山邀请霍坚先到四川大学任职。晏阳初1918年6月于耶鲁大学取得博士学位。毕业第二天即应募，以北美基督教青年会战地服务干事的身份，远赴法国北部的一战战场，为那里的华工苦力做翻译，还为他们创办《华工周报》。晏阳初曾表示，是这些劳工教育和启发了他，他们在欧战中用血汗钱捐助他的教育和报刊事业。他不涉政治，只求独立地在乡村进行试验。这些想法与司徒氏的目标一致。1923年，平教会在北京成立，宣布以“除文盲，作新民”为宗旨。晏阳初任平教会总干事，熊希龄、梁启超、胡适、蒋梦麟、陶行知、陈鹤琴等社会名流陆续加入，一大批知识分子也纷纷投身平民教育事业。霍坚与老友们一起在四川大学教书两年。

1936 年 6 月 21 日，霍坚与新任河北省县政研究院正副院长交接，担任县政研究院实验部主任兼定县实验县县长。同年春，晏阳初到岭南大学发表演讲，听众里就有司徒 – 刘氏家族的第三代。霍家的两位小公子霍超白和霍超元就读于收纳平教会子弟的景慧学校。[30] 霍家夫妇由东到西、从南到北，在华夏的广阔天地中不停探索中国进步的道路。正像平教会的会歌里唱道的：“一心为平民，奋斗与牺牲，务把文盲除尽，唤醒旧邦人，大家起来做新民。”1937 年，卢沟桥事变后，霍坚一家响应平教会的安排，南下江西，继续进行乡村建设和教育工作。

## 五、上海空战

1937 年的暑假，刘毓麟学成毕业，他与母亲、妹妹先赴青岛探望叔叔一家，然后随母亲返回美国。刘毓真计划先往上海度假，然后奔赴燕京大学继续学业。[31] 刘光锐在上海圣约翰学校，除了学业，还和哥哥创立了一个广播电台，播放中英双语节目。司徒美先很快办好了申请，计划暑假之后入读金陵大学。卢沟桥事变让大家都在担心是否要改变计划，而司徒炳唐最希望的是与女友一起参军抗日。

8 月 13 日，日本飞机轰炸上海，许多留学生转眼间变成无家可归的难民。日本全面侵略中国，而中国政府无力保护外国侨民，只能要求他们尽快离境。黄浦江上的英国战舰迅速搭救自己的侨民，包括留学生。司徒美先夹在拥挤的难民中被带往香港，然后搭上了最早的昌兴邮轮。1937 年 9 月 22 日，加拿大皇后号到达温哥华。船长说，开战以来，在上海和香港间的运载乘客数量已经达到高峰。这次先是由上海启程，共载有 1732 名乘客，包括 900 名无家可归者，难民下船后，他又载着 450 名乘客回到温哥华。难民们听从指挥，秩序井然，没有增加工作量或者麻烦。司徒美先向记者讲述战火中逃生的经历，她所栖息的三层楼宇被炸塌了顶层，人们纷纷跑出寻求庇护所。她还提到哥哥司徒炳唐和堂兄刘光锐滞留于上海，正在救助伤员，并担任国际区巡视纠察员，维持秩序。但是，她本人一刻也不想停留，尽快回到了加拿大。她家乡的主流报纸头版报道了她对日本轰炸上海的叙述。[32]

司徒美先抵达的次日，英文报纸刊登了悠悠球大王刘光锐给家乡人们的平安信。他要与哥哥、表哥司徒炳唐坚守在上海。在信中，他描述了战事的惨烈，上海街头可见遇难者们的尸体，他们必须留下参与救难。[33] 年轻人以各自的方式想方设法救助自己的同胞。

刘毓真在上海避难时的一家知名舞厅，因为场地宽敞，临时变成了制作防毒面具的作坊。日本军队已经在山区使用毒气，他们佩戴防毒面具进攻，国军和百姓损失惨重。舞厅里的组装车间紧张而忙碌，刘毓真是生产流水线上最高效的一员。面具中要混合入 5 层的面料和化学药品以防毒。虽然她自己不急，家人却撒开在华关系网，也敦请美国领事馆和商人共同寻找刘家独女的下落。[34] 美国领事仅听说她全职在舞厅工作，以为她成了专业舞女，而她又恰巧喜欢跳舞。好在她父母的朋友提供了栖身之所。她还爬上楼顶，近距离观看中日在蓝天上的较量。有些女生害怕得捂住双眼，她却兴奋地学习着，很快就可以辨认出哪些是中国的飞机和飞行员，为他们声嘶力竭，加油呐喊。她对战事的惨烈虽看得真切，却从来没有害怕过。日机开始又一轮轰炸，刘毓真正在去会朋友的路上，本来距离目的地很近了，就听到了轰炸声，并很快看到了卡车运输遇难者残破的尸体。

整个夏天，刘毓真都在义务支援抗战。一天清早，当领事馆的人找到并叫醒她时，她还在梦境里和父母、兄弟聊天。梦中，她隐约听到有人问："舞厅工作那么累吗？她每天工作到后半夜吧？这么难叫醒她。"因为刘毓真是美国公民，领事要求她必须撤离，而她家的美国朋友负责可口可乐的亚太区事务，有辆吉普车。朋友带上刘毓真穿过到处是沙袋和掩体的街区，前往外滩。外滩两侧，中日军队仍在对峙，但是偶尔会停火几小时，让难民通过，以便上船和撤离上海。途中，她还被日本人搜查，好在护送她的朋友事先将她的照片、简报等都收走，代为保管。

刘毓真和美国难民乘船撤离到香港，本来想在那里继续学习和生活，但是香港已经人满为患，食品和用水都受到限制。亲友们对她关怀友善，劝她听从父母的话，尽快回家。她搭乘昌兴公司10月初的邮轮，经日本先到加拿大的维多利亚港。除了姑姑刘玉柳和姑夫司徒旄，父母也从西雅图北上到码头迎接。[35]她下船时，仍然笑容可掬、衣着体面，不失大家闺秀风采。

司徒炳唐在1937年11月才乘中国皇后号回到温哥华。[36]他对《太阳报》的记者说，中国人如果有足够的武器，就可以战胜日本。他还描述了上海街头的惨状，受伤和濒死者的哀号让他必须施以援手。[37]同船返回的商人、传教士、医护人员共同呼吁反对日本的侵略行径。省报的记者也采访了司徒炳唐，并将采访记录发表于头版。他说，8月14日，日机轰炸华懋饭店，曾有一枚炸弹落地，距他很近，他被炸弹掀翻倒地，不知昏厥多久。他加入的是万国商团的美国队，在虹口执行任务较多。他虽被震晕过，他的表亲和战友却并未发生伤亡，但万国商团的英国队伍已经出现重伤不治者。[38]

图 13-5-1 刘毓真辗转跨越太平洋回到北美西北角，英文媒体专门报道了这位滞留上海制作防毒面具的女生

（资料来源：*Daily Colonist*, Oct. 20, 1937. p.5）

所有家族的年轻人，包括分别回到西雅图的刘氏兄妹和温哥华的司徒兄妹都立即展开宣传，向美加人民描述日军的凶残。[39]同期，刘吉祺发表大量演讲，提醒美国不要指望发战争财。他说："日本

的对华入侵会削弱美国或者让美国彻底丧失在华利益。我不指望你们会去帮助抵抗日本，但是希望你们停止为日本提供废铁和战争资源以及贷款。每一块美元都意味着一个中国人的鲜血。一旦日本得逞，接下来就是你们子孙，他们也要丧失鲜血和生命。”这掷地有声、先知先觉的演讲仅唤醒部分美国人。作为华人后裔，他的 3 个儿子均入伍参军。后来，刘毓麟被陈纳德选中，以援华军人的身份奔赴中国。刘氏说到做到，表现出在美华人领袖的可贵精神。

回家前，司徒炳唐坚守在上海，恋人郑汉英逆流而上，与他会合。郑汉英以她精湛的飞行技术、熟练运用西方各国语言的能力、内敛沉稳的性格被选入了航空委员会。1937 年 8 月 21 日，《香港工商日报》报道了这一消息。消息一出，立即引起轰动，“空军为她特制了时尚别致的制服，上身为立领束腰的红色西装，下身为海军蓝过膝开衩短裙。身材娇小的郑汉英穿上这套空军制服，更显中国女飞行员精明干练的特有风采”[40]。

两个情窦初开的年轻人在战火中重聚上海，一边参与救援，一边筹划未来。司徒炳唐陪同郑汉英坚守到 10 月下旬，国民政府决定西迁武汉时，对郑汉英另有安排，他才同意搭船返回温哥华，向父母报平安和恋情。在码头，司徒旄登船给了儿子大大的拥抱，欢迎他从战火中归来。然而几个月后，司徒炳唐又只身返回中国，到香港与郑汉英重聚，并向她求婚。

## 注　释

1.“Young Chinese boy of Victoria Yo-Yo champ,” *Victoria Daily Times*, Feb. 17, 1931, p.12.

2. 一位美籍菲律宾裔改良了这个传统玩具，本来他是给邻里的孩子们做着玩的，后来发现商机，改用机器制造，年产 30 万个。20 世纪 30 年代初，他将专利和商标出售给了邓肯（Donald Duncan）。

3. “Yo-yo exhibition attracts crowds,” *The Ottawa Citizen*, Jun.30, 1931, p.3.

4. “Harvey Lowe, 1918-2009,” *McClean*, May 21, 2009.

5. Ibid.

6. Jason Karman, The State of Yo.

7. *Victoria Daily Times*, Feb. 14, Mar. 11, p.15 & Apr. 8, P.6 in 1933.

8. “Metropolitan Y.P.S.,” *Times Colonist*, Feb. 1, 1937, p.6.

9. “Yo-yo champaign is in Shanghai,” *Time Colonist*, Aug.21, 1937, p.1.

10. 1930 年，50 名加拿大企业商人赴中国考察。1936 年，也即温哥华金禧年，这些家族的第 3 代在大洋两岸遥相呼应，促成商业文化交流。

11. 翻译自妹妹刘毓真的回忆和口述史。“Interview with Marjorie Lee,” *Conducted by Ron Chew*, Jul. 6, 1995, from the Wing Luke Museum in Seattle Washington, accessed Nov. 30, 2022. 1995 年，西雅图的陆荣昌博物馆的口述史采访记录，该博物馆的网站：https://www.wingluke.org/。

12. *Tyee Yearbook*, University of Washington, Seattle WA: University of Washington Press, 1934, pp. 138-139.

13. 刘毓麟是最早享受岭南大学留学生奖学金的一批华裔学生之一。

14. “Building History,” *Pacific Coast Architecture Database*, https://pcad.lib.washington.edu/building/18201/, accessed Nov. 14, 2022.

15. "Interview with Marjorie Lee," Jul. 6, 1995.
16. 美国西海岸大学的留学生首先奔赴岭南。
17. "26 Exchange Students to Enter Lingnan University,"*China Press*, Sep. 6, 1936, p.9.
18. 霍坚受邀前往四川大学，后举家迁到河北定县。
19. D. Thurston Griggs, "*One man's window on the 20th century*, 2002, " https://userpages.umbc.edu/~tgriggs/autobio.html accessed Oct.10, 2022.
20. "Miss McCay is Easter Hostess at the Tea Today," *Vancouver Sun*, Mar. 26, 1932, p.14.
21. "Colorful pageantry of Grecian night," *Vancouver Sun*, Mar. 6, 1933, p.6.
22.《华人有权在轮船服务》，《大汉公报》1934 年 3 月 5 日，第 3 版。
23. "Chinese Art and Poetry draws throng to International Club," *Vancouver Sun*, Jun.3, 1932, p.12.
24. 司徒家族私人藏档案。
25. "Off to study in Orient," *Vancouver Sun*, Aug. 25, 1936, p.10.
26.《岭南大学员生一览》，1936 年，第 28 页。
27. 但她的名字变成了司徒美光，不知是她入学时有意改名，还是学校档案记录有误。
28.《广东民政公报》1929 年第 47 期，第 91—93 页。
29. 江门圭峰玉台山：http://m.jm.bendibao.com/tour/2719.shtm.
30. 陈继春：《郑锦艺术研究》，人民美术出版社，2018 年，第 255 页。
31. "Interview with Marjorie Lee," Jul. 6, 1995.
32. "Girl from the City Escaped from the Death in the Bomb War," *The Province*, Sep. 22, 1937, p.1.
33. "Tells of the war in fa east," *Victoria Daily Times*, Sep. 23, 1937, p.13.
34. "Interview with Marjorie Lee," Jul. 6, 1995.
35. "Made Masks in Shanghai," *Daily Colonist*, Oct. 20, 1937, p.5.
36. 郑汉英随国民政府于 10 月底西迁武汉， 11 月 11 日，上海失守。
37. "Nurses Tell of Shanghai Horror," *Vancouver Sun*, Nov.2, 1937, p.2.

38. "Hurled into Air by Bomb, UBC Graduate Tells of Shanghai Shelling," *The Province*, Nov. 1, 1937. p.1.

39. "Lew Kay to Talk," *the Seattle Star*, Oct. 27, 1937, p.10.

40. Patti Gully, *Sisters of Heaven*, San Francisco: Long River Press, 2008, p.246.

# 第十四章 粤港豪门

## 一、宝安郑氏

司徒旄的准儿媳郑汉英出身于宝安郑氏。随着家族后人闯荡世界，远离故土，人物脉络已经模糊不清。[1]就郑毓秀的自传和民国时期的新闻报道看，郑汉英是风云人物郑毓秀的二哥郑启聪（1889—约1930，字稚岚）的女儿。司徒旄年少时，影响他最多的是大姐夫李梦九。对郑汉英影响最大的不是郑启聪，而是姑姑郑毓秀。

郑毓秀的出生日期有多种说法，她在不同的地方填写的日期也不尽相同，这里使用最常见的1891年或者1896年2月。她出生于广东新安县西乡的一个官宦商人世家，[2]当年的新安县管辖如今的深圳和香港，1914年复称宝安县。1842年，《南京条约》割香港给英国，天朝上国被迫与西方接触，而中西交融的香港涌现一批巨富，其中包括郑毓秀的祖父郑姚（生卒年不详，字绮云）。[3]

郑姚木工手艺高超，花名"界木耀"，他借助香港的发展和重建打造了郑氏商业帝国。郑氏产业不仅覆盖了香港的街区，还遍布广东省和东南亚。北京、天津和上海的租界里也有郑家的不动产。[4]郑毓秀在自传里称，尽管商人不被社会尊重，也不被长辈看好，祖父也没有启动资本，但他瞄准了香港重建的商机。9岁那年，她与母亲、二哥准备北上与在京城做官的父亲团聚。他们在香港的郑宅里住了3周，参观了属于郑家的街道和工厂。郑毓秀感受到了旁人对祖父的尊崇，从操持多国语言的买办口中了解到祖父的经历。郑姚的快速扩张和豪赌使其损失惨重，20世纪初，家族产业颓势凸显。但勇于冒险、愿赌服输的性格似乎植根于郑氏的血脉，尤其是参与革命和抗战中的几代人。另一种说法是郑姚逢赌必赢，赢遍了“省港澳沪”。[5]

郑姚在新安老家亲手打造的大宅雕梁画栋、气宇轩昂，终年花鸟鱼塘萦绕，容纳着60多口家人和40多个佣人。[6]他捐助乡里，清除水患，“西乡街近千米的街道全部由花岗岩石砌成，均由郑姚个人捐资”[7]。郑姚尤其注重教育，他认定要给乐于冒险的子孙最好的教育，让他们都能脱颖而出。果真，接下来的家族第三代没有让郑姚失望，他们横跨经济实业、外交、法律等领域，纵横各级政府，足迹遍布全球。他们代表中国发声，为中国妇女争取权益，还有航空救国、英勇捐躯的英烈。屹立于深圳宝安的崎云书室，曾是郑家私塾。书室的楠木大门是派人到暹罗采购和装运的。室内之亭台楼阁、朱栏曲径，尽设备之极致，被誉为县内第一精舍。[8]郑氏祠堂和书室也留下红色印记，曾是农民讲习所和共产党员开会的地方，但在抗战期间损毁严重，到了1947年，几近毁灭。作为豪门乡绅，郑氏宅院对当地民众一年至少开放两次，款待乡亲和分发财物，所以当地人对郑宅都很熟悉。[9]

郑毓秀之父，郑汉英的祖父是郑秉义，而非坊间传诵的郑文治（1866—？，Cheng Wen Chih，字藻裳，或藻常，也被称作郑西乡）。郑秉义虽任职于清廷户部并将妻儿都带往北京发展，多地都有房产，留下的历史痕迹却不如他的兄弟郑文治多。郑文治，[10]新安县附生，光绪十四年（1888）戊子科顺天中试，中举人。[11]早年曾留学日本，学养根基深厚，文理兼修。[12]郑文治是睁眼看世界的改良派，其诗词深受梁启超赞赏。1899年，梁启超在《夏威夷游记》中高度评价郑文治的诗，称其为诗界革命的代表人物：

> 郑西乡自言生平未尝作一诗，今见其近作一首云：“太息神州不陆浮，浪从星海狎盟鸥。共和风月推君主，代表琴樽唱自由。物我平权皆偶国，天人团体一孤舟。此身归纳知何处，出世无机与化游。”读之不觉拍案叫绝。全首皆用日本译西书之语句，如共和、代表、自由、平权、团体、归纳、无机诸语皆是也。吾近好以日本语句入文，见者已诧赞其新异；而西乡乃更以入诗，如天衣无缝。“天人团体一孤舟”，亦几于诗人之诗矣！吾于

是乃知西乡之有诗才也。——吾论诗宗旨，大略如此。[13]

1906年，清廷改制后，郑文治在农工商部任职，并担任政府咨议员。他反对激烈的革命和暗杀，支持改良，曾在南洋新加坡暂居。有记录显示，在澳门，他与孙中山领导的革命派也有交往。[14]郑毓秀在自传中写道，1908年，父亲留在南方老家一带，在港、澳和南洋都留下了足迹。但并未发现记录与改良派或者革命派交往的史料。[15]

辛亥年间，郑秉义家的成员普遍支持同盟会。而他另一个兄弟郑藻庵曾是康梁保皇党在广东的主力成员。[16]民初读音统一会有来自全国各地的80位成员，郑文治是来自广东省的4位代表成员之一。[17]读音统一会对会员资格有一定的要求，必须精通音韵，通外语和谙多种方言。[18]由此可见郑氏家族的成员不同凡响。

## 二、兄妹情深

郑秉义与发妻郑刘清（生卒年不详，字鸿玉）育有二子二女。郑毓秀最小也最叛逆，不仅拒绝裹脚，还自行取消了门当户对的婚约。她与二哥郑启聪的关系最为密切，曾经共同在广东陪伴母亲，又一起经香港北上，与父亲团聚。大哥郑灿（生卒年不详，字少岚）早年由父亲先带往北京，后又去吉林省为官。自1927年起，郑灿任民国司法部监狱司司长，而妹夫魏道明为司法部部长。但是郑灿在郑毓秀遭弹劾时，于1932年3月遭免职，后在香港经商。[19]

郑毓秀心疼母亲，因为父亲另有心仪之人。但是她与父亲的思想交流更多，曾女扮男装跟随他出入北京官场的社交，旁听官员议论国是。二哥在上海圣约翰学院读书，寒暑假回京。他帮助妹妹调查过有媒妁之言的夫婿人选，并帮助她写信退婚。郑启聪不仅掌握外语，也经历过农工商部实业学堂的培训。[20]他与京津两地的西方人士多有交往，也常带小妹在各大饭店享受西餐，练习外语。初到京城，家庭团聚后，父母关系更加冷淡，兄妹俩曾一同宽慰和劝说因为缺爱而准备自尽的母亲。[21]

1908年，光绪、慈禧先后离世，清廷大厦将倾，郑家也出现危机。父兄都去了南方，而大哥在吉林以公款投资，出现巨额亏空。母亲愁眉不展，正在天津教会学校读书的二小姐郑毓秀当机立断，兑换现金，带着仆人前往吉林为大哥解困。

在吉林摆平大哥的事后，郑毓秀无心再回学校。她厌倦了国内混乱的局势，说服父母同意她退学，前往日本神户，说是求学，实是向往革命组织。好在有堂兄任职于神户，她的生活和学校安排无忧，然而对理想的追求还是要靠她自己。聪明的郑毓秀从华人商铺里反复探听，终于联系上革命党，加入了同盟会，签下了神圣的誓约。[22]有了组织的她热情高涨。既然留学并非最终目的，革命就必须回国。这时期，家族的又一挫折更加坚定郑毓秀革命的决心。1910年，叔叔郑文贯在广东老家带头抗议清廷的户籍登记，导致他与胞兄郑文治被革除功名。[23]

1911年，中国南方各省起义不断。8月，与郑毓秀亦师亦友的李石曾回到国内。他们接到情报，南方秋季将出现大规模起义。但是李石曾认为北方不适合起义，仅需扳倒最后几个清廷的强硬派，就可以推翻清王朝，走向共和。同为晚清的官二代，李石曾是最早提倡勤工俭学的人，也是司徒旄的老师，留下大量传奇佳话。[24]他这次带回国的不仅是法国革命精神，还有急需的活动经费，但是他反对南方提出的大规模武力干预的做法。

郑家庞大的京津不动产和广泛的国际人脉有力地支持和掩护了同盟会。这一时期，郑秉义清楚清朝统治的丧钟已经敲响，郑宅经常是同盟会共商大计，也是接收南方寄来各种信件的地方。1912年1月1日，中华民国临时政府在南京成立，孙中山就任临时大总统，林森担任参议院主席，王宠惠担任外交总长。流亡海外的革命者纷纷回国。

郑毓秀负责在京津两地运送炸药，她在自传中写道："哥哥是全家最理解我的人，他清楚我的双重身份，懂得我的理想和激情。我俩之间有绝对的信任。"[25]郑家在天津码头附近的法租界余庆里储藏着军械、炸药。虽然郑父是出于安全考量将家人安置在那里，但是4个子女和郑母都在争取同盟会最后的胜利。他们穿梭于京津两地，进行着最危险的事业。[26]大哥郑少岚和几位同志一度被捕，好在时间不长即重获自由。郑家为彭家珍准备了炸弹，

图 14-2-1　郑毓秀和姐姐郑雪案的合影
（资料来源：梅生《上海画报》，1927 年）

他走出去慷慨赴死，这悲壮的一幕一直留在郑家人的心中。1912 年 1 月 27 日，郑家大小姐郑雪案的男友彭家珍与爱新觉罗·良弼同归于尽。不久隆裕太后率宣统帝退位。

民国伊始，多方势力角逐，暴力充斥。1912 年 2 月 15 日，孙中山辞去临时大总统，南京临时参议院正式选举袁世凯为临时大总统。李石曾、汪精卫和蔡元培代表南方政府到北京请袁世凯南下，但袁世凯以北京有兵变为由，于 3 月 10 日在京就任。郑毓秀认为南方政府被愚弄了。为了掩护暗杀袁世凯的保定清河陆军学生，郑母在东城新租了一处大屋，并亲手照顾暗杀团，包括自己的女儿。她的支持被不少当年的革命者怀念。[27]

郑氏家族在动乱中寻找商机和发达的机会，不仅放眼全国，还放眼全球。郑文治的学识被政府倚重，担任要职。李石曾提醒郑毓秀“暴力时代已经过去，中国必须与现代科学文明建立联系”。郑毓秀曾经参与刺杀袁世凯，又参与革命党人的办报活动，上了袁政府的黑名单，她发现自己曾被跟踪。李石曾正在筹备留法俭学会，郑毓秀欣然加入。[28] 作为第一批俭学会的成员，她在北京大方家胡同图书馆就读预备班，聘请法国人教授。第一班只有两位女生，除了日后功成名就的郑毓秀博士，另一位是津门名媛、同属北方同盟会的章以保女士。她的同班同学记载，俭学会不允许雇仆人，郑毓秀也要参与劳动，给同学端饭。[29]1914 年 3 月，在李石曾的鼓励与安排下，郑毓秀奔赴欧洲学习。

图 14-2-2　郑毓秀与李石曾
（资料来源： 25 Fu-n148, © 2007 C. H. Foo and Y. W. Foo, University of Bristol）

3 月 28 日，郑毓秀由西雅图过境美国前往巴黎，那一年是她第一次踏足北美大陆。香港的家人为她饯行，规模盛大，以致耽误登船，她眼看着行李和朋友随着起锚的邮轮远航。[30] 最后还是哥哥想办法送她。郑启聪在香港送走小妹，自己陪同美国专家前往陕西勘探矿产。他像极了祖父和父亲，纵横四海，勇闯商界。他的女儿、郑氏豪门的第 4 代就出生在 1915 年初。这个革命家庭预感到这个小女孩不会平庸，给她取名“汉英”。

1917 年护法运动时，郑启聪在广东接待国会议员。[31] 同年，张作霖以奉天督军的名义要求“严缉勘矿员郑启聪”，理由是预支的勘矿公款没有全数退还。[32] 但是 1918 年大元帅府又启用他为参议。[33]1920 年，郑启聪乘法国轮船由香港抵沪，报道称他为“前福建税关督办”[34]。鉴于国内动荡的局势，就是这一年，郑启聪送子女，包括郑汉英到法国接受教育。1924 年秋，作为苏皖赣巡阅署公使顾问，郑启聪除了在上海法租界视察，还到地方县考察，[35] 并以有“实业和筹款经验的南洋华侨”的身份受邀赴四川灌县兴修水电设施。[36] 虽然南北分治、硝烟不断，但是无论沿海还是内陆，都有郑启聪施展的机会。他四处奔波赚钱，希望以此支持和回馈家庭，为下一代创造更好的条件。而他亲自送往法国的小妹和女儿日后成长的高度超出了他的想象。

## 三、名扬世界

因为李石曾的悉心安排，郑毓秀的法国留学之旅比多数中国学生容易。二哥一再劝说母亲不要让妹妹带佣人，就让她做一回真正的留学生。她入住当地人家的公寓，先补习法文，然后搬到巴黎的拉丁区，攻读巴黎大学索邦的法律专业。没过几年，母亲还是派去了最好的粤菜厨子，使女儿在巴黎的生活无忧。她在拉丁区的公寓被大家戏称为“小使馆”，吸引了大量朋友，包括法律界的翘楚王宠惠。20世纪20年代初，游走世界的江亢虎如此评说：“留法女学生亦数十人，多从郑毓秀女士而来。郑为中国女子留法大学毕业第一人，攻法律学，现为博士候补者，家本殷富，人复开通，所居结构绝佳，家庖尤精，座客常满，各界多有往还，人目为社交之花，或称为使馆第二，华人游法京者，无不啧啧称道郑女士也。”[37]

郑毓秀感谢老师的安排让她得以迅速提高法语能力。不久，她目睹了法国人上战场与家人告别的悲壮场面。虽然姐姐郑雪案劝她回国躲避战火，但是她执意留下，继续学业。她暂离国内动荡的政局和军阀混战，却置身于更大规模的欧战之中。郑毓秀清醒地意识到完成学业对她意味着什么，因此下功夫苦读。正当她有了信心并成功修得法律学位的时候，中国宣布“以工代兵”参战，10万多华工抵达法国战场。

早在中国参战之前，郑毓秀就在巴黎对数千位法国人演讲，表达对协约国的支持。[38]她已经有资格加入法国的法律学会，结交权贵，名噪欧洲。1918年，代表留法学生回国时，她被看作外交人才。1919年巴黎和会，她作为广东军政府的妇女和新闻代表返回法国，配合王正廷开展民间外交活动，与中国政府代表沟通，而当年负责此事的正是后来的共产党人吴玉章。取道北美的第一站是以中国政府官员的身份在3月2日入境美国西雅图，并受到侨胞欢迎。[39]主流媒体争先报道：“中国的女性代表在奔赴巴黎和会的路上。”虽然“玫瑰代枪”

强迫陆征祥拒签协议的故事有些牵强，但她的确带领学生和华侨抗议过。她的事迹在世界范围广泛流传。

1919 年，郑文治以民国政府官员身份考察美国商业，寻求贸易机会，并成功申请和注册了计算器专利。他于 1919 年 11 月在旧金山入境，[40] 并横跨美国，到东岸的华盛顿和波士顿访问。他不仅与美国商人会晤，也受到留学生和华侨们的欢迎。[41] 与此同时，郑毓秀由法国横跨大西洋入境美国。[42] 她在巴黎表现出一个爱国者和国民外交家的胆识与能力。1919 年底和郑文治同在美国访问的郑毓秀，风头已经盖过长辈。

CHINESE AGENT SEEKS TRADE WITH AMERICA

Cheng Wen Chih, official representative of the Ministry of Commerce and Agriculture, who left Pekin Sept 20, 1919, to visit America to study commercial and

CHENG WEN CHIH

industrial conditions and help establish closer commercial and industrial relations between America and China, is now in Boston, having recently arrived from Washington.

He is a guest of the Chinese Students' Club at Cambridge and the Chinese Mer-

图 14–3–1　郑文治在美国进行商业访问的报道
（资料来源：*The Boston Globe*, Mar. 9, 1920, p.2）

受吴玉章、李石曾等人委托，郑毓秀在 1920 年回国，鼓励女生留学。这次她途经纽约，以英法两种语言批评美国对中国尤其中国妇女的看法至少落后了 50 年。郑毓秀如此大胆和直接的做法非常被美国看好，在巴黎的不俗表现之后，事迹又传到纽约，令人惊叹。这不是郑毓秀第一次接触西方媒体了。在纽约，她应邀观看百老汇的演出。她发文批评美国人对中国的刻板印象，以身作则显示中国女性的觉悟与担当，阐明中国正在经历前所未有的大变局。《纽约每日新闻报》（*Daily News*）以醒目标题和她的巨幅照片报道这位中国女性的惊世言论。[43] 对国内民众，她则呼吁民间外交运动，撰写并发表长文，总结巴黎和会上中国外交的从弱到强，令全球关注，并提出 5 点建议，号召国民各级新组织在和平时就注意外交。[44]

1920 年 5 月，中华女子参政同盟会筹备并推举出郑毓秀、周淑安和朱家骅夫人为代表出席国际会议。郑毓秀带领 20 多位女生前往法国留学，离境前在上海拜会了孙中山和宋庆龄。6 月初，郑毓秀作为中国代表参加了日内瓦举行的

CHINESE PORTIA HURLS BOMB AT BROADWAY HITS

Declares Our Playwrights Are Asleep and Have Wrong Idea of Oriental Women

PEEVED

Chinese Woman Lawyer Denounces New York Stage Hits

图 14-3-2 纽约的报纸报道郑毓秀的言论

（资料来源：“Chinese Portia Hurls Bomb in Broadway at Broadway Hits,” *New York Daily News*, Dec. 8, 1919, p.7）

第八届万国妇女参政国际会议。[45] 她与伍智梅共同呼吁和鼓励妇女参政。[46] 英文报纸盛赞她已经掌握了 4 种欧洲语言，是叱咤风云的新闻从业人员。[47]1921 年，中国留法学生工读两难，也是郑毓秀、李石曾、王宠惠等出面募款，想办法接济。[48]

1925 年 7 月，中国历史上第一个国际法女性博士学成。[49] 郑毓秀在自传里说：“导师们选择了索邦大学最大的一个厅，我坐在长案的一头答辩。”这与夏奇峰在酒后告诉胡适的情形大相径庭。如果说她的论文有王宠惠等人帮助，并不意外，但是夏奇峰讲到郑毓秀的侄子郑白峰被逐出家门的事，就不乏杜撰和想象了。[50] 后来胡适从驻美大使的职位上被免职，接替他的正是郑毓秀夫妇。郑毓秀博士对家庭的付出惊人。[51] 自己单身未婚，读取法律博士，还把侄子侄女带在身边，况且她帮助的并不止郑白峰和郑汉英两位。[52] 她联手法国上层接济留法中国学生，不仅支持她亲自监护的女生学成归国，也得到周恩来和向警予等人充分肯定。她的侄子郑白峰任职国际联盟，还对邓希贤（即邓小平）提供过重要帮助，两人保持了长久的友谊。

二哥郑启聪于 1925 年帮助浦口商务督办向英国秘密借款。[53]1926 年，他在上海与妹妹郑毓秀、侄子郑白峰一起设宴招待中法外交家。[54] 那一年，郑启聪任川黔边防督办署顾问，他宴请的除了刚上任的驻沪法国领事，还有顾维钧夫妇等人。1926 年 9 月，郑秉义在北京去世，郑毓秀由上海北上奔丧。[55] 郑启聪在老家基层开始从政，于 1928 年 7 月至 1929 年 3 月出任宝安县县长，可谓家乡的父母官。[56]8 个月后，他又从县领导职位上直接调任省里。[57] 但是进入 19 世纪 30 年代，就没有了他的任何报道，在自传中，郑毓秀提到二哥早逝，她帮助抚养二哥的子女。他们都学有所成，进入了外交界。

图 14–3–3　王宠惠与郑毓秀两家人交情深厚
（资料来源：Fu-n080. Wang Chonghui, front left. Zheng Yuxiu, wearing hat, second from the right. Photograph by Fu Bingchang. Image courtesy of Y.W. Foo and Special Collections, University of Bristol Library ）

图 14–3–4　1927 年江苏省政务官员的合影
（资料来源：University of Bristol - Historical Photographs of China reference number: Fu-n143 ）

1930 年，外交部聘请郑毓秀作为国际法顾问，她还与夫婿共同执掌上海的律师事务所，该所位于埃兹拉（Ezra）路 4 号，共有 4 位律师。[58]1933 年，她作为上海法政大学校长主持了入学考试。[59] 她是中国近代以来第一位女律师、第一位省级女性政务官、第一位地方法院女性院长与审检两厅厅长、《中华民国民法》五人编撰小组里唯一的女委员，先后担任北京女子师范大学校长、私立上海法政大学校长，在近代国民外交、法制建设、教育领域建树颇多。

1931 年，新起草的《中华民国民法》发布之后，郑毓秀希望脱离政界，回归她律师的本行。她在上海滩为华人争取利益，并且代理了林语堂版权案、梅兰芳与孟小冬离婚案等著名案件。而郑毓秀的法律执业也不是没有非议，1932 年，她遭到监察院监察委员高友唐的弹劾。高友唐指责郑毓秀卸任后与上海特区法院院长杨肇熉"狼狈为奸、贪婪不法"，内容如下：

> 始则以白为黑，继竟无中生有。民事不能拘押，则以假扣押恐吓之；刑事不问虚实，但有控告，则以拘押恐吓之，均为诈财或胁迫和解之工具，其所诈之财，闻已在数百万元。……法院一时有"博士电话到，推事吓一跳"之谣，乃纪实也。数年以来，上海人民因受郑毓秀恶势力所摧残，倾家荡产者若而人，负屈自杀者若而人。社会之道德陵夷，法院之人格扫地，皆郑毓秀、杨肇熉等所酿成。[60]

弹劾案一起，社会哗然，众说纷纭，直到今日仍然无法公断。[61] 郑毓秀的两位兄长都受到牵连，大哥郑灿于 1932 年丢掉监狱局长一职，二哥郑启聪被记者旧事重提，多加嘲讽。[62] 郑毓秀远赴欧洲，她利用这段时间陪伴郑氏下一代不失为上策，而且在日后看到了成果。

## 四、少女汉英

1927 年，郑汉英由巴黎回国省亲，8 月参加姑姑在杭州的秘密婚礼。郑毓秀和魏道明对外没有宣传已婚，只说他们在律师事务所和法律界是合作关系。他们婚后多年，仍有不少媒体炒作郑毓秀与王宠惠交往甚密。郑毓秀完全不予理会，认为自己的感情仅关乎家人，和他人无关。他们的婚礼选在杭州，更像是分散在世界各地家人的一次团聚。郑母刘氏对后代的团聚和女儿的婚事格外看重，对女儿要为国家利益游走于世界不以为然。在法国学习和生活 14 年之久的郑毓秀自知婚姻观与国内完全不同，更何况她嫁的是比自己小 8 岁的魏道明。1928 年 6 月，魏道明陪同郑毓秀完成公务后从欧洲经美国返回，她向美国政府入境申报的是仍然单身。[63] 直到 1936 年秋天，夫妇俩再从欧洲返回上海，报上才开始普遍称呼他们为夫妇。[64]

图 14-4-1　光艺摄影，刊登在 1928 年《上海画报》第一页上的郑汉英全身像

1927 年底，郑毓秀和蔡元培等组织了慰问北伐军的一系列活动。12 岁的郑汉英立即被媒体追逐报道。她"去国 7 年，从小在法国读书，且成绩优异"。演出活动高层云集，记者大多聚焦于杜月笙、张啸林等人，还有游艺会上郑毓秀的报告、蔡元培的演说及其夫人们的表演以及褚民谊的魔术表演等。[65] 上海名媛齐聚献艺，包括陆小曼和唐英都参与演出。[66]《上海画报》的《妇女慰劳伤病军士会特刊》刊登了蔡元培、郑毓秀等人的照片。上了《特刊》头版的还有少女郑汉英。特刊介绍说："郑毓秀博士侄女公子新自法归国，音乐舞蹈均所擅长。丰姿秀美，将舞却而斯登舞，其舞侣则为法领事之女公子。"那时上海刚开始流行却尔斯登舞，这种舞蹈比华尔兹、探戈等更富于热力和动感。《郑汉英女士之妙舞》一文除了对蔡元培夫妇等人的游艺会大加赞扬，还特别提到郑汉英："尤以郑毓秀博士侄女汉英女士之却尔司顿舞，为最有精彩。郑女士留学法国七年，敦品励行，啧啧称道于巴黎人士之口中，今秋归国，将尽其所学之长，供献于党国。日前因博士之请，登台跳舞，姿态之曼妙，动作之敏捷，无出其右。舞时翩翩如林峰蛱蝶，袅袅如拂水柳枝，一时叹为绝艺，博得台下掌声雷动。说者谓：若女士之舞艺，不但中国人士中所罕见，即西洋人士中亦不多觏，

想见其研究有素也。”[67]郑汉英大有“明日之星”之概，受各报追捧，更何况她是郑毓秀的侄女。虽然各大画报都登载郑汉英的照片，但她从未露出笑容，总是带着非常西化的少女妆容，以冷淡和坚毅的神情面对记者们的镜头。[68]

被誉为童星的郑汉英，很快就从上海隐去。1928年初，她跟随姑姑的团队回到欧洲读书。她短暂的一生大部分时间是在中国以外的地方度过，与司徒炳唐一样，郑汉英同样是海外和跨洋社会的一分子，有着双重身份定位。即使在回国的短暂岁月里，她的朋友圈除了家人、姑姑的幕僚、政治领袖，就是华侨或者驻外使节的子女。

1928年2月，郑毓秀以民国专使的身份访问欧洲，带侄女返回法国。[69]上海各界超过百人到码头欢送，郑博士在船上宴请客人，请侄女等出面招呼女宾。正如8年前她奉吴玉章之命带领四川的女学生赴欧洲留学，郑博士此行同样是前呼后拥。同行的有郑汉英、黄甫君、张雅南3位女士，另有秘书3人。[70]随行的还有行踪高度保密的元老李石曾。尽管低调，他去国一个月后，记者报道出他与郑毓秀同行访问。[71]1927年，李石曾被反复要求归国，但是回国后又一直力图去国。这次又是被党国再三挽留，所以他先斩后奏，离境后才用书信通告各方。李石曾在船上病入膏肓，分别去信给“张、蒋、谭、蔡、吴、易诸君，痛陈国是”。此行可见他与郑毓秀的关系密切，但对1927年的党政不满。郑博士一行经香港，停留在越南，听取同胞意见，并将民意带往法国与法国政府理论。他们在新加坡受到陈嘉庚设宴款待，并往华商俱乐部会晤更多的同胞。船经印度洋抵达马赛时，李石曾和郑毓秀等几位都病倒了，需就地休整。

身体恢复后，郑毓秀抵达巴黎，安排女孩子们的学业，立即展开民国外交工作。她说“此来专为劝说欧陆各政治领袖了然新中国”[72]。郑毓秀凭借自己的外交专使身份，给了侄女优渥的留学条件，希望她比自己更胜一筹，期待郑氏出现更多的女杰。

郑汉英在国内媒体上再次露面时，已经是8年后的1936年，除了获得法学硕士学位，她还在欧洲学习飞行。姑姑和姑父于1935年底由法国先行返回香港，还帮助胡汉民带回行李多件。[73]胡汉民虽然不久也回到广州，但于1936年5月突然去世，蒋介石和两广的关系骤然紧张，而陈济棠、李宗仁、白崇禧等要求

图 14-4-2　郑汉英与宋子文夫人少女时的照片，同期刊登在《一乙画报》（1928 年第 1 期，第 13 页）

北上抗日，与蒋介石“攘外必先安内”的主张背道而驰。有可能导致大规模内战的“两广事变”最终由于余汉谋等人投蒋而落下帷幕。

8 月，宋美龄陪同蒋介石赴广东。郑毓秀邀请她到香港一游，她陪同宋美龄和端纳夫妇乘泰山轮抵港，魏道明前来迎接。[74] 他们选择郑氏祖宅的其中一栋供客人们居住。这时期，郑汉英即将回家，随后从加拿大留学的司徒兄妹也抵达了岭南。

10 月 24 日，在上海人民“为国献机”的活动中，郑汉英的堂嫂李霞卿（1912—1998）做了特技飞行表演，使女性参与国家航空建设的情绪高涨。堂兄郑白峰于索邦大学毕业后，长期担任国际联盟秘书，在日内瓦工作。他和李霞卿夫妻育有一儿一女。李霞卿于“九一八”事变和“一·二八”淞沪抗战后，决定学习飞行，并在美国和欧洲付诸行动。不幸的是，她需要与郑白峰离婚，以便单独面对飞行的风险和享受全球旅行的自由。受到感染，郑汉英立志以航空救国为事业，以驱逐日寇为己任。她在欧洲就开始接触飞机，参加飞行俱乐部，更希望拿下最高等级的证书，便南下香港进修飞行，尽快考取国际执照。郑汉英还参加了上海名媛的服装聚会，她的着装品味和不俗的气质令中西方人士为之倾倒。[75] 深冬季节，她则回到老家香港，住在启德机场附近，准备全面提升飞行水平，尽快获得国际认证。

图 14-4-3　风华绝代的李霞卿在温哥华受到华侨的热烈欢迎
（资料来源：University of British Columbia. Library. Rare Books and Special Collections. The Chung Collection. CC_PH_00328）

## 注　释

1. 郑氏后人在网上登出郑汉英是郑毓秀姐姐郑雪案的女儿，但相关文献指汉英为郑毓秀的侄女。梁启超认为郑文治仅是郑毓秀的叔父。
2. 郑毓秀的出生日期差距甚大，她的自传 *My revolutionary years*, 1943 ed.p.3,《我的革命年代》说明她出生于 1896 年 2 月，但是不符合接下来的一系列壮举的时间节点。她入境美国的档案也有显示 1894 年，唐冬梅书中的日期是 1891 年。1919 年她从西海岸乘日本轮船入境美国时，填写她 26 岁。在其夫上任台湾省政府主席时，她的户籍登记显示的是 1901 年。她使用的西文名字包括 Soumei、Soumy、Emily 等。
3. 西乡墟北帝庙的碑刻照片。
4.《光绪十五年重修北帝庙善长人翁笔录》，李飞博士转发给笔者的照片。
5. 叶锦花、李飞：《清末户口调查与广东新安民变》，《广东社会科学》2021 年第 5 期，第 134—143 页。
6. Soumay Tcheng, *A Girl from China*, B. Van Vorst, New York, Frederick A. Stokes company, 1926, pp.1-3.
7. 严小明主编，深圳人民政府侨务办公室编：《海外华侨华人选介》，2012 年，第 252 页。
8.《崎云书室》，《中山日报》1947 年 7 月 29 日，第 6 版。
9. 参注释 1。
10. 黄霖、蒋凡主编，周兴陆、魏春吉等编著：《中国历代文论选新编·晚清卷》，上海教育出版社，2008 年，第 179 页。他出生之年是根据美国 1919 年的入境记录的年龄推算，他填写的是 53 岁。
11. 吴廷燮等纂：《北京市志稿》卷十五《选举表》下，北京燕山出版社，1998 年，第 413 页。

12. 郑文治擅长诗词，在广州法政大学执教，发明过圆通计算器等。梁启超《新大陆游记》1916 年提到“郑西乡即郑文治，字藻长”。梁启超的游记写于 1899 年的途中，可见郑文治也是颇具改良甚至革命思想的。但是郑文治和郑文贯的字号经常被人混淆，或以同音字代替。丁文江、赵丰田编：《梁启超年谱长编》，上海人民出版社，2009 年。1899 年版的第 124 页同样提到初稿里面有注郑文治即藻常。

13. 梁启超著，周岚、常弘编：《饮冰室诗话》，时代文艺出版社，1998 年，第 336 页。

14. 杨开荆：《从澳门早期报业发展看澳门文化特色》，载龚刚主编《澳门人文社会科学研究文选·文化艺术卷》，社会科学文献出版社，2009 年。《孙中山致郑藻堂》一文曾发表于《澳报》上，而《澳报》是否指澳门的报纸，或是刊登于《镜海丛报》上仍未能确定，且到目前为止仍未查获任何一期的《澳报》。

15. Soumay Tcheng, *A Girl from China*, New York, Frederick A. Stokes Company, 1926, p.83.

16. 丁文江、赵丰田编:《梁启超年谱长编》, 第 209—211 页。该书指出郑藻常（藻庵）是郑毓秀的叔父，领导粤保皇会事务。

17. 罗平汉：《布衣大佬——吴稚辉》，团结出版社，2010 年，第 108 页。

18. 政协永龙岩市永定区委员会学习宣传与文史资料委员会：《永定文史资料》第 34 辑，2015 年，第 241 页。

19. 刘国铭主编：《中国国民党百年人物全书》（下），团结出版社，2005 年，第 1436 页。

20. 这点从奉天政府令和郑毓秀的自传中可以看出。

21. *My Revolutionary Years, the Autobiography of Madame Wei Tao-Ming*, New York: Charles Scribner's Sons, 1943, p.51.

22. 孙中山在 1905 年立下的同盟会誓约：驱除鞑虏，恢复中华，创立民国，平均地权，矢信矢忠，有始有卒，如或渝此，任众处罚。

23. 叶锦花、李飞：《清末户口调查与广东新安民变》，《广东社会科学》2021

年第 5 期，第 134—143 页；《奏革唆众抗钉门牌之举人》，《申报》1910 年 12 月 19 日，第 11 版。

24. 杨恺龄：《民国李石曾先生煜瀛年谱》，台湾商务印书馆，1980，第 20 页。
25. Soumay Tcheng, *The Girl from China*.New York: Frederick A.Stokes Company, 1926.
26. 黄以镛：《记京津同盟会分会成立之经过》，载沈云龙主编，张国淦编《辛亥革命史料》（下），龙门联合书局，1958 年，第 284—290 页。
27. 黄以镛 :《记京津同盟会分会成立之经过》，第 284—290 页。
28. 聋子：《一件革命的旧事》，《光报》1929 年 10 月 17 日，第 2 版。
29.《郑毓秀博士故都之哭》，《北洋画报》1928 年第 6 卷第 263 期，第 2 页。
30. 根据郑毓秀的入境美国和乘船记录。
31. 汤锐祥编著：《护法运动史料汇编》（二）《国会议员护法篇》，花城出版社，2003 年，第 66 页。
32.《奉天督军署训令：法字第二九号（中华民国六年二月二日）：令陆防各军：准国务院咨请严缉勘矿员郑启聪》，《奉天公报》1917 年第 1763 期，第 2—3 页。
33.《大元帅令补录六年十二月三十日大元帅令：任命郑启聪为大元帅府参议此令（中华民国六年十二月三十日）》，《军政府公报》1918 第 47 期，第 2 页。
34.《法国归客谈》，《时事新报》1920 年 10 月 31 日，第 3 版。
35.《郑启聪昨赴真茹》，《时事新报》1924 年 10 月 25 日，第 7 版。
36.《川省筹办水电之沪讯》，《民国日报》1924 年 11 月 19 日，第 5 页。
37. 江亢虎：《游法感想记》，《东方杂志》1922 年第 19 卷第 13 期，第 102—103 页。
38. *A Girl from China*. 1926 年出版的郑毓秀的传记。
39. 郑毓秀的邮船入美记录。
40.《农部派员赴美调查工业》，《晨报》1919 年 9 月 20 日，第 6 版。美国《排华法案》档案记录郑文治带翻译和助理两人同时于 11 月 30 日从旧金山入美境。同一时期，郑毓秀从纽约入境美国。
41. “Chinese Agent Seeks Trade with America,” *The Boston Globe*, Mar. 9, 1920, p.2.

42. 加州的《洛杉矶时报》《旧金山检查报》等报纸报道了郑毓秀奔赴巴黎和会以及她的表现。

43. “Chinese Portia Hurls Bomb in Broadway at Broadway Hits,” *New York Daily News*, Dec. 8, p.7.

44.《国民外交运动与中国之前途》，《民国日报》1919 年 10 月 14 日，第 2 版。

45.《女界议组参政同盟会》，《民意日报》1920 年 05 月 11 日，第 3 版。

46.《郑毓秀女士之谈话：对于女子参政运动之主张》，《妇女杂志》1920 年第 6 卷第 4 期，第 6 页。

47. “Chinese Women Delegates,” *Parsons Daily Republican* (Parsons, Kansas), Jul. 7, 1920, p.2.

48. 李璜:《巴黎现存留法俭学生救济实况档案摘要》,《传记文学》第 23 卷第 4 期，第 15—20 页。

49.《郑毓秀博士》，《图画时报》1925 年第 282 期，第 1 页。

50. 胡适著，曹伯言整理：《胡适日记全编》六，安徽教育出版社，2001 年，第 262—264 页。

51. 1926 年上海的媒体多次出现王宠惠和郑毓秀订婚的消息，例如《上海画报》1926 年第 96 期，第 1 页；1926 年 1 月 28 日，第 17 页。

52. 魏道明 1942 年至 1946 为驻美大使，他所接替的人正是胡适。郑毓秀在欧洲还照顾到家族的晚辈，包括郑汉英的哥哥郑云——他最早是在英国学习飞行。

53.《浦口商埠借款秘密合同之披露》，《民国日报》1925 年 2 月 22 日，第 10 页。

54.《郑启聪招宴中法外交家》，《中国报》1926 年 5 月 5 日，第 10 页。

55.《郑毓秀女士明日到京》，《益世报》1926 年 09 月 28 日，第 7 版。

56. 深圳市史志办编：《民国时期深圳历史资料选编》，深圳报业集团出版社，2014 年，第 107 页；深圳市地方志编纂委员会编：《深圳市志·社会风俗卷》，方志出版社，2014 年，第 97 页。

57. 广东省档案馆编：《民国时期广东省政府档案史料选编》（二）《第四、五届省政府会议录》，1987 年，第 181 页。

58. “Miss Soumey Tcheng Moves Law Office To 4 Edward Ezra Road,” *The China*

*Press,* Dec. 1, 1929, p.4.
59. "The Shanghai College of Law and Politics, the president of which is Dr. Soumei Tcheng," *The China Press*, Jan. 13, 1933, p.11.
60.《监委高友唐弹劾郑毓秀杨肇熉之原文》，《法律评论（北京）》1933 年第 10 卷第 16 期，第 39—41 页。
61. 李严成：《民国时期的律师惩戒制度与实践——以郑毓秀律师的退会处分为中心》，《社会科学战线》2016 年第 11 期，第 111—116 页。
62.《郑启聪利用郑毓秀名做招牌望尘生》,《上海报》1935 年 3 月 12 日，第 3 版。
63. 与魏道明一道 1928 年纽约入境，轮船公司乘客名单入境系列是"New York, New York Passen and Crew Lists, 1909, 1925-1957"，文档"4290 - vol 9521-9522, Jun 25, 1928 "，p583，船名：奥林匹克号（Olympic）；出发港：法国的 Cherbourg，出发日期：1928 年 6 月 20 日；抵达港：纽约，抵达日期：1928 年 6 月 26 日。3 名中国人，都是外交官 Tcheng Soume 33 FS govt official，郑毓秀，33 岁，单身，政府官员，近居上海，6 月 6 日巴黎签证；1919 年到过美国西雅图，身高 5.1 寸。
64.《魏道明夫妇返沪》，《新闻报》1936 年 9 月 29 日，第 2 版。
65.《慰劳游艺会预志》，《民国日报》1927 年 12 月 22 日，第 10 版；12 月 23 日，第 14 版。
66.《慰劳伤病军士》，《时事新报》1927 年 1 月 23 日，第 10 版。
67.《福尔摩斯》1927 年 12 月 26 日，第 2 版。
68.《上海画报》1928 年第 323 期，第 1 版;《图画时报》1928 年第 424 期，第 1 版;《一乙画报》1928 年第 1 期，第 13 版；《图画时报》1928 年第 429 期，第 0 版；《联益之友》1928 年 12 月 1 日，第 1 版。
69.《郑毓秀昨日放洋》，《民国日报》1928 年 2 月 26 日，第 9 版。
70.《郑毓秀今午放洋》，《新闻报》1928 年 2 月 25 日，第 4 版。
71.《李煜瀛过新嘉坡》，《黄报》1928 年 3 月 30 日，第 3 版。
72.《郑毓秀到巴黎》，《益世报》1928 年 5 月 1 日，第 2 版。
73.《魏道明郑毓秀由法抵港》，《大公报》1935 年 12 月 14 日，第 1 版。

74.《蒋夫人宋美龄到港避暑，郑毓秀偕行》，《中央日报》1936 年 8 月 24 日，第 1 版；《宋美龄由粤抵港》，《民报》1936 年 8 月 24 日，第 1 版。

75.“Fashion Show Tea,” *North China Herald*, Nov. 11, 1936, p.255.

# 第十五章 战火中的爱情

## 一、志在飞翔

留学岭南加深了司徒炳唐对家族的感情，更让他品尝了初恋的甜蜜。他和妹妹司徒美先在闲暇时喜欢到香港和澳门探访亲友。在似无意实有意的安排下，22 岁的英俊青年司徒炳唐遇到了智勇双全的郑汉英。郑汉英比司徒炳唐小 5 个月，两人在烽烟四起的 1937 年相知相爱。司徒炳唐往来于香港的次数逐渐增多，顺带给妹妹和同学们采购食品，周日乘 3 个小时的火车过去。回程既可以乘车，也能坐广东号轮船，当天便可来回。

飞行学校的上课和训练时间是朝八晚五，只有周六下午和周日休息。郑汉英为了训练方便，就近单独居住。远东飞行训练学校由 5 名英国皇家空军教官主持，高标准、严要求，提供全日制的课堂和训练指导。学校既有双座教练机，也配置了轰炸机教学，前来受训的学员包括海外人士、华侨和民国空军。[1]郑汉英的哥哥郑云在欧洲学过飞行，为了能够参战，与日寇在天上较量，郑云在姑姑的鼓励下加强飞行技巧训练，考取世界级的顶尖执照。

除了飞行，郑汉英也喜欢在早春欣赏郑氏的祖宅、街道和工厂，登太平山俯瞰港岛的繁盛。她初见司徒炳唐，就被这位身高 1.9 米的青年震撼到了。祖籍广东开平和台山的司徒炳唐在岭南是混合了中西不同文化的另类。他不仅英俊挺拔，会说广东话，还可以用英文和法文交流。郑汉英学生时代都在女权主义崛起的欧洲度过，粤语和国语虽有基础，但不很流畅，与男权社会长大的人交往有障碍。她与司徒炳唐却可以随意切换语种，畅所欲言。司徒炳唐给郑汉英介绍自己的家乡温哥华，郑汉英则讲述她在欧洲的学习和趣闻。他们惊艳于对方同在英、法、中多语种环境里成长，彼此有着同样的世界格局，又都在探索未来的道路和国家民族的前途，颇有一见如故、相见恨晚的感觉。面对日本的威胁，他们同样拥有英雄情怀，认为当务之急是如何抵抗侵略，救亡图存。

司徒炳唐和郑汉英跟随郑云体会过自驾飞行。学校背靠狮子山，停机坪的土木工程接近尾声。他们还看到两架鹤形双翼战机在飞行区上滑行。启德机场已经开启民用航空服务，英、法、美、中都有航班来往，但是当年从伦敦到香港要飞一周的时间，中间必须经过很多次起落和加油。郑汉英从小就对上天飞行和各种型号的飞机感兴趣。回到国内，看到李霞卿的表演和哥哥的训练，更加明确自己也要成为出色的中国空军飞行员。每次见面，本来腼腆的她聊起飞机来就滔滔不绝，各种飞行幻梦到了恋爱的季节逐渐得以实现。司徒氏和郑氏家族几代人乘帆船和蒸汽轮船来回穿越大洋，现在有了新的交通工具，国际出行更加快捷。航空事业是决定一个国家的经济、科技和军事的重要力量，在未来的国际竞争中，它必定是一个核心。

哥哥郑云热情爽朗，比郑汉英回国得早。如今，他一心想加入空军，为考取 A 级国际执照做最后的冲刺。他骄傲地带郑汉英和司徒炳唐乘机上天，展示飞行技巧，他是郑汉英的榜样。记者闻讯有中国小女子在远东航空学校学飞行，主动赶去采访。郑汉英向记者表示，她的职业规划就是服务于中国的航空事业。她对记者关注她的身高、体重等个人信息和不请自来的采访非常反感。[2]

CHENG HAN YIN 14936

106 Boundry Street, Kowloon, Hong Kong.

*Born* 17. 1. 1915 *at* Canton, China

*Nationality* Chinese

*Rank, Regiment, Profession*

*Certificate taken on* Avro Cadet

*At* Far East Flying Training School, Kai Tak Airport, Hong Kong.

*Date* 12. 4. 37

图 15-1-1 郑汉英在远东飞行训练学校的注册卡

1937年4月，郑汉英获得飞行学员证书，她仍然朝着A级飞行执照努力着，想达到哥哥的水平，尽早上阵杀敌。郑云在6月10日与同学驾机从香港飞入广东境内，迷路后迫降，然后由学校大费周章地领回，因为他们违反了飞行条例。[3]他们这次因越境飞行而被扣留，让妹妹担心了好多天。飞行本就高风险，各国飞行事故频发，在美国的军事基地中，有不少训练学员丧生。[4]郑氏兄妹明知风险，却情有独钟，志在飞翔。

1937年夏，这对恋人短暂别离，郑汉英在准备A级执照考试，司徒炳唐陪同妹妹赴上海休假，并准备开始第二年的学业。"七七事变"后，哥哥郑云已经北上入伍，加入民国空军，还未毕业的郑汉英就向有关部门提出为国效力、上天杀敌的申请，但未获答复。秋瑾烈士的女儿王桂芬（王灿芝）虽然有留学的经历，嫁的又是黄公柱将军，几番要求飞行参战，终不可得，只能在航空学校地面执教。

8月下旬，司徒炳唐送走了妹妹，和堂弟刘光锐无惧硝烟弥漫，滞留上海。他们参加了万国商团国际义勇军的美国队，不停救治伤员。郑毓秀把她执掌的法政学院改成医院，收治伤员。司徒炳唐不顾家人的电报催促，坚守在上海等待与郑汉英团聚，以便共同决定未来。郑汉英抓紧时间飞完了全部课目，经严格考核，包括盲飞和空中翻转、俯冲等高难动作，各项成绩合格，领取了远东飞行训练学校颁发的毕业证，并且获得国际飞行协会的A级执照，使她有资格在任何一个国家的领空飞行。[5]香港承受着从陆路和水路纷纷南下的难民。郑汉英除了积极捐款救济难民，也非常希望姑姑能够助她实现梦想。郑毓秀了解她，郑家没有胆小的人，他们都迫不及待地为国效力，置个人安危于度外，敌机进犯，侄女一定会尽快北上抗日。

淞沪空战中民国空军损失惨重。就像郑毓秀所说，"我们没有海军，空军的飞机也少得可怜"[6]。为了工作方便，她在法租界里有公寓，但是全上海到处是枪炮声，伤员难民蜂拥而至。一天，民国空军的战机轰炸了停在江里的日本军舰，引得全城百姓聚众欢呼。郑毓秀在上海工作两个月后，与王宠惠夫人一道穿过战区，赶往南京与夫婿团聚。

刚刚获得国际飞行执照的郑汉英终于收到中央电报，邀请她北上参战。[7]航空委员会由宋美龄任秘书长，主管航空训练、人事调配、空军基地建设、飞机制造以及空防等有关事务。刚一毕业就得到邀请，而且是到空军最高统帅部工作，郑汉英的经历可谓绝无仅有。姑姑与宋美龄同为南京国民政府立法院第一届立法委员，两人私交甚厚，尤其是两广事变后，郑毓秀在广州和香港盛情款待宋美龄和端纳夫妇，更拉近了距离。

郑汉英逆着难民潮而北上，司徒炳唐陪着她在上海和南京，参与救援工作，直到她随政府西迁。此时的中国空军损失惨重，宋美龄和郑汉英负责航空总署的工作，被寄予众望，寻求国际支持，迅速增强空中力量。司徒炳唐清楚郑汉英最大的作用在于航空方面的外交，为中国获得飞机和迅速培养飞行员，他同意先回加拿大看望父母，配合郑汉英的公务决定。

郑汉英与司徒炳唐的爱情曾被形容成是“不羁”的，然而与司徒氏后人谈论起他们的婚嫁之事，“不羁”只是表面。家族长辈会尽力顺从年轻人的意愿，但婚事一定会有长辈提前安排，哪怕身处异地，哪怕不同国籍，年轻人偶然相遇的背后也是两个家族在靠近。姑姑郑毓秀对亲侄女的婚事不会袖手旁观，她牵线了侄子郑白峰和李霞卿的婚姻，还是上海法院院长杨肇熉和自己堂妹郑慧琛的媒人，甚至有传言她也是顾维钧与黄惠兰的介绍人。除了贵人和导师李石曾，司徒氏和郑氏还有不少共同的朋友。司徒旄的私人藏书中一直珍藏着郑毓秀的两本自传和关于她的剪报。[8]

郑汉英在中加建交和抗日募捐的过程中发挥了卓越的才能。在重庆工作期间，她参与了对黄河水灾难民的救助以及红十字会的大量工作。而无法对外透露的是她为外交谈判所做出的努力。国民政府与日本边谈边打，从1939年开始，郑汉英花更多的时间在香港，为航空委员会的分支机构工作，也方便争取外援。1939年5月，她从越南河内陪同德国谈判代表飞回香港。[9]3天后，德国代表乘船由香港前往日本，代表国民政府谈判，有报人企图探听细节，德代表拒绝回答。[10]郑汉英在战时外交的复杂环境中练就了面带笑容却不予回复、婉转应对媒体的本领。蒋介石主动加强对德联络，主要是出于阻止日本进占法属越南，维护中国西南安全的策略考量，并不意味着其推进国际反侵略合作的方针发生转变。[11]而德语流利又懂得航空和制空权的郑汉英有助于与德国代表的沟通。她对维护中国西南的安全做出了贡献。同时，为中国补充飞机和飞行员一直是她最急于促成的工作。

5 月 31 日，郑汉英在《南华早报》上发表文章，直抒胸臆。她提到，中国的女性已经觉醒，通过付出巨大代价，逐渐进入各种领域，包括医疗救助、教育、宣传等。抗战救亡的今日，女性甚至可以拿起武器对敌作战。但在航空领域，她们还无法在蓝天上充分施展才华。西方的英国、法国和美国有数不清的女性飞行员进行民用和商业飞行，在国内的各大报章上都可以看到这样的报道。在我国男性飞行员上天杀敌，仅几个月就损失过半的时候，正是女性执掌民用、商用和战地救援飞行的时机。英法已经在有规模地培训女飞行员，而中国的前线战场急需飞行员，后方却尚未利用女同胞的爱国热情和工作能力。她还不忘抬出自己的上司，“中国女性的爱国热情和勇气很容易被第一夫人宋美龄女士看到，是时候让女性展翅飞翔和报效国家了”。她预言中国将出现披荆斩棘的一代新女性，领导东亚的妇女航空事业。[12] 郑汉英的预言在共产党执政后才得以实现。

郑汉英对航空救国已经有多年研究，她清楚地知道以“航空救国”为目标的女性大有人在。在美国长大的朱慕菲（朱卓文的二女），勤奋学习飞行技术，还学会了修理飞机，20 年前就随飞行虎将驾机参战，是中国第一位智勇双全的女飞行员。[13] 秋瑾烈士的女儿王灿芝在纽约大学学过两年飞行，也前往欧洲进修过。[14] 身在海外的中华儿女在民族的危难关头把生死置之度外，一心报效祖国。据不完全统计，1937 年前中国可考的女飞行员有 13 位，大多是华侨或留学过西方。“可以说，近代中国早期妇女恋恋飞行的航空历史，实质上是华侨妇女领衔的航空救国史，更是一部女子为了自我解放而勇攀科技尖端的历史。她们顶着传统的逆风飞翔，为了航空救国，冒死冲天，不愧为英豪。”[15]

与郑汉英的出身和经历相仿的名媛颜雅清、李霞卿等已经开始在北美大陆飞行募捐。郑汉英的文章发表后，在香港相继有更多关于她的报道。1939 年，有记者说她与李霞卿关系甚佳，而她的飞行经验还在李霞卿之前。[16] 这一时期，曾经的堂嫂李霞卿在温哥华又掀起一股捐献的热潮。

司徒炳唐回到温哥华和父母的身边后无心他顾，心里装的只有身处险境的郑汉英。他对加拿大的种族歧视难以忍受，即使学有所成，也不可能得到理想的专业工作。然而全球大战将即，战火中的恋人让他魂牵梦绕。日本准备进攻广州，已经多次对广州市进行轰炸，不远处的香港岌岌可危。司徒夫妇懂得情窦初开的儿子。司徒旄当年就是为了刘玉柳而没有获得大学的文凭，他从未后悔，而是不停地根据工作需要自我学习，在工作中如鱼得水，家庭更是美满幸福。现在到了鼎力支持儿子的时候了。更何况，从朋友和司徒炳唐那儿听到郑汉英的各种趣闻，让司徒夫妇清楚郑汉英是儿子求之不得的佳偶。

司徒炳唐看到日军大量集结扑向广州的消息，一刻也不愿等待了。司徒旄终于同意让儿子到香港求婚，放他再次奔赴彼岸。西雅图的表弟刘毓麟得知消息，立即驱车赶到温哥华，为表哥送行。1938 年 9 月的一天，众多家人心存担忧，目送司徒炳唐乘船启航。与两年前离家留学时的表情完全不同，司徒炳唐离境记录上的照片春风得意、满心欢喜，丝毫没有忐忑或接近战场的恐惧。应航空委员会的要求，此时郑汉英正在香港办事处从事外交情报工作。她公开呼吁政府放松对女飞行员的限制，但并未奏效。她逐渐准备重新定义自己的人生。

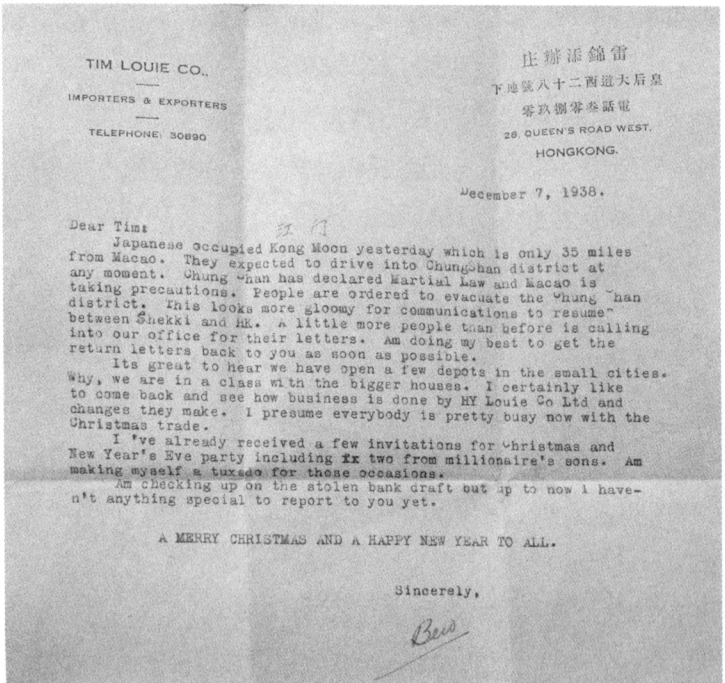
TIM LOUIE CO.,
IMPORTERS & EXPORTERS
TELEPHONE: 30890

雷錦添辦庄
皇后大道西二十八號地下
電話叁零捌玖零
28, QUEEN'S ROAD WEST,
HONGKONG.

December 7, 1938.

Dear Tim:

江门

Japanese occupied Kong Moon yesterday which is only 35 miles from Macao. They expected to drive into ChungShan district at any moment. Chung Shan has declared Martial Law and Macao is taking precautions. People are ordered to evacuate the Chung Shan district. This looks more gloomy for communications to resume between Shekki and HK. A little more people than before is calling into our office for their letters. Am doing my best to get the return letters back to you as soon as possible.

Its great to hear we have open a few depots in the small cities. Why, we are in a class with the bigger houses. I certainly like to come back and see how business is done by HY Louie Co Ltd and changes they make. I presume everybody is pretty busy now with the Christmas trade.

I 've already received a few invitations for Christmas and New Year's Eve party including xx two from millionaire's sons. Am making myself a tuxedo for those occasions.

Am checking up on the stolen bank draft but up to now I haven't anything special to report to you yet.

A MERRY CHRISTMAS AND A HAPPY NEW YEAR TO ALL.

Sincerely,

Ben

图 15-1-2　香港的信中说明 1938 年底日军占领了司徒氏故乡江门

图 15-1-3　司徒炳唐奔赴香港求婚前的证件照[17]

郑汉英接受了司徒炳唐的求婚，于1939年6月29日在香港政务厅低调注册，没有惊动他人。作为在法国成长并接受高等教育的女性，郑汉英拥有独立的人格、进取的精神和对飞翔的热诚。她的工作不允许她高调庆祝自己的婚事。这一点她与姑姑想法一致，自己的婚姻不该受他人左右，更不能干扰全面抗战的各路精英。[18]美丽低调的一对恋人一直保护着恋爱和婚姻的隐私，把全部精力放在贡献专长、民族救亡上。很快，他们得知一条重要消息——英联邦的空训计划准备就绪，而加拿大即将成为该计划的实施地。夫妻二人申请奔赴司徒炳唐的故乡温哥华，而这时郑汉英欣喜地发现，自己已经怀有司徒氏的下一代。

## 二、司徒炳唐夫人

加拿大是飞机制造大国，一战后，飞机滞销。1919 年，有美国人一次就从加拿大购买了 500 多架飞机。[19]加拿大的皇家空军早在 20 年前就为中国培训飞行员和技师。同盟会和后来的国民党早就开始对飞机，尤其是战机进行投入。1917 年，南方革命军第一次使用飞机向故宫投下 3 枚炸弹，让国人见识了制空权的重要性。1919 年，在加拿大中部的萨斯喀彻温省萨斯卡通市（Saskatoon），华侨们集资建立了中国强华航空学校（Keng Wah Aviation School）。当地人都知道那里出现了一个中国飞行区域。1919 年 10 月，孙中山专门由上海寄去自己为强华学校的题词：“一德同心。”[20]1921 年，在温哥华庆祝五四运动两周年和国民党加拿大总支部年会之际，强华的师生运送了一架飞机前去祝贺。同时，孙中山在广东上任大元帅，与北方开战。学校的第一届毕业生 Lim On 关闭了自己在香港的私人飞行生意，带领另外两个强华的同学为粤军效力。同时，粤军也派高级将领到加拿大学习飞行，包括伍廷芳的表弟。在这所学校被迫关闭后，华侨又在西部维多利亚的港口和BC省的山区继续航空培训事业，尽管该事业花费高昂，又充满危险。

从日本入侵东北到发动全面侵华战争，不时有从加拿大学成的飞行员回国效力。加拿大的退役飞行员也主动要求增援中国空军，但是驻上海的加国代表告诉他们，先抵达的5位飞行员被困上海，根本无法施展飞行技能。

郑汉英成为中国外交部派到加拿大任职的唯一女性，也是加拿大第一位拥有国际飞行执照的女飞行员。对于姑姑已经号召了20年的民间外交，以及加入英联邦的飞行培训计划，她是最佳人选。抗日战争全面爆发后，中国驻各国使馆开展了争取东道国政府支援的外交活动，但工作发展极不平衡，有些国家政府对中国抗战漠不关心，加拿大政府就是如此。他们只关心欧洲战事，对中国的抗日战争不闻不问，而且继续向日本提供钢材和废铁等。中国政府决定改变策略，将争取援助的重点对象由政府改为广大民众及进步组织。这同时也意味着急需能够与西方民众互动的外交人才。1939年春天，在加拿大劳工进步党的协助下，著名国际主义战士白求恩大夫等人不远万里到达中国。航空委员会批

图 15-2-1 强华航空学校的学员（1921 年）

（资料来源：PH-96-80-16, Courtesy of Saskatoon Public Library）

准郑汉英的计划，同意她到加拿大去投身外交募捐，尤其是为中国空军获得援助。她的工作还包括为宋美龄、郑毓秀等人官方访问加拿大做铺垫，为设立公使和大使馆打基础。而战时的这一系列的工作任务是她不能透漏的。

1939 年 5 月，李霞卿驾机从西雅图飞到温哥华。中华航空建设协会直属温哥华分会的全体会员到机场迎接。司徒旄是协会和分会的成员，非常佩服李霞卿自费在北美飞行，为抗日募捐，也知悉自己准儿媳的理想与追求，以及家族间的姻亲关系。司徒旄安排了李霞卿与唐人街各宗族会馆的见面会。[21] 李霞卿对全力投入飞天外交无怨无悔。而她这次到温哥华造势之后，司徒炳唐和郑汉英即在香港注册结婚，并决定远赴温哥华。

1939 年 9 月，德国入侵波兰，调停不果，英法对德宣战，这也就意味着加拿大同时宣战，进入战争状态。同年底，司徒炳唐乘俄国皇后号返回家乡，准备郑汉英的到来。1940 年 3 月 2 日，郑汉英乘美国轮船塔夫塔总统号头等舱抵达旧金山。在入境姓名一栏，除了“Han Yin Cheng”，她还填写了“Mrs. W.B. Seto”，即“司徒炳唐夫人”。她所持美国签证的日期是 1 月 13 日，印在重庆政府的外交公务护照上。郑汉英填写的长住地址是香港。她于 2 月 14 日从香港登船，3 月 2 日由旧金山顺利入境，先在旧金山领事馆休整，与美国的亲朋相聚。司徒炳唐从加拿大南下，迎接妻子和未出世的孩子，他们于 4 月 10 日乘火车从美加边境小镇布莱恩（Blaine）进入加拿大境。[22]

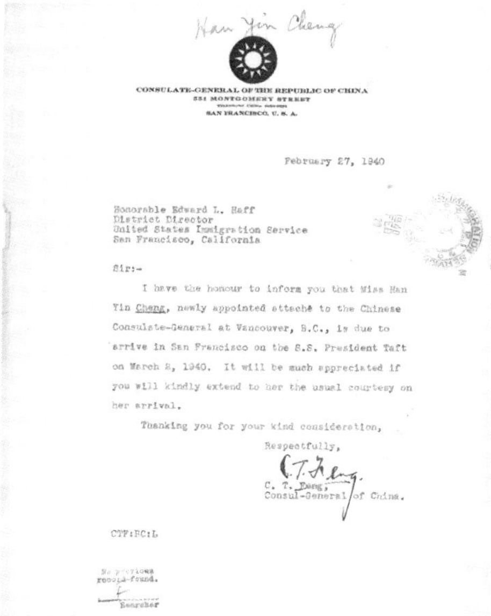
Han Yin Cheng

CONSULATE-GENERAL OF THE REPUBLIC OF CHINA
551 MONTGOMERY STREET
SAN FRANCISCO, U. S. A.

February 27, 1940

Honorable Edward L. Haff
District Director
United States Immigration Service
San Francisco, California

Sir:-

I have the honour to inform you that Miss Han Yin Cheng, newly appointed attaché to the Chinese Consulate-General at Vancouver, B.C., is due to arrive in San Francisco on the S.S. President Taft on March 2, 1940. It will be much appreciated if you will kindly extend to her the usual courtesy on her arrival.

Thanking you for your kind consideration,

Respectfully,

C. T. Feng
C. T. Feng,
Consul-General of China.

CTF:FC:L

No previous record found.
Searcher

图 15-2-2 冯执正总领事在郑汉英抵美前写给旧金山移民局的介绍信

［资料来源：Arrival Investigation file for Cheng Han Yin (29856/5-1), National Archives at San Francisco］

当时美日尚未宣战，美加两国都有臭名昭著的《排华法案》。郑汉英虽然有签证和旧金山总领事的介绍

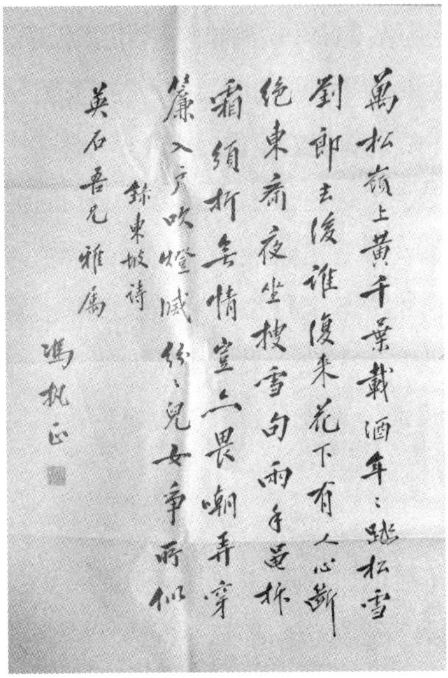

图 15-2-3　冯总领事送给司徒旋的书法作品

信，仍然受到美国的怀疑，成为唐人街茶余饭后的谈资。美国联邦调查局派人监视司徒家的住宅，并记录全家人的行踪。加拿大移民局也反复盘问这对年轻夫妇。司徒炳唐的回答是：“不清楚未来会奔赴哪里，完全要服从妻子的工作安排和响应中国政府的召唤。”

加拿大移民局的记录表明司徒炳唐在过去一年去过中国。这次他的名人妻子入境，而且怀有身孕。任旧金山中国总领事的冯执正（C.T. Feng）是宋子文的亲家，也是司徒氏的朋友。总领事的介绍信是在郑汉英即将靠岸前完成并请人带到港口入境处的。冯总领事说明郑汉英是前往温哥华领馆工作，持有外交护照和有效签证，望给予礼遇。郑汉英用铅笔和便签流畅地写下自己护照、签证说明和签字背书。她的英文流畅程度和美国官员等同。

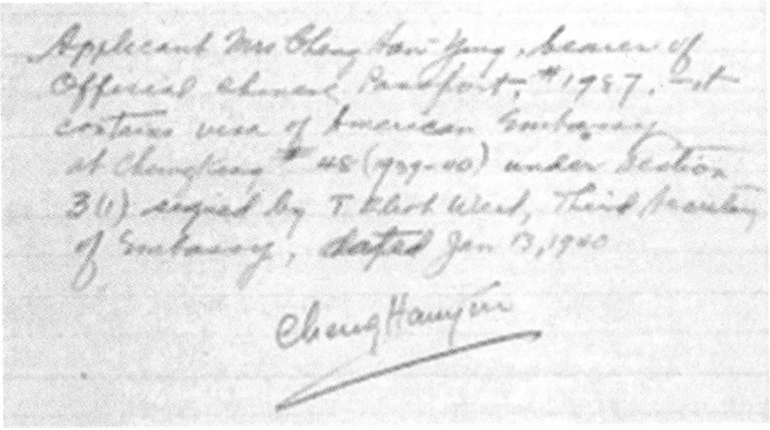
Applicant Mrs. Cheng Han-Yin, bearer of Official Chinese Passport, #1987. It contains visa of American Embassy at Chungking # 48 (939-40) under Section 3(1) signed by T. Clark West, Third Secretary of Embassy, dated Jan 13, 1940

Cheng Han Yin

图 15-2-4　郑汉英入境时使用铅笔写的背书

［资料来源：Arrival Investigation file for Cheng Han Yin (29856/5-1), National Archives at San Francisco］

郑汉英于1940年在温哥华生下女儿司徒燕清（1940—1982）。几个月后，她就现身于加拿大的高层，绝非坊间传说的是利用未婚先孕移民美加的舞女。这位郑姓司徒炳唐夫人不仅有财力乘坐邮轮头等舱和飞机全球旅行，甚至可以南下波音，物色自己的飞机。她即将在无尽的天空上任意翱翔，真是惊世骇俗。

1941年8月4日，司徒炳唐和郑汉英由民国驻西北地区领事、舅舅刘吉祺陪同，抵达美国的波音公司厂房。他们还到波特兰和西雅图办理公务。返回温哥华后，又应邀到加拿大的移民局做说明。司徒炳唐称，1939年6月29日，他和郑汉英在香港注册结婚（注册的地址在Registar，Government Buildings， Queens Road），如果需要，他们可以从香港调取登记记录。他的妻子持有效外交护照，在当地领事馆服务，但是未来的工作要听从中国政府安排，也许他们一家会永久离开加拿大。在1941年8月19日，美国调查员在信中说唐人街到处都是风言风语。他们把曾在舞厅制作防毒面具的刘毓真和郑汉英混为一谈，谣言满天飞。直到渥太华大使馆郑重发文，才平息了一场舆论风波。美国调查员每天从自己的公寓窗户看郑汉英带着女儿在小区里散步，他还注明司徒炳唐“受雇于进出口公司，每月130加币的基本收入。对这家人一年多的监视就此可以结束了”[23]。

郑汉英5岁去到欧洲，12岁时曾短暂回国探亲，绝大多数时间在国外成长，但她在欧洲近20年的生活是孤独的。二战时，作为唯一的空军女中尉，她飞翔在祖国的天空，看到破碎的山河与苦难的民众，却不被允许参战，心情一直是压抑的。然而进入温哥华，英法文流利的她立即开启学习模式。司徒公婆的善良和慈爱、小家庭的温馨、落日海滩的夕阳和牙牙学语的女儿都让她感受到人世间的美好和甜蜜。但她没有一天忘记水深火热的中国，坚信中国人早晚有一天会享受到美好的生活，而那一天的到来需要她这一代的付出，哪怕牺牲眼前的安宁。郑汉英在法国亲历了女性主义的觉醒，她不在意他人的闲言碎语，在休产假期间经常带女儿外出。她调整自己的身体和心态，适应新环境时，不断充实自己，研究中加两国的国情，筹划着外交工作。

## 三、结婚年代

人们对司徒炳唐和郑汉英的婚事将信将疑，而家族的第三代正值适婚年龄，还有好几对年轻人都到了男婚女嫁的时候。他们不惧闲言，希望周围的人也相信爱情，只要祝福他们就好。另一位没有大办婚礼的是在美国东海岸参加飞虎队训练的刘毓麟。他多年来一直深爱着华盛顿大学的同学，一位印第安酋长的女儿——芮珊达，和刘毓麟一样高挑，深色皮肤，气质脱俗。芮珊达也离开西雅图往东部求学发展，重新定义本就属于自己的生活。得知刘毓麟即将远征，她迅速前往纽约成为刘毓麟夫人。芮珊达牵挂着丈夫，他将穿越最危险的战争境地，奔向中国西南部。[24]

1917 年 4 月 4 日，芮珊达出生在美国华盛顿州的阿伯丁（Aberdeen）印第安人保留地。她的家乡距离西雅图和温哥华都不远，在紧邻海边的密林深处。她从小见到的除了印第安人，就是海鲜包装工人、林业商人或者伐木工人。她是切洛基（Cherokee）酋长的女儿，父亲詹姆斯·菲利普斯（James Phillips）不仅能领导自己的部落，还是华盛顿州第一位印第安人出身的大法官，后来成为了阿伯丁市的市长。她自幼热爱绘画，喜欢为别人展示和形容自己的画作。她有着惊人却不自知的美貌，惯于穿牛仔裤和绵白衬衫，梳着两条黑辫，自称是个梦想家。[25] 她在华盛顿大学攻读的专业是人类学和东方学，与刘毓麟在中华文明的课上相识、相知，后来又相爱。

1939 年，刘毓麟被哈佛法学院录取。但随着战争规模的扩大，法西斯没有迅速受到全球抵制，让他对法律失去了耐心，觉得人类社会已经无法用法律约束。起码的人道都没有了，何必还要道貌岸然地夸耀法律的重要？他认为，对于黄皮肤的华裔青年来说，律师或者法官的职业在美国不属于自己。1940 年，他转换专业，开始攻读哈佛的工商管理，并于 1941 年成功毕业获得工商管理硕士（MBA）。[26]

毕业之后，刘毓麟立即被各大银行和跨国公司追逐，盼望他能加盟。他选择并接受了大通银行（Chase Bank）的经理职位，进入美国顶尖的金融机构。入职不久，从中国返美的陈纳德将军（Claire Lee Chennault）联系上了他。他事先听人推荐，得知刘家长子是全面发展的通才，身体素质和人际交往能力卓越。见面交谈之后，陈纳德如获至宝，为他组建的飞虎队觅得良才。刘毓麟参军入伍，先在首都华盛顿受训和工作，后加入第 14 航空队，前往佛罗里达学习最新式的 P39 型号战机。这个基地有 5 名来自中国的飞行员在训练时丧生，可见新型战机虽速度快、攻击力强，但风险也高。[27] 陈纳德曾犹豫是否派刘毓麟直接飞往昆明，当时盟军在北非取胜，从那里登船先抵达印度的营地比飞过去要安全。陈纳德对外表示，中国空军将与美国第 14 航空队展开全面合作，不仅限于战斗机和轰炸机的飞行员，也包括中美两国的机械师。[28] 而像刘毓麟这样在中美两国都接受过一流教育的人，正是联合作战不可或缺的人才。刘毓麟清楚，无论是乘飞机、驾驶飞机还是通过其他方式去参战，都危机四伏，他这一去或许就是与亲人、爱人的永别，因此他一直犹豫是否结婚。而多年的恋人芮珊达义无反顾地要嫁给他。懂事的女友提醒刘毓麟不要忘记恭贺父母结婚 30 周年纪念日。

1943 年 8 月底，刘毓麟结束迈阿密基地的飞行训练，回到纽约，芮珊达也赶到并与他低调成婚。刘毓麟在哈佛使用的名字是 Lawrence L. Kay。他们选择把家安置在曼哈顿西 82 街，紧邻中央公园。婚后，刘毓麟的画家女友、印第安酋长女儿被称为“刘毓麟夫人”（Mrs. Richenda Phillip Kay）。他们的婚礼与堂兄司徒炳唐的有相似之处，没有惊动他人，甚至也没来得及通知远在华盛顿州的家人。作为成长在西海岸的少数族裔，两人在纽约开启新生活面临很多困难。芮珊达在这里没有朋友，但她心里十分清楚，刘毓麟的家族传承责任重大，回国抗战，义不容辞，战争期间他们只求相知相爱，一起变老几近奢望。1941 年底珍珠港事件后，美国已经对日宣战。刘毓麟以中美双重身份参战，一经开赴战场则生死茫茫。[29]

司徒美先回到温哥华后，向记者和电台讲述了自己亲历的上海空战和中国平民的悲惨境地。她回到不列颠哥伦比亚大学潜心读书，在 1940 年获得了

图 15-3-1 优雅的司徒美先
［资料来源：C.I. certificate for Maysien Geraldine Seto © Government of Canada. Reproduced with the permission of Library and Archives Canada (2023). Source: Library and Archives Canada/Department of Employment and Immigration fonds/ e008282728］

生物学的文凭，然而因为是华裔，她无望继续深造成为医生。一直暗恋她的发小雷玉堂大学毕业后，执掌了家族的种子公司，持续发展，扩大经营。此时的他已经变成健硕威武的男子汉，主动靠近和安慰心仪已久的学妹。

十几年前，两人都在中文学校的时候，雷玉堂就特别欣赏这个举止文静、自信清高的小淑女，羡慕她是移民家族在加拿大的第三代，出生名门。他们有4年中文学校的同学情谊，又是相处舒适的好朋友。大学毕业后，司徒美先已经看到精于农业、商业管理、足球和网球的雷家二哥，变成了相貌堂堂、让全城女孩都心动的男子汉。雷玉堂和司徒美先的恋情也被众人看好，期待他们修成正果。二人都大学毕业，都到过中国，学过中文。司徒美先身材颀长，更加成熟优雅，自由地穿梭于不同族群的文化盛事和抗日募捐的活动。雷玉堂爱好运动，又为公司事务奔忙。他有一辆老吉普，司徒美先几次应邀和他驾车南下美国，两人相处愉悦，情投意合，于1940年底订婚，明确了两人即将相伴终生。[30]

雷家在温哥华的第一代是来自台山的雷学滋（1875—1934，H.Y.Louie）。他与司徒森、李梦九一样有文化，写得一手漂亮的小楷，交了人头税才得以入境，在菲沙河边开垦菜田。在赶着马车进城送菜的路上，雷学滋还不忘自学英文，很快可以和西人对话。1903年，他在温哥华开设售卖种子、化肥和农产品的批发公司。1908年，他贷款在唐人街附近的乔治亚街上盖了一座两层高的建筑，并通过中介娶得杨氏为妻。他们生了11个孩子，九男二女。儿子们都穿着工装裤，除了上学，就是帮助经营自家的生意。尤其是长子雷锦添（Tim Louie）、次子雷玉堂，是父亲的得力助手。1927年，雷学溢整合了批发业务，成立雷学溢家族股份有限公司，为孩子们日后接手经营奠定了根基。雷玉堂8岁开始就和父亲学写收据，生意场上的策略对他来说好像与生俱来。他被看作是种子公司的接班人。[31]他在温哥华最喜欢去的地方是卡内基图书馆，也喜欢走到胜利广场。每每路过诗丕亚车站旁的士兵雕像，他都会驻足凝望，士兵身上有个天使簇拥在肩上，那是纪念一战阵亡将士的雕塑。然而人类历史如此重复，在他与司徒美先相恋时，战争的乌云也笼罩了家乡温哥华。这里铁轨交错，一直连接到码头旁的蒸汽轮船和北温哥华来往的渡轮。

雷学溢与司徒、李氏、刘氏、郑氏家族的家长们一样重视教育和公益。20世纪20年代，温哥华的唐人街有几十个宗亲会和商业协会，他也发起自己的组织，把大家聚拢在一起。[32]他还尤其注意以身作则，1929年，决心供长子攻读香港大学。1933年秋，次子雷玉堂就读于不列颠哥伦比亚大学，只要从家门口跳上公车，一路向西就可进入灰岬角上建起的大学校园。

1934年，雷学溢返乡探望92岁的老母亲，并为家乡捐修公路和码头。[33]两个月后，雷玉堂从大学放暑假，得以乘坐亚洲皇后号的三等舱首次到达香港，看到在港口迎接他的父亲。父子二人在乡下老家促膝长谈。成千上万的华人背井离乡，就是想改变家族的命运，让后代子孙奔向一个美好的未来。他以前不太理解父亲的含辛茹苦，这个暑假，和父亲挤在一张小床上彻夜长谈之后，他明白，他必须和父亲一样在商场上所向披靡。

雷玉堂返回温哥华之前，去上海看望了发小，温金有的长子温维克，他在上海已经变成炙手可热的大明星。温维克请同乡发小欣赏了他在华懋大厦（Cathay Hotel）的表演。[34]雷学溢用洋洋洒洒的、俊秀的小楷给每个儿子写信，娓娓道来。雷氏兄弟收到父亲叮嘱的做人做事原则，提醒他们要记得回馈社区。不久之后，他们收到父亲在香港去世的噩耗，终年59岁。

才20出头的雷氏两兄弟必须带领年幼的弟妹支撑下去，让父亲的种子不仅发芽，还要欣欣向荣。他们通过几年打拼，为母亲改善了生活，送给她一个宽敞明亮、设施先进的大房子，还把弟妹送入大学读书。雷家商铺的二层变得拥挤，他们在对面又发展出了批发食品的业务和更大的建筑。

1939年，雷家长子雷锦添娶到了刘光祖的长女 Pearl Hope，与司徒旄的二姐成了亲属。到了该自立门户的时候，雷玉堂特别希望与安静内敛的司徒美先搬到一个幽静的街区，开启新的生活。

1941年4月9日，盛大婚礼标志着温哥华城内两个知名家族雷氏和司徒氏的联合。远在西雅图的舅舅和旧金山的姨妈及其家人悉数赶到，参加在圣约翰大教堂举办的西式婚礼。这是战争开始后家族亲人的一次盛大聚会。他们庆祝两个家庭的结合、一对年轻人的新生活。受喜事感染的亲人希望小家和大家都会通过共同努力而变得更好，人类也会停止战争，还世界以正义和公平。[35]

加拿大向德国宣战后，不少华人都自愿参军，然而政府并不热衷吸收华人入伍。雷母杨氏围着一家人忙碌了半辈子，又做了多年的单身母亲。现在两个儿子搬出去了，还有9个孩子围绕在自己身旁。儿子们都渴望上战场，为华人拼搏出一个光明的未来。长子雷锦添因为是一家之主，被免除兵役，26岁的雷玉堂因为刚得过一次病，视力不好，也不能入伍。战争后期，日军占领的东南亚对盟军而言日益重要，英军力图在敌人后方投入兵力。而在欧洲战场上特种兵发挥了很好的作用，让英军产生起用华裔的想法，才改变了对华裔参战的限制。终于，22岁的雷家三子雷金荣（Ernie Louie）加入了陆军，成为一名伞兵，被吸入136特种部队，到印度接受训练。他的弟弟雷昆照（1920—1945，Quan J. Louie）加入加拿大皇家空军，本来招考官只准他做地勤，但雷昆照不服气，认为自己的学历优良，又是运动员，要求接受飞机师训练，最后成为皇家加拿大空军（RCAF）轰炸机团420纵队的机师。雷昆照多次驾机直达德国领空，并顺利完成轰炸任务。

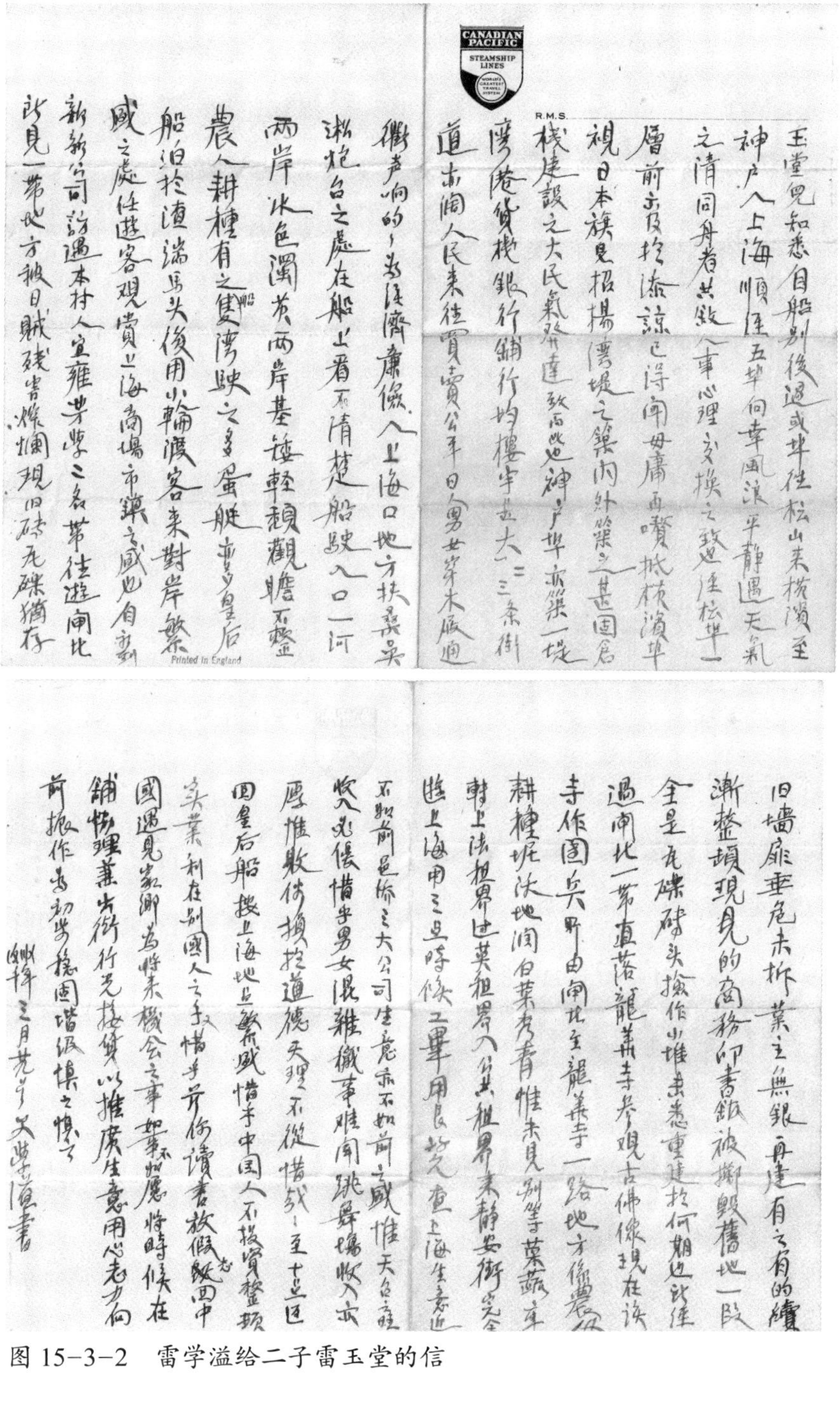

玉堂兒知悉自船別後過或華往松山来梹濱至
神户入上海順逕五埠向幸風浪平静遇天氣
之清同舟者共歡人事心理交換之致過逕松埠一
層前亦及於添諒已得闻毋庸再贅抵梹濱埠
視日本旗見招揚灣堤之鎮內外築之一甚固倉
棧建設之大民氣發達致函此神户埠亦築一堤
灣港貨棧銀行舖行均樓宇甚大二三条街
道赤闹人民来往買賣公平日人男女穿木屐道
衛声响的々為经濟康儉入上海口地方扶桑吴
淞炮台之處在船上看不清楚船駛入口一河
兩岸水色濁黄兩岸基錘輕頓觀瞻不整
農人耕種有之船隻灣駛之多蛋艇黄皇后
船泊於渣滿馬头後用小輪渡客来對岸繁
盛之處任遊客观賞上海商場市鎮之盛也自新
新新公司話過本村人宜雍芳學之名第往遊闸北
所見一帶地方被日賊残害燒燬現旧磚瓦碟猶存
旧墙扉垂危未拆業主無銀再建有之有的續
漸整頓現見的商務印書館被擲毁舊地一段
全是瓦碟碎头撿作小堆未悉重建於何期也記得
過闸北一帶直落龍華寺參观古佛像現在該
寺作囯兵所由闸北至龍華寺一路地方係農份
耕種坭沃地润白菜芥青惟未見別樣菜蔬本
射上法租界过英租界入公共租界来静安街完全
游上海用三点時候工畢用良於晃查上海生意近
不如前邑係三大公司生意亦不如前之盛惟天点鐘
收入亦佷惜乎男女很雜職事难闹跳舞塲收入亦
厚惟敗坏損於道德天理不從惜哉々至十点回
回皇后船按上海地点繁盛惜乎中国人不投資整頓
实業利在别國人之手又惜乎爾你讀書放假既回中
國遇見家鄉為將来機会之事如業不如愿將時候在
舖协理兼出街行見接貨以推廣生意用心志力向
前振作為初学穩固增级慎之慎之
[illegible]三月廿七 父學溢書

图 15-3-2 雷学溢给二子雷玉堂的信

## 注　释


1. Patti Gully, *Sisters of Heaven,* "San Francisco: Long River Press, 2008," p.260.
2. "CHINESE GIRL FLIER: First to Be Aviation Student in This Colony MISS JESSIE CHENG," *South China Morning Post*, Feb. 6, 1937, p.9.
3.《郑云即可放回》，《京报》1937 年 6 月 11 日，第 3 版。
4.[ 美 ]李安：《寻找尘封的记忆：抗战时期民国空军赴美受训李氏及空难探秘》，旧金山：一嘉出版社，2021 年。
5. Patti Gully, *Sisters of Heaven*, p.268.
6. Soumei Cheng, *My Revolutionary Years*, p.181.
7.《女飞行员郑汉英日间北上》，《香港工商日报》1937 年 8 月 21 日。
8. 家族私藏。
9.《留法女飞行家飞抵香港》，《南京新报》1939 年 5 月 23 日，第 2 版。
10.《德赴日代表由港启程》，《南京新报》1939 年 5 月 26 日，第 2 版。
11. 张智丹：《1939—1941 年间蒋介石对德态度之演变》，《许昌学院学报》2009 年第 6 期，第 102 页。
12. "Women and Aviation: Chinese Girls to Blaze Aerial Trails," *South China Morning Post*, May 31, 1939, p.5.
13.《西榧风韵》，《中山侨刊》2009 年 9 月 1 日，第 83 期，第 30—31 版。
14.《中国第一女飞行家》，《大公报》1931 年 8 月 14 日，第 5 版。
15. 王惠姬：《飞行与救国：以抗战前十年的中华航空女杰为例》，《中正历史学刊》2018 年第 15 期，第 161—209 页。
16.《记女飞行家郑汉英》，《晶报》1939 年 6 月 23 日，第 5 版。
17.C.I. certificate for Wilfred Beintang Seto © Government of Canada. Reproduced with the permission of Library and Archives Canada (2023).

Source: Library and Archives Canada/Department of Employment and Immigration fonds/e008283239.

18. 美国国家档案馆《排华法案》中的司徒炳唐的档案记录。他回答边境移民官的问询时说，在香港登记结婚的日期是 1939 年 6 月 29 日，如果需要，他可以要求从香港调取记录。显然官员们没有进一步要求。日军轰炸和占领香港后，大量档案损毁，笔者没有找到文字记录。

19.《坎拿大大卖飞行机》，《时报》1919 年 10 月 18 日，第 3 版。

20. Ray Crone, "The Unknown Airforce," CASH Journal, Summer 1980, pp.41-48.

21.《大汉公报》1939 年 5 月 12 日，第 3 版，大量版面信息都是围绕着李霞卿到访。

22. 根据旧金山轮船乘客名单记录和司徒炳唐边境记录："California, San Francisco Passenger Lists, 1893-1953" 中的文档 "360 - Jan 18 - Mar 21, 1940", p.388。Cheng Han Yin，25 FM wife，郑汉英，25 岁，已婚，生于广州（Canton），近居香港。司徒炳唐 1940 年 4 月 2 日到波特兰的酒店记录。

23. 美国国家档案馆旧金山分馆藏：《入境调查卷宗里郑汉英的档案》，Arrival Investigation case file for Cheng Han Yin (39856/5-1)。

24. Richenda Rhoden, *I have always been a dreamer*, https://johnrhoden.pafaarchives.org/richenda/, accessed Nov. 20, 2022.

25. Ibid.

26. *Harvard Business School Alumni Bulletin: Alumni Directory Issue*, 1949, p.346.

27. 采访自［加］李安：《寻找尘封的记忆：抗战时期民国空军赴美受训李氏及空难探秘》，2021 年。

28. ［加］李安：《寻找尘封的记忆：抗战时期民国空军赴美受训李氏及空难探秘》，第 86 页。

30. "Chinese University Graduates to Wed," *the Vancouver Sun*, Oct. 19, 1940, p.13.

31. Ibid, p.45.

32. Ernest G. Perrault, *Tong: The Story of Tong Louie, Vancouver's Quiet Titan,* Vancouver: Harbor, 2002, p.51.

33. ［加］梁介庸：《落基山史记》，温哥华：加拿大华人历史研究学会出版，2018 年，第 201 页。
34. 同上，第 72 页。
35. “Chinese Bride Wed in Western Tradition,” *Vancouver Sun*, Apr. 10, 1941, p.10.

# 第十六章 英雄儿女

## 一、民间外交

司徒家因为司徒燕清的出生而更加温馨，小圆脸和尖下巴让她笑起来格外诱人，像极了妈妈郑汉英。1941 年，司徒美先出嫁后搬去了靠近不列颠哥伦比亚大学和海边的街区。他们购买了一座前庭后院被花草包围的两层小楼，引起一些白人住户不满，担心华人拉低小区房价，便联名 80 多人上书市政府抗议。这场抗议很快就变成全城风波，占据了报纸头条。然而这对华人新婚夫妇不予理会，而是让政府和法律去解决，自己则发展雷－司徒氏的小家庭，并在 1942 年 3 月诞下长子雷震瀛。[1]

外孙和孙女带给司徒旄和刘玉柳夫妇无尽的喜悦，他们开始享受含饴弄孙之乐。刘玉柳和亲朋好友聚会，总是把小孙女带在身边。初为人父的司徒炳唐与一位朋友合资经营羊毛和高档西服生意，辛苦奔波于美加两地，与百货公司合作。司徒旄夫妇期待能再添人丁，可是，郑汉英公职在身，他们一家要服从中国政府的安排，随时准备变动。

在走进公众视野，开展飞天外交之前，郑汉英已经做足了功课。她得以迅速融入温哥华社会，是通过女性飞行员的 7 人俱乐部。组成俱乐部的 7 位白人妇女都有当地的飞行执照，但都不如郑汉英在法国、英国和香港辛苦考取的国际 A 级执照。郑汉英具备被人尊重的资本，满面春风地亮相在英文报章上。4 月，她参加了与 7 人俱乐部的聚会，实际到场的有本地十多位女飞行家，她表示希望和大家一同飞上蓝天。温哥华的省报还登载了大幅照片，报道东西方的“飞天”们相会云城。郑汉英在黑色长裙上面外搭一件白色西式上衣，笑靥如花。记者们介绍道，她不仅毕业于巴黎索邦大学，还拥有国际飞行执照。当被问到中国女性的现状时，她介绍说中国的父母一般不会同意让女儿学习飞行，但是她的家族具有革命前瞻性。她的哥哥也是飞行员，正在参加对日作战。她本人在考取国际飞行执照前，已经有几千英里的航程经历。[2] 此篇报道一出，全加拿大由西向东的各大主流报纸，甚至美国多地的报纸纷纷转载，人们惊讶于古老的中国还有这样的女性，而且可以用英语、法语无障碍交流。报道说，郑汉英已经在温哥华居住数月，不方便透露自己的外交任务。[3] 郑汉英的媒体亮相超越了所有加拿大华裔女性的高度，让人们折服和关注。她还承认考取世界顶级飞行员的执照并非易事。[4]

英文报纸盛赞她面容姣好，她的名字就是“汉人中的英雄”之意。记者们还对中国外交女官毕业于欧洲法学院津津乐道，说郑汉英不仅是专业飞行员，还有丰富的红十字会活动和水灾救助的经验，并且流利掌握了五六个国家的语言。她拒绝回答任何私人问题，说目前所有的宣传行动都服务于中国国民，而

图 16-1-1　司徒燕清与奶奶、亲戚聚会

（资料来源：Image Courtesy of Mr. Robert Lee）

非自己。郑汉英与主流媒体交往流畅，赢得温哥华乃至加拿大人的强烈兴趣，为接下来的外交工作打好了基础。

1941 年 7 月，顾维钧上任驻英国大使，他在华侨的“一碗饭活动”中致辞，指出 5 年的全面抗战拖延了日本帝国称霸全球的时间。英国在场的官员也表示中、英、美、俄应该结成自由联盟，对抗法西斯的侵略野心。[5] 这年夏季，司徒炳唐和郑汉英夫妻二人便忙碌起来。他们两度南下波音公司，在舅舅刘吉祺的陪同下选购飞机，接洽业务。[6] 之后，他们还到波特兰和西雅图办理公务。1941 年 8 月 19 日，美国移民局调查员对这对夫妇一年多的监视就此结束。[7]

INSPECTOR IN CHARGE,
Immigration and Naturalization Service,
VANCOUVER, B. C.

August 19, 1941 17300/20

Inspector in Charge,
Vancouver, BC

Seattle District 7027/170; August 6, 1941; SETO WILFRED BINGTANG.

The named Chinese alien called at this office on the 18th instant and stated that he returned to Vancouver on the 11th instant, traveling by auto stages; that the original Form 404 was lifted, together with other Canadian Immigration documents, by the admitting inspector at Douglas, B.C., at time of reentry to Canada; that he married CHENG HAN YIN at Hongkong on June 29, 1939, by the Registrar, Government Buildings, Queens Road, that city; that he has not a marriage certificate but if considered necessary he could secure a photostatic copy; that his wife has a diplomatic passport (Chinese) and is employed as Foreign Service clerk in the local Chinese Consulate, and that her future movements will be governed by orders of the Chinese Government.

For your information and not to be used in official records of this Service, it may be stated that Wilfred Seto has lived with his father, Seto More, at 1143 Cordova Street, for a number of years. That he made a visit to China about two or three years ago at which time he became acquainted with Cheng Han Yin, an alleged performer in a Shanghai night club; that following a short period of alleged intimate acquaintance he left for Canada; that the girl allegedly thru the influence of a highly placed official, believed an uncle, secured a diplomatic passport and followed Wilfred to Canada; that the local Canadian Immigration on the girl's arrival were confronted with an awkward situation but having knowledge of wide circulated stories in the Vancouver Chinatown, eventually their department at Ottawa notified them to let the matter drop.

You are further informed that Seto More's residence is diagonally across the street from my apartment and it has been remarked that never at any time have the two, Wilfred Seto and Cheng Han Yin, been seen in company and that the girl is out on the street daily with her baby.

It appears that Seto Wilfred Bingtang is now steadily employed with a local Chinese importing and exporting company at a salary of one hundred and thirty dollars per month and the suggestion is made that the Vancouver office "Watch For" of April 23, 1940, be now cancelled.

Henry W. [illegible]
Immigrant Inspector.

HWR:BH

Reproduced at the National Archives at Seattle

图 16-1-2 美国移民调查员在温哥华的调查报告中要求结束对郑汉英的监视
（资料来源：Record Group 85, Immigration and Naturalization Service, Chinese Exclusion Act Case Files, Port of Seattle, Seto B. Wilferd, 7027/170）

郑汉英首次展开正式的飞天外交，《温哥华太阳报》强调她拥有国际飞行联盟和英国皇家飞行俱乐部的证书，是全加拿大唯一有这两种资格的女性。她在温哥华酒店向妇女俱乐部组织的活动致辞，题目是《中国在前进》。[8] 省报也报道了由郑汉英掀起的一股中国热，共有 1200 人到场聆听。她告诉大家，中国在苦难中重建工业、政府和高等教育；500 多位大学生长途跋涉 1300 英里后建立起了国立西南联合大学；政府也在安置 2 万多户难民，使耕者有其田，重启工业合作，并且解放妇女，使她们参与到推动社会进步的工作中。她用坚定优美的英语演讲，偶尔才瞟一眼稿子，打动着在场的听众。郑汉英刚结识的女飞行员朋友（Mrs. Frank Gilber）为她站台，她说：“加拿大有 40 多位女性飞行员，希望政府能像英国和俄国政府那样让妇女也为抗战发挥力量。”[9] 接下来的几天，各大报纸点评了郑汉英的表现。省报称，她那天一早就站在酒店的麦克风前进行练习，还有一个本地的私教在旁指导她如何演讲。[10] 可见郑汉英的不辱使命，不仅靠她的才华与脱俗的气质，更得力于她精益求精、不断学习的精神。自此，请她出面演讲的机构排起长龙。郑汉英不仅要做领事馆战时不能对外宣布的幕后工作，还要在各种场合公开发表演讲，忙碌地穿梭于社会各界。

除了南下美国，郑汉英也前往省会城市维多利亚帮助女性国会议员选举人开展宣传活动。女性政治家调侃说，妇女从政会让人联想到本应有贤妻良母的形象，但是现在毕竟赶到了省会城市，不用在这里帮孩子擦鼻涕、换奶嘴，或者打孩子屁股，言外之意是从政和做母亲两者可以兼顾。[11] 这也是郑汉英追求的。她有灵巧可爱的女儿、高大英俊的丈夫、善解人意的公婆，已是人生赢家，但是祖国到了最危险的时刻，她必须走出家门贡献所学，把加拿大的国民带往支持中国人民的方向。日本轰炸珍珠港，对北美西海岸也发生威胁，让加拿大人更清楚了日本称霸全球的野心。郑汉英抓住一切机会为中国抗战赢得外援。

郑汉英多次渡海，穿过佐治亚湾前往维多利亚。除了外交女政治家的会晤与宣传，她也享受了大家族的温情。司徒一家带上孩子与她汇合，一起去见亲朋好友。那里是司徒家族在新大陆的发祥地，仍然有司徒鸣玉姑姑和司徒顺好堂姐。唐人街到处是先辈留下的足迹，而第三代和第四代继续管理着前两代人亲手打造的中华会馆、学校和医院。李华钳和刘光祖带领全城的华人募捐，为中国军队提供精良的武器。

图 16-1-3 刘光祖（右一）、李华钳（右二）等为中国军队捐赠坦克

（资料来源：Image I-01007, Courtesy of BC Archives）

郑汉英并未深入温哥华或者维多利亚的唐人街，她与不谙英文的老侨难以沟通。司徒氏、西雅图的刘氏和温哥华的雷氏大家族都在为抗战领导侨社进行捐助，她的任务重心是影响加拿大政界、妇女界与军方，目标受众并非华侨。郑汉英庆幸自己终于身临其境，体验了司徒炳唐讲述的自家故事。她更想保护一家人的名誉与隐私——她带来的中国热一浪高过一浪，可她不希望外界干扰到司徒家人的生活。1941 年底，报上刊登的照片包括在中国领事馆门口着暗红色西装的她，穿着白色的飞行服站在飞机前的她，飞行服的胸前绣了中国航空飞机模型徽章的她，以及身穿黑丝绒旗袍与华裔女孩们共同主持中文广播节目的她，[12] 让人不禁感叹这位集智慧、美貌于一身的司徒家媳妇真是光彩照人，无愧于驻加拿大第一位女性中国飞行中尉和外交官。

FLIGHT - LIEUT. Hanyin Cheng is the only woman member of the Chinese air force. She is pictured here in two guises, above in a very businesslike attitude, as she checks up on her training plane in Canada, and below in "civies"—a wartime model skirt.

图 16–1–4 身着旗袍，外罩空军制服上衣的郑汉英

1941 年 11 月 20 日，她在妇女从政和女性媒体人的午餐会上致辞说，随着加拿大部队登陆增援中国，两国妇女的关系也进一步拉近了。[13] 这里指的是加拿大总理派遣了小股部队去增援香港的驻军，那时他们还没料到会真的卷入太平洋战争。[14] 很快，日本在轰炸珍珠港的 6 个小时之后，也入侵了香港和新加坡，并于圣诞节占领了香港。2000 多位加国军人战死，其余近 2000 人开始长达近 4 年的战俘生涯。香港沦陷让加拿大举国上下对日本的野心有了新的认识，对二战的局势也充满忧虑，同时对中国军民的抗战勇气增加了敬畏。1942 年初的长沙会战，中国获胜，中国的战场已经到了战略相持阶段。郑汉英的连续演讲触动了 BC 省的广大居民，中加关系出现重大转机，外交关系随之升级。

1941 年 11 月，刘师舜被任命为驻加拿大公使，他在准备和郑汉英同样的出发线路时，香港沦陷，他被迫等到驼峰航线开通，再绕道印度，从东岸抵达

加拿大。刘公使考取过清华留美预备生，从哥伦比亚大学获得政治学博士学位。1942 年 2 月 26 日，刘师舜甫抵渥太华，即向加拿大总督呈递国书，展开筹建使馆工作。刘师舜通过地产公司的介绍，经过实地勘察，最终选定购买加拿大前总理博登在渥太华的一处官邸。该官邸面积约 18 亩，前临公园，背靠丽多河（The Rideau Canal），景色宜人，建筑宏伟，装修华丽。

1942 年 3 月，郑汉英再到省府维多利亚，到皇后饭店演讲。33 年前，那里曾经是李梦九聚集全城政要、宴请首位中国领事欧阳庚的地方。司徒旄也应邀出席。自他青春年少时就见过亲友为民间外交倾其所有，如今儿媳面对的是全省 600 多位重量级人物，还有已经支援中国抗战的华侨各界，包括自家的亲人。中国正进入抗战最艰难的阶段。日本几乎切断了中国与世界联系的全部渠道，令退守西南的政府面临巨大挑战。争取外援，打破日本困死中国的企图成为外交的重要使命。郑汉英在演讲中感谢了皇家空军和美国飞鹰的支援，也坦言运输面临着重大困难，滇缅交通随时可能被切断。[15]4 月，她又连续在温哥华与医护救援人员一道组织活动，为中国争取援助。郑汉英的演讲越来越有感染力，她语气坚定地说："中国已经连续坚持抗战到第 6 年，击落日机 4200 架，只要我们联合起来，就会迎来反击的时刻，一举将日本人永远地赶回小岛上去。"[16] 她接下来的演讲和工作更加明确，就是在加拿大为中国空军争取援助。

1942 年 7 月，她应邀在哈德逊港湾公司对温哥华贸易委员会致辞，演讲的题目是《日本最薄弱的环节》。她认为如果中国获得运输机和足够的轰炸机，将很快扭转战争局势。她说，不能责怪人们把注意力都放在德国一方，日本才是轴心国最薄弱的环节，应该首先被打击。听众被她情真意切的演讲和爱国热情所深深打动。[17] 她还受邀到英吉利湾对岸的北温哥华和西温哥华演讲，也参加法裔的集会并致辞。郑汉英还应邀在温哥华海滨的杰里科（Jericho）空军俱乐部的晚宴上致辞，她是历史上唯一一位受邀的女性发言人。[18]

# 二、惊艳加东

1942 年 9 月，魏道明接任胡适，上任驻美大使。《温哥华太阳报》对此大幅报道。魏道明从 1927 年担任司法部秘书长、次长、部长，然后又担任南京市市长。抗战期间，他本为行政院院长，为了加强外交，又被任命为驻法大使，后转任驻美大使。西方媒体对魏大使夫人郑毓秀的评价更高，说她作为新知识女性，有自己独特和敏锐的观察，是蒋夫人宋美龄的有力支持者。魏大使夫妇入住双橡树园的大使官邸。郑毓秀被罗斯福夫人盛赞“具有政治头脑，不同于历任大使夫人”[19]。郑汉英对温哥华的记者表示，她已经接到邀请，将去美国首都探亲，11 月去加拿大东部，并访问美国的纽约和华府。此次计划东去，她还要向所经过的各省份发表演讲。[20] 报纸舆论方向逐渐转变，更加倾向支持中国抗战：加拿大刚派了首任大使到重庆，加强中加两国的关系；温哥华又有魏大使夫人的侄女做外交官，即将启程去往加拿大东部，除了演讲和募捐，她还要考察飞行培训基地；中国将会是加国长期友好的伙伴；等等。

1942 年，渥太华飞行训练大会召开，宋子文视察兵工厂。[21] 中加两国的外交关系升级，争取军事援助的工作异常繁忙。好在最精干的外交人才集中到了北美，斡旋于美国和加拿大的士林与官邸，为中国争取最大化的利益。刘师舜和郑汉英等的演讲唤起了加拿大人的同情心和道义感。

1942 年 11 月 29 日，郑汉英飞到渥太华。媒体立刻追逐她的光芒，仿佛她就是东方古国的化身，同时又鲜活地代表新一代中国女性。报刊争相报道，她穿着白色毛料空军制服，领口别着金色羽翼。她已经飞过 8 种不同类型的飞机，在中国经历过几千英里的航程。由于表现出色，4 年前被中国授予空军飞行中尉。她年轻美丽的笑容不仅能融化加东的冰雪，也能让人感到她遥远故国的生命力。[22] 在首都的 3 天，她用英语和法语进行了多场演讲，还与加拿大皇家空军互动，在空军基地享受了大锅饭。年轻的飞行员们为她倾倒，他们难以置信这位瘦小温润的女子拥有更多的飞行经验和更强的飞行技能，而且自由地穿梭于不同国家、地域，可以切换不同的语言无障碍交流。

图 16-2-1　郑汉英与加拿大女飞行员攀谈
（资料来源：The *Province*, Apr.22, 1941, p.16）

图 16-2-2　郑汉英与加拿大皇家空军合影
（资料来源：“Sisters in Arms：When East meets West,” *Montreal Daily Star*, Dec,4. 1942, p.12）

图 16–2–3　在麦吉尔大学检阅大学生战时培训的女生，郑汉英与校长等人合影
（资料来源：*Montreal Daily Star*, Jan. 14, 1943, p.12 ）

12 月，郑汉英与蒙特利尔市长在市政府以英文和法文相谈甚欢。12 月 5 日，加拿大作家协会在蒙特利尔的卡尔顿酒店集会，郑汉英为该协会演讲的题目是《中加携手为自由而战》。[23]1943 年元旦，郑汉英在加拿大国家电台的法文频道进行广播。[24]

郑汉英此行顺道低调到访美国首都华盛顿，除了和姑姑享受新年假期，还见到了直接上司宋美龄。宋美龄已经于 11 月 26 日经非洲和南美秘密抵达纽约。[25] 郑汉英请宋美龄在她的英文书上签名，希望随身带回温哥华，送给加拿大的朋友们。姑父魏道明大使与美国国务卿赫尔签署了《中美平等新约》( *Treaty between the United States and China for Relinquishment of Extraterritorial Rights in China and the Regulation of Related Matters* ),美国放弃领事裁判权与内河航运权。

1943 年 2 月，宋美龄在美国国会等地演讲，引起轰动，6 月，她应邀访问加拿大，郑毓秀以及孔令侃等人陪同。6 月 14 日，首都渥太华的群众在火车站和市中心夹道欢迎，总督都亲自迎接，并当场呈给她两张巨额支票以表达对中国军民的支持。次日，宋美龄前往国会演讲，强调空中支援的重要性，受到国会议员们的热烈欢迎。宋美龄一行于 17 日到蒙特利尔访问，之后回到纽约。而早在 6 个月前，郑汉英就历经过这一路线，并留下了大量演讲、广播，甚至影像记录，被加东各界珍视，也为更重大的民间外交铺路。

图 16-2-4　加拿大首脑在车站欢迎宋美龄访加

（资料来源：Library and Archives Canada Alexandra Studio Collection a052544）

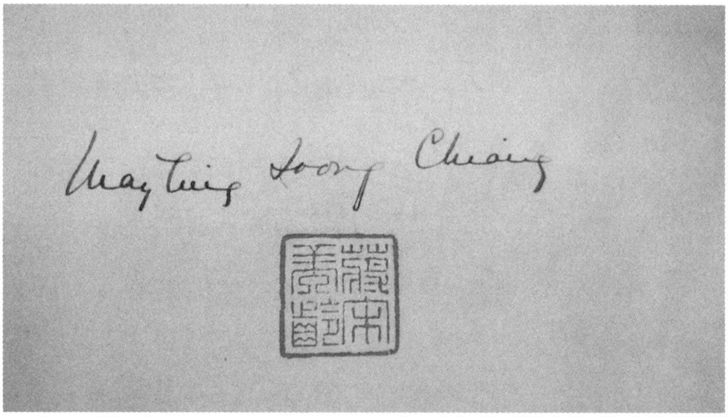


图 16-2-5　宋美龄在其赠书扉页上的签名

远离了丈夫和女儿，郑汉英辛苦花费长达 10 周的时间横越北美大陆。她从太平洋岸边起飞，直达大西洋边的哈利法克斯。她在 1.5 万英尺高的上空看到了陡峭的落基山山顶、白雪皑皑覆盖的大草原，还有多个飞机场和空军训练基地。她的行程安排紧凑，所到访的空军基地和城市都由最高皇家空军的指挥官接见。她考察了东部的飞行培训设施，也受到精英们的热烈欢迎。[26]

## 三、兄妹英烈

整个抗战时期，加拿大对华军事援助达1亿美元，这与刘师舜、郑汉英等外交官和华侨们的辛勤努力是分不开的。1943年的中国空军纪念日，郑汉英以英法文在加拿大主流报纸上进行宣传。她分析道，中国空军之所以经历多年恶战仍然富有生命力，可以归结为三个主要原因：（一）机智地与地面配合；（二）美国飞虎队的帮助；（三）集中强化的训练。她以宜昌和长沙会战以及滇缅之战的远征军为例加以说明。已经到加拿大3年的郑汉英时刻关注着国内的空军，详细的分析和条例清晰的解释，牵动着加拿大民众的心。[27]

姑姑郑毓秀也在大使夫人任上开展了全面的外交活动，一边推动美国空军和海军的支持与合作，一面在文化领域广泛交流。[28]

图 16–3–1　49 位民国海军军官的培训项目在宾夕法尼亚州进行
（资料来源："U.S. Navy V5 and V12 Program on Campus," Meet Swarthmore: A Brief History, https://www.swarthmore.edu/a-brief-history#event-us-navy-v-5-and-v-12-programs-on-campus, accessed Feb. 28, 2023）

图 16-3-2　魏道明、郑毓秀夫妇与诺贝尔文学奖得主赛珍珠交谈[29]
（资料来源：Pearl Buck with Dr. Wei Tao-Ming and Madame Tao-Ming, Aug. 1, 1944, West Virginia History OnView, West Virginia University Archives, 027218）

然而，1943 年的夏末，传来郑云在西北失事丧生的消息。[30] 郑云一直是郑毓秀的骄傲和郑汉英的榜样。郑云 18 岁就在姑姑的资助下在欧洲学习。1937 年，在香港远东的飞行学校结业后，他成为加入空军战机中队的归国华侨飞行员，飞行技术可以与英国、美国的王牌飞行员媲美，因此每次上天都信心满满。正如郑毓秀在自传里评论的：

> 有一天他结束任务返回基地时，撞上 7 架日本“零式”战机的围堵，他的战机上没有炮弹，所以有 15 分钟至 20 分钟左右的时间，他只能绝望地用遍各种空中特技，以免被日军击中。过程中，他的飞机倾斜，直线攀升、旋转或翻转（事后检查发现，机身和其他地方至少有 50 个弹孔）。然后，他明白无法在正常飞行下，巧妙闪躲日军“零式”战斗机，于是，他决定放手一搏。当时，中国飞机的数量少得可怜，只要是飞机，无论多么过时、脆弱，都价值连城，可能比同重的黄金还贵重。任子谨记这点，因此他不在意自己怎么样，只希望飞机还能维持在可以修复的状态，安全返回。他最后一次直线俯冲，穿过敌军机群，机头朝地，直到距离地面只有几百公尺的高度时。

然后他有机会拉高机身，但他并没有让飞机再度攀升，反而猛力踏下踏板，机身翻转，达至垂直8字——单翼飞行的标准位置，但他并不打算飞垂直8字，而是继续直线飞行。采取那位置的原因是：他必须将机身拉至约90公尺高，笔直穿越一个窄小通道，所以他不能采取一般飞行高度。这破釜沉舟的策略奏效了，终于，他接近基地并紧急降落，拯救自己和那架飞机。神奇的是，那架飞机依然完整。当然，他也受伤了，但并不是很严重。由于他服役多年，成绩斐然，但就那需要具备一触即发、高效反应的战事而言，他的年纪确实有点大了，所以政府认为是时候该让他转调了，现在他是运输人力和物资的驾驶员（空军五大队），在中国各地服务。[31]

虽然郑云在1943年已经调离战机队，进入衣复恩新组建的空运部队，驻扎在成都太平寺一带，但是空运的安全系数并不高。空运队的任务主要是运输政府人员及军事物资，空域以四川为中心，涵盖云南、广西等省以及大西北。无论领导还是战友，都对郑云印象深刻，认为他生性随和。因为在甘肃突然遭遇沙尘暴，他的飞机撞山失事。郑云本来仅是腿部受伤，但附近没有医院，他失血过多而亡。同事郭永凡说郑云是衣复恩最喜欢的飞行员。[32]

50年后，郑云仍然被他的首长温暖地记忆着，“他是后来台湾省主席魏道明的太太郑毓秀的侄儿”，“喜欢跳却尔斯登舞”，“会煮最美味的格外香醇的咖啡”[33]。他是郑氏家族的骄傲，姑姑的自传出版于郑云生前，花了大量笔墨赞赏他。可想而知，郑云罹难对郑毓秀和郑汉英的打击。本来就瘦小的郑汉英立即憔悴了很多，虽然清楚飞行员的风险，尤其是在惨烈的战争年代，但是至亲的去世仍然让年轻的她难以承受。

8月底，温哥华青年贸易委员会（Vancouver Junior Board of Trade）邀请郑汉英在午餐会上致辞，她的讲话简短了许多。不幸的是，9月初，郑汉英积劳成疾，肺炎复发，讲话越来越吃力，最后一次进行公共演讲时，她已经无法发声，仍然到场向大家致意，才入院治疗，几天之后就病逝于圣保罗医院。此时的司徒炳唐正在开赴欧洲战场。郑汉英花朵般的美丽生命猝然结束在28岁。[34] 加拿大皇家空军为她举行隆重的葬礼，是与本国的军人烈士一样规格的国葬。60多位皇家空军士兵组成了仪仗队，她的棺椁上覆盖着中国的国旗，仪仗队为她鸣枪敬礼之后，让这位中国的好女儿长眠于海景墓园。[35]

司徒炳唐在不列颠哥伦比亚大学加入了加拿大军官训练团，接受过基本军训。该项目在加拿大高校广泛设立，以吸引有志成为军官的青年知识分子。在妻子环飞北美的时候，他加入了邻省大山中的军官学校。他由衷佩服妻子的奉献精神，在加军对华裔的政策稍有松动时，便放下自己的生意，一身戎装地开始了军官团的战时训练。妻子成为加拿大军、政、商、民各界最亮眼的一道风景，是有史以来代表中加主流社会平等交流的女性第一人，让人们耳目一新。他和妻子都尽量低调，不暴露家庭隐私，平等对外。早晚人们会知道他们的关系，那个时候人们会发现他和妻子一样，都是英雄儿女。

司徒炳唐接受最后的训练后出征，岂料收到妻子去世的消息。他以增援部队军官的身份抵达阿尔及利亚，又前往意大利服役于 Seaforth Highlanders 军团。但是，军团指挥官担心因为族裔问题，司徒炳唐不能服众，很快就命

**China's Flying Woman Ambassador Dead Here**

A petite Chinese ambassador, Flt.-Lieut. Hanyin Cheng, 29, whose name means "Heroine of China," died in Vancouver Tuesday, following a brief illness.

The only woman pilot in the Chinese air force, and only woman holder in the world of an international flying license granted by the Royal Aero Club of London, Flt.-Lieut. Cheng recently completed a goodwill lecture tour in the United States and Canada.

She had been a member of the Chinese consular staff in Vancouver for the past three years and was previously attached to the same service in China, where she was a public figure and personal friend of Madame Chiang Kai-Shek.

Miss Cheng was a graduate in law from the University of Paris and the Sorbonne.

Her uncle, Dr. Wei Tao-Ming, is Chinese ambassador to the United States and her aunt, who was Dr. Soumay Cheng, was the first Chinese woman lawyer and the first Chinese woman judge.

Miss Cheng's aunt became one of the first two women members of the legislative yuan when it was formed in Nanking in 1928, the other being Mme. Chiang Kai-Shek.

Requiem mass will be conducted at 8 a.m., Saturday, in the Holy Rosary Cathedral. Rev. Father J. Hanrahan will officiate. Burial will take place in Ocean View Burial Park. Simmons and McBride Funeral Parlors are in charge.

FLT.-LIEUT. HANYIN CHENG

图 16-3-3　郑汉英去世的报道
（资料来源：*Vancouver Sun,* Sept.9, 1943）

图 16-3-4　加拿大陆军中尉司徒炳唐
（资料来源："Wilfred Seto," Chinese Canadian Military Museum ）

令其返回本土，继续从事军中的日文翻译工作。[36]二战以来，生命的结束都在旦夕之间，返国对于父母和年幼的女儿并非坏事，但是司徒炳唐没能与妻子告别，格外悲痛。他此生还有一个重大使命，就是消灭加拿大的种族歧视。他的祖父、父亲和自己这代人都为之奋斗过。此时，堂弟刘毓麟刚刚告别了新婚妻子，随美国14飞虎队赶往北非，准备经印度的盟军基地前往云南。

## 四、学霸飞虎

民族存亡的危急时刻，儿女们相继投入到民族救亡当中。他们本来可以生活在和平的北美大陆，像祖辈那样继续开枝散叶，让家族的大树更加茁壮。然而，他们放下各自的幸福生活，将生死置之度外。[37]西雅图的刘氏长子长孙刘毓麟一直在寻找最大化支持中国抗战的机会，就像郑汉英的亲善大使的工作安排，刘毓麟飞虎队的职责也是经由中美高级别的沟通后确定的。

1942年2月3日，宋美龄致电陈纳德，邀他出任驻华空军指挥官。5月，日军切断了滇缅公路，那是最后一条地面联通国外的生命线。中美两国为抗击日本法西斯侵略、保障中国战略物资运输，共同在中国西南山区开辟了空中通道。它的开辟是世界航空史上的壮举。中美飞行员们克服艰难险阻飞越驼峰天险，打破了日军对中国的围困，运输了对日作战急需的美国飞行员和战略物资，为打败日本帝国主义做出了不可磨灭的贡献。1942—1945年，美国空军在驼峰航线损失1500架飞机，牺牲3000多名飞行员和机组成员。中航和央航损失飞机48架，飞行人员168人。[38]同时，飞虎队还多次参与对日作战，用胜利鼓舞了中国军民的士气。

刘毓麟的父母在美国商界、政界、军界都有朋友，这些挚友不仅从硝烟弥漫的上海找到了刘毓真，也在帮助刘毓麟回中国参战。米勒上校就是刘氏家族的多年老友，也对中国非常友好。刚从哈佛商学院毕业、中英语流利的刘毓麟，是中美空军合作不可或缺的人才。在陈纳德将军的特殊邀请下，刘毓麟于1942年春天暂停银行的工作，在首都华盛顿服务中美两国军方。[39]他业余还在那里

图 16-4-1　在华盛顿和童子军们在一起，小童子军们崇拜地望向行军礼的刘毓麟（资料来源：Lawrence Lew Kay with Chinese Boy Scouts, Courtesy of Chinese Community Church in Washington, DC）

组建了第一支华人童子军。这些华裔少年们立即投入为中国募捐的活动，期望长大后像刘毓麟一样为民族而战。

1943 年初，刘毓麟南下佛罗里达的空军基地，加入美国空军军官选拔学校（Air Forces Officer Candidate School），投身于新型飞机 P–39 的训练。8 月，训练结束，通过一系列的考核，他于 20 日成为美国空军第 14 航空队（Squadron 14）的飞行中尉，归陈纳德将军指挥，即将从中印缅的交叉地带入境参战。14 航空队以 250 架战机的代价击毁 2500 架日机，并且炸沉日本许多军舰和商船，为反法西斯战争最后的胜利做出了巨大贡献。[40]

刘毓麟刚从佛罗里达基地返回纽约，就得知了郑云在中国、郑汉英在温哥华去世的噩耗。他的女友芮珊达不愿再等，立即赶赴纽约投身爱人的怀抱，决意在刘毓麟出征前嫁给他。刘毓麟珍惜与心上人相处的机会，他们低调注册结婚，没有庆典，甚至来不及邀请西海岸的家人。婚后不到两周，刘毓麟便告别妻子到华盛顿报道，准备出征。他的部队在美国的登船离岸地点和行程都严格保密。他签字授权指定由妻子接收每月 170 美金的军人补助，每次在部队发出的邮件也没注明发自哪个地址。

当司徒炳唐返回加拿大时，刘毓麟正在罗纳号（Rohna）舰上越过大西洋前往北非，在那里集结，并等待安全出发的命令，前往印度的盟军基地。他给新婚妻子写信，诉说相思和沿途经历。运输舰上有 2000 名英美官兵，包括飞虎队的战友和修筑机场的士兵，食品成为大问题。10 月 20 日，他在给妻子的信中说："运输军舰上的伙食很差，食物和炊具有限，厨师有一位黑人，日后我会介绍给你们认识，你也会喜欢这位老兄的。"[41]

启航不久，在大西洋上，刘毓麟授课 8 次，给官兵们介绍中国，讲解中国的传统文化和习俗。针对一些对中文兴趣浓厚的人，他提供了额外的教学。[42] 作为军官，天黑后可以不必返回拥挤的船舱。喜欢和他一起睡在甲板上的救生船里的是飞行中尉亮（Lyon），一位非常绅士的战友，此时他们已经成为好朋友。但是刘毓麟更期待的是和妻子一起睡在星空下。他在信中感谢妻子的提醒，临行前从保密的基地往西雅图寄去了庆贺父母结婚 30 周年的贺卡。他承认过去

图 16-4-2　罗纳号军舰[43]
（资料来源："HMT Rhona," Wikipedia, at https://en.wikipedia.org/wiki/HMT_Rohna, accessed Dec. 20, 2022）

两三年忙得忘记了，现在他恢复了这个传统，并发誓会坚持下去。他期待登陆后与阿拉伯酋长交朋友，也梦想着被邀请到他们的烧烤宴会。但是他更渴望的是一顿久违了的中餐，然而去中国的路途还很遥远，要过些日子才能一饱口福。

在 3 周后的一封信中，刘毓麟叙述了部队在月朗星稀之夜登陆北非，先随队在海边的帐篷里驻扎。他非常高兴离开拥挤的船舱，可以重回陆地。他特别喜欢欣赏暮色之中远山的影子，但是很快部队转移到法属市区。[44]军官们可以享受大院里楼上的房间，两人一室，但是铁架床没有床垫，睡起来非常不舒服，只好把所有衣服垫在下面。二楼的房间还带露台，刘毓麟走上露台仰望星空，想念妻子。周六，军官们举办舞会，但是他不喜欢嘈杂、烟雾缭绕和半醉半醒的氛围。他向妻子诉说自己心中逐渐涌现的疑虑：如果军官不能忠实于自己的妻子，他在战场上会忠实于战友吗？军队里面等级森严，待遇又有天壤之别，是否会影响士气？等等。刘毓麟夫妻不仅是同学、恋人，更是灵魂伴侣。他们反观自己的内心，倾诉各自的烦恼，虽然相隔遥远，却相互袒露内心深处，哪怕是片刻的疑虑。他说，好不容易找到了桌子和凳子，楼下院子却传来舞厅录音机播放的音乐，他更喜欢安静地在信中和妻子倾诉。他望向露台外面的一轮弦月，想念着纽约的亲人，还问妻子他们看到的月亮是否一致。[45]

在北非停驻近一个月的时间里，吃饭是一个大问题。饥饿的刘毓麟和战友几次外出狩猎。在 11 月 21 日的信里，他再次提到打猎的事情。他们开着吉普车到了摩洛哥的乌季达（Oujda），真的猎到了 3 只羚羊，他还担心妻子会责备他们血腥残忍。回到营地，刘毓麟通过米勒上校的引荐，在城里一个法国人家里做了烤全羊，并享受了种类繁多的美食。这家有个女孩给刘毓麟留下深刻印象，她是那种对周围充满好奇、友善，喜欢画画，认真过好每一分钟的女孩子。可惜这里物资极度匮乏，没有画笔和像样的纸张。在这封信的结尾，他请求画家妻子从纽约邮寄一些画笔、素描本和水彩等材料，通过军队特殊邮政渠道寄给米勒上校，由他转交给这一家好客的法国人。这是刘毓麟的最后一封家书，[46]结尾处签字“以我全部的爱”[47]。

图 16-4-3 美国军人的网站上刘毓麟的勋章和飞虎队的徽章

在这封信完成4天后，刘毓麟随部队登船启航。同时，德国的轰炸机群起飞，它们全部配置了刚研发制造出来的可以远程导航的新型炸弹，仿佛知道这艘运输舰上有优秀的盟军官兵，远距离地将其击沉。1943年11月27日，刚满29岁，才华横溢、温暖善良的飞虎队员刘毓麟葬身于罗纳号，与1000多名战友一起牺牲，这成为美军历史上最大的一次性军舰伤亡事件，惨烈程度堪比在珍珠岛被击毁的亚利桑那号战舰。

## 五、战时机密

芮珊达很快接到刘毓麟在战区失踪的消息，但是没有任何细节。罗纳号运输舰本是1926年建成下水的英国邮轮，客货两用，1940年被英军战时征用。从北非开往印度时，在地中海遭德军30枚炸弹的反复轰炸，虽然钻入军舰中部的炸弹延迟爆炸，但是威力巨大，1015名军人当场丧生，后来又有38名伤员不治。这次创纪录的伤亡震惊了美国军方。虽然罗纳号与护卫舰队一同出发，又有防空能力，但是德机根本没有接近或者露面就准确锁定目标，短时间内击沉了它。美国战争局（The War Department）的情报部门动用一切渠道和特工，要找到远程制导的设计发明者，立即发展出同等或者更高的技术以取得战争的主动权。美国战争局将此次惨案定为军事机密，不允许幸存者对外走漏消息。[48]

刘毓麟的妻子被屏蔽掉了内幕，她手里攥着丈夫的信，仿佛他在她耳边轻语："记住，我是如此、非常地爱你，每当我看到任何喜欢的东西，做喜欢的事情，就首先想到你。你就这样装在我的内心深处，我不断地永远地爱着你。请照顾好自己，保持健康的身体，我的至爱！"[49]她把全部时间和精力都用来寻找丈夫。多少次，她梦见丈夫推门而入，但是当她狂喜地扑向他，他又消失无踪，让她在失望中惊醒。她不愿相信壮志未酬的丈夫会这样葬身海底，生死茫茫的凄凉让人难以承受。她不停地通过各种方式寻找，都没有得到战争局的答复。她想到了丈夫亲如兄弟的"鸟人"——梁受欣。他是刘毓麟在岭南大学的同屋室友，因太想当飞行员，刘毓麟送他外号"鸟人"。虽没能当上飞行员，但他获得了华盛顿大学的政治学博士学位，任职于驻华盛顿的中国大使馆、民国海军武官办事处。

梁受欣迅速行动起来，直接联系战争局的熟人寻找答案。他给芮珊达回信说，他和刘毓麟已经有10年的友谊，自留学岭南时就是最好的朋友。他们同在华府工作时，经常聚在一起。他和太太也梦见过刘毓麟回来了，希望他能获救。尚未有消息，也许只是战时通讯不易，还未联系上他。他相信，他的好兄弟是芮珊达在这个世界上最理想的伴侣，他会竭尽全力提供帮助。[50]

梁受欣比刘毓麟大几岁，也曾从西雅图奔赴岭南大学。同为室友一年后，梁受欣毕业回到美国西雅图的华盛顿大学，获得硕士学位。哈佛毕业后，刘毓麟不久被中美军方调往华盛顿特区，而他的好友“鸟人”一边服务于民国使馆和武官处，一边完成博士学业。彼时，郑汉英的姑姑、姑父已经就任驻美大使。梁受欣负责的民国海军事务包括在美国培养海军军官、向盟军争取赠送战舰等。1942 年，中国向美国要求借舰，并代训作战官兵。国内考选出 1000 名官兵赴美，接受英文主导的训练，梁受欣的工作更加繁忙。[51] 在给芮珊达的信中，他说他和刘毓麟计划战后一同回中国发展，贡献所长。[52]

好几个月过去了，度日如年的芮珊达终于得到战争局高级将领的允许，与刘毓麟 3 位幸存的战友通信。他们证实刘毓麟从突尼斯登上英国的运输舰罗纳号前往印度的卡拉奇，但在途中遭德国轰炸机群投掷炸弹，罗纳号被迅速击沉，抢救出来的人中没有刘毓麟。芮珊达认为应该尽快让刘毓麟的父母知道，并从梁受欣那里要到了西雅图刘家的地址，但请求他不要将他们的婚事透露出去。梁受欣回信说：“毓麟告诉过我，他兴奋地期盼你到纽约团聚，打算和你在出征前结婚。我听后深受感动，也佩服你，才 26 岁，就离开家和朋友，到纽约嫁给即将奔赴惨烈战场的人。”梁受欣还在信中说：“保证会保守你们婚姻的秘密，不让任何人知道，也无需让别人知道，因为他人不会理解你们的爱情，你们彼此相爱有多深！”[53]

整整两年，即使已经听说了惨剧的发生，芮珊达仍未放弃寻夫的努力。甚至到战后，刘毓麟的战友们还在陆续不停地收到她的信，也都认真回复了她。同一个船舱的战友安慰她，自己之所以能够活下来，是因为遇袭时刚好在甲板上。而刘毓麟在船舱内，被炸弹击中，当即死亡，没有遭受痛苦。他是这个世界上最有头脑和最善良的人。他们一直在想，曾经有过这样的战友是此生的幸运，会永远怀念他。直到战后，芮珊达才收到战争局的信件，但是仍然无法告诉她应该到哪里去吊唁逝去的爱人。她心中的伤口无法愈合，但她还要对刘家有个交代。[54]

图 16-5-1　纽约名模、人到中年的芮珊达在纽约寓所门口远望，孤独地盼望爱人刘毓麟的重现

（资料来源：Color slide of Richenda Rhoden standing in a fur coat and a turban-style hat outside the front door of the Rhoden home at 23 Cranberry Street in Brooklyn, NY in 1964. John Rhoden papers, MS.2019.01. The Pennsylvania Academy of the Fine Arts Archives, Philadelphia, PA）

这一沉重的打击让刘吉祺夫妇迅速衰老，痛心不已。“出师未捷身先死，长使英雄泪满襟”，没有比这更惨痛的了。那个从小就喜欢在甲板上演讲的小男孩，在遇袭时却没有在甲板上，生命定格在了援华的路上。他们最引以为荣的长子终于成为学贯中西、气宇轩昂的男子汉，却又转瞬即逝。他们理解他一心想回到中国，明知有危险，还是放手让刘毓麟去支援中国空军，但噩耗传来，他们被打击到余生都无法复原。[55]

刘吉祺担当的领事职责不允许他消极下去，为了中国空军飞行员赴美培训，他带领妻子和幼子 Richard 南下亚利桑那州的空军基地。Richard 回忆说，母亲找出她多年未穿的最昂贵的旗袍，陪同父亲出席中美军方仪式，一展家族的中华传统。但是父母心中的痛，每天都感受到。[56] 父亲刘吉祺在抗战时散尽家财，

图16-5-2　与哥哥年龄差距很大的刘家幼子Richard（后排右二）在网球场上与伙伴们合影
（资料来源：Courtesy of the Wing Luke Museum）

痛失长子，但还是鼓励两个幼子入伍参军，在抗战胜利后不久，他便带着破碎的心溘然长逝。

芮珊达花了近 10 年让自己重新振作，成为纽约名模和画家。她活到了 2016 年，一直珍藏着刘毓麟所有的信件。正是因为她，我们才得以在 80 年后的今天了解刘毓麟的英雄事迹。

2018年，全美对二战期间的华裔军人颁发奖章，各地组织盛大仪式。2021年，西雅图市最大的体育场举办颁奖仪式。6位幸存的老兵坐在轮椅上被推入场时，掌声、欢呼声雷动，所有人起立致敬。103岁的梅姓老兵激动又自豪地吐出舌尖，在灿烂的笑容过后，他说："真不敢相信，75年了！我还在世，可是那些付出生命的人没有看到这一天。"[57] 刘毓麟的家乡为华裔烈士立起了纪念碑，至今屹立在西雅图的国际社区。然而当代华人很少知道这位学霸、飞虎队成员是如何义无反顾地奔向中国战区的。

图 16-5-3　哈佛大学纪念教堂

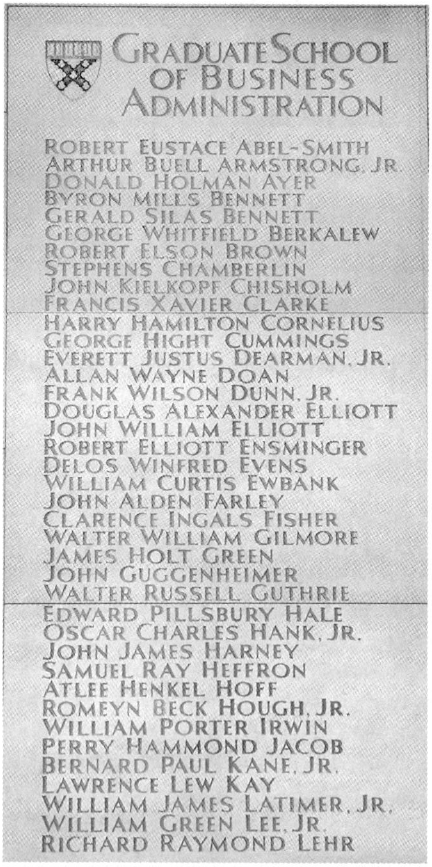


图 16-5-4　哈佛大学纪念教堂里的烈士荣誉榜上的刘毓麟（Lawrence Lew Kay）

## 注 释

1. E. G. Perrault, *Tong: The Story of Tong Louie*, Vancouver's *Quiet Titan*, Vancouver: Harbour Publishing, 2002, pp. 92-94.
2. "Chinese Girl Pilot Visiting Vancouver," *the Province*, Apr. 22, 1941. p.16.
3. *The Leader-Post,* Apr.1941, p.12.
4. "Chinese girl flier," *Montreal Daily Star*, Apr. 26, 1941, p.12.
5. "China War Delayed Jap Spread in East," *Ottawa Journal*, Jul.8, 1941, p.2.
6. 美加的出入境档案记录，1941 年 8 月 1 日到 4 日。
7. Record Group 85 , Immigration and Naturalization Service, Chinese Exclusion Act Case Files, Port of Seattle, Seto B. Wilferd, 7027/170.
8. "Fling diplomat makes her first speech today," *Vancouver Sun*, Oct. 29, 1941, p.10.
9. "China's spirit unbreakable—Hanyin Cheng," *The Province*, Oct. 30, 1941, p.14.
10. "Conversation piece," *The Province, Nov*. 1, 1941, p.12.
11. "Woman MLA Jokes: Maternal touch wouldn't be a miss in Victoria just now," *Vancouver Sun*, Nov. 20, 1941, p.6.
12. "Chinese Girl Pilot Lives a Colorful Life," *Vancouver Daily Province*, Dec. 12, 1941.
13. "Press Club Heard 5 speakers," *the Province*, Nov. 20, 1941, p.14.
14. 1941 年 11 月 15 日，加拿大总理公布了这一消息。
15. "Chinese Aviatrix Describes Country's Magnificent Fight," *Victoria Daily Times*, Mar. 4, 1942, p.9.
16. "China Speaks and Vancouver Women Thrill to Her Stories," *Vancouver Sun*, Apr. 14, 1942, p.7.
17. "Planes for China may Decide the War," *Vancouver Sun*, Jul. 30, 1942, p.17.

18. "Airforce Officers Entertained at Dinner," *The province* (Vancouver, British Columbia, Canada), Aug. 28, 1942, p.10.
19. 品墨编著：《诗韵国学：女性影响力》，新华出版社，2019 年，第 156 页。
20. "To go to Washington," *the Province*, Sep. 26, 1942, p.10.
21. "Candadian Effort is Wonderful, TV Soong Says," *The Ottawa Citizen*, Nov. 4, 1942, p.13.
22. "Comely Chinese Aviatrix never had forced landing," *Ottawa Journal*, Nov. 30, 1942, p.17.
23. "Authors Branch Will Meet," *Gazette*, Nov. 27, 1942, p.19.
24. "Hanyin Cheng Broadcasting in French," *Gazette Montreal*, Dec. 31, 1942, p.7.
25. 宋美龄在 1942 年 11 月抵达美国，初期以治病疗养为主，3 个月后才展开公开演讲和外交活动。
26. 郑汉英的加东之旅有纪录片为证，加拿大皇家空军对这位中国空军女官展示出极高敬意。
27. "Fighting fliers around the world honor the China's Gallant Airforce," *The Gazzette*, Aug. 16, 1943, p.11.
28. "U.S. Navy V5 and V12 Program on Campus," *Meet Swarthmore: A Brief History,* https://www.swarthmore.edu/a-brief-history#event-us-navy-v-5-and-v-12-programs-on-campus, accessed Feb. 28, 2023.
29. 赛珍珠当年为中国的抗战发表积极评论，回击了一负面言论，因此，她也是中国大使夫妇的贵宾。
30. 家族后人说，郑云已婚，其妻在加拿大守寡终老。
31. 据郑毓秀《我的革命岁月》中的描述，这里也参考了［加］哥莉著，张朝霞译：《飞天名媛：中国第一代女飞行家三人传》，花城出版社，2012 年，第 314—315 页。
32. 郭永凡：《雪泥鸿爪》，纽约：科捷出版社，2010 年，第 92 页。
33. 衣复恩：《我的回忆》，立青文教基金会，2010 年，第 96 页。
34. "Air Force Funeral: RCAF to Honor Hanyin Cheng," *Vancouver Sun*, Sep. 10,

1943, p. 17.

35. Mamie Moloney, "Daughter of China," *Vancouver Sun*, Sep. 14, 1943, p.6.

36. "Wilfred Seto," Chinese Canadian Military Museum Society, https://www.ccmms.ca/veteran-stories/army/wilfred-seto/.accessed Dec.5, 2022.

37. 郑云是英籍华侨，抗日烽火初起，他就回国并不断提高飞行技巧，因此即使转换到运输大队，也深得队长、美国留学的衣复恩的赏识和爱护。得知郑云惨死，衣队长流下热泪。

38.《驼峰航线》，维基百科，https://zh.wikipedia.org/zh-hans/%E9%A9%BC%E5%B3%B0%E8%88%AA%E7%BA%BF#%E5%8A%9F%E7%BB%A9%E4%B8%8E%E6%8D%9F%E5%A4%B1，访问日期：2022 年 12 月 26 日。

39. "Interview with Dick and Helen Lew", conducted by Bettie Sing Luke, Mar. 25, 1991. 刘氏幼子的口述史来自西雅图的陆荣昌博物馆。

40. "Chinese Trainee on Beach Tells a Story on Bride Incident," *Miami News*, Aug. 15, 1943.

41. "Correspondence to Richenda Rhoden from Lawrence Kay dated Wednesday, Oct.20, 1943," *John Rhoden papers*, MS.2019.01. The Pennsylvania Academy of the Fine Arts Archives, Philadelphia, PA.

42. "HMT Rhona," *Wikipedia*, https://en.wikipedia.org/wiki/HMT_Rohna, accessed Dec. 20, 2022，刘毓麟在 1943 年 10 月 20 日写给妻子的信，第 2 页。

43. 罗纳号上的惨剧与美国战争局的知情不报引起了烈士家属们的强烈抗议，抗议一直延续至今。

44. 盟军已经在一年前占领摩洛哥和北非。

45. 刘毓麟 1943 年 11 月 7 日写给妻子的信：John Rhoden papers, MS.2019.01. The Pennsylvania Academy of the Fine Arts Archives, Philadelphia, PA。

46. Correspondence to Richenda Rhoden from Lawrence Kay dated Sunday, November 21st, 1943. John Rhoden papers, MS.2019.01. The Pennsylvania Academy of the Fine Arts Archives, Philadelphia, PA.

47. Ibid.

48. Tara Ross, “This Day in History: HMT Rhona: WWII Secret Tragedy, ” https://www.taraross.com/post/tdih-hmt-rohna, accessed Dec. 15, 2022. 1941年12月，日本军机轰炸珍珠港，亚利桑那舰上1177名官兵阵亡，占到珍珠港事件中美军阵亡人数的一半，其中900余人的遗体被永远留在了战舰残骸内。
49. 见刘毓麟1943年11月21日给妻子的信：https://pafaarchives.org/s/digital/item/78062,accessed Dec.28, 2022。
50. Correspondence from Shan Yan Leung (“Bird”) to Richenda Rhoden from January 7, 1944. (1/2) John Rhoden papers, MS.2019.01. The Pennsylvania Academy of the Fine Arts Archives, Philadelphia, PA.
51. 金智：《青天白日旗下民国海军的波涛起伏》（1912—1945），时报文化，2015年，第232—236页。
52. Correspondence from Shan Yan Leung (“Bird”) to Richenda Rhoden from January 7, 1944. (1/2) John Rhoden papers, MS.2019.01. The Pennsylvania Academy of the Fine Arts Archives, Philadelphia, PA.
53. Correspondence from Shan Yan Leung (“Bird”) to Richenda Rhoden from June 20, 1944. John Rhoden papers, MS.2019.01. The Pennsylvania Academy of the Fine Arts Archives, Philadelphia, PA.
54. 刘毓麟的战友们不停写信，对芮珊达进行安慰和鼓励，希望她坚强地生活下去。
55. “Interview with Marjorie Lee,” conducted by Ron Chu, Jul. 6, 1995, from the Wing Luke Museum in Seattle.
56. “Interview with Dick and Helen Lew,” conducted by Bettie Sing Luke, Mar. 25, 1991. 刘氏幼子的口述史来自西雅图的陆荣昌亚洲博物馆。
57. Seattle Regional Chinese American WWII Living Veterans Gold Medal Ceremony in Washington State, https://youtu.be/0mj080Wbs9k, accessed Dec. 28, 2022.

# 第十七章 前赴后继

## 一、无畏牺牲

民族国家概念萌生时期，司徒家族在新大陆的第一代披荆斩棘、落地生根之后，回馈故乡。抗战时期，第二代带领侨社倾其所有，支援中国。奋不顾身的第三代中的郑云、郑汉英、刘毓麟、雷昆照等人的英勇牺牲激励了更多的人，可歌可泣。回顾几个家族的历史，他们从抗议加国赋税不公，创立海外爱国团体，到加入同盟会为革命宣传筹款，推翻清朝统治，再到争取教育平权、种族平等，弘扬国粹等，前几代人留下了清晰的足迹，为后代树立了楷模。他们支持反帝爱国运动，对中国的教育事业鼎力相助，加速了现代教育的发展，推动了中国现代化的进程。司徒氏及其联姻家族不仅参与了对国内的各种慈善赈灾，也为一战华工、印度灾民和首都渥太华火灾等出钱出力。这种“达则兼济天下”的胸怀，已经形成家风。抗日救国运动中，即使身在海外的和平环境，英雄儿女也甘愿赴死，大有舍我其谁的风范。

司徒－刘－郑－雷等家族那一代的青年是海外爱国华侨的代表。1928年，济南惨案发生；1931年，日寇入侵东北，加拿大的华侨将反帝矛头集中指向日本。十几年前，李梦九就已经和记者指明了日本侵华的野心。他要求学生们锻炼身体，时刻准备战斗，还电报国会，代表华侨捐款，坚定拒日决心。20年后，华侨们的爱国热情高涨，请求国共双方停火、一致对外，反对“攘外必先安内”政策。1932年淞沪抗战后，侨胞们把英勇抵抗的19路军奉为民族英雄，并捐去了自己辛苦所得作为军饷。海外侨胞乐见第二次国共合作，捐款捐物、抵制日货，甚至直接回国参战。

司徒氏等家族全体出动向美国和加拿大的国民进行宣传，联合抵制日本。刘吉祺的警告很快应验，美国人的子孙们也同样遭遇重大伤亡。第三代人留学中国，亲历战争，他们四处演讲，展开民间外交。华人公司停止雇佣日本工人，酒楼餐厅也不再接待日本客人。华侨的捐款支持了大部分国军的抗日军费，尤其是全面抗战的前 3 年，华侨更是捐助了抗战经费的 85%。[1]

全面抗战时期，家族第三代成为主力。无论是富养的千金，还是才华横溢的学霸都主动出征，甚至奉献生命。虽然郑汉英已经长眠于温哥华，刘毓麟葬身大海，司徒炳唐带着巨大的伤痛出生入死，却因为自己的种族而无功而返。温哥华的种族歧视仍旧严重。在征兵过程中，有 20% 的人因为体检不合格被拒，亚裔的申请更是频频被拒。战争持续，英国和加拿大需要为盟军补充兵源。1941 年，有市议员在讨论征兵的问题时强调，即使战时需要吸纳华人入伍，也不能给予他们选举权和其他平等权利。[2] 华人青年奋起抗议，并全体出动要求能够以志愿军的身份入伍。在他们眼中，参与盟军抵抗法西斯的行动也是抗争不公、争得平等权益的机会，他们要做堂堂正正的加拿大华人，而非二等公民。

司徒家的儿子、儿媳都是军人。雷氏三子雷金荣加入 136 特种部队，继司徒炳唐和刘毓麟之后，在 1944 年越过大西洋，加入由英国军情六处等多个机构合作的训练项目。香港失守后，英国和加拿大损失了大量的“中国通”军人。军情六处急需补充多语种的、可以在敌后作战的特种兵。雷金荣成功通过 136 特种部队的考核，他头戴贝雷帽，全副武装地被空投到热带雨林的日军后方，深入东南亚的沼泽地，担任特种部队的广东话翻译。136 部队由华裔组成，他们急速行军，开展游击战，解救盟军战俘。雷金荣和战友还俘虏过日军高级将领，缴获重要文件。[3]

在 3 位哥哥眼里，正在读大二的雷昆照还是个孩子。他是品学兼优的运动健将，手疾眼快，反应灵敏，对各种球类运动都得心应手。作为华人，雷昆照没有资格加入皇家空军。然而华裔军人在全球战场上的出色表现，加上雷昆照的反复要求，终于让他在 1942 年等到机会。[4] 雷昆照入伍遭到了身边很多华裔亲友的反对。大家对他抱有太多的希望，甚至有人说他有能力成为未来

图 17-1-1　成功入选特种部队的雷金荣
（资料来源：Image Counresy of the Chinese Canadian Military Museum）

的温哥华市长。[5]而加入空军出征作战，意味着九死一生。雷昆照深知自己肩负的责任和有去无回的风险，但他要无愧于华裔加拿大人的身份。他不满足于空军的地勤服务，坚持要求作为攻击手上天杀敌，终于在 1943 年 11 月 12 日获颁飞行少尉军衔和投弹手翼章。那是郑云和郑汉英含笑九泉，司徒炳唐在意大利前线战斗，刘毓麟即将从北非出发支援中国，雷金荣被特种部队录用经受极限考察和训练的时候。他们代表了在反法西斯的斗争中前赴后继的华裔英雄。

雷昆照加入的皇家空军第 6 飞行大队，全盛时期拥有 14 个飞行中队，仅 1944 年就出动超过 2.5 万架次战机轰炸德国及其占领地。1945 年 1 月，胜利的曙光在即，已经战功赫赫的雷昆照少尉在一次轰炸任务中，飞机被击中起火，他掩护机组成员跳伞，自己却血洒蓝天。[6]自 1923 年《排华法案》颁布，华人人口占比下降。能够在加拿大成家、孕育下一代的华人数量不多，每一次牺牲，对家人和社区都是沉重的打击。这个青春年少的雷家弟弟，多次主动要求与白人并肩作战，却成为亲人们永远的伤痛。但雷昆照更是全家和侨社的骄傲，雷家成为被加拿大人敬重的家族，为加拿大的全体华人树立了英雄形象。[7]

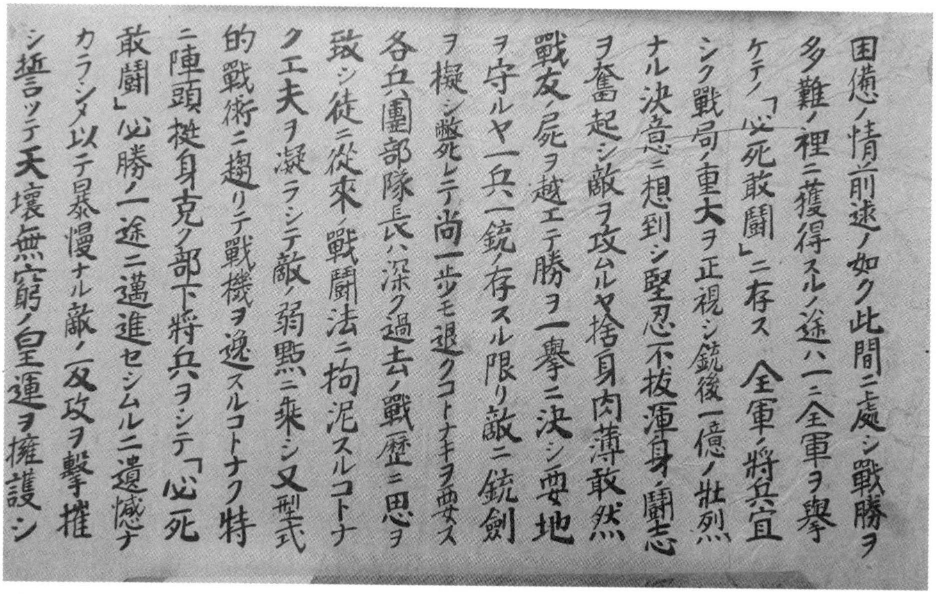

困憊ノ情ハ前述ノ如ク此間ニ處シ戰勝ヲ
多難ノ裡ニ獲得スルノ途ハ一ニ全軍ヲ擧
ケテノ「必死敢闘」ニ存ス　全軍ノ將兵宜
シク戰局ノ重大ヲ正視シ銃後一億ノ壯烈
ナル決意ニ想到シ堅忍不拔渾身ノ闘志
ヲ奮起シ敵ヲ攻ムルヤ捨身肉薄敢然
戰友ノ屍ヲ越エテ勝ヲ一擧ニ決シ要地
ヲ守ルヤ一兵一銃ノ存スル限リ敵ニ銃劍
ヲ擬シ斃死レテ尚一歩モ退クコトナキヲ要ス
各兵團部隊長ハ深ク過去ノ戰歷ニ思ヲ
致シ徒ニ從來ノ戰闘法ニ拘泥スルコトナ
ク工夫ヲ凝ラシテ敵ノ弱點ニ乘シ又型式
的戰術ニ墮リテ戰機ヲ逸スルコトナク特
ニ陣頭挺身克ク部下將兵ヲシテ「必死
敢闘」必勝ノ一途ニ邁進セシムルニ遺憾ナ
カラシメ以テ暴慢ナル敵ノ反攻ヲ撃摧
シ誓ツテ天壤無窮ノ皇運ヲ擁護シ

图 17-1-2　雷金荣缴获的日军将领试图鼓舞士气的演讲稿

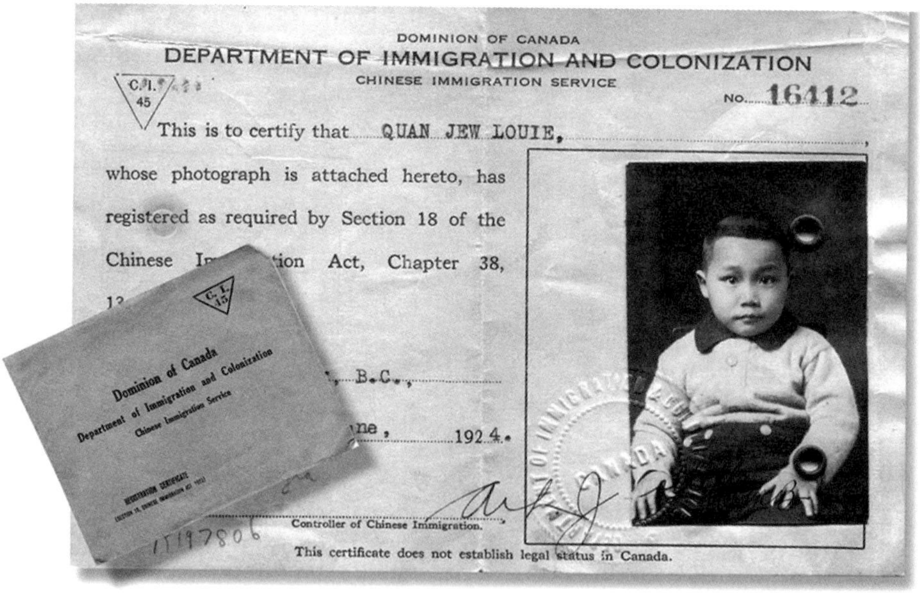

DOMINION OF CANADA
DEPARTMENT OF IMMIGRATION AND COLONIZATION
CHINESE IMMIGRATION SERVICE

C.I. 45

No. 16412

This is to certify that QUAN JEW LOUIE,
whose photograph is attached hereto, has
registered as required by Section 18 of the
Chinese Im...tion Act, Chapter 38,
13...

..., B.C.,
...ne, 1924.

Controller of Chinese Immigration.

This certificate does not establish legal status in Canada.

C.I. 45
Dominion of Canada
Department of Immigration and Colonization
Chinese Immigration Service

图 17-1-3　幼儿雷昆照因为《排华法案》而做的登记卡

［资料来源：C.I. certificate for Louie Quan Jew© Government of Canada. Reproduced with the permission of Library and Archives Canada (2023).Source: Library and Archives Canada/ Department of Employment and Immigration fonds/e008281681］

发挥专长、赢得尊重的还有司徒鸣玉的长子、刘光锐的长兄刘光篪。他从美国芝加哥大学毕业，因为学识过人，于1939年被破格吸纳进BC省军方主持的日语学校S-20。他于1943年前往美国首都华盛顿，担任日文翻译，经手的翻译稿用于东京审判。刘光篪被加拿大的总理麦肯西·金（McKenzie King）称为“加军中最优秀的翻译”。1945年，因为工作需要，刘家长子随团飞往英国以及印度的新德里。战后他还协助过新加坡的战犯审判和驻香港的情报工作，直到1947年，他才回到加拿大。他是军中受人尊敬的学者。[8]

家人们宽慰地看到郑汉英的付出迅速得到回报。加拿大的飞行培训项目创立了首个全华裔的飞行学员队。[9]加拿大也开始招募培训女性飞行员。几大家族的男女老幼也努力参与各种形式的抗日救亡运动。司徒旄、刘光祖、李华钳、雷锦添等领导维多利亚和温哥华的募捐，他们同时支持中加两国的胜利债券筹募，也鼓舞着国内爱国官兵的士气。[10]

图 17-1-4　雷昆照入伍新兵照
（资料来源：Chinese Canadian Military Museum）

图 17–1–5　厉昭领事检阅华人飞行学员队伍
（资料来源：Image AM1184-s3-CVA1184-606, Courtesy of City of Vancouver Archives）

## 二、双倍奉献

七七事变后，加拿大的各地华埠侨胞都组织了抗日团体，号召华人出财出力、支援抗战，司徒旄和雷锦添是温哥华的救国会募捐领袖，他们同时也为加拿大的胜利债券募捐。温哥华华侨抗日救国筹饷总局在 1944 年改名为“华侨义捐救国总会”，司徒旄担任常务委员。[11]1938 年，广州沦陷后，加属侨胞捐款支援广东人民，购买飞机抗敌，并汇款赈济故乡难民。妇女界则筹款购买救护车赠送祖国。1940 年开始，国内侨界领袖到海外宣传航空救国。1941 年到 1943 年，郑汉英在加拿大进行了自上而下的宣传。两国的外交关系升级，更有利于加大加拿大对中国的支持。加拿大政府宣布放弃在华特权，与中国商讨和签订新的协定。

1939 年，司徒旄协助击楫社的同志徐孤风一道创立《禺声》月刊，并撰述文章。《禺声》发行到海外数不清的侨社，宣传救国，鼓舞大家士气。

《禺声》发刊词写道：“邑人旅坎实众，非农工则商贾，散处各埠，星罗棋布，唯人心颇松懈，乡事不进步，故团结抗战力量，为现实需要，积小团体而扩充至大团体，加强抗战作用。至排难解忧、扶危济困，亦以是愿，以此刊发印之理由，而为重要使命之一。”

图 17-2-1　《禺声》月刊社职员中包括曾经支持辛亥革命的徐孤凤（前排右二）、曹仲雅（右三）、廖翼鹏（左二）和司徒旄（左三）

《大汉公报》每期都刊登“一碗饭运动”的捐献记录，而司徒氏家族成员的名字在其上反复出现。“一碗饭运动”最早由美国医药援华会、妇女赈济中国难民会等团体于 1939 年首倡，在美国人民和华侨中筹措捐款，购买药品和医疗设备以支援中国的抗日战争。该运动以“一碗饭”为名，借以表示美国援华为一种纯挚的同情与道义上的支援。正因如此，“一碗饭运动”就意味着用每人一碗饭的费用支援中国人民抗日斗争，获得了美国各阶层人士的广泛响应。旧金山唐人街更是人山人海，广大侨胞纷纷慷慨解囊。第一届“一碗饭运动”就获得 20 万美元的捐款。此后，“一碗饭运动”扩展到英国、加拿大、南美洲等许多国家，影响甚大。

CHINATOWN "ALL OUT" FOR WAR LOAN

Fully conscious of necessity for complete suppression of military aggression, they are again supporting drive.

By MILDRED VALLEY THORNTON

LIFE ABOARD DISCOVERY

B.C.-Yukon Victory Loan Quotas

$54,600,000 PUBLIC AND ARMED FORCES

$46,000,000 LARGE APPLICATIONS

$29,400,000 B.C.'s SHARE OF NATIONAL APPLICATIONS

TOTAL: $130,000,000

10 THE VANCOUVER SUN: Sat., Oct. 21, 1944

图 17-2-2　司徒旄和雷锦添带领温哥华的同胞为中加两国筹款抗敌（资料来源：*Vancouver Sun*, Oct. 21, 1944, p.40）

西方的“一碗饭运动”引起了时任保卫中国同盟主席宋庆龄的密切关注。

因为这种独特的募捐方式操作起来简单可行，并且收到了意想不到的效果。宋庆龄认为这种模式同样可以在香港推广，一方面可以募集到资金，另一方面可以激发香港150万同胞的爱国救亡热情。[12]

1943年，加拿大发起援华百万金运动，同年，中加两国公使晋升为大使。加拿大第一任驻中国大使欧德伦（Major General Victor Wentworth Odlum）于1944年秋天到访温哥华。[13]欧大使目睹了全体华人出动的场景。司徒旄与儿子司徒炳唐携手雷锦添等领导华人募捐活动。人们在温哥华大雨中排起了长龙，依次登记捐款。[14]加拿大第6次发行胜利债券时，温哥华的华人社区超额完成，达到预计的150%，到了次年的第7次发行时已达到了华人每户能承受的极限，因为华人同时在资助中增加了军用款项。《温哥华太阳报》撰文报道，本市的华人青年，凡是能够通过体检的都乐意参军，尽管前几年政府还在禁止。如今，华裔又在全市居民当中领先认购胜利债券。这篇文章还刊登了胜利债券委员会成员的照片，当提到司徒旄时，记者写道，司徒家唯一的儿子就是军官，而且已经奔赴战场。[15]司徒炳唐从意大利返国后，很快提升了自己的日语能力，到首都渥太华承担翻译工作。[16]

CHINA THANKS VANCOUVER FRIENDS

As an expression of appreciation of Canada's assistance toward the Chinese War Relief Committee, members of the group tendered a banquet to distinguished citizens in Hotel Vancouver Wednesday night. Shown here are, left to right, Charles Poy, retiring president of the committee; Mrs. Li Chao, wife of the consul-general for China; Tim Louie, president of the organization; Mrs. J. C. Mognaschi, wife of the consul-general for Peru, and Seto More, member of the executive of the Chinese War Relief Committee.

图17-2-3 “中国感谢温哥华的朋友们”，这是中领馆在温哥华举办的一场庆祝活动，人员包括司徒旄（右一）和雷锦添（右三）

1945年，抗战取得胜利，侨胞欢腾，温哥华召开庆祝大会，人们奔走相告，集会游行，紧接着无怨无悔地继续认购中国的救国公债。各埠侨胞还忙着开欢迎会，款待华裔退伍军人，因为他们为本族裔和社区赢得了尊重和权益。

1947年，加拿大政府宣布取消限制华人入境法案，即已经实施了24年的《排华法案》，翌年恢复华人的投票权。而退伍军人最先获得了公民权。入境的华人开始逐年增加。[17] 社会上对华人的观感出现改变，加上二战结束，令温哥华华埠成为游览热点，大批新餐馆涌现。

图 17-2-4　温哥华市庆祝二战胜利游行
（资料来源：Image A13374, Courtesy City of Vancouver Archives）

图 17-2-5　司徒炳唐（左三）作为退伍军人成为加拿大公民
（资料来源：Image Courtesy of Chinese Canadian Military Museum）

## 三、振振公族

从 1865 年起，老司徒进入加拿大白手起家，开枝散叶，到 1945 年抗战胜利，80 年光阴中成长起来的四代人，建立起新的社会关系纽带，保持了一个先驱家族的荣耀。在过去的一个半世纪，一直把家风引领到重教育和重公益方向。从移民第一代起就看重公益，只有建设出一个公平健康的社会环境，世家后代才有可能发展和创造辉煌。如今家族第五代、第六代登场，打破了“富不过三代”的咒语。

司徒旄大哥司徒根柱的女儿司徒顺好坚守在故乡维多利亚，丈夫李华钳和儿子李惠贤一直义务服务和领导着中华会馆、华侨学校、华人医院等。他们把李 – 司徒氏的名字雕刻在自家公司的大楼上，公司横跨加拿大，且生意兴隆。自 6 岁开始，一直到中学毕业，李惠贤每天课后都到华侨公立学校学习中文，直到他远赴加州大学伯克利分校。二战时，他也有短暂的从军经历。1946 年，李惠贤迎娶了妻子刘金丽（生卒年不详）。刘金丽的父亲刘国来在 19 世纪末由

图 17-3-1　李惠贤和刘金丽在婚礼上翩翩起舞
（资料来源：Image Courtesy of Mr. Robert Lee）

广东中山移民加拿大，在温哥华的西人农产品公司工作。西人老板看到他淳朴勤奋，值得信赖，提升他为主管。可惜，刘国来患病，在1929年就撒手人寰，留下28岁的妻子和7个孩子。刘国来的妻子坚强地活到近百岁。刘金丽很早就在雷学溢的公司工作，与司徒氏后裔李惠贤喜结连理，恩爱一生，育有两子一女。除了继承家族的食品进出口和温室生意，他们还在20世纪60年代创办了自己的餐厅，经营得非常成功，历久不衰。家族第四代的李惠贤同样荣任过维多利亚中华会馆的主席，他还为数不清的基金会和慈善组织服务，延续百年世家，发展侨社。[18]

最让这位司徒氏后人自豪的是，1995年，他与中国政府合作，成功在BC省的皇家博物馆举办“超越长城的帝国：成吉思汗的传统”展览。该展览以内蒙古考古发现为基础，大量的出土文物在短短数月时间就吸引了40多万人次观展，成为20世纪加拿大与中国合办的最成功的展览。李惠贤还利用他的中文能力搜集和撰写先辈的事迹，为后人了解这个先驱家族提供了第一手史料。[19]2005年春节，维多利亚的“李梦九道”揭幕剪彩，开创了以华人命名街道的先例。李梦九道是由李梦九当年集资兴建的华侨公立学校与中华会馆通往市政厅的一条街道。李家和司徒家族70多位族人出席剪彩，见证21世纪的家族盛事。[20]

李梦九夫人司徒春颜携子女在香港生活、经商，但最早去广东学习和在香港工作的两子在二战前因病去世。司徒春颜为李母关氏养老送终，在1944年的从香港到澳门途中因轮船被炸沉而丧生。其长女李月华一直陪伴丈夫辗转内地，从事基层建设和教育工作。抗战期间，他们响应平教会的指示，从河北定县撤到江西，在遂川主持工作。[21] 当时，九江已经危急，日机常来轰炸。遂县是个山清水秀的小地方，墙上的标语说明了这里曾是红军根据地。[22] 而平民教育的使命让霍坚和李月华把家安到了这里，生活动荡，充满危机。

在战时的江西，霍坚因遭国民党追杀而受伤，手术后残疾。更不幸的是他们的次子霍超元在这里患上类风湿关节炎，造成双侧髋关节、膝关节、胸椎、腰椎和骶椎关节骨化，全身僵直，从 1943 年起开始卧床。霍超元知道父亲系李大钊生前密友，听父亲教诲，读进步书籍。父亲一直珍藏着李大钊的手稿，霍超元看过先烈寄父亲的诗："一轮舟共一轮月，万里人怀万里愁。正是黯然回首处，春申江上独登楼。"除了李大钊的信札，父亲还珍藏了最全的同盟会会员册，并在中华人民共和国成立后悉数捐献国家。1945 年至 1949 年，霍超元在报刊上发表进步杂文、诗歌、小说数十篇。中华人民共和国成立初期，他借助收音机学习俄语、英语，开始发表大量译作。[23] 作为家族第四代继续家族的传奇，霍超元身残志坚，自学成才。

图 17-3-2　李月华和女儿霍超雪在霍坚的病床前
（资料来源：陈华新《李大钊的生死之交霍侣白》，《世纪》2001年第1期，世纪特稿）

1948 年，身在美国的晏阳初派霍坚前往广州，拟在广州的河南进行乡村建设工作，后未实行。[24] 他还在报纸上呼吁政府从英国收回香港和九龙。1952 年，霍坚和李月华一家由中山搬至广州，开始为文史馆工作。[25] 李月华要侍候两位瘫痪在床的亲人，已经没有了当年开着敞篷车的少女形象，但她始终保持着大家闺秀的风范。她与女儿霍超雪照顾霍氏父子时，仍然穿戴整齐，头发一丝不乱，表情刚毅。

二姐司徒鸣玉的儿女在二战后遍布世界。当然，最传奇的还是幼子刘光锐。他在欧洲名声大噪，赚了第一桶金，英国彼时的威尔士亲王、后来的爱德华八世跟他切磋技艺，还不忘赠他一个全象牙的悠悠球当作礼物。[26] 刘光锐遵从母命，于 1937 年夏天抵达中国，还没来得及进入燕京大学学习，日本就发动了全面侵略战争。他没有退回加拿大，而是选择住在上海的法租界，进入圣约翰大学，在上海滩创办了自己的电台；电台最多时候有 18 位雇员。日本人反复怀疑他进行抗日活动，并将他逮捕入狱，他与敌人斗智斗勇，成功出狱，并在战后携妻回加。[27]

图 17-3-3　刘光锐开创的《中国来电》广播节目，吸引了众多听众

（资料来源：Elizabeth Colley, "China Calls from Vancouver," *Vancouver Sun*, Jul.17, 1954, p.57）

在温哥华安家后，刘光锐很快重启电台生意，开办了全加第一个关于中国的电台《中国来电》（China Calls）。他为加拿大人讲解中国的历史、文化、美食和艺术。成千上万的听众给刘光锐写信，喜欢与他对话。他的商业电台也与加拿大的其他电台合作，同时也对加拿大以外的人播送。当然，刘光锐还继续应邀表演他的世界级绝活——悠悠球，为各种晚会、庆祝活动献艺，结识一批美加的明星艺人。[28] 他还加入了华人组织的狮子会，主持很多城内盛事。刘光锐夫妇育有两女一子，利用一切机会宣传中国的传统文化。司徒鸣玉喜见自己的儿女长大成人，子孙满堂；她在 1959 年因病去世。[29]

1952 年，司徒旄从诗丕亚公司退休。至此，他已经在东亚客务经理的职务上近 40 年。几年后，他辞去中华总商会主席的工作，并对新当选的领袖们予以鼓励。他在致辞中提到："就近代商业趋势而言，已非如闭关时代可比。因各种科学技术之跃进，水空陆交通之发达。"司徒旄鼓励大家开拓视野，更加重视国际贸易，扩大企业经营规模。"云埠为太平洋西岸交通之枢纽，亦为国际贸易之孔道，商会人士有以高瞻远瞩提挈而领导之，集中人力财力以启开海外之大企业。为海外别开一新天地，为中华民族栽培其康健之根基。"[30] 司徒旄清楚，自己年事渐长，到了把担子交付给下一代的时候了。他鼓励子女向外拓展，也如此鼓励总商会的新领导们。

司徒旄老年不仅享受户外运动，还亲笔描绘所见的山川风景，并且与老友举办琴棋书画的文人雅集。《大汉公报》报社将他们的诗文汇集出版，该书至今都是不列颠哥伦比亚大学的抢手读物。梁丽芳教授认为，本地华人在中国革命和战乱时期完美地保留了中国传统诗词文化，功德显著。他们带去金山的，除了自身的黄金梦，还有中华文化，包括诗词韵律。如世界上离散侨民的跨国迁移一样，他们不自觉地扮演着文化桥梁的角色：他们既是原籍国文化的携带者、传播者，对于移居国而言，他们又是域外文化的带入者。[31] 该书中有大量司徒旄的诗作，以及众文人的唱和之作，反映出人们对这位领袖的尊重。例如："丹心不变人犹在，铁骨殊坚志弗移。因果循环终有报，天公未许独从私。""寒雨边风久别离，探囊自笑客无资。不求名利唯乎酒，莫补时艰只赋诗。击楫常怀沧海阔，佩韦每欲性情移。飘飘天地沙鸥似，俯仰人间未肯私。"[32]

图 17-3-4 被誉为表演艺术家的刘光锐
（资料来源：Image 81284 Artray Studio Courtesy of the Vancouver Public Library）

司徒炳唐与再婚的妻子、刘金丽的大姐刘金月有一个儿子司徒志平，与前妻郑汉英所生的女儿司徒燕清一道，组成儿女双全、相亲相爱的四口之家。他在华裔退伍军人的组织中非常活跃，也加入了有色人种反歧视的联盟，继续与种族歧视现象做斗争。[33] 二战后，华人的平权运动更加开放，而且联合起法律界、劳工界和其他有色人种的组织。司徒炳唐操持着他的服装进出口贸易，还应邀在全国的反歧视讨论中代表华人发言。[34]

1958 年 9 月，司徒旄夫人刘玉柳在诗丕亚轮船公司的一场活动中晕厥，送医抢救无效去世。1960 年 3 月，司徒炳唐也因为心脏病早逝，终年 45 岁。加拿大军方像当年送别郑汉英一样，为他举行国葬。不同的是，日裔、菲律宾裔等组织也有代表出席，送别这位人权斗士。退伍老兵还在墓地奏乐，70 多辆车排开，几百人在海景墓园聚集，是“侨界空前之丧仪，极尽哀荣”[35]。然而对于年逾七旬的司徒旄来说，为儿子亲手扶灵、白发人送别黑发人是怎样的心痛！40 多年前，李澹愚教习的诗还萦绕在人们耳边：“去年英石产英儿，喜见牙牙学语时。屈指几时才长大，授渠七绝百篇诗。”司徒炳唐没有辜负家族的期望，以短暂而精彩的一生留给后人传诵。就像他的初恋郑汉英、堂弟刘毓麟，还有更年轻却英年早逝的雷昆照一样，他们都是华人中的翘楚精英，改变了华人在人们心目中的形象。尤其是他在战后的平权运动中联手不同族裔、利用各种集会和媒体为少数族裔发声。他指出，种族歧视是一种精神疾病，源自对他者的“文化习俗、食物、传统等无知的恐惧”[36]。两年内，司徒旄痛失两位至亲，心情沉重，好在还有儿媳和孙子、孙女陪伴左右。女儿司徒美先已经有二子一女，女婿雷玉堂在商场上勇于竞争，扩大经营格局，对岳父进行精心照顾。

1967年1月，年近80的司徒旄因病住院，于26日病逝。丧事由女婿主理，遵照其遗嘱，家人敬辞花圈和礼金，请众人捐赠给本省的心脏病研究会。[37] 司徒旄少年时的好友和同志吴尚鹰发表的怀念文章提到，在李宗仁计划回国时，他们就在商量一起回到红色中国去。有文章称，吴尚鹰之所以未能成行，是因为其女友纠缠，但从吴尚鹰的文章来看，他是和好友司徒旄相约，想携手一道回国。当年国民党对李宗仁周围的人监视严密，在计划商议回国的同时，司徒旄的身体逐渐虚弱。但是，吴尚鹰没想到好友的病情急转直下，再也没有机会携手同行。未能亲身踏临为之奉献一生的华夏故土，是司徒旄此生最大的遗憾。几个月后，加拿大政府取消了以种族身份评估移民资格的做法，不再登记申请人种族出身，而是调整为登记移民前的居住地。

早在20世纪30年代，温哥华的侨社就倡导学校开设与中国相关的课程，司徒旄先生最早到不列颠哥伦比亚大学介绍中华文明。[38] 他一生积累不同语种的藏书，内容主要涉及历史、文学、佛学、书法、天文学等。在仙逝时，他的中文藏书多达2000多册，由女儿和女婿捐献给不列颠哥伦比亚大学的亚洲图书馆。[39] 除了《加拿大华侨史》中偶然提及司徒旄，国内外尚没有对他进行专门研究的

图 17-3-5　三代同堂的幸福之家

（资料来源：Image Courtesy of Mr. Robert Lee）

论著，更没有将其相关的家族联系在一起的复合性介绍。2015年，他的外孙雷震瀛先生，也是雷氏－司徒家族的掌门人，带着家族成员到亚洲图书馆了解司徒氏藏书的使用情况，我与他们一起欣赏了贴有司徒藏书标签的现存书籍和档案资料。[40]

司徒旄的藏书包括一个世纪前中国、日本以及北美的出版物，以文史类为主，也有他鼓励朋友所作的本地华侨出版物。他尤其重视文化交叉的著作，例如梁漱溟的书。还有近代思想大家的作品，康有为、梁启超与章太炎的著作，他均收集了原版，例如康有为的《广艺舟双楫》《康南海诸天讲》等，还在梁启超1903年版的《新大陆游记》里用铅笔做出修正笔记。在罗荣邦教授编辑外祖父康有为的研究论文时，司徒旄也提供过帮助。司徒旄还收集陈独秀、毛泽东等人的著作。他在1952年的10月1日反复阅读过共产党领导下的新政府在海外发行的第一本刊物《人民中国》。在科技类的书中，他收集最多的是弘扬中国文化对世界的贡献的书籍，例如介绍中国古代的算术、火药、中草药以及古代天文思想等。他正是从这些藏书中汲取营养，再以流利的英文向其他族裔的加拿大人宣讲。他曾负责加拿大皇家天文学会，也经常宣讲中国天文学传统。[41]

图 17-3-6　司徒旄百读《人民中国》，并进行标注

作为一个有世界意识的广东人，司徒旄的思想转变值得学界特别关注。他从康、梁的崇拜者，到革命的支持和参与者，到加拿大抗日和救灾活动的领导者，到关注1949年后的中华人民共和国建设，无论国内政党间如何交替，他对中国的感情和奉献始终如一。我曾应邀赴司徒先生外孙雷震瀛的宅邸，欣赏先辈留给后人的古玩和字画。香港画家杨善深先生题写的牡丹图有两句题诗："漫道此花真富贵，有谁来看未开时。"含义深远，反映出移民先驱家族艰辛扎根、发奋展叶和花开富贵的过程。这幅《没骨牡丹图》悬挂在雷家客厅的中央。

如今，在雷震瀛将家族企业移交给下一代的时候，他们不仅拥有London Drugs和IGA

两个大型连锁店集团，而且经营内容广泛，拥有 80 多家门店，是全省最大的私人企业之一，旗下雇员 1 万人，是纳税大户和知名的慈善捐献机构。据《卑诗商业》统计，该企业 2023 年营收近 42 亿加币，福布斯估计雷震瀛的个人资产价值为 24 亿加币。公司下设家族基金会。2018 年，他们向圣保罗医院捐献 650 万加币，发展心脏专科。此外，他们对大学和教育界的捐赠也不计其数。1985 年，他们参与募捐创建中山公园，该公园象征中加合作和友谊，邀请中国苏州的工匠建成，文化活动丰富，也是大受欢迎的观光景点。

雷震瀛以家族前辈和华裔身份为荣，乐善好施，回馈社会。他曾自豪地告诉我，他出席获奖典礼时，喜欢身穿传统长衫登台致辞，并强调今日的加拿大是数代华人先驱参与开拓出来的。

加拿大的史学家一向以欧洲裔的移民为研究核心，边缘化其他族裔，国内学者也因为早年的隔阂以及政治动荡，忽视了对海外英杰的研究。司徒家族及其姻亲，如李梦九、刘乾、刘吉祺、刘子逵、刘光祖、阮洽、雷学溢，以及国内的郑氏和霍氏家族等都在教育和商业领域成就卓著。他们成为中西文化交流和民间外交的桥梁。他们在改写家族命运的同时，也影响了中加两国的发展，前赴后继缔造了百年来的动人故事。笔者希望与学界同仁分享史料与发现，从而鼓励更多的学者挖掘和再现华侨先驱们为种族平等、天下大同的愿景所做出的杰出贡献。

图 17-3-7　温哥华唐人街的中山公园

## 注　释

1.《侨胞为抗战捐款 85% 军费来自华侨》，抗日战争纪念网，https://www.krzzjn.com/show-1479-106064.html，访问日期：2022 年 11 月 18 日。

2.《关于东亚人被征募消息》，《大汉公报》1940 年 9 月 26 日，第 3 页。

4. Marjorie Wong, *The Dragon and the Maple Leaf: Chinese Canadians in World War II*, Pirie Publishing, 1994, p.39.

5. Henry Yu, Journeys of Hope: *Challenging discrimination and building on Vancouver Chinatown's legacies*, Press of UBC, 2018, pp.55-56.

6. Marjorie Wong, *The Dragon and the Maple Leaf: Chinese Canadians in World War II*, Pirie Publishing, 1994, p.39.

7. 雷昆照的遇难是家人永远的痛，兄弟们曾到欧洲寻找他的痕迹。加拿大政府也对他进行纪念，将温哥华北部的一个湖泊以他的名字命名。

8. Marjorie Wong, *The Dragon and the Maple Leaf: Chinese Canadians in World War II*, p.110.

9. "First Chinese Air Cadet," *Vancouver Daily Province*, Mar. 20, 1944, p.6.

10. 家族里的亲人大多是美国西雅图、加拿大的温哥华和维多利亚带领侨社进行抗战捐款的领袖。

11. 黄慰慈、许肖生：《华侨对祖国抗战的贡献》，广东人民出版社，1991 年，第 29 页。

12.《香港"一碗饭运动"的家国情怀》，中华全国归国华侨联合会，http://www.chinaql.org/n1/2018/0626/c420278-30086279.html，访问日期：2022 年 11 月 1 日。

13. 第一位驻华大使的家乡是温哥华。他是媒体人出身的军官，在 1942 年到 1946 年出使中国。

14. "Chinese Guarantee," *Vancouver Sun*, Oct. 23, 1944, p.10.
15. "Chinatown all out for war loan," *Vancouver Sun*, Oct. 21, 1944, p.40.
16. Marjorie Wong, *The dragon and the maple leaf: Chinese Canadians in World War II*, p.39
17. 司徒炳唐因为在意大利战场的经历而成为第一批获得公民身份的华人。在华人退伍军人组织中，他十分活跃。
18. Jack Wai Yen Lee, *The Immortality of Heritage and Roots*, 1995, pp.128-133.
19. Ibid.
20.《李梦九道揭幕》，*Chinatown Newsletter*, Feb. 2005, 8(2), p.13.
21. 宋恩荣主编：《晏阳初全集》，湖南教育出版社，1992 年，第 109 页。
22. 梁惠方：《黎锦晖的后半生》，载政协湖南省湘潭市文史资料研究委员会、湖南省湘潭黎锦晖艺术馆编《湘潭文史》第十一辑《黎锦晖》，1994 年，第 80 页。
23. 中华人民共和国民政部、中国残疾人联合会编：《中国残疾名人辞典》，天津人民出版社，1991 年，第 549 页。
24. 广东省立中山图书馆编纂：《民国广东大事记》，羊城晚报出版社，2002 年，第 892 页。
25. 陈继春：《郑锦艺术研究》，人民美术出版社，2019 年，第 325 页。
26. Van Perry, "Golden cloth holds tales of of immortality," *the Province*, May 20, 1950, p.53.
27. Ibid.
28. Elizabeth Colley, "China Calls from Vancouver," *Vancouver Sun,* Jul. 17, 1954, p.57.
29. *Vancouver Snu*, Feb.21, 1959, p.30.
30.《对于中华总商会新职员就任典礼暨联欢会之感想》，《大汉公报》1958 年 6 月 21 日，第 3 版。
31. 梁丽芳：《二十世纪上半叶的加拿大华人文学：古典诗歌的创作和异地化》，WCILCOS 2012，UBC Open Collections: file:///D:/Online%20download/Leung_LF_WCILCOS2012%20(3).pdf.

32. 温哥华大汉公报社编纂：《诗词汇刻》，1957 年，第 70—71 页。

35《司徒炳唐君已归真了》，《大汉公报》1960 年 3 月 16 日，第 8 页。

36. "Racial discrimination is a mental disease," *the Province*, Oct. 11, 1958, p.50.

37.《讣告》，《大汉公报》1967 年 1 月 28 日，第 8 版。

38. "Pacific Area Group Listens to Seto More: First of Series of Lectures on Oriental Culture Given to New Society," *Ubyssey*, Vol. XV, no.15 (November 15, 1932): 1.

39. Tung-king Ng, *Asian Studies Division Report*, Vancouver, Canada: University of British Columbia Library, 1967.

40. "Meeting of the Society," *Journal of the royal astronomical association in Canada*, 1935, Vol. 29, p.39.

41. 楼筱涵：《商业与慈善：富商雷震瀛的家族企业》，《财富世界》2020 年 2 月 7 日。